W0356303

Saggi

Gianfranco Ravasi

# LA BUONA NOVELLA

*Le storie, le idee, i personaggi del Nuovo Testamento*

**MONDADORI**

*Dello stesso autore*

Nella collezione Saggi
*Il racconto del cielo*

Nella collezione Oscar saggi
*Antico testamento*

ISBN 88-04-41052-3

© 1996 *Arnoldo Mondadori Editore S.p.A., Milano*
*I edizione ottobre 1996*

# Indice

# La Buona Novella

«Abbiamo perduto quei lineamenti, come si può perdere un numero magico, fatto di cifre abituali; come si perde un'immagine nel caleidoscopio. Possiamo scorgerli e non riconoscerli. Il profilo di un ebreo nella ferrovia sotterranea è forse quello di Cristo; le mani che ci porgono alcune monete a uno sportello forse ripetono quelle dei soldati che, un giorno, lo inchiodarono alla croce. Forse un tratto del volto crocifisso si cela in ogni specchio; forse il volto morì, si cancellò, affinché Dio sia tutto in tutti.»

(JORGE LUIS BORGES, «Paradiso, XXXI, 108», in *L'artefice*, in *Tutte le Opere*, a cura di Domenico Porzio, vol. I, Mondadori, Milano 1984, pp. 1152-53.)

## *Abbreviazioni dei libri biblici*

| | |
|---|---|
| *Ab* | Abacuc |
| *Abd* | Abdia |
| *Ag* | Aggeo |
| *Am* | Amos |
| *Ap* | Apocalisse |
| *At* | Atti degli Apostoli |
| *Bar* | Baruc |
| *Col* | Lettera ai Colossesi |
| 1 2 *Cor* | Lettere ai Corinti |
| 1 2 *Cr* | Cronache |
| *Ct* | Cantico dei Cantici |
| *Dn* | Daniele |
| *Dt* | Deuteronomio |
| *Eb* | Lettera agli Ebrei |
| *Ef* | Lettera agli Efesini |
| *Es* | Esodo |
| *Esd* | Esdra |
| *Est* | Ester |
| *Ez* | Ezechiele |
| *Fil* | Lettera ai Filippesi |
| *Fm* | Lettera a Filemone |
| *Gal* | Lettera ai Galati |
| *Gb* | Giobbe |
| *Gc* | Lettera di Giacomo |
| *Gdc* | Giudici |
| *Gdt* | Giuditta |
| *Gl* | Gioele |
| *Gio* | Giona |
| *Gd* | Lettera di Giuda |
| *Gn* | Genesi |
| *Ger* | Geremia |
| *Gs* | Giosuè |
| *Gv* | Giovanni |
| 1 2 3 *Gv* | Lettere di Giovanni |
| *Is* | Isaia |
| *Lam* | Lamentazioni |
| *Lc* | Luca |
| *Lv* | Levitico |
| 1 2 *Mac* | Maccabei |
| *Ml* | Malachia |
| *Mc* | Marco |
| *Mic* | Michea |
| *Mt* | Matteo |
| *Na* | Naum |
| *Ne* | Neemia |
| *Nm* | Numeri |
| *Os* | Osea |
| *Prv* | Proverbi |
| 1 2 *Pt* | Lettere di Pietro |
| *Qo* | Qohelet |
| 1 2 *Re* | Libri dei Re |
| *Rm* | Lettere ai Romani |
| *Rt* | Rut |
| *Sal* | Salmi |
| *Sof* | Sofonia |
| 1 2 *Sam* | Libri di Samuele |
| *Sap* | Sapienza |
| *Sir* | Siracide |
| *Tb* | Tobia |
| 1 2 *Ts* | Lettere ai Tessalonicesi |
| 1 2 *Tm* | Lettere a Timoteo |
| *Tt* | Lettera a Tito |
| *Zc* | Zaccaria |

La versione dei passi biblici citati nel volume è dell'autore.

# Introduzione

«Egli conosceva soltanto le lacrime e la malinconia dell'ebreo ... È morto troppo presto: avrebbe ritrattato lui stesso la sua dottrina, se fosse giunto alla mia età.» Paradossale e provocatorio, il filosofo tedesco Friedrich W. Nietzsche in *Così parlò Zarathustra* rigetta, relegandolo nel limbo dei falliti, Gesù Cristo, quel Gesù – come dirà nell'*Anticristo* – destinato a essere l'unico cristiano della storia, finito però in croce. Lo scrittore greco Nikos Kazantzakis, invece, nella sua *Ultima tentazione di Cristo*, sulla falsariga del vangelo di Giovanni, immaginava quella fine così: «Levò un grido di trionfo: Tutto s'è compiuto! Ma fu come se dicesse: Tutto comincia!». L'esecuzione capitale di Gesù di Nazaret su un modesto sperone roccioso gerosolimitano chiamato, forse per la sua configurazione, in aramaico Golgota, cioè «cranio», è di sua natura contraddittoria, come già aveva intuito l'apostolo più appassionato, Paolo di Tarso. È scandalosa e fallimentare perché la crocifissione era il sigillo giudiziario dell'esistenza di schiavi e ribelli, ma è gloriosa e trionfale perché sarà il segno della nuova secolare storia cristiana.

Paradossale e provocatorio come Nietzsche, in senso però opposto, lo scrittore Fëdor Dostoevskij in una lettera alla nipote Sonia del gennaio 1868 farà del Cristo crocifisso l'emblema della bellezza che salva: «Tutti gli scrittori che hanno pensato di raffigurare un uomo positivamente bello si sono sempre dati per vinti. Perché si tratta di un compito sconfinato. Il bello è, infatti, l'ideale ... Al mondo c'è una persona sola positivamente bella: Cristo. L'apparizione di questa persona sconfinatamente, infinitamente bella è già un miracolo infinito». E nei *Demoni*, ancor più provocatorio, il romanziere russo farà di Gesù anche il segno della verità assoluta: «Se mi si dimostrasse matematicamente che la verità è fuori di Cristo, io starei dalla parte di Cristo».

Persino il ben più distaccato Immanuel Kant, componendo nel 1793 quella specie di «cristologia filosofica» che è *La religione nei limiti della semplice ragione*, era convinto che in Gesù di Nazaret si potessero ritrovare simultaneamente «la verità di Dio e la verità dell'uomo», sebbene iscritte nella purezza della ragione-rivelazione.

Seguendo una processione interminabile, saliamo allora anche noi sul crinale contraddittorio del Golgota, ove ci attende questo uomo di Galilea del I secolo, predicatore ambulante dagli incerti successi e dalla fine atroce, ma ove si leva pure l'alba di Pasqua con una luce e una gloria che toccano terra e cielo e si irradiano sull'intera successiva storia dell'umanità. Quella persona è contemporaneamente l'ebreo Gesù e il Messia Cristo; se vogliamo ricorrere al linguaggio teologico, a lei sono attribuite nello stesso tempo umanità e divinità. Questo intreccio inestricabile umano-divino è il nodo d'oro che tiene insieme i 27 scritti che costituiscono il Nuovo Testamento e che ora insieme riapriremo. Si tratta di una raccolta tutto sommato ridotta di Scritture Sacre, fatta di poco più di 140.000 parole greche, contro le oltre 800.000 parole ebraiche dell'Antico Testamento. In particolare, quel nodo vincola le 64.327 parole greche che compongono i quattro libretti noti come «vangeli».

È un nodo ideale che viene allo scoperto appena la lettura dei testi diviene più intensa, come riconosceva lo stesso Pier Paolo Pasolini in una lettera indirizzata al produttore del film *Il vangelo secondo Matteo*: «L'umanità di Cristo è spinta da una tale forza interiore che per essa la metafora divina è ai limiti della metaforicità fino a essere idealmente una realtà». Detto in altri termini, l'immagine del divino in Cristo si coagula tanto da divenire verità, essenza, realtà piena. Ma già prima quel nodo che unisce in Gesù Cristo tempo ed eterno – chiamato dal cristianesimo «incarnazione» – era stato saldamente afferrato persino da uno scrittore agnostico come André Gide, che in *Numquid et tu?* confessava: «Penso che non si tratti di credere alle parole del Cristo perché il Cristo è figlio di Dio, quanto di comprendere che egli è figlio di Dio perché la sua parola è divina e infinitamente più alta di tutto ciò che l'arte e la saggezza degli uomini possono proporci. Signore, non perché mi sia stato detto che tu eri il figlio di Dio ascolto la tua parola; ma la tua parola è bella al di sopra di ogni parola umana, e da questo io riconosco che sei il figlio di Dio».

Anche questo libro, che s'accoda a una sterminata bibliografia, vuole collocarsi su quel crinale tra storia e trascendenza – e il simbolo del viaggio su un crinale ritornerà spesso – perché è lassù che avanzano tutti gli autori neotestamentari. Come scriveva un importante studioso di Paolo, Lucien Cerfaux, nell'opera *Gesù alle origini della tradizione* (1968) «il cristianesimo è nato due volte». La prima nascita è con l'azione, la predicazione e la storia di Gesù in Galilea; la seconda è con la gloriosa e misteriosa risurrezione a Gerusalemme. Non è possibile cogliere la vetta del monte della cristologia solo dal versante in penombra della storia o solo da quello abbagliante della gloria pasquale: entrambi gli angoli di visuale sono necessari. Il Nuovo Testamento, prima, e il cristianesimo, poi, uniscono in sé due respiri, quello «fisico» e quello mistico, la «carnalità» e la «spiritualità», sulla scia del Cristo che è *Logos*, Verbo divino, e *sarx*, «carne» ed esistenza (*Gv* 1,14), figlio di Dio e «figlio del carpentiere» (*Mt* 13,55).

* * *

Paolo, riferendosi all'Antico Testamento, dichiarava ai cristiani di Roma che «tutto quanto è stato scritto prima di noi, è stato scritto per la nostra istruzione perché attraverso la nostra costanza e l'esortazione delle Sacre Scritture conservassimo la speranza» (*Rm* 15,4). Come la Nuova Alleanza eredita e va oltre l'Antica, così questo nostro libro dedicato al Nuovo Testamento è ideale continuazione del precedente *Racconto del cielo* (1995), consacrato alle figure e alle idee dell'Antico Testamento. Eppure si tratta di un libro completamente diverso. Chi ci ha seguito nel primo itinerario sulle strade della fede dell'Israele biblico, e forse aveva un po' faticato, ora immagina che la strada diventi piana e agevole. Non siamo un po' tutti figli del cristianesimo? Non è forse spontaneo rimanere conquistati da quelle parabole di Gesù così trasparenti, da quell'appello all'amore così puro da indurre a dare la vita per la persona amata, da quella storia del Maestro di Giudea che ci è stata narrata fin dall'infanzia, da quel volto che ci viene incontro in secoli e secoli di arte cristiana?

Ebbene, ci spiace dover disilludere subito i nostri lettori. Il libro che ora leggeranno parla, sì, di Gesù, della sua storia, delle sue azioni miracolose, delle sue parabole, del suo messaggio, degli scritti che ne approfondiscono la figura, ma lo fa andando oltre, cercandone il senso nascosto. E ricercare questo senso ultimo è arduo e faticoso, è come salire una pendice erta e irta di ostacoli. Il Nuovo Testamento è difficile, complesso, sfuggente, e i vangeli – quei cari vangeli che forse tutti abbiamo in casa in un'edizione più o meno vecchia, più o meno elegante –, considerati dai critici dell'Ottocento come «bassa letteratura» greca, sono di una ricchezza e di una profondità sconcertanti. Lo sono al punto che ogni anno negli Stati Uniti gli *abstracts*

– cioè le sintesi elaborate di tutti i libri, i saggi e articoli dedicati al Nuovo Testamento – allineano migliaia di titoli in uno scavo testuale frenetico che non riesce mai a toccare il fondo. Sembra avverarsi quella specie di profezia che sigilla il vangelo di Giovanni: «Sono così tante le opere compiute da Gesù che, se fossero scritte una per una, penso che il mondo stesso non riuscirebbe a contenere i libri che si dovrebbero scrivere» (*Gv* 21,25).

Noi ora, con questo volume, vogliamo azzardare e proporre una sfida, lanciandola sia ai cosiddetti «lettori comuni» sia a coloro che qualche studio specifico cristologico lo hanno pur fatto, seguendo un corso, leggendo certi libri, forse anche approfondendo un tema o una questione. La sfida è quella di una comprensione rigorosa e sistematica del Nuovo Testamento nella sua integralità. Proponiamo, dunque, un libro non di dolce e ovvia lettura, ma un testo che richiede di procedere lentamente, con impegno, senza escludere l'emozione, memori di quanto affermava Franz Kafka: «Se il libro che stiamo leggendo non ci sveglia come un pugno che ci martelli sul cranio, perché dunque lo leggiamo? Buon Dio, saremmo felici anche se non avessimo dei libri e quei libri che ci rendono felici potremmo, a rigore, scriverli da noi. Ma ciò di cui abbiamo bisogno sono quei libri che ci perturbano profondamente come la morte di qualcuno che amiamo ... Un libro dev'essere una piccozza per rompere il mare di ghiaccio che è dentro di noi».

Per far sì che il Nuovo Testamento ritorni a «perturbare» la mente e la coscienza è necessario intraprendere vari percorsi di conoscenza. Dovremo, così, entrare nelle sale silenziose dell'esegesi, cioè delle analisi sofisticate storico-letterarie e teologiche; dovremo penetrare anche nelle «torri» isolate delle facoltà universitarie, dei seminari, dei vari centri di ricerca, attingendo ai risultati più recenti, purché fondati e consolidati. Ma dovremo inoltre risalire lungo il fiume della tradizione che interroga da sempre e instancabilmente quei 27 scritti. Dovremo in più di un caso affidarci all'occhio degli artisti, all'orecchio dei musicisti, alla mente degli scrittori che ci aiuteranno a scoprire alcuni lineamenti del volto di Cristo nella sua intimità nascosta. Nel 1988 l'autore del celebrato *Il pasto nudo*, lo scrittore americano William Burroughs, il «profeta» della generazione degli anni Sessanta, dichiarava in un'intervista: «Una delle immagini ricorrenti del mio lavoro in questi ultimi anni è quella di Cristo. Sto scrivendo un libro sulla realtà storica di Cristo e ne sono completamente preso. Cristo è per me un personaggio dalle mille facce...».

* * *

Queste «mille facce» sono già celate in quel Nuovo Testamento così impervio eppure così aperto davanti al lettore. Noi attraverseremo prima di tutto i quattro vangeli, libretti inizialmente circolati come anonimi (i titoli *Katà Matthaion, Markon, Loukan, Ioannen*, «secondo Matteo, Marco, Luca, Giovanni», sono, infatti, successivi) perché nessun evangelista avrebbe mai osato porre il suo nome accanto a quello di Gesù «unico maestro e unica guida» (*Mt* 23,8.10), unico protagonista, né avrebbe mai voluto uscire dal grembo della comunità di discepoli che, unita e concorde, proclamava la storia e il mistero di Cristo. Quattro altre tappe del nostro itinerario testuale saranno riservate agli strani primi giorni del bambino Gesù, alle parole indimenticabili della sua bocca di adulto, alle azioni sconcertanti delle sue mani, alla sua fine, inatteso segno di continuità secondo quella che un teologo ha chiamato «una presenza assente».

E poi ci verrà incontro Paolo, l'Apostolo per eccellenza, con il suo epistolario teologico che è la prima grande elaborazione di quel secondo inizio del cristianesimo a cui sopra facevamo cenno. Ritornerà a presentarsi l'evangelista Luca, con una specie di «quinto vangelo», una storia tormentata e gloriosa della Chiesa delle origini, titolata Atti degli Apostoli. Seguirà quella tradizione che, nel nome dello stesso Paolo, degli apostoli Pietro, Giacomo, Giovanni e Giuda, e di un anonimo straordinario oratore cristiano (artefice della Lettera agli Ebrei), ci ha lasciato una suggestiva testimonianza della predicazione cristiana delle origini nelle varie comunità, disperse in diverse regioni dell'impero romano e in differenti ambiti culturali. E, da ultimo, ecco il grandioso «settimo sigillo» dell'Apocalisse, un libro maltrattato dalla tradizione, un testo aperto invece alla speranza radicata nella storia e non sospesa in cieli impossibili o affidata a fatui oroscopi escatologici.

Da un lato, raccontata così, la trama di questo nostro viaggio neotestamentario sembra scontata, come scontati sembrano i temi che affioreranno, espressi nel tipico lessico cristiano: amore, apostolo, battesimo, beatitudine, Chiesa, corpo, elezione, ermeneutica, fede, giustificazione, giustizia, grazia, *kerygma*, luce, male, matrimonio, miracolo, mistero, mito, morte, opere, parabole, parola, peccato, povertà, preghiera, redenzione, Regno di Dio, risurrezione, sacerdozio, salvezza, Spirito Santo, tenebre, verginità, vita e così via. Dall'altro, prevediamo già che alla fine della lettura molti rimarranno sconcertati: si saranno visti schiodare tanti luoghi comuni, ma anche quelle che essi consideravano certezze assodate. Avranno visto l'apostolo Giovanni dividersi in diverse persone, Paolo perdere la paternità di quasi una metà dei «suoi» scritti, Marco acquistare un rilievo inatteso, l'indemoniato del monte della Trasfigurazione trasformarsi in un epilettico, la «risurrezione» diventare anche «esaltazione» o «glorificazione», l'Apocalisse rivoltarsi contro i suoi interpreti... Saranno stati costretti a inoltrarsi nel labirinto teologico di Paolo, forse sempre evitato, avranno scoperto significati inediti in alcune frasi ben note di Gesù e altro ancora.

La nostra, però, sarà soltanto una semplice ma rigorosa interrogazione rivolta agli scritti neotestamentari. Essi non sono trattati asettici di teologia né catechismi essenziali costruiti su domande e risposte. Pur non escludendo la riflessione sull'evento cristiano, essi sono prima di tutto racconti di quell'evento e delle sue risonanze. In qualche caso abbiamo persino biglietti privati: pensiamo alla Lettera di Paolo a Filemone, righe di forte suggestione che forse pochissimi hanno letto. I generi letterari, dunque, mutano e non sono subito decifrabili nella loro funzione. È, allora, necessario porre a questi testi le domande giuste, e non è facile. Come diceva Oscar Wilde, «a dar risposte sono capaci tutti, ma a porre le vere domande ci vuole un genio». Abbiamo cercato, perciò, di interrogare le Scritture cristiane con il genio secolare di coloro che le hanno studiate, amate e talora anche criticate.

* * *

Ora, queste opere non sono fredde composizioni narrative o speculative; sono pagine «calde», «retoriche e performative», come si è soliti definirle nel linguaggio della moderna linguistica. Un filosofo di matrice marxista come Ernst Bloch nel suo saggio *Ateismo nel cristianesimo* riconosceva che «nel ribelle Gesù, eretico per eccellenza, non venne inchiodato sulla croce un fanatico inoffensivo ma fu l'avvento di un uomo che inverte i valori del mondo presente». C'è una forza insita in quelle pagine e destinata a inquietare le coscienze, creando incontri e scontri con Cristo, come ci hanno ripetutamente insegnato Agostino e Pascal. Ireneo, vescovo di Lione, agli inizi della letteratura cristiana (II sec.) ha espresso in modo folgorante il fremito che genera quell'«In principio...» della nostra era: *Omnem novitatem attulit semetipsum afferens*, Cristo «ogni novità portò perché portò se stesso» (*Adversus Haereses* IV, 34,1). Il nostro libro si propone, di per sé, di rispondere solo alla domanda: «Chi è stato Gesù Cristo e come è stato a noi consegnato dai primi testimoni?».

Tuttavia, non potremo completamente eludere un'altra domanda che rimbalza nei secoli fino a noi, artigliando la coscienza di credenti e di agnostici. La potremmo formulare con il titolo di un libro del teologo Jürgen Moltmann uscito nel 1994: *Chi è Cristo per noi oggi?* Un filosofo cristiano come Søren Kierkegaard non aveva esitazioni e nel suo *Diario*, alla data 16 agosto 1839, ribaltava la domanda in senso paolino, trasformandola in invocazione: «Gesù, vieni in cerca di me sui sentieri dei miei traviamenti ove io mi nascondo a te e agli uomini!». Il teologo protestante Dietrich Bonhoeffer, martire nel campo nazista di Flossenbürg, nella sua *Cristologia* sintetizzava così questo aspetto della lettura neotestamentaria: «Cristo non è tale in quanto Cristo *per sé*, ma nel suo riferimento a me. Il suo esser-Cristo e il suo esser-*pro me*».

Questo percorso ulteriore non è affrontato direttamente dal nostro libro ma viene inseguito, potremmo dire «di sponda», attraverso le molteplici testimonianze – con intenzione evocate – di lettori qualificati del Nuovo Testamento, teologi, mistici, filosofi, scrittori, musicisti, pittori, scultori, credenti, dubbiosi e atei. D'altronde, la stessa ricerca esegetica, ossia l'interrogazione puntuale e «fredda» del testo biblico non può restare del tutto indifferente e non può uscire indenne dall'incandescenza di quelle pagine. Perciò, anche l'autore di questo libro deve in qualche modo far propria la confessione di Ludwig Wittgenstein nel suo *Tractatus logico-philosophicus*: «Ho indagato i contorni di un'isola, ma ciò che volevo scoprire erano i confini dell'Oceano».

# I
# Efeso: primavera del 57

Era vicina la Pasqua del 57. Paolo, l'apostolo di Gesù Cristo, aveva da poco ricevuto nella splendida Efeso, sulla costa dell'Asia Minore, una comunicazione proveniente dalla città greca di Corinto. Gliel'avevano trasmessa alcuni funzionari di una donna «manager», Cloe, una cristiana corinzia che aveva una filiale della sua azienda anche a Efeso. Le notizie erano piuttosto allarmanti: la comunità di Corinto si stava lacerando e sfaldando in sette e fazioni opposte tra loro. Paolo aveva deciso di dettare subito una lunga missiva, che sarebbe divenuta la Prima Lettera ai Corinzi, firmata di suo pugno (1 *Cor* 16,21). Ebbene, quasi al termine di quelle sedici pagine, l'apostolo aveva voluto evocare un Credo cristiano, anzi, la più antica professione di fede della cristianità.

## *Camminare su un crinale*

Era stato attorno all'anno 40 che Paolo, appena convertito alla nuova religione, aveva imparato dai suoi primi maestri nella fede cristiana quel Credo. Lo afferma lui stesso scrivendo così ai corinzi:

> Vi ho trasmesso ciò che anch'io ho ricevuto:
> Cristo morì per i nostri peccati secondo le Scritture e fu sepolto.
> È risorto il terzo giorno secondo le Scritture e apparve... (1 *Cor* 15,3-5).

In queste due ultime righe è raccolto il cuore dell'intero Nuovo Testamento, su cui si intesseranno tutte le 140.000 parole greche che compongono i 27 scritti «canonici» del cristianesimo, oggetto della nostra ricerca. Cerchiamo ora di scioglierne le componenti, tenendo presente che le professioni (o simboli) di fede sono di loro natura essenziali e cristallizzate in termini puntuali e sintetici.

Il primo tema è la morte di Cristo, una morte reale, sigillata dalla pietra tombale della sepoltura. Un dato rilevante, questo, per affermare che Cristo non fu una figura mitica, simbolo di un messaggio o di una ideologia, bensì un uomo segnato da quel destino che tutti ci accomuna, il morire. Ma per il semita evocare il capo estremo del filo della vita è tenerne stretto l'intero svolgimento antecedente, compresa quindi l'esistenza storica di Gesù di Nazaret fin dalle sue origini.

La sua morte è interpretata come un segno di redenzione («morì per i nostri peccati»), alla luce di quelle Scritture – cioè dell'Antico Testamento – che il cristianesimo considererà sempre come un unico discorso divino, compatto con il Nuovo Testamento. Ma Cristo, nella visione di questo primo Credo, non è solo un personaggio dalla morte eroica: ecco, infatti, subito dopo, un secondo articolo di fede, la risurrezione. Su di essa dovremo a lungo riflettere, anche per smantellare tanti luoghi comuni ormai consolidati tra credenti e agnostici. Per adesso faremo notare che, come la morte ha il suo sigillo nella sepoltura, così la risurrezione ha la sua radice nella tomba infranta e il suo sigillo nelle «apparizioni», cioè in quegli incontri misteriosi del Risorto con gli apostoli e con alcuni dei primi credenti. Come la morte, la risurrezione è illuminata dalle Scritture. Il suo accadere al «terzo giorno» – un po' problematico dal punto di vista storico, se è vero che Gesù muore al venerdì e le donne scoprono la pietra tombale rovesciata all'alba della domenica (è pur noto, però, che gli ebrei computavano le frazioni di giornata come un'intera unità) – è da intendersi secondo il simbolismo numerico biblico dei «tre giorni» che denotano un evento capitale e trascendente.

Abbiamo, così, condotto i nostri lettori già nell'orizzonte della teologia cristiana. Ma soprattutto abbiamo loro mostrato la trama sostanziale dell'intero Nuovo Testamento: narrare e interpretare la storia di Gesù di Nazaret, il mistero della sua risurrezione, il senso che tutto ciò ha per la storia dell'umanità e per l'esistenza del singolo credente e della comunità, la Chiesa. È questo Credo il nucleo da cui si dipanerà il nostro viaggio testuale. È questo annunzio cristiano – che ancor oggi gli studiosi chiamano con il termine greco *kerygma*, l'«annunzio» appunto di un araldo – ciò che muoverà la fede dei credenti in Cristo nei secoli e anche la curiosità o la speranza di altri. Leggiamo, ad esempio, nel racconto *I Profeti* del volume *Una corona di piume* queste parole di Isaac Bashevis Singer, scrittore ebreo jiddish, vincitore nel 1978 del premio Nobel per la letteratura: «Quella notte Akhsa lesse il Nuovo Testamento fino all'ultima pagina. Le risultò difficile credere che Gesù fosse il figlio unico di Dio e che fosse risorto dalla tomba, ma quel libro lo trovò più consolante per il suo animo torturato che non le severe parole dei profeti, i quali non parlavano mai del Regno dei cieli o della risurrezione dei morti. Non promettevano altro che una buona messe per chi avesse compiuto buone azioni e fame e calamità per chi ne avesse compiute di cattive».

Incastonati nelle pagine del Nuovo Testamento si incontrano altri Credo o *kerygma* delle origini cristiane. Pietro, l'apostolo, in un caldo mezzogiorno sulla terrazza di una casa di Giaffa, il porto della moderna Tel Aviv, aveva sentito l'invito misterioso a recarsi a Cesarea marittima, una deliziosa città litoranea di stile greco-romano, sede del procuratore imperiale. Là lo attendeva un centurione romano della coorte Italica. Era un simpatizzante della fede ebraica, ma voleva compiere un passaggio ulteriore verso la nuova religione. A lui Pietro aveva riassunto tutto il messaggio cristiano ricorrendo ancora a un *kerygma*, un «annunzio», piuttosto vasto nella cui filigrana si intravedeva la trama evangelica. Leggiamolo nel resoconto che Luca ci offre all'interno della sua seconda opera, gli Atti degli Apostoli. «Conoscete ciò che accadde in tutta la Giudea, a partire però dalla Galilea, dopo il Battesimo predicato da Giovanni: Dio consacrò in Spirito Santo e potenza Gesù di Nazaret; egli passò facendo del bene, sanando tutte le vittime del potere diabolico, perché Dio era con lui. Noi siamo testimoni di tutte le opere da lui compiute nella regione dei giudei e a Gerusalemme. Essi lo uccisero appendendolo ad una croce. Dio, però, lo ha fatto risorgere al terzo giorno e volle che apparisse non a tutto il popolo ma a testimoni scelti da Dio...» (*At* 10,37-41).

L'antico Credo rievocato da Paolo ai corinzi è ripreso e ampliato in queste parole di Pietro, mentre lo stesso Paolo lo rielaborerà in un'altra forma più icastica, aprendo il suo capolavoro teologico, la Lettera ai Romani: «Nato dalla stirpe di Davide secondo la carne, costituito Figlio di Dio con potenza secondo lo Spirito di santità mediante la risurrezione dei morti, Gesù Cristo, nostro Signore» (*Rm* 1,3-4). Ormai dai testi citati risultano chiari due elementi che saranno un po' come due stelle di riferimento nel nostro viaggio all'interno delle origini cristiane. In Gesù Cristo si intrecciano due linee. La prima è orizzontale e si distende nella storia: essa comprende la nascita in una data più o meno precisa, in un territorio identificabile sulle mappe del nostro pianeta, evoca la sua vita che si esprime in gesti e parole, considera la sua morte tragica, avvenuta con un'esecuzione capitale su una collinetta di pochi metri d'altezza nella città di Gerusalemme. C'è, però, un'altra linea che si tende invece verso l'alto, verso l'oltre, l'infinito e l'eterno ed è ciò che viene dichiarato soprattutto nella risurrezione e nella qualità divina di Cristo, celata sotto le spoglie mortali di un predicatore ambulante e guaritore galileo. Camminare sul crinale che corre tra storia e fede non è facile. C'è stato chi ha preferito leggere solo storicamente la figura di Gesù di Nazaret e chi l'ha trasfigurato in un'icona divina, che solo in apparenza ha lambito la storia e che, come supporranno alcuni testi apocrifi e lo stesso Corano (da essi dipendente), in croce è stato «sostituito» da un anonimo ebreo qualsiasi.

Cominceremo, allora, prima di tutto a interrogarci sulla storia di Gesù. O almeno, per adesso, cercheremo di individuare qualche traccia esterna nel fondale storico-geografico che si dispiega nel I secolo, cioè nell'orizzonte imperiale romano e nella piccola provincia palestinese. Il profilo storico completo di Gesù sarà quello che emergerà dai vangeli dove però i due fili, della storia e della fede, saranno così intrecciati da non poter essere facilmente distaccati e isolati. È per questo che gli studiosi moderni sono restii a scrivere una biografia di Gesù in senso rigoroso, anche se in passato non sono mancati tentativi: pensiamo al certosino Ludolfo di Sassonia che pubblicò nel 1474 a Strasburgo una *Vita Jesu Christi* che fu riedita ben 88 volte, al giovane Hegel che nel 1795 preparò una sua *Vita di Gesù*, pubblicata solo nel 1907, alla clamorosa e discussa *Vita di Gesù* di Ernest Renan, apparsa nel 1863 con ben 12 edizioni in un solo anno, curiosa miscela di razionalismo e di poesia, di filologia e di mistica «laica», alla fortunatissima e più recente (1941) *Vita di Gesù Cristo* di Giuseppe Ricciotti e così via in decine e decine di volumi che, tuttavia, hanno suscitato non poche perplessità.

### *Tra le carte imperiali e sinagogali*

Uno dei recenti maestri dell'esegesi cattolica moderna, il domenicano Marie-Joseph Lagrange, nel suo *L'evangelo di Gesù Cristo* scriveva: «Ho rinunciato a proporre al pubblico una vita di Gesù nel senso comune dell'espressione per lasciare parlare di più i vangeli, da soli insufficienti, come documenti storici, per redigere una storia di Gesù Cristo ... I vangeli sono la sola vita di Gesù Cristo possibile a scriversi, purché si riesca a ben comprenderli». Detto in altri termini, i vangeli non sono libri storici in senso accademico: usarli con una lettura strettamente storiografica è, come vedremo, possibile ma non permette l'elaborazione di un profilo biografico compiuto e rigoroso di Gesù. Prima di tutto, però, noi cercheremo qualche traccia lasciata dall'evento cristiano all'esterno. Partiamo dalle carte imperiali romane. La messe è piuttosto scarsa.

Il testo più antico è in una lettera (10, 96) indirizzata da Plinio il Giovane, allora governatore in Bitinia (nell'attuale Turchia nord-occidentale), all'imperatore Traiano. Siamo negli anni 111-113. Plinio chiede come comportarsi nei confronti di un movimento di grande «pertinacia e inflessibile ostinazione», quello appunto dei cristiani, accusati di turbativa dell'ordine pubblico. Essi si riunivano «in un giorno stabilito, prima dell'alba» (forse la domenica), e proclamavano «un canto a Cristo come a un Dio», vincolandosi al *sacramentum*, cioè al «giuramento» di non compiere malvagità. Famoso è, poi, il passo degli *Annales* di Tacito, storico romano vissuto tra il 55 e il 125 circa, il quale attorno al 115-120, evocando l'incendio di Roma del 64, annotava che «Nerone dichiarò colpevoli e condannò ai tormenti più atroci coloro che il volgo chiamava Crestiani ... che prendevano nome da Cristo, condannato a morte ad opera del procuratore Ponzio Pilato sotto l'impero di Tiberio» (15, 44, 2-5).

Un altro storico, Svetonio, nella sua *Vita di Claudio* (siamo attorno al 121) ricordava che «i giudei, che tumultuavano continuamente per istigazione di Cresto, furono cacciati da Roma» (n. 25). Anche gli Atti degli Apostoli (18,2) rievocano questo provvedimento di espulsione degli ebrei da Roma; può darsi che Svetonio attribuisca a Cristo (Cresto) in modo anacronistico e sbrigativo la responsabilità delle tensioni causate dai cristiani, da lui confusi con gli ebrei della città. Altre piccole tracce possono essere rinvenute in alcuni scrittori romani del II secolo come il filosofo Epitteto, l'imperatore Marco Aurelio, il retore Frontone che, in un testo giunto a noi nella citazione di un autore cristiano, Minucio Felice, fu il primo a condurre una serrata critica secondo la prospettiva pagana al cristianesimo. I cristiani appaiono sarcasticamente nella *Morte di Peregrino* e in *Alessandro, il falso profeta* di Luciano di Samosata e persino in uno scritto del medico greco Galeno (II sec.), nonché in una citazione degli scritti del polemista e filosofo Celso presente nella replica che un grande maestro cristiano, Origene, approntera per contestare l'accusa della nascita illegittima di Gesù dall'adulterio di sua madre con un soldato, un certo Panthera...

Una traccia esile è, dunque, quella lasciata da Gesù e dal cristianesimo delle origini nelle carte imperiali. E nei documenti giudaici, ben più vicini alla figura e alla vita di Gesù? Anche in questo caso la risposta non è molto soddisfacente. Ci viene, comunque, in aiuto lo storico filoromano Giuseppe Flavio che nel vasto affresco della storia del suo popolo, *Le Antichità Giudaiche*, fa emergere Giovanni Battista, lo stesso Gesù e Giacomo il Minore. Fermiamoci solo sul ritratto di Gesù noto come *Testimonium Flavianum*: «Gesù fu uomo saggio, se pur conviene chiamarlo uomo; infatti egli compiva opere straordinarie, ammaestrava gli uomini che con gioia accolgono la verità e convinse molti giudei e greci. Egli era il Cristo. Dopo che Pilato, dietro accusa dei maggiori responsabili del nostro popolo, lo condannò alla croce, non vennero meno coloro che fin dall'inizio lo avevano amato. Apparve loro il terzo giorno di nuovo vivo, avendo i profeti di Dio detto queste cose su di lui e moltissime altre meraviglie. Ancora fino ad oggi non è scomparsa la tribù dei cristiani che da lui prende nome» (18, 63-64). Il passo è sorprendente e quasi di certo rivela glosse di mano cristiana, ma un fondo sostanziale è da far risalire allo storico giudeo-romano e attesta il rilievo della figura di Gesù nell'ambito giudaico immediatamente a lui successivo.

Al medesimo ambito è da ricondurre un paragrafo del trattato *Sanhedrin* (43a) del Talmud babilonese, grande raccolta di tradizioni ebraiche. Eccolo: «Alla vigilia della Pasqua si appese Jeshû il nazareno. Un banditore per quaranta giorni andò gridando a suo riguardo: Egli esce per essere lapidato perché ha praticato la magia e ha sobillato e deviato Israele. Chiunque conosca qualcosa a sua discolpa, venga e l'adduca a sua favore! Ma non trovarono per lui alcuna discolpa. Così lo appesero alla vigilia di Pasqua». Tracce ulteriori sono reperibili negli altri documenti collezionati dal Talmud, ma anche in questi casi si tratta di evocazioni solo allusive e, comunque, piuttosto tarde. Più impressionante parve, invece, l'identificazione che il gesuita Josè O'Callaghan operò nel 1973 su un esile frammento della settima grotta di Qumran. Come è noto, a partire dal 1947 in una serie di caverne della costa nord-occidentale del Mar Morto vennero alla luce molti testi appartenenti a una comunità giudaica che risiedeva nella zona. Se in dieci delle undici grotte furono testi ebraici a venire allo scoperto (libri biblici e scritti interni della comunità che, fra l'altro, aveva un vero e proprio «monastero» a Qumran), nella settima i diciannove frammenti inventariati recavano tutti scritte greche. Ebbene, in uno di questi minuscoli frammenti, noto con la sigla 7Q5, O'Callaghan credette possibile far combaciare le poche lettere greche ancora leggibili (tredici per l'esattezza, distribuite su più righe) con alcune di quelle che appartengono a una frase del vangelo di Marco: «Compiuta la traversata, approdarono e toccarono terra a Gennesaret. Appena scesi dalla barca, la gente lo riconobbe...» (*Mc* 6,53-54). Favorivano l'identificazione in particolare le lettere *nnes* della parola Gennesaret, località ignota all'Antico Testamento (almeno in questa forma). Il vangelo, perciò, sarebbe stato inserito anche nella biblioteca giudaica di Qumran.

O'Callaghan tentò ulteriori identificazioni neotestamentarie in altri otto frammenti, la cui datazione veniva collocata attorno al 50. Se l'ipotesi fosse fondata, bisognerebbe retrodatare il vangelo di Marco, che di solito è collocato attorno al 70, riportandolo nelle vicinanze del tempo di Gesù e dei primi cristiani. Per l'identificazione si è battuto soprattutto un altro studioso, il tedesco Carsten P. Thiede, che è ricorso anche a tre frammenti di un codice del Magdalen College di Oxford contenenti brani del capitolo 26 di Matteo, secondo lui databili tra il 40 e il 70. Ma, al di là delle obiezioni «tecniche» che si possono sollevare sulla datazione, sull'ipotetica interpretazione e sull'esiguità delle testimonianze addotte, rimane aperta una questione fondamentale alla quale si è già accennato: i vangeli sono per loro natura un intreccio calibrato tra storia e fede. Retrodatarli, avvicinandoli agli eventi che narrano, non ne muterebbe la qualità di libri dove i fatti sono illustrati e interpretati alla luce della teologia. Per non dire che una coincidenza diretta temporale con un evento da parte di un documento o di un testimone non garantisce automaticamente la storicità del documento o del testimone stesso.

### *Gesù e/o Cristo*

È dunque necessario riprendere in mano i vangeli come documento primario per risalire alla storia di Gesù, ma bisogna farlo con rigore e cautela. Lo si è tentato dal secolo scorso fino ai nostri giorni con esiti ora sconcertanti ora esaltanti, con presupposti fallaci o con metodi validi. L'evoluzione della ricerca ha permesso di mettere ordine nella selva delle ipotesi e delle analisi. Ormai sono alle nostre spalle le schiere dei guastatori, i vecchi razionalisti illuministi come quel professore di lingue orientali di Amburgo, Hermann Samuel Reimarus, che nel Settecento propose in 4000 pagine una ricostruzione critica piuttosto radicale e distruttiva dei vangeli e della loro storia, pubblicata solo in sette estratti sotto lo pseudonimo «Anonimo di Wolfenbüttel» dal celebre filosofo e drammaturgo Gotthold Efraim Lessing. Alle spalle è ormai anche la pattuglia agguerrita dei docenti dell'università tedesca di Tubinga, a partire da quel David Friedrich Strauss che nel 1835 propose una *Vita di Gesù elaborata criticamente* che introduceva il mito come chiave interpretativa per scoprire il vero volto di Cristo. Più cauti, ma alla fine altrettanto esitanti nei confronti dell'attendibilità storica dei vangeli, furono i maestri della cosiddetta «scuola liberale», fra le cui opere citiamo solo l'importante *Essenza del cristianesimo* di Adolf von Harnack, pubblicata nel 1901.

In Francia – come si è già detto – aveva trionfato Ernest Renan con la sua enfatica e fortunata *Vita di Gesù*, ora del tutto ignorata dagli studiosi per la sua impostazione superata. Anche a livello meno colto, lo smantellamento della figura di Gesù così come la si incontrava nei vangeli aveva avuto i suoi adepti. Persino il giovane Mussolini con sprezzo del pericolo si era avventurato nel problema scrivendo, lapidario, che «Gesù probabilmente non è mai esistito. O se è esistito, egli fu un uomo piccolo e meschino». Così ripeterono molti, liberali, socialisti e marxisti, studiosi e gente semplice, in forme meno rozze di quella mussoliniana ma con lo stesso esito, come attestava ancora una ventina d'anni fa lo storico paleomarxista Ambrogio Donini che apriva con queste parole la voce «Gesù Cristo» di un suo dizionario delle religioni: «Leggendario fondatore della religione cristiana, la cui esistenza storica non può essere dimostrata con certezza, riconosciuto come dio nel culto». In realtà, l'analisi storica più attenta aveva intanto imboccato percorsi meno sbrigativi che, al di là dei risultati, erano sinteticamente abbozzati nel titolo di una conferenza di uno studioso tedesco, Martin Kähler, pubblicata nel 1892 a Lipsia: *Il cosiddetto Gesù storico e il reale Cristo biblico.*

Appariva, dunque, una figura bifronte: da un lato, l'uomo Gesù di Nazaret, essere storico che ha lasciato – come si è visto – qualche labile traccia nei documenti romani e giudaici e un'impronta marcata nei vangeli; dall'altro, ecco Cristo, Figlio di Dio, Messia e Signore, che domina nella pagine neotestamentarie. La domanda fondamentale era una sola: il Gesù storico e il Cristo della fede possono essere accordati in un unico personaggio oppure il secondo prevarica e offusca il primo? Una risposta che condizionò molto la ricerca storica e teologica del Novecento fu pronunziata ancora una volta da un professore tedesco, Rudolf Bultmann, docente in un'università di provincia, Marburg, a una novantina di chilometri a nord di Francoforte. Per comprenderla è necessario partire un po' da lontano e usare termini tedeschi che diverranno comuni nell'esegesi contemporanea. Iniziamo con il nome di una «scuola» di ricerca a cui aderì anche Bultmann, quella di *Formgeschichte*. Per illustrarne il metodo ricorriamo a due immagini. Il geologo, quando deve catalogare la sequenza dei «pacchi» di strati di un terreno, deve procedere a un taglio stratigrafico che ne definisca nettamente la successione. Oppure il critico d'arte, quando deve studiare una tela determinando l'elaborazione progressiva del soggetto che su di essa è stato dipinto, può ricorrere alla radiografia: essa rivela che sotto la superficie dell'opera finale sono spesso presenti abbozzi o schizzi o varianti. Ebbene, quella «scuola» voleva appunto andare al di là della superficie dei vangeli, cercando di risalire oltre la redazione finale sino alla predicazione dei primi annunziatori del messaggio cristiano e possibilmente sino alla memoria di Gesù.

Il desiderio era di approdare alla sorgente, alle parole e alle opere dello stesso Gesù storico. Si cercava, quindi, di delineare la «formazione» (*Form-*) dei vangeli nella loro storia (*Geschichte*). Questa formazione si era attuata attraverso il calarsi delle parole e delle opere di Gesù in «forme» (*Form-*) letterarie, simili a piccoli stampi fissi (pensiamo alle parabole, ai racconti di miracoli, ai *loghia*, cioè a frasi lapidarie o detti di Gesù, alle polemiche o controversie di Cristo con i suoi avversari e così via). Tale operazione, che nella cristianità delle origini selezionava e adattava le memorie *di* Gesù e *su* Gesù, secondo questa «scuola» di studiosi tedeschi sorta ai tempi della prima guerra mondiale fu condizionata dai diversi contesti – chiamati *Sitz im Leben*, ovvero «situazione nella vita» o ambiente vitale – entro cui venivano trasmessi la memoria e il messaggio di Cristo. Per Bultmann si trattava di ambiti popolari, inclini alla creazione di miti e di leggende, pronti a esasperare gli aspetti clamorosi e religiosi, a adattare e a deformare la vicenda di Gesù secondo le istanze concrete delle varie comunità. Sulla base di queste considerazioni è facile immaginare quale sia stato il risultato dell'investigazione della *Formgeschichte* e di Bultmann.

Una parete divisoria invalicabile separa il Cristo della fede, a noi pienamente disponibile, dal Gesù storico: non sappiamo nulla del *Wie* di Gesù, cioè del «come» egli abbia parlato, amato, vissuto; non sappiamo nulla del suo *Was* («ciò»), ossia dei contenuti della sua predicazione e della sua umanità storica; sappiamo solo che Gesù è stato un *Dass («che»)*, cioè un dato esistente, e questo ci dovrebbe bastare perché i vangeli vogliono presentare soltanto a credenti il Cristo della fede e della gloria pasquale, il Figlio di Dio, il Salvatore. Come aveva affermato un collega di Bultmann, Martin Dibelius, *am Anfang war die Predigt*, «in principio c'era la predicazione», il *kerygma*, l'annunzio di fede, e non il Gesù della storia. La sorgente del cristianesimo non è nell'ebreo Gesù di Nazaret ma nel Cristo predicato e creduto, nell'annunzio pasquale degli apostoli. Come è evidente, su una via antitetica rispetto a quella razionalistica dei professori dell'Ottocento, Bultmann, che aveva imboccato una via fideistica, approdava però allo stesso esito: il Gesù storico ci sfugge, avvolto negli incensi dell'adorazione cristiana; ad apparirci è il Cristo glorioso e per gli evangelisti è solo lui che deve interessare.

La prima e la seconda via, quella del razionalismo e quella della *Formgeschichte*, così diverse tra loro, avevano condotto a un identico vicolo cieco, come dichiarava un famoso discepolo critico di Bultmann, Ernst Käsemann, in uno dei suoi *Saggi esegetici*: «Per 200 anni l'indagine storica ha cercato di liberare il Gesù storico dalle catene della dogmatica ecclesiastica, per riconoscere alla fine che tale tentativo era a priori votato al fallimento, poiché in fin dei conti è soltanto attraverso la predicazione cristiana primitiva e la dogmatica ecclesiastica ad essa legata che riusciamo a sapere qualcosa sul Gesù storico, che è impossibile da distinguere in maniera netta e soddisfacente rispetto al Gesù predicato e creduto». Ritorniamo, così, al nostro punto di partenza, quando camminavamo su quel crinale tra storia e fede suggerito dalle antiche professioni della fede cristiana. Ma ci chiediamo: non è forse praticabile una «terza via» che non scivoli nella negazione della storia, affondando nel rifiuto razionalistico o fideistico? Uno studioso italiano della questione, Giuseppe Segalla, giustamente osservava: «Oggetto della fede non è il Gesù storico in quanto tale e tanto meno il Gesù storico può divenire fondamento e giustificazione della fede; tuttavia il Gesù storico appartiene alla fede in quanto la fede ha per oggetto in cui credere proprio una persona storica, vissuta all'interno di una storia particolare, quella della Palestina del I secolo».

### *Imboccare la «terza via»*

La «terza via» – la si chiama proprio così – è stata imboccata agli inizi degli anni Cinquanta e fu tracciata appunto su quel crinale, nella consapevolezza che la visione cristiana delle origini non voleva ridurre Gesù a un mito o a un simbolo misterioso o mistico e la fede a un'esperienza soggettiva di stampo gnostico (la gnosi, che fiorirà nei primi secoli cristiani, indicava percorsi solo intimi e ideali per incontrare un Cristo trasfigurato e transumanato). Si configurò, così, quella che fu denominata *New Quest*, «nuova ricerca», dal titolo di un libro dello studioso e vescovo anglicano John A.T. Robinson, *A New Quest of the Historical Jesus*, divenuto nella versione italiana del 1977 *Kerygma e Gesù storico*. La fiducia nella possibilità di raggiungere il volto di Gesù di Nazaret nella sua realtà storica si faceva più concreta: all'interno dell'annunzio di fede si cercava di snidare la memoria storica di Gesù. Uno dei percorsi privilegiati fu quello dei «criteri di storicità», cioè di verifica dell'autenticità storica o meno dei vari dati evangelici, dati che sono – non ci stanchiamo di ripeterlo – sempre intrecciati o illuminati o interpretati dalla fede. Vogliamo fermarci ora su almeno due di questi criteri.

Il primo è denominato, in via convenzionale, «criterio di discontinuità». Potremmo così formularlo: sono da ritenersi storicamente autentici i dati del vangelo non riconducibili alle concezioni del giudaismo e a quelle posteriori della Chiesa. Come è facile intuire, due sono i versanti presi in considerazione. Ci sono innanzitutto alcuni elementi che stridono con il giudaismo contemporaneo e rivelano un'originalità tale da non poter essere considerati un semplice prodotto dell'ambito ebraico. Facciamo alcuni esempi. Lo studioso tedesco Joachim Jeremias si è preoccupato di verificare l'uso di *abba'*, in aramaico un vezzeggiativo affine al nostro «papà», da parte di Gesù nei confronti di Dio, il Padre per eccellenza. Qualche raro esempio giudaico di tale uso è attestato, ma va in direzione diversa rispetto a quello originale e sconcertante adottato da Gesù (si veda *Mc* 14,36). Scrive Jeremias: «Siamo di fronte a qualcosa di nuovo e di inaudito che varca i limiti del giudaismo. Qui vediamo chi era il Gesù storico: l'uomo che aveva il potere di rivolgersi a Dio come *abba'* e che rendeva partecipi del Regno di Dio peccatori e pubblicani autorizzandoli a ripetere a Dio quest'unica parola: *abba'*, papà». Come usano dire gli specialisti in un latino un po' pittoresco, *abba'* è uno degli *ipsissima verba Jesu*, cioè una delle «stessissime parole» pronunziate da Gesù.

Un altro esempio. Gesù passa sul litorale del lago di Tiberiade, vede alcuni pescatori e dice loro: «"Seguitemi, vi farò pescatori di uomini". Essi, lasciate le reti, lo seguirono» (*Mc* 1,17-18). Anche in questo caso c'è qualcosa di originale rispetto allo schema rabbinico. I maestri ebrei, infatti, si mettevano sulle piazze o ai crocevia e predicavano: chi si convinceva seguiva quel *rabbì* («mio maestro») divenendone discepolo. Gesù ha invertito la prassi del tempo: «Non voi avete scelto me ma io ho scelto voi» (*Gv* 15,16). Un ulteriore significativo esempio di «discontinuità» è nella sostanziale libertà dimostrata da Gesù nei confronti delle leggi rituali di purità allora praticate (si pensi all'incontro con i lebbrosi che egli persino «tocca» per guarirli). Anzi, spesso – superando il rigore dei costumi socio-religiosi del tempo – Gesù è in cattiva compagnia, circondato da donne dalla vita non sempre ineccepibile, da esattori di tasse, da peccatori di ogni risma, da emarginati, da «scomunicati». La sua figura non può essere considerata una semplice gemmazione del rabbinismo o un prodotto del giudaismo del I secolo, al quale peraltro è legata da indiscutibili radici comuni. A tale proposito è significativo quanto ha scritto un maestro giudaico dei nostri giorni, Jacob Neusner, nell'opera pubblicata a New York nel 1993 con il titolo *A rabbi talks with Jesus*, tradotta in italiano nel 1996 come *Disputa immaginaria tra un rabbino e Gesù*. Neusner immagina di essere tra la folla che ascolta quel «Discorso della Montagna» di Gesù che in seguito presenteremo. Quando Cristo tace, egli è certo: non seguirò il rabbì di Nazaret; ritornerò a casa mia, alla mia famiglia, al mio villaggio, al lavoro di sempre. In Gesù c'è troppa carenza di Tôrah, cioè di legge, manca la regolamentazione globale della vita personale e comunitaria che trovo nel giudaismo.

Parlavamo, però, d'un altro versante nel quale si manifesta la «discontinuità», quello del rapporto con la cristianità posteriore. La scena del battesimo al Giordano, in cui Gesù appare in mezzo ai peccatori per partecipare a un rito per la remissione dei peccati e in subordine a Giovanni Battista, come poteva essere «inventata» dai primi cristiani che proprio allora cominciavano a polemizzare con alcune sette «battiste» che consideravano Giovanni come il vero Messia? Come avrebbe potuto immaginare la Chiesa degli inizi l'esperienza umiliante delle tentazioni, con un Gesù in balìa di Satana se Gesù stesso non ne avesse parlato? Come avrebbe escogitato una fine così ingloriosa, con il «supplizio degli schiavi», secondo la definizione della crocifissione coniata da Tacito, se ciò non fosse stato nella cruda realtà dei fatti? Come inventare la giovinezza di Gesù a Nazaret, località ignota alle Scritture e «dalla quale non può venire nulla di buono», secondo quanto dice un personaggio del quarto vangelo (*Gv* 1,46)? Come mettere sulle labbra di Gesù frasi del tipo «Quanto al giorno e all'ora della fine, nessuno li conosce, neanche gli angeli del cielo e neppure il Figlio ma solo il Padre» (*Mc* 13,32)? Perché non si sono «aggiornati» la teologia o il linguaggio posti sulle labbra di Gesù rispetto agli sviluppi paolini? Perché non si è abbozzato un ritratto più idealizzato degli apostoli, le «colonne» della Chiesa (*Gal* 2,9), presentati invece nei vangeli come ottusi, esitanti, codardi e persino traditori?

Tuttavia per meglio convalidare i dati storici su Gesù e acquisirne altri è utile procedere anche lungo una traiettoria opposta, quella del «criterio di continuità» che può essere formulato così: è da considerare autentico un detto o un gesto di Gesù che sia in stretta conformità non solo con l'epoca o l'ambiente linguistico, geografico, politico, sociale e culturale dello stesso Gesù, ma sia pure intimamente coerente con il suo insegnamento e con la sua immagine generale. È facile intuire che, se i vangeli dipingessero il fondale della vita e dell'opera di Gesù con i colori e le figure del mondo greco-romano del II secolo, avremmo qualcosa di simile alle famose «Cene» di Gesù dipinte dal Veronese in cui Cristo e i suoi commensali sono inseriti in architetture rinascimentali e ritratti con particolari occidentali. Il sospetto sul valore storico degli eventi descritti sarebbe più che legittimo. Ebbene, i vangeli riflettono con una buona approssimazione (non dimentichiamo che essi non sono libri storici in senso stretto) lo sfondo topografico e socio-culturale del I secolo.

L'ambiente sociale (lavoro, abitazioni, professioni, strati della società), religioso (le rivalità teologiche tra il movimento «progressista» dei Farisei e quello «conservatore» e «clericale» dei Sadducei, le tensioni messianiche, il ritualismo, la demonologia...), geografico (le tre regioni palestinesi della Galilea a nord, di Samaria al centro e della Giudea al sud, le città come Gerusalemme, Cafarnao, Nazaret e le relative conferme archeologiche), linguistico (il substrato aramaizzante di certe pagine greche dei vangeli, i cosiddetti procedimenti mnemonici di una civiltà orale) è ben rappresentato dai vangeli, senza anacronismi eccessivi e sospetti. Osservava uno studioso canadese, René Latourelle: «Non si saprebbe inventare coi vari pezzi presenti nei vangeli un insieme di dati così complessi coordinandoli nei particolari in un tessuto a maglie molto fitte. La ragione d'essere di questa fedeltà è nella realtà stessa che la produce». Le parabole di Gesù sono l'emblema più significativo di tale coerenza non artificiosa.

## *Gesù, l'ebreo*

È proprio nell'orizzonte della «continuità» giudaica che in modo particolare hanno operato le nuove ricerche della «terza via» per raggiungere il Gesù storico. Vorremmo solo menzionare tre progetti di verifica che, pur mostrando molti limiti, hanno offerto un contributo rilevante alla questione. Iniziamo da un'università svedese, quella di Lund, ove fin dagli anni Cinquanta uno studioso, Ernst Harald Riesenfeld, aveva suggerito di esaminare le parole evangeliche di Gesù secondo i canoni dell'insegnamento rabbinico. Un suo discepolo, Birger Gerhardsson, in un'opera dal titolo *Memory and Manuscript* compì la dimostrazione pratica del suggerimento. Gesù e i primi discepoli, infatti, avevano adottato i procedimenti di comunicazione tipici del loro ambiente: essi erano destinati a favorire l'apprendimento mnemonico e quindi la conservazione fedele. Il rabbì Gesù o il rabbì Matteo o un altro discepolo ricorrevano, come gli antichi semiti, alla tecnica del parallelismo, cioè della ripetizione della stessa immagine o dello stesso concetto da angoli di visuale differenti. Vediamo un solo esempio.

> Ogni albero buono produce frutti buoni.
> Ogni albero cattivo produce frutti cattivi.
> Un albero buono non può produrre frutti cattivi.
> Un albero cattivo non può produrre frutti buoni (*Mt* 7,17-18).

I maestri antichi amavano, inoltre, la formula provocatoria, eccessiva, pittoresca, convinti com'erano sulla base di un adagio rabbinico che «val di più un grano di pepe che un cesto di cocomeri». Ed ecco, allora, Gesù dichiarare in modo paradossale: «È più facile che un cammello passi per la cruna di un ago, che un ricco entri nel Regno dei cieli» (*Mt* 19,24). Coloro che sono ricorsi alla correzione del greco *kámelon*, «cammello», in *kamilon*, «gomena» o «nodo marinaro», o hanno pensato a un'ipotetica porta di Gerusalemme denominata «cruna d'ago» per la sua strettezza, non hanno tenuto conto della forza dell'iperbole che, fra l'altro, è documentata da fonti giudaiche nelle quali esiste la comparazione tra cruna ed elefante. Molte sono le modalità della comunicazione rabbinica che si isolano all'interno dei vangeli e che confermerebbero la fedeltà della trasmissione delle memorie *di* Gesù e *su* Gesù. Anzi, con una certa esagerazione, uno studioso svedese, Krister Stendahl, sempre dell'università di Lund, aveva ipotizzato nel 1954 che il vangelo di Matteo fosse il frutto di una scuola di rabbini cristiani (il titolo della sua opera è esplicito: *The School of St. Matthew*). Bisogna, però, ricordare che le parole di Gesù erano comunicate nella tradizione con una fedeltà non materiale ma viva, adattata ai diversi contesti, con una duttilità e una freschezza che impedivano la sterile e asettica conservazione, simile a quella della pietra preziosa nello scrigno o delle «mummie imbalsamate d'Egitto conservate in olio rancido», come scriveva ironicamente Charles Péguy a proposito appunto della parola di Cristo.

Un secondo progetto di ricerca si è dedicato a ricostruire i nessi tra Gesù e l'ebraismo, nella consapevolezza della sua appartenenza radicale alla realtà, alla visione del mondo e anche alla spiritualità del popolo dell'Antico Testamento. Per alcuni questo sarebbe l'unico sentiero percorribile per identificare il Gesù autentico, documentato storicamente. Il «Gesù ebreo», come dice il titolo di un fortunato libro di Geza Vermes, o il «nostro fratello Gesù», come lo chiamava un altro ebreo, Schalom Ben Chorin, è l'unico vero risultato che a livello storico sarebbe possibile attingere dai vangeli. Ed Parish Sanders, che a tale ricerca ha consacrato alcune sue opere, tra le quali segnaliamo *Gesù e il giudaismo* e *Gesù. La verità storica*, è arrivato al punto di dichiarare che «è storico quanto nella tradizione storica di Gesù corrisponde all'ambiente giudaico; non lo è ciò che non vi corrisponde». Dichiarazione paradossale perché tutto ciò che è «cristiano» in Gesù dovrebbe essere scartato e relegato tra le «invenzioni» della Chiesa delle origini. In realtà, se è vero che Gesù ha i piedi saldamente piantati nella terra palestinese del I secolo, è però altrettanto vero che segnali indubbi di originalità e «discontinuità» con il giudaismo sono reperibili nella figura originaria di Cristo. Insomma, accanto a un Gesù storico ebreo, c'è anche un Gesù storico cristiano!

Un ultimo progetto è quello elaborato da un docente dell'università tedesca di Heidelberg, Gerd Theissen: sulla scia di ricerche antecedenti di taglio sociologico e persino materialistico, egli ha applicato il cosiddetto metodo socio-religioso al vaglio delle strutture culturali, sociali, comunitarie e spaziali presenti nei vangeli, scoprendo molteplici materiali validi per una collocazione della figura di Gesù in precisi contesti storici documentati. È nata così, nel 1979, una *Sociologia del cristianesimo primitivo*, pubblicata in Italia nel 1987 e si è effettuata anche una curiosa analisi del *Lokalkolorit und Zeitgeschichte in den Evangelien*, cioè del folclore e della storia quotidiana del tempo in cui è vissuto Gesù. Anzi, con molta originalità e coraggio Theissen ha ricostruito in un romanzo storico, *L'ombra del Galileo*, tradotto in Italia nel 1990, «un'immagine di Gesù e del suo tempo che corrisponda ai risultati della ricerca scientifica moderna e sia comprensibile all'uomo d'oggi», come dichiarava lo stesso autore. In pratica, Theissen ha tentato un'indagine storica in forma narrativa.

Abbiamo costretto i nostri lettori a seguire un itinerario piuttosto arido e per molti di loro, nonostante le semplificazioni, arduo e pietroso. Siamo partiti da quelle due righe del Credo antico citato da Paolo: in esse in modo inequivocabile gli elementi di una storia riguardante un uomo concreto, morto crocifisso sotto il procuratore romano di Giudea Ponzio Pilato attorno agli anni 30 del I secolo, sepolto dopo una vita contrassegnata da sorprendenti atti e messaggi, si intrecciavano con una serie di eventi trascendenti (risurrezione, apparizioni, redenzione dell'umanità). Il cristianesimo entrava in scena come religione nella quale storia e fede non si respingono ma coesistono, un po' come accadeva già nella religione dell'Antico Testamento. Ci siamo messi allora subito sulle piste della storia, alla ricerca di più o meno microscopici segnali del passaggio di Gesù sulla terra di Galilea, Samaria e Giudea. Abbiamo consultato documenti profani romani ed ebrei, ma alla fine ci siamo convinti che erano soprattutto quei quattro libretti chiamati «vangeli» le fonti più preziose. Era giunto il momento di ricostruire i modi, i metodi e i risultati dell'investigazione storica condotta su di essi. E ci siamo ritrovati a imboccare almeno tre vie che a loro volta si sfrangiavano in sentieri minori.

Ora dovremmo consacrarci alla definizione dell'altra componente, ancor più rilevante: quella della fede che irrora la storia di Gesù così com'è narrata dai vangeli. Ma questo sarà il compito che ci impegnerà nei prossimi quattro capitoli, in un nuovo viaggio in territori più spaziosi e luminosi, spesso ignoti nonostante tutti credano di averli frequentati. Prima, però, di parlare dei quattro vangeli e della loro rappresentazione di Gesù, nella quale la memoria storica si fonde con l'annunzio di fede, ricostruiremo il quadro generale entro cui i vangeli sorgono e si collocano. Lo faremo in un breve profilo che riassume un'intera bibliografia di studi, di discussioni, di tesi.

### *Dalla sorgente al delta*

L'immagine che ci sembra più suggestiva è quella del fiume che nasce da una sorgente, si dirama in forma ancora esitante, si snoda in un percorso più placido e solenne, alimentato dalle acque degli affluenti, e approda al suo delta conclusivo. Tutto comincia con Gesù di Nazaret, la sorgente. Ormai si è sempre più convinti che «in principio» sia necessario, non solo (come è naturale) a livello teologico ma anche a livello storico, porre la sua figura, la cui carta d'identità potrebbe essere così definita:

*Nome*: Gesù, in ebraico *Jeshû'*, abbreviazione di *Jehoshû'a* («Il Signore salva»).

*Paternità legale*: Giuseppe, in ebraico *Josef*. Secondo lo stile semitico il cognome sarebbe *ben-Josef* («Figlio di Giuseppe»; vedi *Lc* 4,22).

*Maternità*: Maria, in ebraico *Myriam* (forse «la elevata, esaltata»).

*Luogo di nascita*: Betlemme di Giudea.

*Data di nascita*: «ai tempi del re Erode» (*Mt* 2,1), durante «il primo censimento» di Quirinio, governatore della Siria (*Lc* 2,1-2). Siamo forse attorno al 6 a.C.

*Residenza*: Nazaret in Galilea; poi senza fissa dimora.

*Stato civile*: celibe.
*Professione*: carpentiere; poi *rabbì* ambulante.
*Segni particolari*: nessuno.

Alle origini, dunque, c'è questa figura storica, la sua predicazione e attività pubblica per le strade, i villaggi e le città prima della Galilea, la regione settentrionale della Palestina, e poi della meridionale Giudea, e infine la sua morte a Gerusalemme. Un evento «misterioso» (a livello storico e teologico, ma ovviamente con sensi diversi), la sua risurrezione, dà al fiume il primo impulso che impedisce alle acque di ristagnare o di essere assorbite dal terreno. Esse, invece, scorrono e il fluire un po' variegato tra colline e valli è l'annunzio che i discepoli di Cristo faranno negli anni successivi alla sua morte. È quel *kerygma* o «annunzio» – abbiamo già imparato a conoscerlo – che è destinato a ebrei e pagani ma che viene sviluppato in vere e proprie lezioni di catechesi per coloro che hanno già compiuto una prima scelta per Gesù. Come abbiamo visto, non si tratta di pura e semplice memoria di atti e di detti: i ricordi sono, infatti, illuminati dall'esperienza della Pasqua di Cristo vissuta dalla comunità dei discepoli, un'esperienza che dovremo in seguito approfondire.

Il fiume comincia a irrobustirsi; fuor di metafora, nascono probabilmente i primi testi scritti, sono quasi dei «protovangeli». Su questi possiamo solo avanzare ipotesi, vagliando i vangeli terminali a noi giunti e certe macchie omogenee di colore che essi rivelano. Di certo nacque un antico racconto della Passione-morte-risurrezione di Gesù; si formarono narrazioni sull'infanzia di Gesù, trasfigurate alla luce della fine tragica e gloriosa della sua vita. Secondo molti studiosi sorsero anche alcune collezioni di «detti» – o, come si dice in greco, di *loghia* – pronunziati da Cristo. Tra di esse è da menzionare quella che gli esegeti denominarono convenzionalmente «fonte Q» (dal tedesco *Quelle*, «fonte») e che fu anticipata già agli inizi dell'Ottocento dagli studi sui vangeli del filosofo tedesco Friedrich Schleiermacher. Questa raccolta di parole di Gesù è da molti considerata come una delle fonti ben identificabili nei primi tre vangeli. Non mancarono forse libretti che elencavano una serie di atti miracolosi di Gesù.

Ma ormai stiamo per giungere al delta del fiume: è una foce a quattro bracci. Le acque vi si convogliano su percorsi differenti, mentre altre vi confluiscono da diversi affluenti. Siamo giunti ai vangeli. Tre si organizzano secondo una planimetria piuttosto omogenea, sono i cosiddetti «vangeli sinottici». Il termine deriva dal greco e suppone che con uno sguardo (*opsis*) d'insieme (*syn-*) i vangeli di Matteo, Marco e Luca possano essere colti come un trittico parallelo le cui scene sono in sostanza analoghe o per lo meno rivelano coincidenze significative. Per spiegare questo fenomeno, detto «questione sinottica», si è ricorsi a decine e decine di ipotesi tra le quali particolare fortuna ebbe la cosiddetta «teoria delle due fonti». Al contrario di quanto si riteneva nell'antichità cristiana e nei secoli successivi, il primo vangelo fu quello di Marco (non quello di Matteo che apre ancora oggi il Nuovo Testamento nelle edizioni ufficiali): non fu, dunque, Marco a sintetizzare Matteo ma furono Matteo e Luca ad ampliare Marco, loro fonte primaria, usando come testo di riferimento anche la «fonte Q» che abbiamo sopra descritto e che conservava soprattutto parole di Gesù. Non si escludevano, comunque, altre fonti minori usate da Matteo e Luca.

L'ultimo braccio del delta della tradizione di Gesù Cristo è, come è noto, il vangelo di Giovanni che, messo in «sinossi» con il trittico Marco-Matteo-Luca rivela una sua originalità di fonti. Ebbene, nella tetrade dei vangeli confluiscono memorie storiche *di* Gesù e *su* Gesù che la testimonianza dei primi discepoli, la predicazione cristiana o *kerygma*, gli eventuali primi scritti avevano elaborato, interpretato, arricchito e ampliato. Come ha insegnato una scuola esegetica, detta in tedesco di *Redaktionsgeschichte*, cioè di «storia della redazione», e come avremo occasione di dimostrare nei capitoli dedicati ai vangeli, i singoli evangelisti non ripeterono meccanicamente i dati ricevuti dalla prima tradizione cristiana, quasi fossero meri compilatori, ma li selezionarono, li adattarono alle comunità a cui li indirizzavano, li ordinarono comportandosi da veri «redattori», li interpretarono secondo le proprie prospettive teologiche. È per questo che il profilo di Gesù Cristo nei quattro vangeli è sostanzialmente lo stesso ma ha lineamenti nuovi, sottolineature differenti, espressioni inedite secondo ciascun vangelo. È ciò che, ad esempio, aveva già intuito il celebre autore dei *Racconti di Canterbury*, Geoffrey Chaucer (1340 ca.-1400), quando nel *Racconto di Melibeo* a proposito della narrazione della Passione di Gesù secondo i vari evangelisti, osservava: «Voi sapete che ogni evangelista non ci narra il martirio di Gesù Cristo del tutto nello stesso modo del suo compagno. Eppure tutti i loro racconti sono veri e tutti concordano nel senso che, se pur vi sono discrepanze nel modo del racconto, perché uno dice di più e l'altro di meno nelle pagine che descrivono la sua compassionevole passione, il significato generale è però indubbiamente uno solo».

A questa osservazione davvero pertinente dobbiamo aggiungere quanto già sappiamo e cioè che la qualità specifica dei vangeli è da collocare in un punto di equilibrio delicato. Da un lato, bisogna evitare la Scilla del mito o della pura e semplice teologia, quasi che siano trattati speculativi; dall'altro, bisogna schivare la Cariddi della storicità assoluta, quasi che siano da ricondurre al genere dei manuali di storiografia o delle biografie scientifiche. Il loro genere letterario è, in un certo senso, unico, come lo era quello della predicazione che li precedeva. Essi partono dalla storia di Gesù di Nazaret ma non è alla sua ricostruzione rigorosa che dedicano i propri sforzi (si notano facilmente divergenze di ambientazione, formulazione, trama, dettaglio). Quei dati vengono, infatti, interpretati e compresi nel loro significato più profondo e trascendente. E la luce che riesce a perforare la superficie dei fatti di Gesù per coglierne il valore di rivelazione e di salvezza è la Pasqua di Cristo, un evento che ha lasciato dietro di sé tracce storiche ma che appartiene a un altro piano, al di là della storia. Se si tiene ben fissa questa qualità, risulta tutto sommato secondaria la questione cronologica, cioè se Marco sia da collocare attorno al 50 oppure se il 70, l'anno del crollo di Gerusalemme sotto le armate imperiali romane di Tito, sia la vera discriminante temporale. Nella bassa come nell'alta cronologia i vangeli sono sempre preoccupati di assumere la storia per trapassarla e di offrirla elaborata non storiograficamente ma teologicamente.

### «*Astro incarnato nell'umane tenebre*»

Chiudiamo questa prima tappa del nostro viaggio nelle Scritture cristiane. In essa è apparso già nitido l'elemento centrale della visione religiosa biblica in generale e cristiana in particolare. In teologia lo si è indicato con il termine *incarnazione* sulla scia di quella celebre affermazione del prologo del vangelo di Giovanni: *ho logos sarx eghéneto*, «la Parola divenne carne». La perfetta trascendenza della Parola creatrice, salvatrice e rivelatrice di Dio entra nella fragilità carnale dell'uomo Gesù di Nazaret, la divinità s'irradia nella storia. Per usare un'immagine di Kierkegaard, le due sfere dell'umano e del divino in Gesù Cristo entrano in collisione, ma non per un'esplosione di rigetto bensì per un abbraccio.

Affidiamo la rappresentazione di tale incrocio fra la trascendenza e la contingenza, fra la fede e la storia ad alcuni versi di una poesia notissima che Giuseppe Ungaretti compose nel 1943-44, *Mio fiume anche tu*, e che entrò nella raccolta *Il Dolore*, «il libro che più amo» come confessava lo stesso poeta «il libro scritto negli anni orribili, stretto alla gola», in seguito alla morte del figlio Antonietto in Brasile.

Cristo, pensoso palpito,
Astro incarnato nell'umane tenebre,
Fratello che t'immoli
Perennemente per riedificare
Umanamente l'uomo,
Santo, Santo che soffri,
Maestro e fratello e Dio che ci sai deboli,
Santo, santo che soffri
Per liberare dalla morte i morti
E sorreggere noi infelici vivi,
D'un pianto solo mio non piango più,
Ecco Ti chiamo, Santo,
Santo, Santo che soffri.

II

# Marco, il primo evangelista

Anche se avvolto nell'aureola prestigiosa di Pietro, del quale avrebbe raccolto le memorie e la predicazione, il vangelo di Marco è stato per secoli emarginato dall'esegesi. Sant'Agostino nel suo *De consensu evangelistarum* (I, 2, 4) era stato tanto lapidario quanto sbrigativo: «Marco è valletto e compendiatore di Matteo ... è il più divino degli abbreviatori». Così, fin quasi ai nostri tempi, al libretto marciano, fatto solo di 11.229 parole greche e scritto con un taglio secco e schematico, si è preferito il più solenne e compiuto Matteo o il più intenso e raffinato Luca o il più teologico Giovanni. Il primo commento latino integrale a Marco appare solo nel V-VI secolo ed è uno Pseudo Girolamo di scarso interesse, mentre per averne uno dell'antica e feconda esegesi greca bisognerà attendere fino al X secolo con un non celeberrimo Eutimio Zigabeno.

## *Gli evangelisti come redattori*

È solo nel nostro secolo, con la «teoria delle due fonti» che abbiamo poco sopra spiegato, con nuove e più sistematiche ricerche esegetiche che questo vangelo è stato considerato cronologicamente il primo, ha ricevuto un'attenzione straordinaria ed è stato circondato dalle premure di commentari spesso monumentali. Si superava, così, quell'antico pregiudizio sfavorevole e si andava ben oltre la popolarità solo tradizionale e non di rado leggendaria che, stando alla *Storia ecclesiastica* di Eusebio di Cesarea (III-IV secolo), voleva Marco fondatore e primo vescovo di Alessandria di Egitto, ivi morto martire nel 62. La leggenda aveva poi narrato che le sue reliquie erano state traslate a Venezia nel IX secolo; ancor oggi per turisti e residenti Marco è collegato inscindibilmente alla città lagunare. Basti pensare alla colonna sormontata dal leone di San Marco nell'omonima piazza, alle storie del santo effigiate nello stupendo ciclo musivo della Basilica a lui dedicata, alla pala di San Marco che Tiziano ha approntato per la chiesa della Salute nel 1511 o alle opere del Tintoretto per la Scuola di San Rocco (1548-49), ora conservate all'Accademia, e così via.

A margine ricordiamo che il leone divenne simbolo dell'evangelista sulla base di una lettura allegorica di Apocalisse 4, 7. Attorno al trono divino Giovanni vede quattro esseri viventi: «Il primo vivente era simile a un leone; il secondo essere vivente aveva l'aspetto di un vitello; il terzo vivente aveva l'aspetto di un uomo; il quarto vivente era simile a un'aquila che vola». Il simbolismo quaternario rimanda ai quattro punti cardinali o ai quattro venti: questi esseri forse rappresentano gli angeli della divina provvidenza e, nelle loro forme, la nobiltà, la forza, la sapienza e l'agilità. Ma già per Ireneo di Lione (II sec.) essi sono simbolo dei quattro evangelisti. Il leone è assegnato a Marco – stando almeno a san Girolamo – perché il suo scritto si apre con il deserto selvaggio ove lo stesso Gesù, dopo il Battista, è presente «in compagnia delle fiere» (*Mc* 1,13). Il vitello o toro andrà a Luca perché il suo vangelo inizia nel tempio di Gerusalemme con i sacrifici celebrati da Zaccaria, futuro padre del Battista. A Matteo sarà riservato l'uomo (spesso trasformato in angelo) perché la sua opera comincia con la genealogia terrena di Cristo, da Abramo e Davide fino a Giuseppe e Maria. Infine, Giovanni è l'aquila che spazia nei cieli del verbo divino con il suo prologo. Ma ritorniamo alla nostra ricerca storico-teologica.

Prima di interessarci di Marco e del suo vangelo sono necessarie due lunghe premesse di carattere generale. La prima riguarda una parola che abbiamo già ripetuto decine di volte e che sarà costante in questo libro, *vangelo* o *evangelo*, derivante dal greco *euanghelion*, cioè «buona o lieta notizia», «buona novella». Il termine risuona nel Nuovo Testamento 76 volte e, curiosamente, per 60 volte nelle sole lettere paoline, seguite proprio da Marco che lo usa 8 volte, mentre è assente in Luca e Giovanni. Significativo è il titolo, forse posteriore, dell'opera di Marco: «Inizio del vangelo di Gesù Cristo, Figlio di Dio» (*Mc* 1,1), ove «vangelo» rimanda forse sia all'opera sia al contenuto, l'annunzio di Gesù Cristo, Figlio di Dio. Accanto al vocabolo appare anche il verbo «evangelizzare» (*euanghelìzesthai* o *euanghelìzein*) per 54 volte, dominante ancora in Paolo (22 volte) ma prevalente in Luca che totalizza 25 presenze nel vangelo e negli Atti degli Apostoli, la sua seconda opera. Una domanda affiora spontanea: dove nacque questo sostantivo che alla fine definì il genere letterario e il contenuto della prima predicazione e dei primi scritti cristiani?

Il vocabolo greco è antico e lo usava già Omero. Ma il senso prevalente era piuttosto quello di «ricompensa per la buona notizia» di una vittoria militare o sportiva, di una guarigione o di un successo. Più significativa è l'iscrizione di Priene (Asia Minore) del 9 a.C., una specie di calendario ove si legge, alla data di nascita dell'imperatore Augusto, la frase: «Il giorno natale del dio fu per il mondo l'inizio, per mezzo di lui, dei buoni annunzi [*euanghelion*]» (si trattava del 23 settembre, divenuto capodanno a causa del culto imperiale). Tuttavia è molto più probabile che il Nuovo Testamento abbia voluto guardare all'orizzonte che gli era più vicino e familiare: il verbo «evangelizzare» ricorre, infatti, nella versione antica greca della Bibbia, in particolare nel libro di Isaia, ove traduce il verbo ebraico *basser*. Ecco un esempio celebre, quello di Isaia 61, 1-2, un passo che Gesù cita nell'«omelia» tenuta nella sinagoga del suo villaggio, Nazaret: «Lo Spirito del Signore è su di me / ... / Egli mi ha mandato ad annunziare / il lieto messaggio [*euanghelìsasthai*] ai poveri...» (*Lc* 4,18). Specifico del cristianesimo è l'uso costante del vocabolo «vangelo», ma l'orizzonte è lo stesso, più biblico che profano. Nuovo, comunque, è il contenuto: il «vangelo» cristiano ha al centro la persona di Gesù Cristo e la salvezza da lui offerta, cioè il Regno di Dio. Non per nulla Paolo usa per 8 volte la locuzione *euanghelion tou Christoù*, «vangelo di Cristo». I quattro vangeli, pur avendo qualche contatto con il genere allora diffuso delle biografie greco-romane (pensiamo alle *Vite parallele* di Plutarco o al *De viris illustribus* di Svetonio), si rivelano come un modello letterario unico in cui storia e messaggio si fondono in un impasto omogeneo. Gesù di Nazaret è il Figlio di Dio, le sue azioni storiche inaugurano un Regno trascendente, le sue parole vengono considerate divine, la rivelazione perfetta della volontà di Dio.

La seconda premessa non fa che recuperare una nota introdotta nel precedente capitolo. Là avevamo parlato di una ricerca esegetica, di origine piuttosto recente, chiamata *Redaktionsgeschichte*, in tedesco «storia della redazione» evangelica. Diversamente dagli studiosi dell'antecedente scuola di *Formgeschichte* o «storia della formazione» dei vangeli, alcuni neotestamentaristi, come Gunther Bornkamm, Hans Conzelmann, Jacques Dupont, Willi Marxsen e Wolfgang Trilling, si accorsero che gli evangelisti non erano meri compilatori di storie o prediche giunte a loro dalla tradizione precedente o semplici coordinatori di materiali già compiuti. Marco, Matteo, Luca e Giovanni erano autori in senso stretto, capaci di compiere sui dati tradizionali vere e proprie operazioni redazionali, pronti a offrire profili originali di Gesù e del suo messaggio. Gli stessi primi tre vangeli, detti «sinottici» perché – lo abbiamo già visto – a un primo sguardo d'insieme sembrano essere opere seriali, si rivelano a un esame più accurato opere dotate di una loro identità, con strutture, trame, architetture narrative coerenti e coscienti, segnate da una prospettiva teologica che si manifesta nelle linee principali dei singoli scritti ma anche nei piccoli segnali da isolare attraverso ricerche minuziose. E noi non mancheremo di offrire esempi durante il nostro viaggio all'interno dei vangeli.

La fedeltà ai dati della precedente tradizione è, per gli evangelisti, un programma, ma essa non significa ripetizione meccanica bensì ripresa incarnata in nuovi contesti, che comprende ricerca accurata e vaglio, e richiede selezione e interpretazione. Significativa è, al riguardo, la testimonianza che Luca dà della sua metodologia nel prologo al suo vangelo: «Poiché molti hanno posto mano a stendere un racconto degli eventi che si sono compiuti in mezzo a noi – così come ce li hanno tramandati coloro che ne furono fin dal principio testimoni oculari e divennero servitori della Parola – parve bene anche a me di fare accurate ricerche su ogni circostanza fin dagli esordi e di scriverne un ordinato resoconto per te, Eccellenza Teofilo, così che ti possa render conto della consistenza degli insegnamenti che ti sono stati comunicati» (*Lc* 1,1-4). Ebbene, proprio sulla base delle sue ricerche, Luca costruirà un testo che è sicuramente molto più libero e nuovo rispetto al progetto di Marco che egli conosceva. Si pensi, ad esempio, che nel cuore del suo vangelo ben 10 capitoli – dal 9 al 19 – sono ordinati in modo originale sulla base di una «lunga marcia» di Gesù verso Gerusalemme: qui Luca inserisce materiali ignoti agli altri evangelisti, come la parabola del Buon Samaritano, del figlio prodigo, del povero Lazzaro e del ricco egoista, del fariseo e del pubblicano, dell'amministratore astuto, ecc. Lo studio delle strutture e della redazione dei singoli vangeli risulta illuminante per seguire la trasmissione della memoria di Gesù nei primi decenni cristiani, una trasmissione fedele ma non letteralista, coerente ma anche cosciente, aderente ma viva. È ciò che vedremo ora nel primo dei vangeli, quello di Marco.

### *Un vangelo disordinato?*

Chi visita oggi il centro turco di Pamukkale («castello di cotone») rimane affascinato dalle sue cascate pietrificate, dalle sorgenti termali cariche di calcare, come dallo splendido teatro, dal santuario dedicato al martirio di san Filippo apostolo, dalla sterminata necropoli. Ebbene, l'antico nome greco di Pamukkale era Hierapolis, cioè «città santa» in onore del dio Posidone, ed essa costituiva una specie di capitale religiosa della regione frigia. Qui, attorno al 130, il vescovo di nome Papia lasciò una testimonianza preziosa sull'origine dei vangeli, testimonianza ereditata da un *presbýteros* (anziano o sacerdote) da lui conosciuto e a lui antecedente e conservata nella già citata *Storia ecclesiastica* di Eusebio di Cesarea (III, 39, 1-17). Ora, quel presbitero, che potrebbe essere collocato negli anni 90 del I secolo, aveva riferito al vescovo Papia questa notizia riguardo a Marco: «Divenuto interprete di Pietro, Marco scrisse accuratamente tutte quante le cose dette e fatte dal Signore che ricordava, ma non in ordine. Non aveva infatti ascoltato il Signore né l'aveva seguito, ma solo aveva accompagnato Pietro...». Il nesso di Marco con l'apostolo Pietro e con Roma sembrerebbe confermato dalla Prima Lettera di Pietro conservata nel Nuovo Testamento. In essa si legge: «Vi abbraccia la comunità radunata in Babilonia [Roma?] e Marco, figlio mio» (1 *Pt* 5,13). Che Pietro avesse bisogno di un interprete o portavoce per la sua poca dimestichezza con il greco è probabile. Anche in alcuni passi paolini e nel capitolo 12 degli Atti degli Apostoli fa capolino un Marco (o Giovanni Marco), presentato però come nipote di Barnaba e collaboratore di Paolo.

La nota di Papia può, perciò, confermare la presenza di Marco nella comunità delle origini cristiane, sia pure come figura della seconda generazione. L'osservazione sul fatto che egli abbia scritto un vangelo «non in ordine» (*ou taxei*) la dice lunga sul giudizio che già allora si dava sull'opera marciana e che verrà ribaltato solo dall'esegesi contemporanea. Sta di fatto che Marco, al seguito di Pietro (citato nel vangelo 25 volte), ha elaborato il primo progetto della figura e del messaggio di Gesù Cristo, avendo come base alcune fonti orali (la predicazione di Pietro), forse già un racconto della Passione e della morte di Gesù e qualche raccolta di detti del Signore (la cosiddetta «fonte Q»), e dando rilievo ai miracoli (se ne contano almeno 16, che rappresentano il 31% del testo, cioè 209 dei 666 versetti del vangelo) ma anche ai discorsi o parole di Gesù (equivalenti al 48% del vangelo). Destinatario dell'opera doveva essere un ambiente di origini pagane ma già informato sulla Bibbia e sul cristianesimo: non per nulla figure emblematiche sono la donna siro-fenicia che in Gesù vede il liberatore della figlia indemoniata (*Mc* 7,24-30) e il centurione romano che professa la sua fede davanti alla croce (*Mc*

15,39). Già Clemente Alessandrino nel II secolo pensava ai romani; più recentemente si è ipotizzata la Siria o la Decapoli, la regione ellenistico-romana della Palestina settentrionale.

Certo è che Marco spiega ai suoi lettori i costumi giudaici, come le purificazioni rituali personali e di oggetti (*Mc* 7,3-4), l'immolazione della Pasqua nel primo giorno degli Azzimi (*Mc* 14,12), la Parasceve o preparazione della Pasqua, che cadeva alla vigilia del sabato (*Mc* 15,42). C'è stato anche chi ha immaginato che l'evangelista si sia raffigurato – come fanno alcune volte gli artisti – in un personaggio minore che assiste a una scena importante, cioè nell'anonimo giovane che fugge nudo lasciando in mano agli avversari di Cristo la «sindone» o lenzuolo in cui si era avvolto per dormire nel giardino del Getsemani, in quella notte drammatica dell'arresto di Gesù (*Mc* 14,51-52).

E se vogliamo attribuire una data al vangelo di Marco, potremmo stare tra il 65 e il 70, dopo la morte di Pietro (secondo Ireneo di Lione avvenuta attorno al 62) e prima della distruzione di Gerusalemme che, come è noto, accadde nel 70: Marco, infatti, non offre nessun indizio sicuro riguardante quest'ultimo evento, capitale per la storia del giudaismo. Ma è necessario ora affrontare i 16 capitoli di Marco, l'unico dato certo e disponibile, giudicato con riserva da Papia, esaltato invece da alcuni studiosi contemporanei come Bastiaan van Iersel che considera il primo vangelo un capolavoro narrativo a doppia trama, l'una presente nella superficie del testo ed esplicita, l'altra sottesa e allusiva.

*Camminando nella penombra d'una basilica*

Marco è uno scrittore «povero»: usa un lessico di soli 1345 vocaboli (ma anche il grande tragico francese Racine si attestava sulle 1000 parole circa!); il suo dettato è un costante singhiozzare di *kai...kai...*, «e...e...», che introducono frasi brevi (ben 80 brani iniziano con *kai;* «subito» appare 42 volte e «di nuovo» 28); Walter Schmithals è addirittura convinto che l'evangelista fosse completamente ignaro di letteratura. Eppure questa povertà affascina, genera un'impressione di vivacità e di immediatezza e conquista il lettore moderno abituato alla secchezza di un certo stile giornalistico o televisivo. Marco sa, comunque, selezionare ben 10 vocaboli latini del mondo militare e finanziario trascrivendoli in caratteri greci (ad esempio, *denarion*, «denaro», *leghion*, «legione», *kensos*, «tributo», *kenturion*, «centurione»); usa 11 termini per descrivere la casa e la sua quotidianità, 10 per i vestiti, 9 per i cibi, non disdegna le parole popolari (*krábatton*, «branda», *komopoleis*, «paesotti»), predilige i diminutivi («barchetta», «pesciolini», «cagnolini», «ragazzina»). Sono 13 le parole aramaiche che cita ma che non sempre traduce (come *talita koum*, «giovinetta, alzati!», *abba'*, «papà», *boanerghés*, «figli del tuono»...). Ci sono, poi, nel suo racconto apparentemente semplificato pennellate pittoresche che sorprendono e spezzano la piattezza stilistica del dettato. Anzi, gli studiosi hanno coniato la locuzione «tratti marciani» per indicare quelle annotazioni che sembrano destinate a rendere realistici, carichi di umanità e «testimoniali» quadri che Matteo presenta invece in modo più ieratico. Ad esempio, durante la tempesta che si scatena sul lago di Tiberiade, Gesù «se ne stava a poppa, sul cuscino, e dormiva» (*Mc* 4,38); nella Trasfigurazione che Cristo sperimenta «su un monte molto alto», «le sue vesti divennero splendenti, bianchissime: nessun lavandaio sulla terra sarebbe in grado di sbiancarle così» (*Mc* 9,3). Per ben 151 volte Marco usa il presente storico, il suo racconto diviene così vivo, in presa diretta.

Ma ciò che smentisce l'accusa di disordine lanciatagli dal vescovo Papia e le riserve di sant'Agostino è proprio l'«ordine» personale che Marco imprime alla storia di Gesù. Il suo progetto teologico-narrativo è visibile e riesce ancora a intrigare il lettore accorto di oggi. Prima di delinearlo nei particolari, lo vogliamo proporre in uno sguardo dall'alto, una specie di sorvolo semplificato dell'intero vangelo.

La prima impressione è simile a quella che si prova quando si entra in una basilica immersa nella penombra: all'inizio si intravede solo confusamente il volto che domina l'abside; ma, proseguendo lungo la navata, esso si svela a poco a poco. Anzi, alla fine si contempla in piena luce il Pantokrator, cioè il Signore dell'universo, il Cristo, Figlio di Dio, sfolgorante nella sua gloria. Ecco, Marco ci conduce per i primi otto capitoli del suo libretto in una specie di penombra qua e là squarciata da lampi che illuminano per un istante il volto di Gesù per poi far ripiombare la scena in una tenue oscurità. Gesù, predicatore e guaritore ambulante impone il silenzio agli spettatori e ai destinatari dei suoi miracoli (*Mc* 1,44-45; 5,43; 7,36; 8,26). Anzi, egli proibisce persino di rivelare la sua identità, per cui ai demoni che lo riconoscono egli vieta di parlare (*Mc* 1,34; 3,11-12) e così ai discepoli (*Mc* 8,30; 9,9). Può sembrare strano ma i discorsi più chiari che illustrano il senso delle parabole vengono pronunciati da Gesù in disparte, solo nella cerchia dei suoi discepoli (*Mc* 4,10-20): «senza parabole non parlava alla folla; ma in privato spiegava ogni cosa ai suoi discepoli» (*Mc* 4,34; si veda anche 7,17). Eppure i discepoli rivelano in Marco una straordinaria ottusità, costantemente ribadita dall'evangelista (*Mc* 4,13; 6,52; 7,18; 8,14-21; 9,9-10; 9,31-32).

Uno studioso tedesco, Walter Wrede, in un'opera del 1901 escogitò una locuzione che ebbe successo: tale oscurità intenzionale è il «segreto messianico» (*Messiasgeheimnis*) che Marco usa in modo sistematico nella prima parte del suo vangelo per sottolineare che la vera identità di Gesù non poté essere compresa durante la sua vita terrena ma solo dopo la sua risurrezione. Si tratterebbe, quindi, di un'interpretazione marciana della figura di Cristo che, soltanto alla luce della Pasqua, può essere compresa nella sua pienezza, e non di un metodo adottato dal Gesù storico per svelare progressivamente la sua realtà più intima e profonda. Su questo strano «segreto messianico» si sono intessute molte interpretazioni: resta comunque il fatto che quello di Marco è – come l'ha definito un esegeta – «il vangelo delle epifanie segrete». Ma continuiamo a procedere lungo la navata dell'edificio sacro marciano. A metà strada (*Mc* 8,27-30), il velo che oscura il volto di Gesù è parzialmente sollevato dalla confessione di Pietro che proclama Gesù come il Messia atteso: «Tu sei il Cristo!» (è noto che il greco *christòs* è la traduzione dell'ebraico *mashiah*, «consacrato», da cui è derivato il nostro «Messia»). Non è ancora il volto di Cristo nella pienezza della luce, come invece suppone Matteo che, nella stessa dichiarazione, aggiunge a «Tu sei il Cristo» la specificazione «il Figlio del Dio vivente» (*Mt* 16,16).

Dopo questo primo svelamento il nostro avanzare nel segreto di Gesù Cristo continua con una sorpresa, perché subito dopo egli annunzia di non essere un Messia trionfale, come era nelle attese di Israele, bensì un «Cristo» sconcertante, vittima e sconfitto. La reazione dei discepoli è ancora una volta di incomprensione. Intanto, però, siamo quasi giunti davanti all'abside che ha al centro la scena della crocifissione. È là, sul patibolo della croce, che per Marco si compie lo svelamento supremo del mistero di Gesù di Nazaret. Ed è un centurione romano a definire l'identità segreta di Gesù Cristo: «Veramente quest'uomo è Figlio di Dio!» (*Mc* 15,39). La risurrezione non farà che sigillare tale proclamazione definitiva. È da notare che il vangelo di Marco è giunto a noi quasi di sicuro mutilo. La finale che troviamo nelle edizioni attuali in 16,9-20 è la conclusione «canonica», cioè riconosciuta dalla tradizione ecclesiale. Ma è solo una delle tre o quattro diverse finali che i codici antichi ci hanno trasmesso; forse si tratta di una sintesi posteriore elaborata sui dati delle apparizioni pasquali presenti negli altri vangeli. Alcuni ipotizzano persino che Marco abbia voluto comporre un'opera a conclusione «reticente» o intenzionalmente *open-ended*, a finale aperta. L'ultima frase infatti si conclude con il timore delle donne che hanno vissuto l'esperienza esaltante ma traumatica del sepolcro aperto e vuoto: *efobounto gar*, «avevano infatti paura», sono le parole conclusive del testo originario marciano (*Mc* 16,8).

Certo è che l'evangelista aveva già proclamato nella pagina precedente l'estremo annunzio, affidando al centurione romano la perfetta definizione dell'uomo di Nazaret come Figlio di Dio. Si attuava, così, quel progetto teologico che era stato anticipato nel titolo dello scritto marciano: «Vangelo di Gesù Cristo, Figlio di Dio» (*Mc* 1,1). Nella pagina della crocifissione e dell'alba di Pasqua si poteva ormai intuire il miracolo e il mistero del Regno di Dio, scoperto «da un pagano che, come ufficiale, non poteva aver sempre le mani pulite e che era persino incaricato dell'esecuzione di innocenti, da un paio di donne che si limitavano ad aver paura, dai discepoli in piena defezione. Sono costoro» – scrive Eduard Schweizer nel suo commento a Marco – «il miracolo della comunità futura che il Risorto chiamerà all'esistenza e invierà al mondo». Un importante teologo contemporaneo, Jürgen Moltmann, nella sua opera *Il Dio crocifisso* osservava riguardo alla scena della crocifissione di Cristo: «Nella croce Gesù e il suo Dio e Padre sono profondamente separati dall'abbandono e, al tempo stesso, sono uniti nel modo più intimo della donazione ... Là dove Dio ha sopportato la morte di Gesù e ha mostrato in essa la forza del suo amore, anche gli uomini trovano la forza di resistere alla distruzione». E spiace che non possiamo ascoltare il racconto della Passione con la musica di Bach a commento: è noto, infatti, che della sua *Marcus-Passion* (BWV 247) a noi è giunto solo il testo preparato dal prediletto «librettista» Christian Friedrich Henrici, conosciuto sotto lo pseudonimo di Picander (1700-1764).

### *Archi di tenebra*

Ogni opera letteraria è un *textus*, un «tessuto», la cui trama è da inseguire nel suo costruirsi. Se vogliamo optare per un'immagine musicale, è uno spartito che attende la sua esecuzione-lettura. È ciò che ora vogliamo fare anche noi, esaminando la struttura del vangelo di Marco nel suo dispiegarsi. Sarà, quindi, necessario che da questo momento in avanti si abbia di fronte il testo completo di Marco, se si vorrà in pienezza scoprirne il disegno e il messaggio. La chiave di accesso è in una domanda: «Qual è il vero mistero di Gesù?». Il lettore di Marco sapeva già rispondere all'interrogativo «Chi è Gesù di Nazaret?» (un nome che risuona 80 volte nel vangelo), ma non riusciva a dare risposta a un'altra domanda: «Perché Gesù non si è svelato subito e ha scelto di essere un Messia nascosto, celando la sconcertante natura della sua messianicità e della sua epifania divina?». Una messianicità e una epifania (tecnicamente potremmo dire: una cristofania e una teofania) che si compiono sulla via della croce e nell'istante della morte. Il segreto-silenzio di Gesù rivela l'intenzione di impedire il fraintendimento della sua vera persona e della sua via. Il «vangelo delle meraviglie» (Aldo Bodrato) di Marco ha, dunque, come meta il superamento di un equivoco e lo svelamento stupito della genuina *theologia crucis*, il mistero di salvezza e di gloria che sboccia dal legno della croce e dal Dio crocifisso.

Alla trama narrativa vera e propria Marco anticipa un trittico che è noto a tutti gli evangelisti «sinottici». Esso comprende in primo luogo la tavola di Giovanni Battista nel deserto, il cui indice è puntato verso colui che «battezzerà in Spirito Santo» e non in acqua soltanto (il pensiero corre al Battista dall'enorme indice che Mathias Grünewald ha effigiato nell'altare di Isenheim, opera conservata al museo di Colmar). Segue la tavola del battesimo al Giordano ove già appare il mistero di Gesù di Nazaret nella voce «teologica» celeste che lo proclama «Figlio prediletto» di Dio (*Mc* 1,11): si crea, così, un'inclusione – cioè una connessione che comprime il perimetro del vangelo – con la proclamazione finale del centurione (*Mc* 15,39). La trilogia è chiusa dalla scena delle tentazioni che, diversamente da quanto accade in Matteo e Luca, è affidata a quattro frasi secche, tutte introdotte dal ben noto *kai* («e») marciano, e che è sigillata dalle belve che convivono con Gesù come in un nuovo giardino dell'Eden, insieme con il nuovo e perfetto Adamo (*Mc* 1,12-13; si veda *Gn* 2 e *Is* 11). Lasciato alle spalle il deserto, Gesù sale sulla ribalta della storia con il suo primo annunzio o *kerygma*, che merita di essere esaminato nelle sue quattro componenti. Due sono teologiche, esprimono cioè l'iniziativa divina:

a. *Il tempo è giunto a pienezza*. È la convinzione che la storia della salvezza, iniziata con la prima alleanza con Israele, ora giunge al suo apice.

b. *Il Regno di Dio si è fatto vicino*. La «vicinanza» del regno, ossia del progetto di liberazione che Dio vuole attuare in Gesù, è curiosamente espressa in greco dal verbo *enghyzein* che ha valore di futuro («essere vicino», quindi imminente e da attendere o «prossimo» nello spazio) ma che è usato al perfetto: è, quindi, un avvicinamento che è già in parte compiuto e si sta ora realizzando, nell'attesa di una sua piena attuazione.

All'irruzione divina nella storia deve corrispondere una duplice reazione umana:

c. *Convertitevi!* Il verbo greco *metanoeìn* indica un mutamento radicale di *nous*, cioè di mentalità, di visione del mondo, di scelte.

d. *Credete nel vangelo!* La frase greca suppone il calco dell'espressione semitica che rimanda a «basarsi su...», ovvero a un fondare la propria esistenza sull'annunzio gioioso di Cristo. È, dunque, la fede-fiducia.

A questo punto Marco traccia nel suo testo un arco narrativo (*Mc* 1,14-3,6) che inaugura la prima grande parte della sua opera, che correrà fino al capitolo 8. Il fondale è quello della Galilea orientale e ha il suo centro nella città di Cafarnao, sulla costa settentrionale del lago di Tiberiade. In essa, anzi, viene ambientata un'intera giornata-tipo di Gesù, con guarigioni di malati e annunzi pubblici, dalla mattina con la visita alla sinagoga locale (*Mc* 1,21) fino alla sera quando, sulla porta-municipio della città, s'accalca una folla per incontrarlo (*Mc* 1,33-34). A Cafarnao alcuni francescani archeologi hanno riportato alla luce non solo l'area del quartiere popolare litoraneo, ma anche la probabile casa di Pietro ove Gesù aveva guarito la suocera del suo apostolo (*Mc* 1,29-31): sotto un edificio ottagonale bizantino si sono, infatti, identificate le tracce di un luogo di culto preesistente giudeo-cristiano, frequentato dai discendenti dei primi cristiani di matrice ebraica di Cafarnao ed eretto quasi di certo sulla dimora di Pietro.

Non possiamo naturalmente commentare ogni «pietra» di questo arco narrativo; ne possiamo, però, delineare il disegno. Centrale è il rapporto tra Gesù e il giudaismo contemporaneo: dallo stupore delle folle si scivola nell'ostilità che si accende soprattutto nelle sinagoghe (*Mc* 1,21.28.39; 3,1-6). Ben quattro scene di tensione e di controversia si aprono davanti al lettore. La prima accade quando, davanti al paralitico calato di fronte a Gesù dal tetto-terrazza di canne, paglia e fango di una casa di Cafarnao, egli osa non solo guarirlo ma «rimettergli i peccati», arrogandosi un potere riconosciuto unicamente a Dio (*Mc* 2,1-12). La seconda polemica riguarda la facilità con cui Gesù viola le norme del galateo rituale e sacrale, mettendosi a tavola con il suo nuovo discepolo, Levi (Matteo lo identificherà con se stesso), un «pubblicano», cioè un odiato esattore delle tasse imperiali e doganiere, essendo Cafarnao attraversata dalla strada commerciale che conduceva in Siria (*Mc* 2,13-17). La terza verte sulla prassi del digiuno e ha come protagonisti i Farisei (forse «i separati», un gruppo religioso e politico piuttosto aperto e sensibile, ma visto dai vangeli in polemica con Gesù) e i «battisti», quei discepoli di Giovanni che non si erano rassegnati ad abbandonarlo per seguire Gesù (*Mc* 2,18-22). L'ultima controversia riguarda una violazione delle norme rigorose sul riposo del sabato: i discepoli di Gesù sfregano alcune spighe per cibarsi dei grani in giorno di sabato. Cristo replica con una frase proverbiale, lapidaria e folgorante, idealmente legata alla spiritualità dei profeti per i quali culto e vita non possono escludersi: «È il sabato che è stato fatto per l'uomo e non l'uomo per il sabato!» (*Mc* 2, 23-28).

Il primo arco si chiude in un clima tenebroso, fatto di rifiuto, di ostilità e di incomprensione: «I Farisei uscirono subito [dalla sinagoga] con i sostenitori di Erode Antipa [principe della Galilea] e progettarono insieme di farlo morire» (*Mc* 3,6). Subito dopo, però, Marco apre un nuovo arco narrativo che corre da 3,7 fino a 6,6a ed è immerso nello spazio libero e sereno del lago di Tiberiade, posto a più di 200 metri sotto il livello del mare, nella fossa del Giordano. Lungo 21 chilometri e largo 12, il lago è appunto il fondale di una nuova serie di atti e di parole di Gesù. Due sono gli elementi che meritano attenzione. Da un lato, appare la vera famiglia di Cristo, quella dei discepoli. Non basta essere «fratelli» di Gesù: il termine di per sé può indicare, in ambito semitico, sia i fratelli carnali sia i membri dello stesso clan parentale. Ma nel Nuovo Testamento «i fratelli di Gesù» hanno ormai una connotazione specifica: si tratta del gruppo dei primi seguaci cristiani di matrice giudaica, legati da vincoli di parentela nazaretana con Gesù, spesso in polemica con altri gruppi successivi. Nitida è la definizione del discepolo autentico secondo Gesù: «Chi compie la volontà di Dio, costui è mio fratello, sorella e madre!» (*Mc* 3,35). Ed ecco emergere i «dodici», un numero evocativo delle tribù d'Israele, che compongono la nuova famiglia di Gesù. Il loro ritratto è affidato a poche ma significative pennellate: essi devono «stare con lui», sono «mandati ad annunziare» il vangelo e hanno «il potere di cacciare i demoni» (*Mc* 3,14-15).

D'altro lato, le parole e gli atti di Gesù in questo secondo arco narrativo sono affidati a due capitoli. Nel capitolo 4 sono sviluppate le parabole, le cui immagini fioriscono proprio dal terreno della Galilea (il seminatore e il grano, il seme che attecchisce nell'humus, il granello di senapa). A tale mirabile affresco simbolico, che sarà ripreso da Matteo e Luca, dedicheremo più avanti un'analisi specifica. Il capitolo 5 comprende, invece, una sequenza clamorosa di miracoli; la loro descrizione è assai accurata e riflette il desiderio di liberare gli atti di Gesù da un'interpretazione meramente storicistica o magica. In essi si configura la lotta che Cristo sferra contro il male e contro la morte per inaugurare il Regno del bene e della vita. Anche su questo aspetto dell'opera di Gesù dovremo ritornare, soprattutto per illustrare il significato dell'inquietante presenza demoniaca. Come nel primo arco, nel secondo la base poggia nella tenebra. L'ultima scena è immersa nella cecità: la popolano i concittadini di Gesù, gli abitanti di Nazaret che «si scandalizzano», cioè «inciampano» nelle sue modeste origini, legate al clan del «figlio di Maria» (è l'unica volta che Marco cita la madre di Gesù), al suo semplice parentado, alla sua professione di carpentiere. La nota finale è emblematica: «egli si meravigliava della loro incredulità» (*Mc* 6,6a). Cala, così, il sipario sul secondo momento del racconto di Marco.

*«I passi che sanguinano...»*

L'orizzonte ora si restringe: l'obiettivo del narratore si fissa su Gesù e sui dodici che lo accompagnano. Il terzo arco narrativo (*Mc* 6,6b; 8,21) è racchiuso entro due atti di Gesù che hanno al centro il pane distribuito; sono le cosiddette «moltiplicazioni dei pani» (gli studiosi chiamano questo arco «la sezione dei pani») che fanno da confine in apertura (*Mc* 6,34-44) e in chiusura (*Mc* 8,1-9) ma che lasciano tracce qua e là, come ci si accorgerà dalla lettura integrale dei capitoli. L'evento miracoloso sotteso è quasi certamente uno solo ma è duplicato dall'evangelista con variazioni significative: nel primo racconto Gesù «benedice» i pani (*Mc* 6,41) seguendo la prassi ebraica della *berakah*-benedizione; nel secondo, invece, «rende grazie», cioè compie un'*eucharistein*-ringraziare, tipico del mondo greco; nel primo, le dodici ceste di pani avanzati ammiccano con la simbolica numerica ai dodici apostoli; nel secondo le sporte diventano sette e sembrano evocare i sette diaconi della Chiesa delle origini, legati al cristianesimo ellenistico (*At* 6,1-7). Il pane è offerto a giudei e a pagani (si legga in *Mc* 7,27-28 la risposta aspra e «giudaica» di Gesù alla donna sirofenicia e la controreplica di quest'ultima sul pane dato ai cani). È un pane cha va oltre la sua materialità. È la parola di Gesù, se è vero che prima di distribuirlo Gesù «si mette a insegnare alla folla molte cose» (*Mc* 6,34). È anche l'eucaristia, se è vero che in filigrana al racconto Marco fa balenare i gesti di Gesù nell'ultima cena («prese i pani ...

alzò gli occhi al cielo, pronunziò la benedizione / rese grazie, spezzò i pani, li dette ai discepoli perché li distribuissero...»).

Il tema fondamentale che corre come un filo rosso in queste pagine è, però, un altro e ribadisce l'aspetto drammatico dell'intera prima parte del vangelo di Marco. «L'intensificarsi delle epifanie di Gesù» – scrive un esegeta ora vescovo, Vittorio Fusco – «sembra non sortire altro effetto se non quello di mettere a nudo quanto sia radicale, anche nei discepoli, l'umana cecità. Anche questa terza sequenza narrativa, come le precedenti, si conclude con il fallimento: questa volta però più grave perché esso si compie nei discepoli stessi; a questo punto ormai non ci sono altri gruppi su cui puntare ancora, non ci sono altre carte di riserva: resta solo il cammino della croce». Tuttavia la domanda finale – «Non capite ancora?» (*Mc* 8,21) –, terribile nella sua amarezza, ci introduce alla grande svolta: preparata dalla guarigione di un cieco, un atto dall'evidente valore simbolico, ecco la professione di fede di Pietro che funge da linea di demarcazione tra le due parti del libro marciano (*Mc* 8,27-30). «Voi chi dite che io sia?» e Pietro: «Tu sei il Cristo». Ma la riconosciuta messianicità di Gesù trascina con sé un'incomprensione che è subito messa in luce dalla prima delle tre dichiarazioni pronunciate da Cristo riguardo alla sua concezione di Messia, concezione legata alla sofferenza, al rifiuto e all'immolazione (*Mc* 8,31; 9,31; 10,33-34). Questa visione di un Messia crocifisso non può che far scattare la reazione di Pietro e degli altri discepoli: «Pietro si mise a rimproverare Gesù» per tale discorso (*Mc* 8,32); «essi non capivano queste parole» (*Mc* 9,32). E Gesù è costretto a sconfessare Pietro proprio dopo la sua confessione di fede: «Lungi da me, Satana! Tu pensi non secondo Dio, ma secondo gli uomini» (*Mc* 8,33).

Giunti sulla vetta ideale della città di Cesarea di Filippo – la località della professione di fede di Pietro e dello svelamento di Gesù come Messia sorgeva ai piedi del monte Hermon, nei pressi delle sorgenti del Giordano – si apre davanti a noi la seconda parte del vangelo di Marco, che cercheremo ancora di ordinare secondo tre archi narrativi. Il primo (*Mc* 8,31-10,52) è interamente scandito dal simbolo della via sulla quale s'incammina Gesù, seguito dai discepoli che sono evocati ben 46 volte. Si legga questa lista di citazioni, tutte coordinate dalla costellazione simbolica del viaggio.

«Gesù *partì* coi suoi discepoli ... e per *via* interrogava i suoi discepoli» (*Mc* 8,27).

«Se qualcuno vuole *venire* dietro a me ... prenda la sua croce e mi *segua*» (*Mc* 8,34).

«Di che cosa stavate discutendo lungo la *via*? ... Per la *via* avevano discusso su chi fosse il più grande tra loro» (*Mc* 9,33-34).

«Mentre *usciva* per mettersi in *viaggio*, un tale gli *corse* incontro...» (*Mc* 10,17).

«*Va'*, vendi quello che possiedi, dallo ai poveri e in cielo avrai un tesoro. Poi *vieni* e *seguimi*!» (*Mc* 10,21).

«Ecco, noi abbiamo abbandonato tutto e ti abbiamo *seguito*» (*Mc* 10,28).

«Mentre erano in *viaggio* per salire a Gerusalemme, Gesù *camminava* davanti a loro ed essi erano meravigliati. Quelli che *venivano* dietro erano colmi di timore ... Ecco, noi *saliamo* a Gerusalemme» (*Mc* 10,32-33).

«*Giunsero* a Gerico. Mentre *partiva* da Gerico insieme ai suoi discepoli e a molta folla, ecco il figlio di Timeo...» (*Mc* 10,46).

«...Il cieco riacquistò la vista e prese a *seguirlo* per la *via*» (*Mc* 10,52).

Si inerpica, dunque, la via erta che porta alla croce di Gerusalemme. È una strada spirituale prima che topografica. Come scriveva nel suo *Evangéliaire* (1961) il poeta francese Pierre Emmanuel (1916-1984), «è da duemila anni, Signore, che i tuoi passi sanguinano» per le vie della terra. Lungo quel cammino le parole di Gesù sono dure, intrise di sangue, severe ed esigenti. Per tre volte parla del suo destino ultimo nella città santa (*Mc* 8,31; 9,31; 10,32-34) suscitando la reazione sconcertata, ottusa o scomposta dei suoi discepoli (*Mc* 8,32.33; 9,32-34; 10,35-41). Egli, allora, replica con una lezione amara di rinnegamento, di distacco, di donazione totale (*Mc* 9,35; 10,42-45). Invita all'accoglienza dei piccoli, a combattere discordia e scandalo, esorta alla povertà, all'amore intatto nel matrimonio, al servizio come ultimi e al rigetto del potere tra i primi. Come nella finale della prima parte (*Mc* 8,22-26), così anche al termine di questo arco narrativo è un cieco guarito – di cui si offre il cognome in aramaico, Bartimeo, e in versione, «figlio di Timeo» – a diventare un simbolo di illuminazione. Al vero discepolo gli occhi si stanno per aprire.

*Sul colle delle esecuzioni capitali*

Scorriamo velocemente gli altri due archi narrativi della seconda parte. Il primo è racchiuso nei capitoli 11-13 ed è sostanzialmente dominato da parole di Gesù. Esse sono aspre e tese anche se introdotte dalla scena festosa dell'ingresso in Gerusalemme, «colorata» con elementi di una solennità molto cara agli ebrei, quella delle Capanne, che comprendeva processioni in cui si agitavano fronde di alberi: l'*Osanna* (in ebraico, «orsù, salvaci!») e la benedizione cantata da chi festeggia Gesù (*Mc* 11,9-10) sono desunti dal Salmo 118 che sembra essere collegato proprio a questa festività ebraica. Gesti e parole di Cristo sono, però, orientati verso il giudizio. La parabola in azione, sullo stile degli antichi profeti, del fico inaridito, quella dei vignaioli che giungono ad assassinare il figlio del padrone della vigna (trasparente allusione al martirio di Cristo), le polemiche veementi con i rappresentanti delle varie correnti del giudaismo (Farisei, Sadducei ed Erodiani) su temi diversi (autorità di Gesù, tasse imperiali, risurrezione dei morti, il Messia, il primo dei comandamenti di Dio) confluiscono verso un grandioso discorso finale (c. 13).

Per tale intervento, che sigilla il secondo arco narrativo, si è coniata la locuzione di «discorso escatologico», ossia «delle realtà ultime». Esso sarà ripreso con accenti e ritocchi differenti da Matteo e Luca. In questi ultimi si ha anche un rimando alla distruzione del tempio di Gerusalemme ad opera dei romani nel 70, evento che è visto come simbolo della conclusione dell'intera storia umana: perciò gli studiosi ipotizzano che il vangelo di Marco, non avendo un analogo collegamento, sia stato composto in data antecedente al 70. Gesù, in questa pagina fremente e rovente di immagini di terrore, usa un linguaggio molto popolare in quel periodo, cioè l'immaginario dell'«apocalittica», un genere letterario che nell'Antico Testamento aveva avuto la sua espressione più alta nel libro di Daniele. Scopo dell'apocalittica era disegnare la nascita di un nuovo ordine cosmico e storico dalle ceneri del disordine presente, posto all'insegna di Satana e votato alla conflagrazione finale. Gesù non indulge, però, a speculazioni di tal genere sulla fine del mondo («riguardo a quel giorno e a quell'ora, nessuno li conosce, neanche gli angeli nel cielo e neppure il Figlio, ma solo il Padre», *Mc* 13,32). Le sue parole sono protese verso l'irruzione del Regno di Dio che si sta inaugurando con Cristo, «in questa generazione» (*Mc* 13,20), e che è aperto a un futuro di lacrime e prove prima di sbocciare verso la sua pienezza di luce. Gesù non vuole fare oroscopi *sulla* fine del mondo ma delineare *il* fine del mondo e della storia.

Ed eccoci all'ultima sequenza narrativa, dedicata alla Passione-morte-risurrezione (cc. 14-16). Il testo di Marco è il più nitido, affidato alle azioni e agli eventi di quelle ore tragiche. La lettura diretta è indispensabile. L'avremmo voluta accompagnare, come si diceva, con la musica di Bach, ma purtroppo essa è perduta. C'è, comunque, qualche *Passione secondo Marco* in musica: vorremmo citare l'opera che Reinhard Keiser compose nel 1717 ad Amburgo, ove visse e morì nel 1739 a sessantacinque anni. Meriterebbe di essere conosciuta maggiormente; essa è vigorosa, varia, drammatica, aperta da un coro che scandisce solo le parole *Jesus Christus*, segnata da arie di grande intensità, come quella del soprano che intona *O Golgotha* o quella dell'*Eli, Eli, lama sabachtani* di Gesù, patetica e dolce al tempo stesso. Anche Lorenzo Perosi è ricorso a Marco per la sua *Passione di Cristo*, una trilogia eseguita nel 1897 ove tra l'Ultima Cena e la Morte di Gesù si inserisce il Discorso della Montagna, riferito da Matteo. Noi torneremo più avanti sulle ore terrene estreme di Cristo, per adesso vogliamo segnalare solo un particolare. Marco nel racconto dei capitoli 14-16 fa emergere un tema, quello del nuovo tempio che si inaugura con la morte di Cristo. Già in 11,15-19 Gesù aveva spazzato via dal tempio erodiano, all'epoca frequentato dagli ebrei, i mercanti e i cambiavalute che sostituivano le monete imperiali impure (recavano l'effigie dell'imperatore, proibita dalla legge biblica sulle immagini divine e umane) con valuta ammessa. Allora egli aveva espresso il suo pensiero con le parole dei profeti Isaia e Geremia: «La mia casa sarà chiamata casa di preghiera per tutte le genti e voi ne avete fatto una spelonca di ladri» (*Mc* 11,17; si confronti *Is* 56,7; *Ger* 7,11). E questo evento sarà messo in musica da Zoltán Kodály (1882-1967) nel suo mottetto *Jézus és a kufárok* («Gesù e i mercanti») proprio sulla base di Marco e di Giovanni.

Nel «discorso escatologico», di fronte al monumentale tempio eretto da Erode – lo storico Giuseppe Flavio lo descriveva enfaticamente come un monte di marmo visibile fin dal litorale mediterraneo –, Gesù aveva poi dichiarato senza esitazione: «Di queste grandiose costruzioni non resterà qui pietra su pietra che non sia demolita» (*Mc* 13,2). Ma ancora, davanti al tribunale giudaico che lo sta condannando, l'accusa denuncia il suo crimine: «Noi l'abbiamo sentito dire: Io distruggerò questo tempio fatto da mani umane e in tre giorni ne erigerò un altro non fatto da mani umane» (*Mc* 14,58). È solo Marco ad aggiungere i due aggettivi che pongono in contrasto un tempio «manufatto» (*cheiropóieton*) e un tempio spirituale (*acheiropóieton*) che Gesù consacrerà nel suo corpo glorioso (si veda pure *Gv* 2,19-22). Infine, ecco Cristo in croce: per due volte riecheggia il tema del nuovo tempio. Risuona prima di tutto nelle parole sarcastiche degli spettatori sul colle delle esecuzioni, il Golgota, in aramaico «cranio», donde il latino Calvario: «Ehi, tu che distruggi il tempio e lo riedifichi in tre giorni, salva te stesso...!» (*Mc* 15,29). E poi appare nella potenza di un simbolo: il velario che separava il Santo dei santi, cioè la cella della presenza divina nel tempio, è «squarciato in due dall'alto in basso» (*Mc* 15,38). Il mistero inaccostabile di Dio ora si svela in Cristo Gesù. Non per nulla, subito dopo, si ha quella solenne professione di fede che conclude idealmente il vangelo di Marco. Davanti alla croce il centurione romano proclama: *Alethôs outos ho ánthropos huiòs Theoù en*, «veramente quest'uomo era Figlio di Dio !» (*Mc* 15,39).

Si era partiti con l'uomo Gesù di Nazaret; a metà strada Pietro l'aveva riconosciuto come il Messia atteso, il Cristo; alla fine è «Figlio di Dio» la suprema definizione del protagonista del vangelo di Marco. Il mistero nascosto in Gesù era stato proclamato in apertura di testo dalla voce divina scesa sul Giordano: «Tu sei il Figlio mio prediletto» (*Mc* 1,11). Era stato intuito dalle forze del male, i demoni: «Tu sei il Figlio di Dio» avevano gridato «gli spiriti immondi» (*Mc* 3,11), ai quali aveva fatto eco «lo spirito immondo» dell'ossesso di Gerasa che aveva esclamato: «Gesù, Figlio del Dio altissimo!» (*Mc* 5,7). Ora è un uomo, anzi un pagano, rappresentante di tutti quei convertiti ai quali è indirizzato il vangelo di Marco, a riconoscere il mistero trascendente celato nell'uomo crocifisso del Golgota. A lui si associa la schiera dei credenti di ogni tempo e di ogni terra.

### *Il vangelo di Marco secondo Borges*

Non rimane ora che leggere passo per passo questo libretto tutt'altro che disordinato, come supponeva l'antico vescovo frigio Papia, o semplificato, come riteneva Agostino. Ai nostri giorni si è cercato non di rado di proporlo integralmente in una sola lettura serale condotta da un attore. Nel 1976 ci provò l'americano Alec McOwen che si era impegnato sul testo per sedici mesi, rimanendone conquistato: «Era il più grande copione che avessi mai letto. Il vangelo secondo Marco non è un'opera teatrale, ma lo è la sua struttura; si divide persino in due parti uguali creando un intervallo: al punto centrale Gesù si rivela come Cristo. Poi, negli ultimi otto capitoli, l'enfasi si sposta sui temi dell'insegnamento di Gesù per approdare alla grande dichiarazione terminale del centurione romano: "Veramente quest'uomo era il figlio di Dio!"». In Italia la stessa lettura pubblica, integrale e unitaria, di Marco è stata offerta per anni dall'attore Franco Giacobini. Il 5 luglio 1995 è toccato, invece, a Massimo Popolizio proporre l'intero vangelo in una sola serata, svoltasi nella cattedrale di Prato. Noi abbiamo tracciato una guida di lettura in due atti e sei scene: l'atto iniziale si distende dal primo all'ottavo capitolo, articolandosi nelle tre scene sopra descritte (*Mc* 1,1-3,6; 3,7-6,6a; 6,6b-8,30, inglobando nell'ultima scena il «picco» di Cesarea di Filippo: 8,27-30); il secondo atto parte ancora dall'ottavo capitolo e si spegne nella curiosa, incerta finale del capitolo 16, diramandosi in altre tre scene (cc. 8-10; 11-13; 14-16).

La nuda lettura è la via migliore per cogliere la forza di questa prosa asciutta e pur vivace e il fremito di un messaggio netto, incisivo, senza concessioni sentimentali. È un'esperienza che è stata splendidamente illustrata da Jorge L. Borges nel decimo e penultimo racconto de *Il manoscritto di Brodie* (1970), intitolato appunto «Il vangelo secondo Marco». La vicenda si svolge in un piovoso marzo del 1928, nella fattoria La Colorada a Junín in Perù. Lo studente in medicina Baltasar Espinoza giunge in vacanza presso alcuni fattori dall'aria un po' truce e primitiva, i Gutre, padre, figlio e «una ragazza di incerta paternità». Un'inondazione isola la fattoria e Baltasar scopre una Bibbia in inglese: per ingannare il tempo, inizia a leggere ogni sera, traducendo, il vangelo di Marco alla famiglia che lo ospita. Costoro, nella loro semplicità, non ne restano solo affascinati ma anche completamente conquistati e si convincono a poco a poco che quegli eventi devono riprodursi nel loro presente. Dopo tutto – osserva Borges, evocando la tesi dell'opera *Mimesis* di Erich Auerbach, il quale ha considerato l'Odissea e la Bibbia come i due testi capitali dell'Occidente – «gli uomini lungo i secoli hanno ripetuto sempre due storie: quella di un vascello sperduto che cerca nei mari mediterranei un'isola amata, e quella di un Dio che si fa crocifiggere sul Golgota».

La seconda è, però, una storia più viva e coinvolgente ed è così che i Gutre identificano proprio nel giovane studente il Messia presentato da Marco. E prima che egli parta, al ritirarsi delle acque, essi hanno già preparato il loro Golgota. «Genuflessi sul pavimento di pietra gli chiesero la benedizione. Poi lo maledissero, gli sputarono addosso e lo spinsero fino in fondo al cortile. La ragazza piangeva. Quando aprirono la porta, Baltasar vide il firmamento. Un uccello gridò; pensò: È un cardellino! Il capannone era senza il tetto; avevano staccato le travi per costruire la croce.»

## III

# Matteo, esattore o scriba?

È nella quinta cappella a sinistra, la Contarelli, della chiesa di San Luigi dei Francesi a Roma, che si incontrano le tre tele che il Caravaggio tra il 1599 e il 1602 ha dedicato all'apostolo ed evangelista Matteo. La pala dell'altare raffigura l'angelo che «ispira» l'evangelista e che diverrà anche il simbolo della sua opera. Una tela ha al centro il martirio dell'apostolo, ma è soprattutto l'altra, di 3,22 per 3,40 metri, ad essere indimenticabile. La scena è quella della vocazione: un Cristo illuminato dalla luce radente di una finestra posta alle sue spalle punta l'indice – citazione dell'indice del Creatore che sveglia alla vita Adamo nel celebre affresco michelangiolesco della Sistina – su uno stupito e sconcertato Matteo seduto al banco della dogana di Cafarnao.

### *Matteo Levi più scriba che esattore*

L'istante che aveva radicalmente mutato la sua esistenza è raccontato dall'evangelista in un solo versetto, caratterizzato dal fatto di indicare il nome del protagonista come Matteo e non Levi, al contrario di quanto avviene in Marco e Luca: «Gesù vide un uomo seduto al banco delle imposte e gli disse: Seguimi! Egli si alzò e lo seguì» (*Mt* 9,9). Forse portava due nomi, quello della tribù di Levi e quello di Matteo («dono del Signore»), come Giuseppe Barnaba degli Atti degli Apostoli (*At* 4,36) o come lo stesso sommo sacerdote, Caifa, che – stando a quanto ci riferisce lo storico Giuseppe Flavio – si chiamava Giuseppe Caifa. Da esattore Levi Matteo era divenuto apostolo di Gesù di Nazaret; ma l'evangelista non aveva dimenticato la sua antica professione quando, elencando a coppie i dodici, aveva evocato «Tommaso e Matteo il pubblicano [cioè l'esattore]» (*Mt* 10,3).

Tuttavia il suo autoritratto ideale potrebbe essere rintracciato proprio all'interno del suo vangelo. Infatti Matteo è attento al tesoro delle Scritture d'Israele come lo erano gli scribi, cioè gli studiosi della Bibbia e delle tradizioni ebraiche: «Ogni scriba, divenuto discepolo del Regno dei cieli, è simile a un padrone di casa che estrae dal suo tesoro cose nuove e cose antiche» (*Mt* 13,52).

Matteo, l'esattore divenuto scriba del Regno dei cieli, è stato l'evangelista più popolare, considerato da Ireneo vescovo di Lione (II sec.) come il primo degli autori dei vangeli e da Papia, il vescovo di Hierapolis che abbiamo già conosciuto presentando Marco, come scrittore di una specie di «protovangelo» «in dialetto ebraico», composto di detti di Gesù e «interpretato [o tradotto] da altri come ne erano capaci». È nata, così, l'ipotesi di un «Matteo aramaico» variamente riproposta fino ai nostri giorni.

In realtà, Matteo scrive in un greco scorrevole; il suo testo non può essere considerato una versione, anche se si nota il retroterra semitico dell'autore: usa le formule «ed ecco» o «e avvenne» di impronta ebraica, attribuisce a parole greche significati ebraici; costella il suo dettato di citazioni bibliche, scrive in greco ma pensa in ebraico. È per questo che lo si è posto in collegamento diretto con gli eventi raccontati come se ne fosse testimone oculare. È ciò che la tradizione ha spesso affermato e che uno scrittore raffinato come Cesare Angelini (1887-1976) ha così riproposto nel suo *Il Gesù di Matteo:* «Dei quattro Matteo è il più compiuto testimonio: narra quello che vide con i suoi occhi e udì coi suoi orecchi. In ogni punto si sente battere il cuore di uno che vide. Tutti e quattro hanno la firma di Dio; ma umanamente parlando, Matteo ha più veduto, ha più udito ... Più di Marco, che appena vide Gesù la notte della Passione e scappò via, abbandonando il lenzuolo al lume della luna; e quel che scrisse lo intese da Pietro. Più di Luca, che seppe tutto da Paolo ... Matteo è patriarcale come un vero israelita, allo stesso modo che Marco è forte come un romano, Luca gentile come un greco, e Giovanni estatico come un celeste».

Una datazione di Matteo attorno al 50 o, comunque, prima del 70, anno della distruzione di Gerusalemme ad opera dei romani, è stata proposta prima con un articolo del 1995 e poi con il libro *Testimone oculare di Gesù*, pubblicato nel 1996, dallo studioso tedesco Carsten Peter Thiede. Egli si è basato su tre frammenti di papiro, il più ampio dei quali misura 4,1 x 1,3 centimetri, contenenti frasi greche del capitolo 26 di Matteo. Si tratta del cosiddetto *Papiro Magdalen greco 17* (o $P^{64}$), dal nome del college di Oxford che lo ricevette in donazione da un cappellano anglicano, Charles Bousfield Huleatt, che ne era entrato in possesso durante un soggiorno pastorale in Egitto. Le argomentazioni paleografiche addotte da Thiede (in particolare la comparazione con i 17 frammenti greci della grotta 7 di Qumran tra i quali – come si è detto – si è sostenuta la presenza di un passo del vangelo di Marco) sono state però oggetto di critiche e di riserve da parte di altri studiosi.

La maggioranza degli esegeti continua ad essere giustamente cauta e, come abbiamo visto, ha preposto a Matteo Marco, fonte di una metà del testo matteano: ben 606 dei 621 versetti del vangelo di Marco si ritrovano in Matteo, sia pure rielaborati, tanto da indurre qualche studioso a pensare che quello di Matteo altro non sia che un commento libero e creativo a Marco nello stile di un *midràsh* (rielaborazione giudaica di un testo o di un passo biblico). Un ulteriore 30% del vangelo matteano dipenderebbe, invece, da quella «fonte Q» a noi già nota, cioè dall'antico documento pre-evangelico che raccoglieva detti di Gesù.

Anche sull'identità dell'autore del vangelo gli studiosi hanno preferito fare qualche distinzione. Noi useremo sempre il nome dell'apostolo, Matteo, per indicare sia Matteo Levi, il discepolo di Gesù, posto alla radice dell'opera come testimone originario, sia il redattore vero e proprio che per molti studiosi fu invece un giudeo-cristiano della seconda generazione. Nel nome Matteo che dà origine al vangelo si fondono, quindi, un «apostolo» predicatore e uno scriba «evangelista», estensore del testo che ora leggiamo, composto da 18.278 parole greche, distribuite in 1070 versetti e 28 capitoli. Egli usa un lessico piuttosto ricco fatto di 1691 vocaboli (151 sono solo suoi in tutto il Nuovo Testamento ) e sa ricorrere a giuochi di parole («si sfigurano per figurare...» *Mt* 6,16) o a termini sofisticati greci come *palinghenesía,* la «rinascita o palingenesi», in *Mt* 19,28 o come *pélagos tês thalassês,* «il mare profondo», in *Mt* 18,6 o *battaloghéin*, «ciarlare», in *Mt* 6,7. Sfodera una vasta conoscenza di tecniche letterarie greche e semitiche: conosce ben 16 formule fisse (contro le 3 di Marco e le 2 di Luca), usa il parallelismo, costruisce le frasi con subordinate, ordina i brani con le inclusioni (mettendo cioè come perimetro frasi uguali).

Matteo ama il simbolismo numerico. La genealogia di Gesù che egli pone in apertura del vangelo è strutturata su 14 generazioni reiterate in tre archi storici: c'è stato chi ha visto in questo trionfo del 14 (2 x 7, e 7 è un numero perfetto) la somma del valore numerico delle tre consonanti ebraiche del nome Davide, *d-w-d* (4 + 6 + 4), per cui si affermerebbe simbolicamente la messianicità davidica di Gesù. Il Padre nostro ha 7 invocazioni; 7 sono le parabole del discorso del c.13; 7 sono i «guai» contro scribi e Farisei (c. 23); 7 i demoni che ritornano ad attaccare l'uomo (*Mt* 12,45); 7 i pani moltiplicati e 7 le ceste avanzate (*Mt* 15,34.36-37); il perdono cristiano si concede non 7 ma 70 volte 7 (*Mt* 18,22); 7 volte è di scena il monte con valore simbolico, come vedremo; c'è anche il caso della donna che ha sposato 7 mariti. Caro all'evangelista è pure il numero 3: le tentazioni sono 3 (*Mt* 4,1-11), 3 le opere giuste (*Mt* 6,1-18: elemosina, preghiera, digiuno), 3 le erbe di cui i Farisei pagano la decima, come 3 gli impegni più importanti della legge biblica (*Mt* 23,23), 3 sono le preghiere di Gesù nel Getsemani (*Mt* 26,36-46). Non manca anche l'uso reiterato del 2: 2 vocazioni (*Mt* 4,18.21), 2 indemoniati (*Mt* 8,28), 2 ciechi (*Mt* 9,27 e 20,30), 2 falsi testimoni contro Gesù (*Mt* 26,60).

A questo punto sorge spontanea una domanda: l'autore che ha raccolto la predicazione di Matteo e sotto la cui autorità ha posto il vangelo a chi si rivolgeva per il suo annunzio? Alcuni indizi sono chiari. I lettori del vangelo secondo Matteo dovevano essere di origine ebraica e dovevano conoscere le Scritture perché le pagine sono spesso intarsiate di passi anticotestamentari posti in connessione con la figura e l'opera di Cristo. La XXVI edizione critica del Nuovo Testamento Greco, detta di «Nestle Aland», elenca in Matteo 63 citazioni bibliche delle quali 10 sono introdotte da una «formula di compimento»: «Tutto questo avvenne perché si adempisse ciò che era stato detto dal Signore per mezzo del profeta...» (*Mt* 1,3; si veda 2,15; 2,18; 2,23; 4,15-16; 8,17; 12,18-21; 13,35; 21,5; 27,9-10). C'è, però, un dato curioso e contradditorio: Matteo traduce o interpreta non di rado parole ebraiche o aramaiche come *Emmanuel*, cioè «Dio-con-noi» (*Mt* 1,3), *Golgota*, «luogo del cranio» (*Mt* 27,33), *Elì, Elì, lemà sabachtàni*, «Dio mio, Dio mio perché mi hai abbandonato?» (*Mt* 27,46), *Beelzebul*, «principe dei demoni» (*Mt* 12,24; in realtà il vocabolo significa «Baal il principe»), mentre altri termini aramaici li lascia intatti, come *raqa'*, «testa vuota, stupido» (*Mt* 5,22), o *korbanàn*, «tesoro sacro» del tempio (*Mt* 27,6). Ci si rivolge, perciò, a giudeo-cristiani ellenistici che avevano conservato tracce consistenti della lingua dei padri, l'aramaico, e di quella sacra della Bibbia, l'ebraico, ma non le possedevano più in modo diretto. L'uso del greco conferma questa destinazione, che probabilmente rimanda anche a un ambito urbano. Il vangelo evoca infatti per 26 volte la *polis*, la «città», e ci offre una lista molto varia delle monete, rivelando un orizzonte commerciale: il quadrante (un quarto di centesimo), l'assario (un centesimo), il denaro (18 centesimi), il didramma (36 centesimi), lo statere (80 centesimi), il talento (600 dramme), il *chalkos* di rame, l'*argyrion* d'argento, il *chrisos* d'oro.

Un altro dato significativo è offerto dalle prime tensioni con il giudaismo, ambito culturale da cui quei cristiani provenivano. All'inizio il legame era solido: Paolo stesso iniziava la sua predicazione proprio nelle sinagoghe delle città nelle quali approdava. Poi era sorta una certa tensione che, a partire dal tempo del concilio giudaico di Iamnia (attorno agli anni 90), aveva portato all'espulsione dalle sinagoghe dei cristiani come «eretici» e, viceversa, aveva creato una reazione polemica nella comunità cristiana. In Matteo si avverte il fiorire di questo «amore-odio». Amore perché in comune si hanno sempre le radici genetiche e spirituali (l'Antico Testamento); divisione e opposizione a causa della figura di Cristo come colui che porta a pienezza non solo l'attesa messianica ma la Legge e i Profeti. Interessante è l'atteggiamento di Matteo favorevole a Pilato e a sua moglie e severo nei confronti del consiglio supremo del giudaismo, il «sinedrio», che destina il premio del tradimento di Giuda all'acquisizione di un terreno «denominato Campo del Sangue fino al giorno d'oggi» (*Mt* 27,8). Un vangelo profondamente ebraico nella sua matrice biblica e giudaica, ma anche segnato da una tensione con il grembo da cui proviene e aperto ormai all'intera umanità: «Andate e fate discepoli tutti i popoli», dichiara il Cristo risorto agli apostoli in finale di vangelo (*Mt* 28,19). Come dice il titolo di uno degli studi più importanti su Matteo, quello di Wolfgang Trilling, l'evangelista vuole definire *Il vero Israele*, erede delle promesse divine: esso è presente sia nell'Israele fedele sia nei popoli che ascoltano l'annunzio di Cristo. Il contrasto non è tanto tra «antico e nuovo Israele», bensì tra «falso e vero Israele», verità che si misura sulla fedeltà a Dio.

### *Gesù, «Mosissimus Moses»?*

Apriamo, dunque, questo vangelo per giudeo-cristiani ellenistici, residenti forse nella Siria meridionale (Damasco?), scritto attorno agli anni 80, quando le prime divisioni con il giudaismo si stavano cristallizzando. In sintesi possiamo accettare la definizione che uno studioso svedese da noi già citato, Krister Stendahl, ha dato del vangelo di Matteo, da lui ritenuto opera di una scuola di rabbini giudeo-cristiani (tale tesi è, invece, inaccettabile): «Che Matteo fosse un ebreo non può essere dubbio. Che abbia avuto un'educazione ebraica in Palestina prima della guerra anti-romana del 68-70, è probabile. Che appartenga a una comunità giudaica ellenistica è ovvio. Che questa comunità includa dei pagani è sicuro. Il vangelo è, quindi, la testimonianza di una transizione dal giudaismo al cristianesimo assai più morbida di quanto non supponiamo comunemente». Senza la conoscenza dell'Antico Testamento il libretto risulta, infatti, poco comprensibile e il suo approfondimento richiede una buona conoscenza della tradizione giudaica.

Nei confronti di questo vangelo, che risale a Matteo l'apostolo e che ha avuto un redattore nella cerchia dei suoi discepoli, si sono avuti atteggiamenti diversi a livello di intepretazione. Amato e privilegiato per la ricchezza degli insegnamenti offerti da Gesù – che vi appare spesso in ritratti solenni –, per la prima rappresentazione della Chiesa (è l'unico vangelo a usare per tre volte il termine *ekklesìa*, «Chiesa», in *Mt* 16,18 e 18,17), per la sua maggiore organicità teologica, fu però oggetto di critica da parte dei primi eretici gnostici che mal sopportavano il rilievo dato alla legge biblica e all'etica. Tale elemento – morale, pratico, legato alle opere – non fu, tuttavia, interpretato dalla grande Chiesa in contrasto con la dottrina di Paolo sulla fede e sulla grazia. Si trattava di un equilibrio da raggiungere e da affermare tra fede e opere. L'essere perfetti come il Padre celeste è dono e impegno (*Mt* 5, 48). Lutero s'imbatté nel radicalismo morale di Matteo, lo riconobbe coniando la curiosa definizione di un Gesù matteano come *Mosissimus Moses*, ossia un Mosè estremo nella pienezza e nel rigore. Tuttavia non rigettò Matteo: le esigenze morali così forti del Discorso della Montagna (cc. 5-7) erano per il riformatore destinate a farci sperimentare la nostra impotenza e l'innata peccaminosità del nostro essere così da spingerci ad aprire le braccia al dono della salvezza offerta per grazia.

Apparvero poi altre letture delle esigenze morali proposte dal Gesù di Matteo. Una, ad esempio, venne suggerita dal celebre dottor Albert Schweitzer, noto per il suo impegno in favore dei lebbrosi in Africa ma prima ancora teologo protestante: egli considerò questa morale così impegnativa come destinata solo all'*interim* della storia ormai abbreviata che sta per cedere il passo (o almeno così credevano i primi cristiani) all'imminente tempo ultimo e perfetto della salvezza, quello «escatologico». Altri, invece, hanno pensato che Matteo si attestasse non solo sul fronte polemico con il giudaismo, che aveva introdotto un'osservanza materiale e legalistica della morale biblica, ma anche su un fronte interno alla stessa Chiesa, che registrava una certa freddezza morale, un abbassamento dell'impegno etico forse sulla base di interpretazioni deviate del messaggio paolino sul primato della grazia divina. In realtà, il vangelo di Matteo conserva un equilibrio accurato tra l'«indicativo» della presenza e dell'opera di salvezza compiuta da Cristo e offerta all'umanità e l'«imperativo» morale dell'opera dell'uomo che a questo «indicativo» deve rispondere con la sua libertà e le sue scelte.

Pier Paolo Pasolini con il suo intenso film *Il Vangelo secondo Matteo* del 1964 ha contribuito a offrire – sia pure nell'angolo di visuale della sua lettura – un Gesù matteano solenne, severo, provocatorio, incisivo, polemico. Certo è che la figura di Cristo presente nel vangelo di Matteo spezza i piccoli orizzonti e gli stereotipi e propone una via ardua e radicale che ha nei cinque discorsi disseminati nel testo la sua più netta e potente formulazione. È, quindi, giunto il tempo di non stare più alla periferia, ma di entrare nel testo stesso, nella sua trama. Essa è stata variamente disegnata. C'è chi ha pensato a una planimetria geografica (Galilea – verso Gerusalemme – Gerusalemme – Galilea); c'è chi ha inseguito il flusso del racconto nei suoi contenuti individuando un numero variabile di tappe (13 per Nello Casalini, 15 per Alberto Mello, 6 per Giuseppe Segalla, oltre a un prologo e a un epilogo, tanto per citare soltanto studiosi italiani con opere recenti). C'è chi, come Benedict Green, ha immaginato nella prima parte del vangelo una Tôrah cristiana con questa serie un po' forzata di corrispondenze:

| | |
|---|---|
| Matteo 1-2 | Genesi |
| Matteo 3-4 | Esodo |
| Matteo 5-7 | Levitico |
| Matteo 8-9 | Numeri |
| Matteo 10-11 | Deuteronomio |

L'idea di porre a confronto Matteo e la Tôrah (i primi cinque libri della Bibbia) era stata lanciata già nel 1918 da Benjamin W. Bacon con l'articolo *The «Five Books» of Matthew against the Jews*, apparso sulla rivista «The Expositor»: a suo parere nei cinque discorsi di Gesù distribuiti all'interno del suo vangelo Matteo aveva voluto comporre un Pentateuco cristiano da opporre a quello ebraico, formato appunto dai cinque libri sopra citati. La tesi è ormai abbandonata, anche perché Gesù dichiara di «non essere venuto ad abolire la Legge o i Profeti ma per portarli a pienezza» (*Mt* 5,17). Il rapporto non è, quindi, di opposizione ma di connessione, continuità e fioritura e l'abbondanza delle citazioni dell'Antico Testamento (alle 63 esplicite prima evocate se ne possono allegare altre 110 allusive o implicite) lo conferma. Il procedimento adottato da Matteo non è quello di partire da un passo biblico e di intuirvi l'annunzio del futuro cristiano ma, al contrario, di iniziare dalla vicenda storica di Gesù e illuminarla risalendo alle Scritture sacre ebraiche. In esse si individuano quei testi che fanno comprendere in profondità la figura di Gesù Cristo e la sua missione. A livello generale è il tema del Regno di Dio – Matteo lo indica come «Regno dei cieli» secondo l'uso ebraico di evitare il nome santo divino sostituendolo con altri termini – che mostra la continuità tra Antico e Nuovo Testamento. Il Regno era l'epicentro della speranza d'Israele; diventa il cuore dell'annunzio e dell'opera del Gesù di Matteo.

### *La «Magna Charta» del cristianesimo*

Seguiamo, dunque, il percorso a cui Matteo ci invita. Ricorrendo a un uso semitico egli pone sul portale d'ingresso e su quello di chiusura un motto comune. In *Mt* 1,23 leggiamo il rimando alla profezia di Isaia (*Is* 7,14): «Ecco, la vergine concepirà e darà alla luce un figlio che sarà chiamato *Emmanuele*, che significa *Dio-con-noi*». Cristo è, dunque, la presenza divina accanto all'uomo, anzi, all'interno dell'umanità e della storia. Giunti alla fine del vangelo, quando il Cristo risorto saluta i suoi apostoli, le sue parole non fanno che riprendere quel motto: «Ecco, *io sono con voi* tutti i giorni, sino alla fine del mondo» (*Mt* 28,20). Ancora una volta il tema capitale è l'incarnazione, cioè l'intreccio tra tempo ed eterno, tra spazio e infinito, tra umano e divino. Il Regno dei cieli è già presente e in azione nel regno della storia, come un seme o come un lievito.

Raccogliendo testimonianze precedenti, Matteo apre il suo libro con un «vangelo dell'infanzia di Gesù» (cc. 1-2), come farà anche Luca. Ritorneremo su queste pagine più avanti. Accontentiamoci ora solo di qualche nota generale. Il testo inizia con una genealogia che cerca di raccordare in modo più teologico che storico Gesù a Davide e ad Abramo. Risalta, così, la sua messianicità ma anche il suo legame con l'ereditarietà della carne e del sangue, cioè l'incarnazione, come scriveva Péguy nel suo saggio *Victor-Marie comte Hugo* (1910): «Bisogna ammetterlo, la schiatta di Gesù è spaventosa. Pochi uomini hanno avuto tanti antenati criminali e che genere di criminali! In particolare così carnalmente criminali. È questo che conferisce in parte all'incarnazione il suo valore». L'annunciazione della nascita di Gesù è riservata da Matteo a Giuseppe (non a Maria come in Luca). E subito dopo ecco Gesù che, come in una sala del trono, è adorato dai Magi, simbolo evidente dell'umanità intera che con la sua sapienza e attraverso la rivelazione cosmica (la stella) converge verso Cristo. Un soggetto amatissimo dall'arte cristiana (basterebbe evocare il *Trittico dell'Epifania* di Bosch conservato al Prado di Madrid), ma anche dalla letteratura (pensiamo alla stupenda storia fantastica di Michel Tournier, *Gaspare, Melchiorre e Baldassarre* del 1980, con l'evocazione dei tre nomi leggendari dei Magi), dal cinema (nel 1983 il *Cammina cammina* di Ermanno Olmi) e soprattutto dalla musica: ci piace evocare il mottetto suggestivo *In festo trium regum* del boemo Heinrich Ignaz F. Von Biber (1644-1704) o il *Canto dei tre santi re* op. 21, una cantata che Max Bruch compose nel 1863 per coro e orchestra con tre solisti, un tenore e due bassi, a far la parte dei tre Magi, o la multilingue *Epifanie* di Luciano Berio (1961).

Circondato dall'odio e dal sangue del potere («la strage degli innocenti» ordinata da Erode il Grande che, essendo morto nel 4 a.C., ci permette qualche ipotesi fondata sulla nascita di Gesù attorno al 6 a.C.), il piccolo Gesù compie a ritroso l'esodo in Egitto per rientrare poi con la sua famiglia a Nazaret di Galilea, così da acquisire quel titolo di «Nazareno» che Matteo cerca di giustificare biblicamente forse ricorrendo al vocabolo ebraico *nazir*, «consacrato» (*Mt* 2,23). È dalla Galilea che Gesù entra in scena come predicatore e guaritore (*Mt* 4,23) dopo i tre atti preparatori (già noti anche a Marco): la testimonianza di Giovanni Battista, il battesimo al Giordano e le tentazioni, queste ultime però «sceneggiate» in un trittico che ha come sfondo il deserto, il tempio di Gerusalemme e «un monte altissimo» (*Mt* 4,1-11). Si chiude, così, una specie di lungo antefatto (cc. 1-4). Ora, sulla tribuna di un monte che evoca simbolicamente il Sinai della rivelazione anticotestamentaria, Gesù pronunzia il primo dei cinque discorsi che Matteo gli mette in bocca, riunendo e ordinando insegnamenti sparsi pronunziati in ambiti diversi. È quel celebre Discorso della Montagna o Sermone del Monte che sarà considerato la *Magna Charta* del cristianesimo (cc. 5-7). Gesù diventa la Tôrah vivente: egli assume la prima legge di Mosè, non la abolisce ma la porta alle sue estreme conseguenze, la radicalizza, la esalta perché raggiunga la «pienezza» (il verbo greco *pleroùn* non è tanto un «compiersi» quanto un fiorire in totalità e splendore assoluto).

«Chi non ha mai letto il Discorso della Montagna» afferma François Mauriac «non è in grado di sapere cosa sia il cristianesimo.» E le Beatitudini con cui il discorso si apre sono forse la pagina più alta e sconvolgente di Matteo. In otto sentenze solenni e paradossali vengono proclamati «beati» gli sconfitti e gli infelici della storia:

Beati i poveri in spirito ...
Beati gli afflitti ...
Beati i miti ...
Beati gli affamati e assetati di giustizia ...
Beati i misericordiosi ...
Beati i puri di cuore ...
Beati gli operatori di pace ...
Beati i perseguitati per la giustizia ... (*Mt* 5,3-10).

Una nona beatitudine («beati voi quando vi insulteranno...») è un'aggiunta dell'evangelista, stilisticamente differente, destinata a commentare l'ottava beatitudine. È evidente la qualità della proposta di Gesù: si ha gioia non vincendo o possedendo o compiendo alcune opere ma adottando un atteggiamento radicale di donazione e di distacco. Fondamentali sono le due beatitudini, la prima e la sesta, che coinvolgono «spirito» e «cuore»: nel linguaggio biblico questi vocaboli non significano intimità o vaga spiritualità, bensì una scelta che si radica nella profondità della coscienza e si ramifica in tutto l'essere e l'agire del fedele. Ciò che Gesù esige dal discepolo (e per Matteo «discepolo» è sinonimo di «cristiano» e non del ministro o del consacrato in una vocazione mistica) è una tensione totale e assoluta e non una sequenza di atti religiosi e caritativi: «Siate perfetti come perfetto è il Padre vostro celeste» (*Mt* 5,48).

Talora oggetto di ironia, come nel romanzo picaresco spagnolo del Cinquecento *Lazarillo di Tormes*, ove l'ultima beatitudine è applicata al protagonista ladro incarcerato, le Beatitudini sono state commentate, adattate e persino deformate infinite volte. Anche André Gide, nell'opera *Nuovi nutrimenti* (1935), riprende la beatitudine dell'afflizione per ricordare che «interpreta male questa parola chi vi vede solo un incoraggiamento a piangere». Il poeta francese Luc Estang le farà diventare un poema, *Les Béatitudes* (1945), percorso dai fremiti dell'impotenza e dell'attesa verso una pienezza di fede che sfugge ed è cercata; nel 1970 un altro poeta francese, Pierre Emmanuel, comporrà con lo stesso titolo una lunga lirica all'interno del poema *Giacobbe*. Il musicista César Franck (1822-1890) per dieci anni dedicherà un immenso oratorio alle otto Beatitudini, apprezzato anche da Debussy e della durata di ben due ore. Un critico francese, Norbert Dufourcq, ha definito *Les Béatitudes* di Franck «come la sorgente, il focolare di tutte le sue aspirazioni passate e future, come la riserva ove il musicista raccolse tutte le sue conquiste e dove avrebbe sempre attinto». Stupende sono le parti in cui il Cristo si presenta in scena come protagonista per offrire una parola che valichi i secoli e «faccia rinascere la speranza». Anche il nostro Goffredo Petrassi nel 1968 ha commentato musicalmente le Beatitudini (*Beatitudes: testimonianza per Martin Luther King*), ma la sua è una lettura agli antipodi di quella di Franck, perché in soli 12 minuti cinque strumenti e un basso o baritono offrono un testo musicale spoglio e stravinskiano di estrema semplicità, densità e purezza. Il Discorso della Montagna, invece, nel suo insieme diverrà il tema di un oratorio composto nel 1936 dal musicista parigino Georges Migot (1891-1976), un'opera monumentale (un'ora e mezzo), segnata da un diatonismo ieratico, da un lirismo sobrio e grave che, però, esplode nella gioia finale. Fondamentali nella sua composizione rimangono, comunque, le Beatitudini. Anche Lorenzo Perosi nella *Passione di Cristo secondo Marco* (1894-97) ha inserito il Discorso della Montagna come parte di una trilogia che comprende anche l'Ultima Cena e la Morte di Cristo.

Testimonianza interessante della «fedeltà mobile» con cui le parole di Gesù erano conservate nella tradizione cristiana e della redazione alla quale esse sono state sottoposte dai singoli evangelisti è la versione parallela delle Beatitudini offerta da Luca. Da otto diventano quattro; si fanno più dirette («Beati voi, poveri...»); sono accompagnate da quattro maledizioni antitetiche («Guai a voi, ricchi...»); acquistano una colorazione più sociale (si omette, ad esempio, la specificazione «in spirito» ai «poveri» della prima beatitudine matteana); sono inquadrate più realisticamente e meno simbolicamente «in un luogo campestre pianeggiante»; il discorso che le accoglie è molto più breve e conserva solo brani dedicati al tema della misericordia. Ecco, dunque, per un confronto lo schema delle Beatitudini-Maledizioni lucane (*Lc* 6,20-26).

| | |
|---|---|
| Beati voi, poveri... | Guai a voi, ricchi... |
| Beati voi, che ora avete fame... | Guai a voi, che ora siete sazi... |
| Beati voi, che ora piangete... | Guai a voi, che ora ridete... |
| Beati voi, quando gli uomini vi odieranno... | Guai a voi, quando diranno bene di voi... |

*Uccelli nel cielo, gigli nel campo e uomini cupi*

Il Discorso della Montagna in Matteo prosegue con un'architettura piuttosto complessa e con ampi spazi ben riconoscibili. Tra questi emergono le cosiddette «sei antitesi» (*Mt* 5,21-48): la definizione non è felice perché Gesù non vuole opporre a sei precetti della legge biblica sei nuovi e antitetici comandamenti. Notava uno studioso, David Daube, nella sua opera del 1956 *The New Testament and the Rabbinic Judaism*: «La relazione tra le due parti dello schema («Avete udito... ma io vi dico») non è di puro contrasto. Il secondo elemento dell'antitesi rivela il senso racchiuso nel primo, anziché sopprimerlo». Gesù assume l'antico comandamento, ne rifiuta l'interpretazione riduttiva e letteralista e ne mostra la potenza radicale qualora esso sia assunto nel suo significato profondo, nella sua spiritualità autentica. Al cristiano non deve bastare l'osservanza circoscritta del precetto «Non uccidere», ma deve aderire al suo orizzonte che vieta ogni violenza, odio, inimicizia. Al cristiano non deve bastare il puro e semplice «non commettere adulterio», ma deve esigere la cancellazione di ogni «desiderio» (in senso forte di progetto, macchinazione, decisione): si può, infatti, compiere adulterio anche senza giungere, forse per motivi estrinseci, a commetterlo realmente ma solo attuandolo con il cuore, con le scelte e con una programmazione coerente e cosciente di tradimento.

Il matrimonio è concepito da Gesù come atto di donazione totale, nello spirito primordiale della coppia biblica e dell'amore (*Gn* 2 e *Ct*) ed è per questo che egli esclude il ripudio, anche se Matteo – forse adattando le parole di Gesù al contesto della sua Chiesa giudeo-cristiana – introduce un'eccezione giuridica di difficile interpretazione («eccetto il caso di *porneia*», un termine greco passibile di vari significati, *Mt* 5,33). Il giuramento era la forma più alta di attestazione della verità e quindi era inviolabile, come suggeriva il Decalogo (ottavo comandamento: «Non pronunziare falsa testimonianza»). Gesù va oltre ed esige, sulla scia del precetto biblico, la sincerità costante e assoluta. La legge del taglione («occhio per occhio, dente per dente») era una norma di giustizia distributiva. Gesù spinge quella giustizia al di là della sua frontiera, conducendola alla logica del perdono. E, infine, l'amore stesso per il prossimo che nella tradizione era ancorato al proprio orizzonte razziale o di relazione viene spogliato di ogni riserva, condizionamento e confine per allargarsi, com'è nella sua natura, a tutti, anche ai nemici.

Un'altra area facilmente riconoscibile nel Discorso della Montagna riguarda, in *Mt* 6,1-18, le tre grandi opere del giudaismo: l'elemosina, la preghiera, il digiuno. Sulla preghiera cristiana del Padre Nostro avremo occasione di ritornare. Ciò che emerge ancora una volta non è per lo scriba Matteo la cancellazione di prassi religiose codificate, ma la loro esaltazione al di fuori delle pastoie della casistica, dell'applicazione materiale e meccanica, dell'esteriorità superficiale: «Badate bene di non praticare le vostre opere buone davanti agli uomini per essere ammirati ... Quando fai l'elemosina, non suonare la tromba ... anzi, la tua sinistra ignori ciò che fa la tua destra [l'immagine forse vuole evocare una spontaneità assoluta nel donare, in stato quasi di «incoscienza» o moto primo]. Quando pregate, non fate come gli ipocriti ... per essere visti dagli uomini... Quando digiunate, non atteggiatevi alla malinconia... per far vedere agli uomini che digiunate...».

Poco oltre, ecco un'altra stupenda oasi spirituale sulla quale Gesù fa volare gli uccelli del cielo e sbocciare i gigli del campo, percorsa però da un'umanità che è cupa, colma di preoccupazioni e di incubi (*Mt* 6,25-34). Per sei volte si ripete il verbo greco *merimnàn*, «preoccuparsi», «affannarsi», proprio per combatterlo e introdurre l'abbandono sereno alla Provvidenza divina: «Il Padre vostro celeste sa di che cosa avete bisogno», lui che «provvede il cibo al bestiame e ai piccoli del corvo che gridano a lui», come si dice in *Sal* 147,9.

Infine, scegliamo nella nostra lettura antologica del Discorso della Montagna di evocare le parabole gemelle conclusive dei due costruttori. Esse rappresentano limpidamente la fede nella parola di Cristo: il verbo biblico del «credere», contenuto anche nel nostro *amen*, indica un «fondarsi», un «basarsi» sulla roccia che è Dio. Edificare la propria vita sulla rupe del Discorso della Montagna e non sulla sabbia delle opinioni, delle apparenze: è questo il monito finale del primo grande intervento del Cristo Maestro di Matteo. Lasciamo tale pagina con un'ultima citazione. È la «regola d'oro» di Matteo 7,12: «Tutto quanto volete che gli uomini facciano a voi, anche voi fatelo a loro: questa infatti è la Legge e i Profeti». La massima appariva al negativo nel libro di Tobia (4,15: «Non fare a nessuno ciò che non piace a te») e nella tradizione giudaica («Non fare ad altri ciò che non vorresti fosse fatto a te»). Gesù la propone in positivo, ribadendo quella totalità di donazione che è propria del suo messaggio e riproponendo quell'etica dell'amore che diverrà una specie di vessillo della morale neotestamentaria.

Con un dosaggio facilmente riconoscibile di parole e di atti, Matteo subito dopo il Discorso della Montagna introduce la sequenza di una decina di miracoli compiuti da Gesù (cc. 8-9). Sono significative alcune caratteristiche di questi racconti di guarigione secondo Matteo. I particolari cari a Marco si dissolvono, la narrazione è spoglia di elementi descrittivi, i personaggi secondari e le azioni non essenziali scompaiono, l'attenzione si concentra sul dialogo tra Gesù e il sofferente, alcune parole scandiscono l'atto di salvezza e ne mostrano il senso profondo che va oltre il prodigioso e lo spettacolare, la fede è l'elemento indispensabile per far scattare il miracolo che assume i contorni di un segno religioso di salvezza. Subito dopo la sequenza dei miracoli, ecco il secondo discorso di Gesù chiamato «missionario» o «apostolico» (c. 10). Esso è preceduto dall'elenco dei dodici apostoli ai quali è indirizzato il messaggio che Matteo ha elaborato tenendo presente la situazione della Chiesa delle origini nel suo movimento di espansione verso l'esterno, prima di tutto verso «le pecore perdute della casa d'Israele» (*Mt* 10,6). Ascoltando quella lista vorremmo idealmente lasciar fluire le note dell'antifona per voci miste e organo *The Twelve* che nel 1965 il musicista inglese William Walton, nato nel 1902 e morto a Ischia nel 1983, ha composto in onore degli apostoli su testo del poeta Wystan Hugh Auden (1907-1973) e per incarico della Christ Church di Oxford.

### *Il chicco di senapa*

Il secondo discorso di Gesù in Matteo è segnato da alcune parole-chiave che echeggiano costantemente: «discepolo», «apostolo» (il termine di origine greca significa «inviato»), «dodici», «inviare», «accogliere». Alcuni tratti appaiono subito evidenti. «L'inviato è come colui che lo invia», affermava un detto rabbinico che rimandava alla prassi ben nota nella diplomazia ove l'ambasciatore incarna il re o lo stato che lo delega. Così, gli apostoli devono ricalcare il profilo stesso di Gesù: annunzieranno il Regno dei cieli, guariranno e lotteranno contro il male, saranno poveri e liberi. Ma con Gesù condivideranno anche il rifiuto, la persecuzione, l'isolamento. A questo proposito Matteo si preoccupa di registrare la situazione a lui contemporanea, con processi aperti davanti a tribunali e sinagoghe, a governatori e re, con tensioni all'interno delle stesse famiglie d'origine dei cristiani. La testimonianza diventa martirio (in greco unico è il vocabolo, *martyria*). Le immagini sono vigorose: «Vi invio come pecore in mezzo ai lupi; siate prudenti come serpenti e semplici come colombe» (*Mt* 10,16). Eppure, persino nel momento più oscuro, non deve venir meno la speranza e la fiducia perché voi «valete più di molti passeri» (*Mt* 10,31) e sarà «lo Spirito del Padre vostro a parlare in voi» (*Mt* 10,20). La parola di Cristo anche per questa via così tormentata riuscirà a risuonare alta e forte. Quello che era stato insegnato ai discepoli nell'intimità ora viene proclamato dalle tribune, dai tetti, che nelle case palestinesi erano come terrazze, in piena luce (*Mt* 10,27).

Ribaltando ogni logica economica, Gesù invita a «perdere» per «trovare», lasciando alle spalle il passato, la famiglia, i beni, la stessa vita. Egli stesso è convinto che la sua parola è simile a una spada che offende, divide, discrimina e ostacola il compromesso. Ma la finale del discorso si affaccia non più su porte che si chiudono di fronte al missionario del vangelo né su aule processuali, bensì sul calore umano di una casa e sulla dolcezza del sollievo offerto attraverso un bicchiere d'acqua fresca. Si intravede, nella quadruplice ripetizione del verbo «accogliere», la diffusione del vangelo in tante dimore, portatovi dai discepoli che vengono definiti come i profeti e i giusti dell'Antico Testamento ma anche come i «piccoli», cioè gli ultimi, i «poveri» biblici, totalmente consacrati a Dio.

Un interstizio narrativo molto vario nei capitoli 11-12 ci introduce a un altro tema, quello del Regno di Dio, che avrà la sua celebrazione nel terzo discorso di Gesù. Non possiamo sostare su queste pagine, nel nostro percorso così essenziale; ma – sulla scia della spiritualità dei «piccoli» appena evocati – vogliamo proporre una delle rare preghiere messe in bocca a Gesù dai vangeli. È una *berakah*, in ebraico una «benedizione» o ringraziamento, un genere noto all'Antico Testamento, cioè un inno di lode e di gioia, ripreso da Luca (*Lc* 10,21-22), e, per la qualità del suo contenuto, definito dagli esegeti il «*loghion* giovanneo» dei vangeli sinottici, ossia la frase che sembra rispecchiare temi e stile del quarto vangelo. Eccolo:

> Ti benedico, o Padre, Signore del cielo e della terra,
> perché hai celato a sapienti e dotti queste cose
> e le hai rivelate ai piccoli.
> Sì, o Padre: così ti è piaciuto.
> Tutto mi è stato dato dal Padre mio.
> Nessuno conosce il Figlio se non il Padre
> e nessuno conosce il Padre se non il Figlio
> e colui al quale il Figlio lo voglia rivelare.
> Venite a me, voi tutti, affaticati e oppressi
> e io vi darò riposo.
> Prendete il mio giogo su di voi
> e imparate da me, che sono mite e umile di cuore,
> e troverete riposo alle anime vostre.
> Soave è il mio giogo, leggero il mio carico (*Mt* 11,25-30).

Il «giogo» della legge era un'immagine comune alla tradizione giudaica per descrivere l'obbedienza alla Tôrah. Gesù la riprende trasformandola in un segno di dolcezza, di lievità, di adesione gioiosa. La preghiera, che si svolge in un ringraziamento, in un soliloquio e, alla fine, in un invito, diventa uno stupendo autoritratto di Cristo. Suggestivamente uno dei grandi biblisti cattolici del Novecento, il domenicano Marie-Joseph Lagrange, considerava questo passo «la perla matteana di grande valore».

Ma ora è il momento di affrontare il terzo discorso di Gesù, quello che si articola in parabole nel capitolo 13. Esso è dedicato al tema del tesoro del Regno dei cieli ed è parallelo al discorso già letto nel capitolo 4 di Marco. La parabola è sostanzialmente una narrazione simbolica, compatta nel suo significato, a differenza dell'allegoria che è una raccolta di metafore e quindi di significati molteplici. Ritorneremo più avanti su tale mezzo di espressione tipico di Gesù ma noto anche alla tradizione ebraica («Gesù non parlava alla folla se non in parabole», si osserva in *Mt* 13,34). Due parabole dominano il discorso e lo ordinano a dittico con questa struttura:

| | |
|---|---|
| Parabola del seminatore (13,3-9) | Parabola della zizzania (13,24-33) |
| Senso del ricorso alle parabole (13,10-17) | Senso del ricorso alle parabole (13,34-35) |
| Spiegazione della parabola del seminatore (13,18-23) | Spiegazione della parabola della zizzania (13,36-43). |

Le due parabole dominanti svelano il progredire faticoso ma certo del Regno: nonostante il terreno arido o sassoso o spinoso o invaso dalla zizzania, il seme attecchirà e genererà spighe colme di grani, mentre l'erba maligna sarà votata alla distruzione. Le due spiegazioni successive sono una specie di omelia della Chiesa delle origini che applica le parabole alla situazione in cui è immersa. Dall'unità del tema – proprio del racconto parabolico – e dalla centralità del Regno, si passa a una molteplicità di applicazioni secondo le varie componenti della narrazione, mentre l'accento si sposta più sull'uomo, sul suo rifiuto o sull'accoglienza del Regno. Da teologica la prospettiva si fa antropologica e morale. I due brani incastonati tra le parabole e la relativa spiegazione hanno lo scopo di giustificare il linguaggio parabolico di Gesù, a poco a poco abbandonato dalla Chiesa: esso, secondo Matteo, era destinato a una folla ottusa spiritualmente, incapace di comprendere in pienezza la verità profonda del messaggio di Gesù. È la giustificazione di un nuovo linguaggio più diretto e formale usato dalla Chiesa? Anche in Giovanni si mettono in bocca a Gesù queste parole: «Ecco, ora parli chiaramente e non fai più uso di similitudini» (*Gv* 16,29). In realtà il parlare in parabole di Gesù era un modo straordinario, simbolico e sintetico, di comunicare il mistero del Regno; il successivo ricorso all'allegoria sarà prezioso per certi aspetti, ma pericoloso e limitativo per altri, poiché dissolverà in una miriade di tessere colorate il mosaico armonico e unitario del messaggio di Cristo.

Alle due parabole capitali si associa una sequenza di racconti minori, sempre destinati a illustrare il valore del Regno: esso è una presenza minima nella storia, come il chicco di senapa, ma è destinato a crescere in albero maestoso; è esile ma fecondo come il lievito e fa esplodere la pasta della storia; è prezioso come un tesoro o una perla di inestimabile prezzo; è discriminante tra bene e male, proprio come accadeva ai pescatori del lago di Tiberiade che dovevano selezionare nel pescato i pesci commestibili secondo le norme alimentari bibliche (retaggio di antiche tradizioni popolari) e quelli da gettare in mare perché ritualmente «impuri», come le specie senza squame. Lasciamo alle spalle il discorso parabolico e, come sempre accade in Matteo, ecco davanti a noi una serie di capitoli narrativi che preparano un nuovo tema, oggetto del quarto discorso, sia pure in mezzo ad altri elementi (basti solo fissare l'attenzione sui miracoli e sul banchetto messianico della moltiplicazione dei pani).

### *Le chiavi del Regno*

Da questo fluire di capitoli – dal 14 al 17 – estraiamo un episodio emblematico che illustra un nuovo tema, quello della Chiesa, un motivo caro a Matteo. È la scena di Cesarea di Filippo, che già in Marco rivestiva un rilievo particolare, ma che per Matteo diventa una rappresentazione della comunità di Gesù, l'*ekklesía*, letteralmente «la convocazione» da parte di Cristo dei credenti in lui (*Mt* 16,13-20). L'accento cade sulla beatitudine che Gesù destina a Pietro dopo la sua luminosa professione di fede («Tu sei il Cristo, il Figlio del Dio vivente»). Discussa nella sua formulazione, giudicata da alcuni come «ecclesiastica» e posteriore, anche se il linguaggio rivela un'impronta semitica, considerata il cavallo di battaglia tra cattolici e protestanti sul primato di Pietro e dei suoi successori romani, comparata all'ecclesiologia paolina che pone come unica pietra fondativa Cristo (1 *Cor* 3,11), la beatitudine rivela comunque la netta coscienza ecclesiale di Matteo. Ecco il testo:

> Beato sei tu, Simone bar Jonà
> perché carne e sangue non te l'hanno rivelato
> ma il Padre mio che è nei cieli.
> E io ti dico che tu sei Pietro
> e su questa pietra edificherò la mia Chiesa
> e le porte degli inferi non prevarranno su di essa.

A te darò le chiavi del Regno dei cieli:
ciò che legherai sulla terra sarà legato nei cieli
e ciò che scioglierai sulla terra sarà sciolto nei cieli (*Mt* 16,17-19).

Tre sono i simboli del brano e sono facilmente decifrabili nel loro valore. Il primo è quello della «pietra» o roccia, un simbolo classico nell'Antico Testamento per esprimere la fiducia in Dio. Si giuoca in aramaico sul nome *kefa'* che, senza variazione di genere come accade invece in italiano, può essere «pietra» e Pietro. Solo riguardo a Gesù e a Pietro si ha nel Nuovo Testamento tale applicazione simbolica della pietra di fondazione. Pietro rende visibile nella storia la fondazione primaria e trascendente di Cristo. «Dandole un fondamento, Gesù non ha inteso lasciare i suoi seguaci isolati e dispersi ma ha voluto raccoglierli in una comunità organizzata» (Ortensio da Spinetoli). Le «chiavi» sono il secondo simbolo e incarnano il potere su una casa, una città, un regno, nonché sull'interpretazione di un testo (la «chiave di lettura»): in Pietro si esercita un'autorità non solo giuridica ma anche di insegnamento all'interno della comunità. A questo simbolo si era richiamato Archibald J. Cronin nel titolo del suo fortunato romanzo, *Le chiavi del regno* (1942), dedicato alla missione sacerdotale. Il terzo è un'immagine di stampo giuridico: il «legare e sciogliere» indica certamente il potere di perdonare i peccati nel nome del Signore, ma abbraccia pure la funzione di esortare, ammonire, formare i fedeli, missione propria dell'autorità nella Chiesa. Il simbolo riecheggerà poi nel quarto discorso, quello riservato all'intera comunità ecclesiale (c.18). Prima di ascoltarlo facciamo una breve sosta.

Matteo, come Marco, a metà del cammino terreno di Gesù di Nazaret pone la scena gloriosa della Trasfigurazione. Su un monte anonimo, identificato dalla tradizione nel Tabor (582 metri) che incombe sulla vasta pianura di Izreel in Galilea, assistiamo a una specie di apparizione pasquale anticipata (*Mt* 17,1-9). Avvolto nello splendore di un'aureola, con il volto sfolgorante come il sole e con «le vesti candide come la luce», Cristo, circondato da Mosè (la Legge) e da Elia (la profezia) è proclamato «Figlio mio prediletto» da una voce celeste, proprio com'era accaduto al battesimo nel Giordano. Una teofania che ha conquistato l'arte cristiana: come non pensare a Raffaello? Noi vorremmo, invece, evocare una poco nota ma deliziosa composizione per pianoforte di Franz Liszt, intitolata appunto *In festo Trasfigurationis Domini nostri*, e l'oratorio *La Trasfigurazione di Nostro Signore Gesù Cristo* che Olivier Messiaen ha preparato tra il 1965 e il 1969 per coro misto, sette solisti strumentali e una grande orchestra (in tutto 216 esecutori!). Presentata per la prima volta il 7 giugno

1969 a Lisbona nell'ambito del festival Gubelkian e il 29 ottobre dello stesso anno al Palais de Chaillot di Parigi, questa cattedrale armonica, complessa eppure lineare nella sua monumentalità, si basa sul testo matteano, con inserzioni soprattutto salmiche, è divisa in due settenari di scene e sfocia nello stupendo «Corale della luce della Gloria»: «La Gloria ha abitato la montagna della Trasfigurazione, la Gloria abita il S. Sacramento nelle nostre chiese, la Gloria abiterà l'eternità!». A margine del testo di Matteo ricordiamo che Rabelais nel capitolo X del suo celebre *Gargantua* (1534) scrive: «Il bianco significa gioia, giubilo, festa ... Nella Trasfigurazione di Nostro Signore *vestimenta eius facta sunt alba sicut lux* e questo candore luminoso fece intuire ai suoi tre apostoli presenti, Pietro, Giacomo e Giovanni, l'idea e la sostanza delle gioie eterne».

Ma passiamo al quarto discorso di Gesù, quello «comunitario» o «ecclesiale» (c.18). In esso brillano alcuni vocaboli: «bambino» (4 volte), «piccolo» (3 volte), «non scandalizzare» (6 volte), «smarrirsi» (3 volte), «perdonare» (3 volte). Attraverso questo filo lessicale possiamo ricostruire il messaggio del «discorso ecclesiale», come si è soliti chiamarlo. In primo luogo il vero credente deve avere la fiducia e l'umiltà del «bambino», che nell'antico Vicino Oriente non godeva di nessuno statuto giuridico o protezione. Eppure è proprio un bambino che Cristo «pone in mezzo» ai discepoli (*Mt* 18,2) quasi come fosse un capo, perché gli apostoli imparino il vero codice dell'autorità cristiana che è quello di essere «servo, anzi schiavo di tutti» (*Mt* 20,26-27). Distinto anche se collegato al «bambino» è il «piccolo», che già nel «discorso missionario» (*Mt* 10,42) faceva la sua comparsa come definizione del discepolo. Ora si mette in luce la sua fragilità, che viene colpita da chi lo «scandalizza»: in greco *skándalon* è la «pietra d'inciampo». Si tratta, quindi, del discepolo in difficoltà nella fede che dev'essere sostenuto e non provocato. Nella comunità, poi, ci sono coloro che si «smarriscono»: bisogna mettersi in strada alla loro ricerca, percorrendo anche sentieri impervi pur di ritrovarli, proprio come fa il pastore per la pecora smarrita. È a questo punto che il discorso si trasforma in un piccolo codice per la correzione fraterna nei confronti del fratello peccatore (*Mt* 18,15-20). Tre sono i gradi: il colloquio privato, l'ammonizione davanti a due o tre testimoni, il coinvolgimento dell'intera Chiesa. Oltre a queste tre vie c'è solo la costatazione dell'abbandono cosciente da parte del fratello peccatore ostinato: ormai egli è uno «scomunicato». Ma subito si ricorda che la Chiesa ha il potere di «legare e sciogliere» e quindi sarà possibile riaccogliere il fratello pentito.

L'ultimo appello del discorso è intenso e ampio e riguarda proprio il perdono da concedere non «sette ma settanta volte sette» (*Mt* 18,22), cioè per un infinito numero di volte. È la parabola dei due debitori a illustrare questa illimitatezza del perdono. Da un lato c'è un re che condona a un suo servo il debito astronomico di diecimila talenti, equivalenti a cento milioni di denari (il denaro era la paga media giornaliera di un salariato): si pensi che il gettito annuo delle imposte di Erode in Galilea era di duecento talenti. Dall'altro c'è un collega del debitore che ha un credito con lui di soli cento denari. Mentre il re, «mosso a compassione», condona il debito al suo servo, costui è invece implacabile nel reclamare la somma dovuta. La parabola è trasparente nella sua applicazione: Dio è pronto a perdonare ogni qualità di crimine e l'uomo è, al contrario, gretto e impietoso. «Rimetti a noi i nostri debiti come noi li rimettiamo ai nostri debitori», si prega nel Padre Nostro. La Chiesa dev'essere secondo Matteo la patria del perdono, della misericordia, della tenerezza, pur senza ignorare la giustizia e la correzione.

Dal capitolo 19 in avanti si sviluppa una serie di pagine narrative. Alcune (cc. 19-20) riguardano ancora aspetti della vita della comunità cristiana: si pensi al tema del matrimonio e della sua indissolubilità (*Mt* 19,1-9; si veda 5,32), del celibato e della verginità per consacrarsi interamente al servizio del Regno, del distacco dalle ricchezze, del potere e dell'autorità. Con il capitolo 21 Gesù entra in Gerusalemme e le sue parole e i suoi atti si fanno più aspri, acquistano una tonalità di giudizio soprattutto nei confronti del giudaismo ufficiale: esemplare è il capitolo 23, colmo di sdegno contro le degenerazioni di una religione sclerotizzata e scandito da sette «guai», vere e proprie maledizioni di stampo profetico (si veda *Is* 5,8 sgg.) contro l'ipocrisia religiosa (per nove volte risuona il vocabolo «ipocrita» e una volta «ipocrisia»). Quest'ultima è ostruzionismo verso il Regno di Dio, nonostante si ammanti del velo glorioso della religione. Giuramenti, decime da versare per il culto, purificazioni rituali di stoviglie sono espressioni che celano un vuoto interiore o persino la corruzione e il delitto, come accade a quelle tombe che a Pasqua, secondo l'uso locale giudaico, venivano reimbiancate, mentre il loro interno continuava a essere sede di vermi e morte. Vedendone il candore, i fedeli potevano non calpestarle, evitando così di divenire, secondo antiche norme cultuali, impuri. Esse erano un segno simbolico perfetto della simulazione e dell'esteriorità che l'ipocrisia comporta.

## *Al tramonto della storia*

Giungiamo, così, al quinto e ultimo discorso, quello «escatologico» (*Mt* 24-25), parallelo a Marco 13, e destinato a illustrare la meta terminale della storia. Matteo rivela una maggior conoscenza del crollo di Gerusalemme del 70 che, come sappiamo, viene intrecciato alla fine ultima del mondo in un giuoco di piani e di prospettive che è proprio della letteratura apocalittica a cui anche Gesù rimanda. L'attenzione è rivolta certamente pure ai fermenti che in quegli anni travagliavano la Chiesa e la stessa comunità delle origini e che non si sono mai spenti nella storia, tanto che lambiscono ancora i nostri giorni. Significativa è la domanda d'apertura: «Dicci quando questo avverrà e quale sarà il segno della tua venuta e della fine del mondo?» (*Mt* 24,3). Gesù si fa strada con il suo discorso in mezzo a una foresta di incubi e di attese ricorrendo al linguaggio incandescente dell'apocalittica giudaica ma ponendo l'accento proprio sulla sua venuta, in greco *parusía*, vocabolo che indicava la visita di un re in una città o provincia lontana. Questa è la vera meta della storia, raggiunta attraverso una lunga sequenza di prove. Nell'attesa il fedele deve vegliare e impegnarsi nella sua esistenza, come suggerisce il trittico di parabole che si distendono tra la fine del capitolo 24 e l'inizio del 25 (*Mt* 24,45-25,30).

Ecco il maggiordomo che, vedendo prolungarsi l'assenza del padrone, si abbandona alla prevaricazione e all'arroganza, senza accorgersi che all'improvviso il suo signore si presenta a chiedergli conto (*Mt* 24,45-51). Ecco le dieci fanciulle del corteo nuziale che si dividono in due campi: le pigre e le vigili. Per le prime la porta del banchetto nuziale resterà inesorabilmente chiusa, avendo dissipato il tempo dell'attesa e lasciato spegnere le lampade della veglia (*Mt* 25,1-13). Ecco i tre servi che ricevono in deposito rispettivamente cinque, due e un talento. Anche qui si distinguono due campi: chi si impegna a far fruttificare il talento e chi lo custodisce in modo inerte (*Mt* 25,14-30). Infine Gesù traccia l'affresco del giudizio conclusivo che sigillerà la storia. È una pagina ritmata dal parallelismo semitico: da un lato, a destra del trono ove è assiso il Figlio dell'uomo, cioè – secondo il linguaggio apocalittico di Daniele – Gesù Messia e giudice, si stende la teoria dei giusti; dall'altro, alla sinistra, i malvagi (*Mt* 25,31-46).

Unico è il tema del giudizio. Come scriveva Giovanni della Croce, «al tramonto della vita saremo giudicati sull'amore». È il nutrire l'affamato, dissetare l'assetato, ospitare lo straniero, rivestire l'ignudo, visitare il malato o il carcerato l'oggetto di verifica della giustizia di ognuno e quindi dell'ammissione al Regno. Un'ammissione aperta anche a chi ignorava di compiere questi atti per il Cristo perché «ogni volta che avete fatto o non avete fatto queste cose ai miei fratelli più piccoli, l'avete o non l'avete fatto a me» (*Mt* 25,40.45). Affiora il contrasto tra i pagani che servono Cristo senza conoscerlo e certi cristiani che lo conoscono senza servirlo. Alla fine della storia personale e universale, cristiani e non cristiani, saremo tutti giudicati sull'amore. Una visione del giudizio ben diversa da quella piuttosto clamorosa e pirotecnica a cui ci hanno abituato l'arte e la letteratura, sulla scia di elementi apocalittici come le trombe (pensiamo appunto alla «Tromba del giudizio» nella *Leggenda dei secoli* di Victor Hugo o al *Sogno del Giudizio universale* di Francisco de Quevedo, opera del 1610, o al Giudizio di Michelangelo nella Sistina o a quello di Luca Signorelli nel Duomo di Orvieto). Lo scrittore cristiano Tertulliano, vissuto tra il II e il III secolo, descriveva (nel *De spectaculis*) il giudizio universale come un grandioso spettacolo e Lorenzo Perosi lo ha concepito come un poema sinfonico per solisti, coro e orchestra (1904), andando oltre il testo biblico e affidandosi agli stereotipi del «giudizio finale» elaborati da Piero Misciatelli e Giulio Salvadori. Ma prima di lui nel 1680-83 fu Marc-Antoine Charpentier a comporre un *Extremum Judicium Dei*, un oratorio di ben 532 misure, una vera e propria tragedia lirica a trittico al modo delle opere di Corneille e Racine: nel primo atto c'è l'annunzio (*Dt* 32), segue il giudizio (*Mt* 25) e, infine, si hanno i due destini dell'inferno e del paradiso. In questa opera, una delle più vivaci e «colorate» del musicista parigino, centrale è la figura di Dio, mentre gli altri personaggi affondano quasi nella coralità delle masse.

Al testo evangelico farà esplicito riferimento Borges nella sua lirica *Matteo XXV,30* contenuta nella raccolta *L'altro, lo stesso* del 1964, evocando un giudizio universale surreale e «sospeso». In realtà, il passo di Matteo è dolce e severo al tempo stesso, ma non indulge all'eccitazione apocalittica. Il brano ci introduce idealmente all'ultima sezione del vangelo, quella della Passione, morte e risurrezione di Cristo. Dato che a tali eventi capitali della storia cristiana dedicheremo un capitolo a sé stante, segnaliamo ora nel racconto di Matteo, che è particolarmente sobrio e ieratico, solo alcuni elementi specifici. Egli continua a sottolineare il nesso tra questi eventi e le Scritture d'Israele, secondo il suo progetto teologico di unità dei due Testamenti. Con l'episodio del terreno acquistato attraverso il premio rifiutato da Giuda il traditore (*Mt* 27,3-10) Matteo, però, marca anche la divisione che si sta approfondendo tra la Chiesa e la Sinagoga proprio attorno alla figura di Cristo condannato alla crocifissione. La prospettiva universalistica, che sta per schiudersi davanti alla comunità cristiana, è esaltata in via indiretta dalla menzione di due fatti riguardanti il procuratore romano Ponzio Pilato, che pure ratifica la condanna a morte di Gesù. Da un lato, ecco la presentazione favorevole della moglie che, durante l'assise giudiziaria, fa sapere a Pilato: «Non avere a che fare con quel giusto perché oggi fui molto turbata in sogno per causa sua» (*Mt* 27,19). Dall'altro, ecco la reazione di Pilato espressa con un gesto semitico di dissociazione che solo Matteo evoca: «Visto che non otteneva nulla, anzi che il tumulto aumentava, presa dell'acqua, si lavò le mani davanti alla folla: "Non sono responsabile, disse, di questo sangue: vedetevela voi!" Tutto il popolo rispose: "Il suo sangue ricada sopra noi e i nostri figli!"» (*Mt* 27,24-25).

*Il Cristo Pantokrator*

Nonostante la sua sobrietà, o forse proprio per questo, il racconto della Passione di Gesù secondo Matteo è stato il più usato, commentato, raffigurato e amato nei secoli. Il segno più alto di tale amore, sostenuto anche dalla liturgia, è nelle tre ore di musica sublime che alla *Matthäus-Passion* ha dedicato Johann Sebastian Bach nell'opera contrassegnata dalla sigla BWV 244 ed eseguita il 15 aprile 1729, venerdì santo, a Lipsia ma diventata celebre a partire dall'esecuzione berlinese dell'11 marzo 1829, voluta e diretta da Felix Mendelssohn-Bartholdy. Il racconto evangelico è intarsiato in una serie di corali, arie e recitativi scritti da Picander, il librettista prediletto da Bach, mentre la forza della musica distribuita in una sequenza grandiosa di brani (78 secondo l'articolazione di Wolfgang Schmieder) diventa la più intensa esegesi spirituale della storia delle ultime ore terrene di Cristo. Molte, comunque, saranno le *Passioni secondo Matteo*. Prima di Bach, ad esempio, fu Heinrich Schütz (1585-1672) a elaborarne una nel 1666 a Dresda (SWV 479), della durata di un'ora, un'opera forte, «terrestre» nei suoi drammatici contrasti, dotata di moduli fissi così rigorosi da avvicinarsi alle moderne tonalità. Di poco posteriore a Schütz e suo discepolo fu Johann Theile (1646-1724) che offrì una *Matthäus-Passion* datata 1673, lontana da quella severa del suo maestro, colma di elementi lirici e non restia a concedere spazio anche alla musica profana.

E, per venire più vicino a noi, vogliamo citare il *Passionsbericht des Matthäus* che il tedesco Ernst Pepping (1901-1981) ha completato nel 1950 proprio per il coro della chiesa bachiana di San Tommaso a Lipsia, ricorrendo al madrigalismo e al canto fermo: dodici episodi della Passione di Matteo sono inquadrati da due cori, uno dei quali s'inserisce tra il quinto e il sesto episodio così da dividere l'opera in due parti. Un testo originale, vera meditazione che approda in un finale a sorpresa con l'«In principio era la Parola» del prologo di Giovanni (*Gv* 1,1-3).

Noi ci avviamo alla conclusione del nostro ritratto di Matteo ricorrendo, invece, alla sua ultima pagina (*Mt* 28,16-20). Si tratta di una solenne cristofania, cioè di un'apparizione del Cristo risorto su un monte di Galilea (e sappiamo quanto sia cara questa cornice «verticale» a Matteo). Le parole di Gesù sono indirizzate agli undici apostoli e alla Chiesa che si distenderà nei secoli; in esse appare non solo il sacramento dell'iniziazione cristiana, il battesimo, ma anche l'insegnamento dei precetti cristiani che regolano l'esistenza, si configura ormai l'apertura universalistica del cristianesimo a tutti i popoli, appare la fede nella Trinità (Padre, Figlio e Spirito), si proclama – citando un passo del profeta Daniele (*Dn* 7,14) riletto in chiave messianica – la signoria cosmica di Cristo e la sua costante presenza storica nei secoli dell'uomo (si veda l'Emmanuele, «Dio-con-noi» di *Mt* 1,23). Sul fondale della sua cattedrale letteraria e teologica, in forma differente ma analoga rispetto a Marco, Matteo pone un luminoso e glorioso volto di Cristo Pantokrator, onnipotente Signore della Chiesa, dell'umanità, del tempo e dello spazio.

> A me è stato dato ogni potere in cielo e in terra.
> Andate, dunque, e fate discepoli tutti i popoli,
> battezzandoli nel nome del Padre, del Figlio e dello Spirito Santo,
> insegnando loro ad osservare tutto ciò che che vi ho comandato.
> Ecco, io sono con voi tutti i giorni, sino alla fine del mondo (*Mt* 28,18-20).

# IV
# Luca, medico ed evangelista

Inizieremo anche questo capitolo con l'evocazione di un quadro. Rogier Van der Weyden è stato un importante pittore fiammingo del Quattrocento; soggiornò a lungo in Italia, a Roma, a Ferrara e a Firenze (in quest'ultima città è conservata agli Uffizi una sua *Sepoltura di Cristo*. Ebbene, in una sua tela datata attorno al 1440 ed esposta al Museum of Fine Arts di Boston, egli immagina Luca che, all'interno di un'architettura quasi rinascimentale, ha davanti a sé in posa, quasi fosse una modella, Maria che sta allattando il piccolo Gesù. Alle sue spalle si scorge una finestra aperta su una campagna vasta e fiorente; l'evangelista sta per iniziare il ritratto della Vergine Madre. Si idealizza in tal modo una tradizione leggendaria che ha reso Luca pittore e patrono degli artisti e che gli ha attribuito molte delle «Madonne nere» venerate in famosi santuari mariani e tutte posteriori di secoli all'evangelista.

### «*...Non nella deformazione di un vuoto ricordo*»

In realtà, se vogliamo cercare un'altra professione di Luca prima di divenire lo scrittore del terzo vangelo, dobbiamo rifarci a una nota della Lettera di Paolo ai Colossesi: «Vi salutano Luca, il caro medico, e Dema» (*Col* 4,14). La sua presenza fa discretamente capolino in altri due scritti dell'area paolina. Nel biglietto dell'apostolo a Filemone, ove è ancora citato con Dema, Luca è definito «collaboratore» di Paolo (versetto 24) e nella Seconda Lettera a Timoteo appare un elogio implicito quando Paolo afferma che «solo Luca è con me» (1 *Tm* 4,11). Medico, dunque, ma soprattutto «evangelista», sia collaborando alla missione evangelizzatrice di Paolo sia componendo il suo vangelo, il più lungo dei quattro, fatto com'è di ben 19.404 parole e

1151 versetti; il più ricco a livello di vocaboli (Luca usa ben 2055 termini diversi), il più raffinato dal punto di vista stilistico, dotato di un prologo che ammicca a quelli dei grandi storici greci. I quadri più belli, dunque, Luca li ha dipinti non con il pennello ma con la sua penna. E se non rimangono indizi precisi della sua antica professione di medico, eccetto che in un vocabolario più accurato nella definizione delle malattie guarite da Gesù, rimane però inequivocabile che egli, quando deve descrivere la guarigione della donna afflitta da emorragie, si premura di cancellare questa frase della sua fonte, Marco: «essa aveva sofferto a causa di molti medici, dilapidando tutti i suoi averi senza averne alcun vantaggio, anzi, peggiorando» (*Mc* 5,26). Luca si accontenta di un generico: «nessuno era riuscito a guarirla» (*Lc* 8,43).

Ma l'opera di Luca scrittore va oltre il suo vangelo. Come ormai è convinzione comune e come fa intuire la dedica delle due opere allo stesso personaggio, un non meglio identificato «Sua Eccellenza Teofilo» (*Lc* 1,3 e *At* 1,1), al terzo evangelista sono da attribuire anche gli Atti degli Apostoli – che considereremo in seguito –, un grandioso affresco della Chiesa delle origini in movimento da Gerusalemme a Roma, un'opera di 18.374 parole greche, con un vocabolario ricco di 2038 termini differenti.

Ritorniamo per un momento al profilo di Luca. Un documento prezioso dell'VIII secolo, conservato presso la Biblioteca Ambrosiana di Milano e noto dal nome dello scopritore (Ludovico A.M. Muratori) come «Canone Muratoriano», contenente l'elenco commentato dei libri biblici riconosciuti come tali dalla Chiesa di Roma attorno al 170-180, parla così del terzo evangelista: «Luca, medico, dopo l'ascensione di Cristo, fu preso come compagno del suo cammino da Paolo; egli compose a suo proprio nome, ma fondandosi su altre voci, il vangelo. Egli, però, non vide il Signore nella carne e, così, dispose gli eventi secondo quanto poté seguirli, iniziando il suo resoconto con la nascita di Giovanni» (linee 2-8). Una specie di carta d'identità ricca di particolari ci è offerta, invece, da un testo apocrifo, un altro prologo greco premesso al vangelo nel II secolo: «Luca, siro-antiocheno, di arte medico, divenuto discepolo degli apostoli, che seguì Paolo sino al suo martirio e il Signore senza distrazione, non sposato, senza figli, morì in Beozia [Grecia] all'età di 84 anni, pieno di Spirito Santo».

Appare, dunque, con nettezza la figura di un evangelista, legato pastoralmente a Paolo e al suo dialogo con il mondo greco-romano, un non-palestinese dal punto di vista geografico e culturale, un ebreo ellenista di Antiochia di Siria convertito al cristianesimo, medico di professione, persona colta, favorevole all'opera di espansione missionaria della Chiesa in Grecia e a Roma ove forse compose i suoi due scritti, destinandoli alla cerchia dei cristiani di matrice pagana. È, infatti, a Roma che egli conduce come a naturale approdo il suo racconto, partito da Gerusalemme, la città amata come radice sorgiva del cristianesimo (Luca la cita ben 90 volte nelle sue due opere su un totale neotestamentario di 139). Il vangelo è ancorato, come vedremo, alla città santa: nella narrazione dell'infanzia di Gesù è il luogo ove egli si rivela; nella parte centrale è la meta a cui è orientata la «lunga marcia» di Cristo con i discepoli verso il suo ultimo destino di umiliazione e di gloria; nella sezione finale è il teatro degli eventi supremi della vita di Cristo. In Gerusalemme si aprono anche gli Atti degli Apostoli ma sarà a Roma che si concluderanno, non con il martirio di Paolo ma con l'apostolo che, agli arresti domiciliari in attesa di giudizio, può liberamente proclamare il vangelo di Gesù (*At* 28,30-31).

Proprio perché quest'ultima scena è emblematica e non conclusiva in senso storico, è difficile definire le coordinate cronologiche precise dell'opera lucana, anche se si è inclini a collocarla dopo il 70. Egli di sicuro conosce Marco e la cosiddetta «fonte Q», che raccoglieva detti di Cristo e che abbiamo già avuto occasione di citare, ma ha pure usato molte fonti proprie. Luca sa impastare e impostare le fonti in un linguaggio che è quello di una cultura greca medio-alta e che ha il suo picco nel prologo di stile elevato, «attico» (*Lc* 1,1-4). Egli, però, ha anche rispetto per i materiali che lui stesso ha raccolto riguardo alla storia dell'infanzia di Gesù: qui si intravedono in filigrana nette tracce di forme stilistiche semitiche (cc. 1-2). È al mondo greco-romano che egli guarda come a un interlocutore a cui presentare un volto molto vivo di Gesù, intimamente raccordato alla storia dell'uomo, al suo travaglio. È stato detto che il Cristo di Luca è ritratto partendo dai piedi impolverati, mentre egli cammina verso Gerusalemme, curvandosi sui sofferenti e sugli ultimi della terra. Il Gesù di Luca può essere compreso tenendo presente una suggestiva preghiera che Kierkegaard ha lasciato nel suo diario: «Gesù, ci sia concesso di diventare tuoi contemporanei, di vederti come e dove sei passato sulla terra e non nella deformazione di un vuoto ricordo».

### *Oltre la logica del «patrono-cliente»*

Come abbiamo già fatto per Marco e Matteo, iniziamo ora un itinerario essenziale all'interno del terzo vangelo, un'opera nata da una cosciente redazione, cioè da un vero e proprio progetto editoriale formalizzato nel prologo stesso del vangelo, interessante per la dichiarazione programmatica e metodologica che contiene e che abbiamo già avuto occasione di evocare. Eccolo nella sua integralità:

> Poiché molti hanno posto mano a stendere un racconto degli eventi che si sono compiuti in mezzo a noi – così come ce li hanno tramandati coloro che ne furono fin dal principio testimoni oculari e divennero servitori [letteralmente «rematori»] della Parola – parve bene anche a me di fare accurate ricerche su ogni circostanza fin dagli esordi e di scriverne un ordinato resoconto per te, Eccellenza Teofilo, così che ti possa rendere conto della solidità degli insegnamenti che ti sono stati comunicati (*Lc* 1,1-4).

C'è, quindi, la consapevolezza di dover vagliare testimonianze che provengono da una precedente generazione di testimoni oculari. Ne deriva la convinzione di essere in presenza di dati storici accertabili sui quali condurre «accurate ricerche» documentarie e da elaborare in un «ordinato resoconto». Tuttavia non viene mai meno, anche per l'evangelista più attento al dato storiografico, la coscienza che ci si muove su quel crinale tra storia e fede a cui abbiamo a più riprese fatto cenno. Infatti, i testimoni sono anche «servitori della Parola», cioè annunziatori di un messaggio, e gli eventi da essi attestati sono chiamati in greco *pepleroforeména*, «compiuti» nel senso non solo di «accaduti» bensì di «giunti a pienezza», proprio come si dice della Legge, dei Profeti e dei Salmi, che devono «compiersi in pienezza» in Cristo (*Lc* 24,44; si veda anche *Lc* 4,16-21 e *Mt* 5,17-18). Inoltre, si fa notare al nobile Teofilo che si tratterà di dare «solidità» e fondamento a quegli insegnamenti sui quali – come dice l'originale greco – egli è stato «catechizzato». Siamo, perciò, in presenza di una ricerca che intreccia storia e teologia, eventi e *kerygma*, ossia vicende e interpretazioni di fede. Come scrive Randy Maddox nella sua opera *The purpose of Luke-Acts*, pubblicata a Edimburgo nel 1982, «lo scopo di Luca è quello di permettere ai lettori di percepire la "plausibilità" storico-teologica del messaggio che hanno udito, in modo da rassicurare la comunità cristiana sul significato della tradizione e della fede in cui essa vive. La storia di Gesù, degli apostoli e della chiesa nascente è una storia "di compimento" in più di un senso».

Da quanto appare dal proemio e dal resto dell'opera la comunità a cui il vangelo di Luca si rivolge è composta da cristiani già istruiti nella fede, di matrice pagana, che si interrogano sui fondamenti storico-teologici della loro fede e su un fatto che li sconcerta, il rifiuto di Cristo da parte di Israele che non ha visto in Gesù di Nazaret il «compiersi» delle Scritture. Ecco il perché del ribadire la «pienezza» presente in Cristo e nella sua storia. Della chiesa a cui si indirizza l'evangelista ci offre solo minime indicazioni concrete nei suoi due scritti. Nel passo di 12,54-56 si evoca il Noto come «vento del sud» che porta la calura: si suppone, quindi, una località a ovest della Palestina ove il vento caldo soffia da est. Inoltre egli distingue bene tra il «mare», che è il Mediterraneo, e il «lago» di Tiberiade, mentre gli altri evangelisti chiamano quest'ultimo «mare» secondo il modo semitico che considera «mari» tutti i vasti specchi d'acqua. Si potrebbe, allora, pensare alla Grecia (altri studiosi rimandano, come si è detto, a Roma) ma le tracce sono esili.

Forse più consistente è l'indicazione sociologica proposta da Halvor Moxnes nello studio *The Economy of the Kingdom* pubblicato nel 1989 a Filadelfia (USA) riguardo al «conflitto sociale e alle relazioni economiche nel vangelo di Luca». L'opera lucana già dalla tradizione è stata considerata come più sensibile al divario tra ricchi e poveri e quindi più polemica nei confronti delle classi alte. Ora, attraverso il vaglio di alcuni episodi, come la guarigione del servo del centurione (*Lc* 7,1-10) ove appaiono due delegazioni, e di alcune parabole come quella dell'«economo» fedele (*Lc* 12,42-46) e del «manager» corrotto (*Lc* 16,1-9), si configurerebbe una società contrassegnata dallo schema «patrono-benefattore e cliente-suddito» tra i quali si interpone spesso la mediazione degli «amici». Si rifletterebbe, cioè, un orizzonte sociale greco-romano che viene però superato, se non osteggiato, dalla proposta cristiana. Essa, proprio perché presenta Dio Padre come supremo «patrono-benefattore» e i poveri come «clienti», vuole condurre alla logica di una famiglia di uguali. Anzi, i «patroni» cristiani devono farsi servi, «clienti», ultimi, ribaltando le cooordinate sociali consolidate (si legga *Lc* 14,12-14).

### *Una lettura in cinque grandi pagine*

Fatta la sua dichiarazione programmatica, Luca apre il vangelo con due «pagine» che sono anche due preludi, entrambi culminanti in Gerusalemme, la costante meta terminale del terzo vangelo: l'infanzia di Gesù (cc. 1-2), che ha come sigillo la scena di Gesù dodicenne nel tempio, e il trittico – già noto a Marco e a Matteo – della predicazione del Battista, del battesimo e delle tentazioni di Gesù che hanno come vetta la scena del pinnacolo del tempio (cc. 3-4). Fermiamoci per qualche istante su entrambi i preludi.

La *prima pagina* ideale di Luca si fonda su un documento precedente di matrice giudeo-cristiana dedicato all'infanzia di Gesù, da accostare a quello già visto in *Mt* 1-2 ma del tutto originale. A questi due «vangeli dell'infanzia di Cristo» riserveremo più avanti un capitolo. Per ora ci accontentiamo di uno sguardo panoramico essenziale. Pur obbedendo al modello classico biografico delle nascite «annunziate» degli eroi biblici e profani (si veda, ad esempio, *Gdc* 13 o *Is* 7), il testo è già un «protovangelo», cioè riassume nel capo d'inizio del filo della vita di Gesù tutto il suo snodarsi, in cui si intrecciano gioia e dolore, fino al capo estremo di morte e gloria. Con la nascita del Salvatore s'irradia sulla terra la gioia della salvezza (*Lc* 1,14.28.44; 2,10-11.20.38); essa si esprime nella lode che si cristallizza nei celebri quattro cantici noti con l'*incipit* latino del primo verso, *Magnificat, Benedictus, Gloria in excelsis, Nunc dimittis.* In questi inni brilla anche la «pienezza» delle Scritture anticotestamentarie a cui sopra si faceva cenno; gli stessi attori – Maria, Zaccaria, Elisabetta, Giuseppe, Simeone, l'ottantaquattrenne Anna, i pastori – rappresentano gli *'anawîm* dell'Antico Testamento, cioè i «poveri del Signore», che incarnavano la fede pura e la speranza ardente del vero Israele, in attesa della «consolazione» (*Lc* 2,25) e della «redenzione» di Gerusalemme (*Lc* 2,38). Ma non è assente la nota dolorosa; essa affiora nell'oracolo che il giusto Simeone pronunzia quando ha tra le braccia il piccolo Gesù condotto dai suoi genitori al tempio per essere riscattato secondo la legge ebraica dei primogeniti (*Es* 13,1-16): « Egli è qui per la rovina e la risurrezione di molti in Israele, segno di contraddizione ... E anche a te [Maria] una spada trapasserà l'anima» (*Lc* 2,34-35).

Nella sua opera sulla *Structure et théologie de Luc 1-2* (Parigi 1957) René Laurentin aveva intuito nella prima pagina lucana un dittico, forma, del resto, in cui infinite volte l'arte cristiana l'aveva raffigurata. Entrambe sono occupate da un'annunciazione e da una nascita: l'angelo annunzia a Zaccaria nel tempio durante il sacrificio vespertino dell'incenso la nascita di Giovanni Battista, che poi si compie; l'angelo annunzia a Maria nella sua casa nel villaggio galilaico di Nazaret la nascita di Gesù che si compirà a Betlemme durante un censimento imperiale romano. Il legaccio che tiene insieme le due tavole è la cosiddetta «visitazione», cioè l'incontro tra le due madri, Elisabetta e Maria (*Lc* 1,39-56). Possiamo accogliere questo schema, anche se il testo si rivela più complesso e si espande soprattutto nella parte riservata a Gesù, il quale è «inseguito» fino ai suoi dodici anni, allorché – raggiunta la maggiore età (qualcosa di simile all'attuale rito giudaico del *bar-mitzvah*, letteralmente «figlio del precetto», segno dell'ingresso ufficiale del ragazzo nella comunità) – si insedia nel tempio discutendo già come il Maestro per eccellenza tra gli scribi e i sapienti.

Abbiamo parlato anche di una *seconda pagina* o secondo preludio (cc. 3-4). Essa si apre con una nota introduttoria singolare: «Nell'anno quindicesimo dell'impero di Tiberio Cesare [28-29 o, secondo altri, 27-28 d.C.], mentre era governatore della Giudea Ponzio Pilato, tetrarca della Galilea Erode [Antipa, figlio di Erode il Grande], tetrarca dell'Iturea e della Traconitide Filippo, suo fratello, e tetrarca dell'Abilene Lisania, sotto i sommi sacerdoti Anna [dal 6 al 15] e Caifa [dal 18 al 36], la parola di Dio scese su Giovanni Battista» (*Lc* 3,1-2). È solo Luca a collocare l'apparire in scena di Giovanni e di Gesù all'interno delle coordinate politiche delle superpotenze e dei piccoli poteri locali: la persona di Gesù non è un mito o un simbolo o un'idea che ha mosso un gruppo di fanatici ma una figura storica. Anzi, egli è – come recita il titolo tedesco di una famosa opera che Hans Conzelmann ha dedicato nel 1954 alla teologia di Luca – *die Mitte der Zeit*, «il centro del tempo» che a lui si rivolge nel passato e da lui promana nel presente secondo una triplice scansione: il tempo d'Israele (cc. 1-2), il tempo centrale di Gesù (cc. 3-24), il tempo della Chiesa (Atti). La storia ancora una volta è interpretata in chiave religiosa. Poco dopo l'evangelista costruirà un albero genealogico «capovolto» di Gesù, risalendo dal presente di Cristo non solo fino a Davide e ad Abramo, come aveva fatto Matteo con la sua genealogia «discendente» (*Mt* 1,1-17), bensì fino ad Adamo (*Lc* 3,23-38), raccogliendo sull'asse di Gesù l'intera storia umana.

La seconda pagina – lo abbiamo accennato all'inizio – è basata sul trittico della predicazione del Battista, del battesimo di Gesù, che con l'effusione dello Spirito Santo prefigura il battesimo della Chiesa a Pentecoste (*At* 2), e delle tentazioni. Anche queste, come già sappiamo dalla lettura di Matteo, sono a trittico, ma Luca inverte l'ordine delle ultime due scene: dopo il deserto e il monte (che per Matteo è l'apice), Gesù è tentato sul pinnacolo del tempio, l'angolo sud-orientale dell'edificio sacro e della sua spianata, a strapiombo sulla valle del Cedron. È in Gerusalemme che Gesù compie la sua scelta di un messianismo non sociale (le pietre in pane), non politico (i regni della terra), non magico (gettarsi dalla muraglia per creare un evento taumaturgico), ma subito illustrato nella sua realtà proprio nella pagina che seguirà, la terza delle cinque in cui articoleremo la nostra lettura di Luca.

*La lunga marcia di Gesù*

Eccoci allora alla *terza pagina* del vangelo di Luca che dovremmo far iniziare nel capitolo 4, al versetto 16, e concludere nel capitolo 9, al versetto 50. Questa sezione dell'opera lucana ha in apertura un discorso di Gesù che per l'evangelista è capitale. Esso è pronunziato nella modesta sinagoga del suo villaggio, Nazaret, e dal punto di vista «strategico» tiene il posto del Discorso della Montagna di Matteo (fra l'altro, come abbiamo già ricordato, una porzione di quest'ultimo è rielaborata e presentata da Luca sullo sfondo di un «luogo campestre pianeggiante» in *Lc* 6,17-49). Gesù, dunque, entra di sabato nella sinagoga del suo villaggio e il presidente dell'assemblea liturgica lo invita a leggere in pubblico la Bibbia, secondo una prassi consolidata che soleva affidare tale incarico a una persona nota, di riguardo o scelta a turno. Il testo che Cristo proclama è quello dove il profeta Isaia descrive la sua vocazione-elezione:

> Lo Spirito del Signore è sopra di me,
> per questo mi ha consacrato con l'unzione
> e mi ha inviato ad *evangelizzare* i poveri,
> ad annunziare ai prigionieri la liberazione
> e il dono della vista ai ciechi,
> a liberare gli oppressi
> e a inaugurare l'anno di grazia del Signore (*Lc* 4,18-19; *Is* 61,1-4).

È curioso notare che la citazione isaiana viene troncata qui, evitando la dura frase successiva «[a inaugurare] un giorno di vendetta per il nostro Dio», e che vi appare il verbo del «vangelo», l'«evangelizzare»: la «buona novella» è destinata ai poveri e agli ultimi della terra, la missione di Gesù è soprattutto di grazia e di liberazione, di speranza e di gioia per le vittime della storia. È in questa luce che si configura il ritratto del Gesù di Luca. Cristo stesso in modo lapidario applica a sé il passo biblico usando il verbo greco, caro a Matteo, della «pienezza» dell'annunzio delle Scritture in lui: «Oggi questa Scrittura è giunta a pienezza [*pleroùn*]» (*Lc* 4,21). Ma subito dopo allarga l'orizzonte della sua missione, evocando i precedenti dei profeti Elia ed Eliseo che salvarono anche alcuni pagani. Scatta a questo punto la reazione gretta e violenta dei suoi compaesani che non possono accettare l'arroganza del figlio del carpentiere che non solo si presenta come Messia ma vuole pure superare i rigidi confini del popolo eletto. Vorrebbero linciarlo; Gesù però si sottrae e «prosegue il suo cammino». Secoli dopo, sul ciglio di un piccolo precipizio vicino a Nazaret, i Crociati erigeranno una chiesa dedicandola a «Santa

Maria del tremore», immaginando il terrore della madre di Gesù di fronte alla folla scatenata dei suoi concittadini.

Da questo momento in avanti il segno gioioso e quello doloroso, prefigurati nell'episodio di Nazaret, accompagneranno la vita di Gesù. Egli è riconosciuto dai demoni come «Figlio di Dio» (*Lc* 4,41), ribadisce di essere venuto a far sì che «i ciechi riacquistino la vista, gli zoppi camminino, i lebbrosi siano mondati, i sordi odano, i morti risorgano e i poveri siano *evangelizzati*» (*Lc* 7,22). Spesso si ripete che egli passa di villaggio in villaggio «predicando ed *evangelizzando* sul Regno di Dio» (*Lc* 8,1; 4,43; 9,6). La sua parola è siglata da guarigioni ed esorcismi, cioè dalla liberazione dal male e dal peccato, come avviene nel dolcissimo racconto della peccatrice pubblica perdonata per il suo amore e per la sua fede (*Lc* 7,36-50), peccatrice erroneamente identificata dalla tradizione con Maria di Magdala, una donna che accompagnava Gesù insieme ad altre e che è citata subito dopo (*Lc* 8,2).

Ma a questo irradiarsi di gioia si oppone il rifiuto e l'indifferenza che Luca tratteggia nella sua interpretazione del discorso in parabole, tutto centrato sull'unica parabola del seminatore (*Lc* 8,4-15; si ricordi la selezione più ricca di *Mc* 4 e *Mt* 13). Nella spiegazione della parabola che, come è noto, è una specie di commento aggiunto al racconto dalla Chiesa delle origini, l'accento cade proprio sui terreni che rigettano e fanno inaridire il seme: sono gli uditori del vangelo che «non hanno radice», «nell'ora della tentazione vengono meno», «si lasciano sopraffare dalle preoccupazioni, dalla ricchezza, dai piaceri», non hanno la capacità di «custodire la Parola con perseveranza». I veri discepoli di Cristo non sono legati a lui da consuetudine di vita o di sangue ma, come si dice subito dopo la parabola, sono «coloro che ascoltano la parola di Dio e la praticano» (*Lc* 8,21).

È arrivato il momento di voltare pagina. In *Lc* 9,51 leggiamo: «Mentre stavano per giungere a pienezza [*pleroùn*] i giorni della sua ascensione, egli fece il volto duro per dirigersi verso Gerusalemme». Abbiamo voluto tradurre quasi alla lettera questo versetto che apre la *quarta pagina* del vangelo di Luca. Essa è simile a un enorme foglio in cui viene raccolto il 40% dell'intero testo: ben dieci capitoli – da 9,51 a 19,28 – costituiscono quello che è stato chiamato l'«inciso lucano». Come diceva il versetto oscuro e dalla forte impronta semitica appena citato, Gesù decide risolutamente, con proposito ferreo (secondo quanto suggerisce il verbo greco che definisce il volto di Cristo), di incamminarsi verso Gerusalemme, la città della sua morte ma anche della sua gloria, che si manifesterà in quell'«ascensione» al cielo che – come vedremo – sigillerà l'intero vangelo. Inizia, dunque, la «lunga marcia» di Gesù verso il Golgota e il monte degli Ulivi, cioè verso la crocifissione e l'ascensione pasquale. E Luca scandisce costantemente questo viaggio:

9,52-53: «Mandò innanzi messaggeri che s'incamminarono ed entrarono in un villaggio...».
9,56-57: «Si avviarono verso un altro villaggio e, mentre andavano per strada...».
10,38: «Mentre erano in cammino, entrò in un villaggio...».
13,22: «Egli passava per città e villaggi, insegnando, mentre era in cammino verso Gerusalemme».
14,25: «Poiché molta gente andava con lui, egli si girò e disse».
17,11-12: «Durante il viaggio verso Gerusalemme, Gesù attraversò la Samaria e la Galilea ed entrando in un villaggio, gli vennero incontro...».
18,35: «Mentre si avvicinava a Gerico...».
19,1: «Entrato in Gerico, attraversava la città...».
19,11: «...Era vicino a Gerusalemme...».
19,28: «Dette queste cose, Gesù proseguì davanti agli altri, salendo verso Gerusalemme».

Ora, in questi capitoli Luca ha inserito i materiali più «personali», cioè fonti e memorie su Gesù ignote agli altri evangelisti. Il discepolo e il lettore del vangelo devono diventare compagni di viaggio di Gesù nei villaggi non di rado inospitali della Samaria (*Lc* 9,52-56). Devono sostare con lui nella casa di Marta e Maria (*Lc* 10,38-42), una scena di pace cara all'arte (ad esempio, Velazquez nel 1618 in una tela di Londra, Vermeer nel 1653 a Edimburgo, Overbeck nel 1815 a Berlino). Paul Claudel nel dramma *Lo scambio* del 1894 chiamerà Marta la protagonista facendone l'emblema della dedizione alla famiglia, alla realtà quotidiana, agli impegni, come la Marta evangelica che, in realtà, non è rimproverata per questo da Gesù. Infatti, contrariamente all'interpretazione della tradizione che vi ha letto il contrasto tra vita contemplativa (Maria) e vita attiva (Marta) e la prevalenza della prima a discapito della seconda (ma Gesù non era forse anche lui un «attivo»?), la scena vuole presentare in Maria il modello del discepolo che, in qualsiasi contesto, è in ascolto della Parola e tiene sempre fissa la «realtà necessaria» e fondamentale, mentre Marta è «tutta presa» dalle faccende e dall'esteriorità. Non è, dunque, il lavoro in sé che allontana da Dio e dallo spirito ma è l'alienazione in esso, l'essere catturati, senza più un canale implicito o esplicito aperto verso Dio.

Il lettore che segue Gesù verso Gerusalemme deve imparare a pregare Dio nell'intimità dell'orazione del «Padre», che riflette l'*abba'* aramaico, il termine audace della confidenza («papà»), come si insegna in *Lc* 11,1-4 e come avremo occasione di ribadire più avanti. Deve entrare in crisi di coscienza leggendo la stupenda parabola del buon Samaritano, il più bel canto d'amore del vangelo (*Lc* 10,25-37), che dovremo riprendere in seguito tra le mani, come sarà necessario fare, nel capitolo che dedicheremo alle parole di Gesù, per lo splendido racconto del «figlio prodigo» nel peccato e del padre «prodigo» d'amore (c. 15). Il lettore di Luca deve inoltre condividere lo sdegno di Gesù per l'ottusità dei ricchi – legati solo all'accumulo di beni come l'insensato protagonista della parabola di *Lc* 12,13-21 – e per la loro crudele indifferenza nei confronti dei poveri, come accade nella famosa parabola del misero Lazzaro e del ricco gaudente (*Lc* 16,19-31). È interessante notare l'approccio a quest'ultimo racconto da parte di due diversi predicatori francesi. Il celebrato vescovo Jacques-Bénigne Bossuet nel suo *Sermone sul ricco malvagio* (1662) condannerà, sì, l'incuria e persino il sadico compiacimento del proprio benessere da parte dei príncipi ma denuncerà anche ogni ribellione degli oppressi. Il filosofo e teologo Félicité-Robert de Lamennais, invece, nelle sue *Parole di un credente* (1834) anticiperà la lettura «politica» della parabola vedendovi un Gesù «rivoluzionario» che ama il popolo, che sceglie solo gli ultimi come discepoli e opta per un Regno di giustizia.

Certo è che in questa vasta pagina domina il Gesù di Luca, tenero nei confronti degli emarginati, dei miseri, dei malati, dei peccatori pentiti (anche se ricchi, come nel caso del capo-esattore Zaccheo in *Lc* 19,1-10). Un Gesù spesso in cattiva compagnia di gente di non specchiata moralità, che non teme di toccare e guarire malati di lebbra, preferendo un lebbroso «scomunicato» due volte perché affetto dalla lebbra e samaritano (quindi «eretico» per gli ebrei) rispetto agli altri nove lebbrosi ebrei (*Lc* 17,11-19). Un Gesù che detesta il Fariseo osservante ma altezzoso e innalza a modello un pubblicano che ha vergogna quasi di metter piede nel tempio, in quella mirabile parabola detta appunto «del Fariseo e del pubblicano» (*Lc* 18,9-14). Essa sarà attualizzata dal romanzo *Farisea* (1941) di François Mauriac, la cui protagonista, sicura della sua perfezione, che impone agli altri e che usa come metro di giudizio per tutti, è l'incarnazione – agli inizi del Novecento – di una religiosità legalistica, frigida e rigida, la stessa che il romanziere ha sperimentato nella sua infanzia. Il Gesù di Luca ammira, invece, la vedova che vuole giustizia contro la magistratura corrotta e inefficiente (*Lc* 18,1-8) oppure quella che dà «tutto quanto aveva per vivere», mettendo nella cassa del tempio gli ultimi due spiccioli (*Lc* 21,1-4).

*«Colui che moriva accanto a lui era un dio...»*

Il viaggio verso Gerusalemme assume il profilo di un itinerario anche all'interno dello spirito di Gesù, delle sue scelte e di quelle che dovrà compiere la comunità dei suoi discepoli. Ma egli sente già i brividi del suo destino: a metà del cammino Cristo intona una specie di lamento su Gerusalemme che uccide i profeti e infrange il progetto divino di salvezza (*Lc* 13,31-35). Alla fine, quando è davanti alla città santa, come ogni ebreo non sa trattenere le lacrime di commozione e di desolazione e Luca nelle sue parole inserisce già la scena della distruzione romana del 70: «Se tu avessi capito, in questo giorno la via della pace! Ma ormai essa è celata ai tuoi occhi! Verranno per te giorni in cui i tuoi nemici ti cingeranno di trincee, ti circonderanno, ti bloccheranno da ogni parte, demoliranno te e i tuoi figli dentro di te, non lasceranno pietra su pietra, perché non hai riconosciuto il tempo in cui sei stata visitata!» (*Lc* 19,42-44).

Dobbiamo, allora, aprire la *quinta* e ultima *pagina* del vangelo di Luca, che abbraccia i capitoli finali, dal 19 al 24. Dall'alto di Gerusalemme, che sorge a quasi 800 metri, si può contemplare non solo geograficamente ma anche storicamente e teologicamente la vicenda di Cristo e quella della sua comunità.

Entrato in modo trionfale a Gerusalemme e compiuto il gesto simbolico dell'espulsione dei mercanti dal tempio, Gesù sviluppa una vasta opera di insegnamento, non priva di punte polemiche (c. 20). Essa ha il suo culmine nel «discorso escatologico» (c. 21), non più rivolto solo ai discepoli, come accadeva in Marco e Matteo, ma aperto a tutto il popolo come estremo monito sul destino della città santa e dell'intera storia. Ai suoi discepoli Cristo riserva, invece, un vero e proprio discorso-testamento nella cornice dell'ultima cena (*Lc* 22,21-38). Ben più breve di quello ufficiale riferito da Giovanni, questo saluto, parallelo per certi versi all'addio di Paolo che Luca registrerà in Atti 20,17-38, sembra essere uno sguardo rivolto al futuro della Chiesa e soprattutto dei suoi pastori perché non siano tentati dal potere, dalla ricchezza e dalla forza. Un discorso che, però, non è compreso subito dai discepoli ai quali Gesù in finale riserva un amaro «Basta!». Intanto si celebra la cena d'addio dai contorni pasquali ed eucaristici. È interessante notare le parole che Gesù pronunzia di fronte al calice di vino. Esse sono da comparare con quelle riferite da Paolo e da Marco-Matteo. Ecco il confronto:

Luca 22,20: «Questo calice è la nuova alleanza nel mio sangue versato per voi».

1 Corinzi 11,25: «Questo calice è la nuova alleanza nel mio sangue».

Marco 14,24: «Questo è il mio sangue, il sangue dell'alleanza, versato per tutti».

Matteo 26,28: «Questo è il mio sangue dell'alleanza, versato per tutti in remissione dei peccati».

Si configurano due formule, la prima lucano-paolina, propria forse delle chiese ellenistiche, che rimanda alla «nuova alleanza», cioè, nel linguaggio biblico, al patto perfetto ed eterno tra Dio e l'uomo, stipulato non su tavole di pietra ma nel cuore dell'uomo e annunziato in un celebre oracolo da Geremia (*Ger* 31,31-34). La seconda, evocata da Marco e Matteo, e forse collegata alle chiese siro-palestinesi, ammicca invece alla scena dell'alleanza al Sinai quando Mosè versò metà del sangue delle vittime sull'altare e l'altra metà l'asperse sul popolo rappresentando così un'alleanza nel sangue (*Es* 24,1-8).

Intanto, però, premono le ore drammatiche della fine; il «sangue versato» allude al sacrificio «personale» che tra poco Cristo compirà sulla croce. Il racconto della Passione di Gesù secondo Luca, come quello di Matteo, ha avuto successo nella storia della musica. Ne vogliamo citare tre trascrizioni suggestive. La prima è stata composta da Heinrich Schütz forse nel 1653 e fu eseguita a Dresda solo nel 1663-64 (SWV 480). Sulla base di una simbiosi tra la modalità arcaica (il modo gregoriano in *fa*) e nuove tonalità, il musicista tedesco ci offre una sorprendente figura di Cristo che trascolora nelle sue reazioni: benevolo e dolce quando parla ai discepoli, diventa grave e severo quando annunzia il rinnegamento di Pietro, si fa inquieto e desolato quando invoca il Padre. Georg Philipp Telemann ha composto ben 46 Passioni di Cristo (a noi ne sono note solo 23): di esse ben 10 erano dedicate al testo di Luca (a noi ne sono giunte 6). Scegliamo quella del 1728 (TVW 5:13) in cinque movimenti o capitoli, introdotti da una premessa generale che presenta in chiave allegorica la storia di Giuseppe venduto dai suoi fratelli, immagine del Cristo tradito e vittima innocente. Il testo, che è di Matthäus Arnold Wilkens, rivela – soprattutto nei numerosi recitativi – la finalità religiosa e catechetica della composizione che è un vero e proprio dramma sacro in musica. Il terzo esempio è, invece, vicino a noi ed è la *Passione secondo Luca* del polacco Krzysztof Penderecki, nato nel 1933. L'opera gli fu richiesta nel 1965 dalla Westdeutscher Rundfunk per le celebrazioni del settimo centenario della cattedrale di Münster. Essa si compone di due parti, la Passione e la morte di Cristo, distribuite in uno spartito di 26 sezioni. Dedicata a Bach attraverso un ricorso tecnico curioso (il testo musicale è segnato in filigrana dal motivo B-A-C-H che, secondo la notazione tedesca, corrisponde a si-bemolle, la, do, si-bequadro), questa Passione è in realtà molto «moderna», affidata a tonalità nere e violente, a una ricerca sonora intenzionalmente caotica, a un dodecafonismo e a un cromatismo spinto fino al limite estremo, a evocazioni apocalittiche. Il testo lucano è commisto a brani salmici (come il *Miserere*), a citazioni giovannee e a canti liturgici (del Venerdì Santo) e tradizionali (lo *Stabat Mater*).

Ritorniamo, però, al vangelo per segnalare solo la prospettiva secondo cui Luca legge quegli eventi. Appare senza dubbio l'aspetto «parenetico», esemplare, da sequela. Ecco Pietro perdonato dopo il tradimento, ecco il Cireneo che porta la croce «dietro a Gesù», ecco la morte di Cristo con tratti diversi rispetto alla narrazione degli altri evangelisti. Gesù, infatti, spira perdonando i suoi crocifissori: «Padre, perdonali, perché non sanno quello che fanno» (*Lc* 23,34). Le sue ultime parole non sono quelle amarissime del Salmo 22: «Dio mio, Dio mio, perché mi hai abbandonato», bensì quelle fiduciose e serene del Salmo 31,6, precedute ancora una volta dall'invocazione «padre», *abba'*: «Padre, alle tue mani affido il mio spirito» (*Lc* 23,46). Naturalmente anche il discepolo è invitato ad affrontare la morte così ed è ciò che – sempre secondo Luca – farà il diacono e primo martire Stefano: «Lapidavano Stefano mentre pregava e diceva: Signore Gesù, accogli il mio spirito! Poi piegò le ginocchia e gridò forte: Signore, non imputare loro questo peccato!» (*At* 7, 59-60).

C'è poi un altro aspetto da sottolineare. Da un lato, si delinea una frattura con Israele, culmine di un rifiuto iniziato già a Nazaret dopo il famoso discorso programmatico nella sinagoga (*Lc* 4,16-30). Essa è consumata ora nel processo davanti al Sinedrio e nel dialogo con le donne ebree che forse facevano parte di una specie di «confraternita della buona morte» e che si accostano a Gesù per sostenerlo, ricevendo in cambio questo monito: «Figlie di Gerusalemme, non piangete su di me ma piangete su voi stesse e sui vostri figli...» (*Lc* 23,27-31). Eppure, d'altro canto, è ancora dal grembo di Israele, ma in questo caso dagli ultimi, dai «malfattori» (in greco *kakourgoì* e gli esegeti pensano a ribelli zeloti antiromani), che fiorisce il nuovo popolo dei fedeli. È, infatti, solo Luca a evocare la famosa scena dei «due ladroni», in realtà dei due condannati alla pena capitale forse per ragioni politiche (*Lc* 23,39-43). Uno dei due invoca: «Gesù, ricordati di me quando entrerai nel tuo Regno». E Gesù: «In verità ti dico: oggi sarai con me nel paradiso». È facile a questo punto lasciare il commento a Jorge L. Borges perché faccia risuonare qualche verso del suo *Luca XXIII*, una poesia raccolta nell'opera *L'artefice* (1960):

> Gentile o ebreo o solamente un uomo
> il cui volto nel tempo s'è perduto...
> Nella sua fatica ultima di morire crocifisso,
> udì, tra i vilipendi della gente,
> che colui che moriva accanto a lui
> era un dio e gli disse ciecamente:
> Ricordati di me quando sarai
> nel tuo regno! E la voce inconcepibile
> che un giorno giudicherà tutti gli esseri
> gli promise dalla Croce terribile
> il Paradiso. Nient'altro si dissero
> finché venne la fine...

*Su quella strada «eravamo soli e non soli»*

Anche la folla, però, scendendo dal colle della crocifissione, «ripensando a quanto era accaduto, se ne tornava percuotendosi il petto» (*Lc* 23,48), quasi a prefigurazione delle conversioni del giorno di Pentecoste (*At* 2,37-41). Appare, così, il popolo di Dio fedele, ancorato a Israele ma pronto ad aprirsi a tutte le nazioni. Il vangelo di Luca si conclude con due episodi originali di forte rilievo. Il Cristo risorto va incontro a due discepoli sulla strada che da Gerusalemme conduce a un non meglio identificabile villaggio di Emmaus: si tratta di una pagina di straordinaria intensità, affidata a quell'implorazione finale, «Rimani con noi perché si fa sera e il giorno sta ormai declinando!» (*Lc* 24,13-35). Il Cristo glorioso non è riconoscibile più con l'esperienza concreta; è necessaria una via superiore di conoscenza. Due sono le tappe di tale processo di fede: prima l'ascolto delle Scritture spiegate da Gesù in chiave cristiana; poi lo «spezzare il pane» che, nel linguaggio neotestamentario, allude all'eucaristia. Se si osservano attentamente questi due momenti, ci si accorge che essi riflettono già la liturgia cristiana che comprende la lettura delle Scritture e l'eucaristia. Ecco, ci suggerisce Luca, dove incontrare il Cristo risorto. Nell'ascolto della parola sacra «il cuore arde nel petto»; allo spezzare il pane, «gli occhi si aprono e lo riconoscono».

«A chi di noi, dunque» scriverà François Mauriac nella sua *Vita di Gesù* (1936) «la casa di Emmaus non è familiare? Chi non ha camminato su quella strada, una sera che tutto pareva perduto? Il Cristo era morto in noi. Ce l'avevano preso il mondo, i filosofi e gli scienziati, nostra passione. Non esisteva più nessun Gesù per noi sulla terra. Seguivamo una strada, e qualcuno ci veniva a lato. Eravamo soli e non soli. Era la sera. Ecco una porta aperta, l'oscurità d'una sala ove la fiamma del caminetto non rischiara che il suolo e fa tremolare delle ombre. O pane spezzato! O porzione del pane consumata malgrado tanta miseria! Rimani con noi, perché il giorno declina...! Il giorno declina, la vita finisce. L'infanzia sembra più lontana che il principio del mondo, e della giovinezza perduta non sentiamo più altro che l'ultimo mormorio degli alberi morti del parco irriconoscibile...»

C'è un'altra scena tipica di Luca ed è quella che sigilla il suo vangelo e che è da lui ripresa in apertura agli Atti degli Apostoli. È l'ascensione di Gesù al cielo che ha tanto impressionato la fantasia cristiana nei secoli. Sul monte degli Ulivi i bizantini e poi i crociati erigeranno un tempietto senza cupola (quella che c'è ora è stata «imposta» all'edificio successivamente dai musulmani) e su una roccia vedranno le impronte dei piedi di Gesù nello slancio dell'ascesa. Mantegna, alla fine del Quattrocento, creerà quello stupendo trittico degli Uffizi in cui Cristo, avvolto in una mandorla di angeli, è sospeso in un cielo trasparente costellato di nuvolette, mentre tra le rupi del monte degli Ulivi si stringe il cerchio di Maria e degli apostoli con il volto all'insù. Persino Apollinaire nella sua poesia *Zona,* contenuta in *Alcools* (1913), comparerà Gesù ascendente ai moderni aviatori: «I diavoli degli abissi levano il capo per guardarlo... Gli angeli volteggiano attorno al grazioso Volteggiatore»! Vi è inoltre una serie fitta di oratori musicali dedicati alla scena... Primo fra tutti l'indimenticabile *Die Himmelfahrt* (BWV 11) di Johann Sebastian Bach, eseguito a Lipsia il 19 maggio 1735 su libretto anonimo. Il recitativo dei nn. 2-3, dopo il coro di apertura, proclama quasi l'amarezza dei discepoli che si sentono abbandonati e cita da Luca: «Li condusse fuori di Betania e, levate le mani, li benedisse. Mentre li benediceva, si staccò da loro e fu elevato verso il cielo» (*Lc* 24,50-51). Due flauti sollevano il recitativo quasi in un arioso, a causa del tema. Poi nei nn. 4 e 7 della partitura Bach allega gli altri passi sull'ascensione di Cristo, a partire da *Lc* 24,52-53: «Essi, dopo averlo adorato, tornarono a Gerusalemme con grande gioia. Stavano sempre nel tempio lodando Dio», per giungere al racconto degli Atti (1,9-11) e risalire al cenno presente nella finale di Marco (16,19). Lo stupendo corale conclusivo intreccia in osmosi il dolore della separazione e la gioia della glorificazione.

Anche il secondo figlio di Bach, Carl Philipp Emanuel (1714-1788), comporrà un bell'oratorio, *Auferstehung und Himmelfahrt Jesu*

(H 777; catalogo Eugène Helm), su un libretto di Karl Wilhelm Ramler già musicato da Telemann. L'opera in due parti, eseguita per la prima volta privatamente ad Amburgo nel 1774 e in pubblico nel 1778, non è però un testo da chiesa bensì da concerto (per questo è priva di corali). Il suo autore la riteneva «uno dei suoi capolavori dal quale i giovani compositori avrebbero avuto qualcosa da apprendere». E per venire ai nostri tempi, anche Olivier Messiaen compose nel 1933 una bella meditazione sinfonica intitolata *L'Ascensione*.

Il senso profondo, comunque, dell'evento è più teologico che «spaziale». Già sant'Agostino nel suo *Sermone per l'Ascensione* affermava: «La risurrezione del Signore è la nostra speranza; l'ascensione del Signore è la nostra glorificazione». La rappresentazione di Cristo che ascende al cielo non è, infatti, da intendere in senso «materialistico» e «astronautico»: l'area celeste è per eccellenza il segno del divino e del trascendente. Con la risurrezione Gesù di Nazaret, inserito nell'orizzonte spaziale e storico, ritorna in pienezza a svelare la gloria della sua eternità, della sua infinità e divinità. Evocando i «santi» dell'Antico Testamento, come Enoch ed Elia, che furono rapiti al cielo (*Gn* 5,22; 2 *Re* 2), si usa lo schema «verticale» per illustrare in profondità il mistero che era nascosto e che è ora rivelato: Cristo ritorna nella città celeste da cui era venuto e con sé porterà l'umanità intera redenta, strappata alla caducità del tempo e del limite, del male e del peccato, proprio come dichiarava Agostino nel passo citato. Vedremo che questa rappresentazione «verticale» della Pasqua di Cristo apparirà in modo sistematico in Giovanni e in alcuni passi paolini. Con tale quadro glorioso si chiude il terzo vangelo: il Risorto è nella comunità celeste e i discepoli sono in preghiera nella Gerusalemme terrena. Da lì partiranno per abbracciare con la loro missione il mondo intero, giungendo fino alla capitale dell'impero, Roma. Sarà la seconda opera di Luca – che considereremo più avanti – a inseguire questa traiettoria universale orizzontale del vangelo di Cristo.

### *Un indice alfabetico a sei voci*

Prima di chiudere il vangelo di Luca e i suoi cinque grandi «fogli», vorremmo quasi creare un piccolo indice alfabetico dei temi a lui più cari. Sarà, in pratica, un tentativo di definire il suo progetto teologico non nell'impianto generale, già intravisto nella trama del suo scritto, bensì nei nodi e nelle linee principali. Avremo, così, un essenziale vocabolario lucano.

*Amore.* Dante nella sua opera latina *Monarchia* ha coniato questa suggestiva definizione di Luca: «scriba mansuetudinis Christi», scrittore della mansuetudine, della misericordia, dell'amore di Cristo. Per tutto il percorso della sua vita Gesù non è mai venuto meno alla dichiarazione programmatica fatta nella sinagoga di Nazaret e che noi già conosciamo (*Lc* 4,14-27), perché la sua venuta nel mondo era finalizzata a «cercare e a salvare ciò che era perduto» (*Lc* 19,10), al punto da essere ironicamente denominato «l'amico dei pubblicani e dei peccatori» (*Lc* 7,34). La parabola del Buon Samaritano e la trilogia di parabole contenuta nel capitolo 15, che in seguito esamineremo, la salvezza offerta al corrotto funzionario Zaccheo, il «discorso della campagna» (*Lc* 6,17-49), la costante scelta degli ultimi, dei poveri, degli esclusi, il perdono finale offerto al malfattore pentito e ai suoi stessi crocifissori, l'uso frequente del verbo greco *splanchnízomai* che evoca la tenerezza delle «viscere» materne (*Lc* 1,78; 7,13; 10,33; 15,20) sono altrettante testimonianze della validità della definizione dantesca. Anzi, Gesù traccia il volto del suo discepolo e di Dio proprio così: «Siate misericordiosi come misericordioso è il Padre vostro celeste» (*Lc* 6,36; è curioso notare che Matteo aveva reso la frase in altro modo: «Siate perfetti come perfetto è il Padre vostro celeste» *Mt* 5,48).

*Gesù Cristo.* Nome fondamentale senza il quale il vangelo stesso di Luca non sussisterebbe, Gesù di Nazaret è il centro della storia, colui che coordina il fluire della vicenda umana e divina della salvezza. Egli, perciò, appare in primo luogo come *sotèr*, «salvatore» dell'intera umanità, risalendo sino ad Adamo (*Lc* 3,23-38). Egli è «strumento di salvezza che il Signore ha preparato per tutti i popoli» (*Lc* 2,30-31) così che «ogni carne [persona] vedrà la salvezza di Dio» (*Lc* 3,6). La sua è una salvezza offerta a tutti, ma in particolare agli ultimi della terra, come abbiamo appena visto. È una salvezza anche fisica (Luca ama usare in questo caso il verbo greco *dia-sôzô*, «salvare»). Cristo, poi, è per eccellenza il *Kyrios*, il «Signore», un termine carico di risonanze perché nelle antiche Bibbie greche usate dai cristiani esso traduceva le quattro lettere sacre ebraiche JHWH del nome impronunciabile del Dio biblico. Per ben 103 volte nel vangelo e per 107 volte negli Atti degli Apostoli Luca chiama Gesù il «Signore» glorioso, che è giudice della storia e che regge tutto l'essere. Cristo è per il terzo evangelista anche il Profeta ultimo e perfetto, cioè colui che ha l'ultima e piena rivelazione di Dio da comunicarci, come si ripete in sette passi (*Lc* 4,24; 7,16.39; 9,8.19; 13,33; 24,19). Su di lui è effuso in pienezza lo Spirito profetico; come Elia ed Eliseo egli porta la salvezza oltre i confini di Israele; come il Servo del Signore cantato da Isaia (cc. 42; 49; 50; 53), percorre la via del dolore che salva e conduce alla luce.

*Gioia.* Un noto teologo tedesco, Helmut Gollwitzer, ha intitolato un suo commento a Luca *Die Freude Gottes*, «la gioia di Dio». Si pensi che l'evangelista usa ben 5 verbi diversi per esprimere la gioia in 27 passi del suo vangelo. Invitiamo i lettori a fare un esercizio: si prenda in mano un vangelo e al capitolo 15 di Luca – nel celebre «libretto delle parabole della misericordia» a cui abbiamo già fatto cenno e che riprenderemo – si scorrano di seguito i versetti 5.6.7.9.10.23.25.32. Il risultato parla da solo. Cristo è venuto ad «evangelizzare», cioè a comunicare un lieto annunzio di liberazione. I primi due capitoli della sua opera sono intarsiati di canti gioiosi di lode a Dio e l'ultima riga del vangelo ci ricorda che i discepoli, dopo l'ascensione, «tornano a Gerusalemme con grande gioia e stanno sempre nel tempio lodando Dio» (*Lc* 24,52-53). E pieni di gioia sono coloro che vengono salvati da Gesù, come Zaccheo (*Lc* 19,6).

*Povertà.* Luca è, come si è visto, sensibile alla questione sociale. Quel «Beati i poveri in spirito» di Matteo diventa per Luca un diretto «Beati voi, poveri» senza alcuna specificazione «spirituale». «I poveri sono evangelizzati» (*Lc* 4,18); il povero Lazzaro (*Lc* 16,19-31) e la vedova che dà «tutto quanto aveva per vivere» (*Lc* 21,1-4) sono ammirati da Gesù. *Mammona*, termine fenicio-aramaico che già conosciamo e che indica la «ricchezza» (curiosamente ha la stessa radice del verbo ebraico *'mn* che esprime il «credere»), è un idolo che acceca. Il giovane ricco non può seguire Cristo se prima non distribuisce ai poveri «tutto quanto possiede» (*Lc* 18,22). Condannati senza esitazione sono coloro il cui unico scopo nella vita è il moltiplicare risorse e soldi (*Lc* 12,13-21). I Farisei sono amanti del denaro che alla fine diventa il loro vero dio (*Lc* 16,14 e 16,9). «Quant'è difficile per quelli che posseggono ricchezze entrare nel Regno di Dio! È più facile per un cammello passare per la cruna di un ago che per un ricco entrare nel Regno di Dio!» (*Lc* 18,24-25). Indispensabile è, perciò, fare una scelta quando si vuole seguire Gesù. Alludendo alla vocazione di Eliseo, chiamato dal profeta Elia mentre arava i campi, Cristo dichiara: «Nessuno che ha messo mano all'aratro e poi si volge indietro, è adatto per il Regno di Dio» (*Lc* 9,62). Bisogna rinunciare al passato e alle cose e guarire dalla malattia della nostalgia. I discepoli non abbandonano solo «le reti e il padre», come scrive Matteo, ma «tutto» secondo Luca (*Lc* 5,11). Levi (Matteo), nel momento della sua chiamata da parte di Gesù, «abbandona tutto» (*Lc* 5,28), mentre Matteo nel suo vangelo nota solo che «si alzò e lo seguì» (*Mt* 9,9). «Se qualcuno vuol venire dietro a me» ammonisce Gesù «rinneghi se stesso, prenda *ogni giorno* la croce e mi segua» (*Lc* 9,23: quell'«ogni giorno» manca negli altri vangeli ed è esclusivo di Luca).

*Preghiera*. Il Gesù di Luca è per eccellenza il grande orante. Nelle svolte decisive della sua vita egli si ritira in preghiera e in dialogo con il Padre: lo fa dopo il battesimo al Giordano (*Lc* 3,21), nel mezzo del primo entusiasmo della folla (*Lc* 5,16), prima della scelta dei dodici apostoli (*Lc* 6,12), prima della professione di fede di Pietro (*Lc* 9,18), durante il solenne svelamento della Trasfigurazione (*Lc* 9,28-29), prima di insegnare ai discepoli la preghiera distintiva del cristiano, il «Padre» (*Lc* 11,1). Gesù ci esorta a «pregare sempre, senza stancarsi» (*Lc* 18,1). Alle soglie della morte si ha la scena più emblematica, quella della preghiera nell'orto degli ulivi, il Getsemani (*Lc* 22,39-46), scena che Luca descrive in modo più accurato rispetto agli altri evangelisti, scandendola con ben cinque menzioni della preghiera e incorniciandola con la duplice frase d'apertura e chiusura: «Pregate per non entrare in tentazione!». Potremmo contemplare questo quadro che ritrae Gesù come il perfetto orante con l'unico oratorio di Beethoven, quel *Christus am Ölberge* op.85, «Cristo al monte degli Ulivi», composto nel 1802-1803 su libretto di Franz Xaver Huber, eseguito per la prima volta il 5 aprile 1803, poi rivisto dal musicista ed edito solo nel 1811. Nel 1995 per le celebrazioni del terzo millennio di Gerusalemme fu eseguito proprio sullo sfondo del monte degli Ulivi, nella città santa. Tre sono i protagonisti: Gesù (tenore), Pietro (basso) e un serafino (soprano), cioè l'angelo che conforta Gesù mentre suda sangue (è solo il medico Luca a ricordare questa strana «diapedesi» della pelle di Cristo). Emozionante è l'aria del serafino che dialoga con il coro, come lo è il recitativo tra Gesù e il serafino che lo consola nel momento oscuro della sofferenza. E, come si è visto, anche le ultime parole di Cristo sono una preghiera di fiducia al Padre alle cui mani affida lo spirito (*Lc* 23,46).

*Storia*. L'esegeta tedesco Eduard Lohse ha definito Luca «il teologo della storia della salvezza». Un suo collega, Hans Conzelmann, in un'opera da noi già citata ha parlato del Cristo di Luca come di colui che è posto al «centro del tempo». Si può, così, distinguere idealmente nella sequenza della storia secondo Luca un dittico o un trittico. C'è un tempo della «promessa», ed è quello dell'Antico Testamento, e c'è un tempo del pieno compimento, ed è quello inaugurato da Cristo. Ma si può anche pensare ad un tempo di Israele che corre fino al Battista (*Lc* 16,16), a un tempo centrale di Gesù e al tempo della Chiesa, una trilogia che potrebbe essere rappresentata dall'Antico Testamento (o dai primi due capitoli del vangelo), dal vangelo e dagli Atti degli Apostoli. Il «presente» di Cristo e della Chiesa fa già parte di quel futuro che noi siamo soliti chiamare «escatologia». Luca, come Giovanni, pur non escludendo la pienezza futura (*Lc* 17,20-37 e c. 21), sente che nella storia è stato già deposto da Cristo un seme di eternità. È per questo che egli ama l'avverbio «oggi». A Nazaret, in sinagoga: «Oggi si è adempiuta questa Scrittura che voi avete udita coi vostri orecchi» (*Lc* 4,21). A Zaccheo: «Oggi la salvezza è entrata, in questa casa» (*Lc* 19,9). Davanti al paralitico guarito e perdonato: «Oggi abbiamo visto cose meravigliose» (*Lc* 5,26). Al malfattore pentito: «Oggi sarai con me nel paradiso» (*Lc* 23,43). «Se io scaccio i demoni col dito di Dio, allora è giunto a voi il Regno di Dio ... Il Regno di Dio non viene in modo da attirare l'attenzione. Nessuno dirà: Eccolo qui! Eccolo là! Perché il Regno di Dio è in mezzo a voi» (*Lc* 11,20 e 17,21).

Salutiamo, allora, Luca medico ed evangelista come colui che ha voluto imprimere alla storia dell'uomo – considerata dal greco Eraclito come «un giuoco di dadi fatto da bambini» – un senso, individuandovi il passaggio di Gesù Cristo, il coordinatore di quel groviglio di eventi, salvatore del male e dell'assurdo che si annida nelle vicende umane, l'«evangelizzatore» della speranza, della libertà e della gioia.

# V
# L'ultimo vangelo

È un piccolo frammento di papiro di 8,9 per 6 centimetri, acquistato in Egitto nel 1920 e conservato nella John Rylands Library di Manchester. La sua sigla scientifica è $P^{52}$ o P. Ryl 457 ed è la più antica testimonianza certa a noi giunta del Nuovo Testamento: è databile, infatti, attorno al 125 e non oltre. In quei pochi centimetri sono contenuti sulla facciata anteriore i versetti 31-33 del capitolo 18 del vangelo di Giovanni e in quella posteriore i versetti 37-38 dello stesso capitolo. Nel primo testo i giudei dichiarano a Pilato che «a noi non è lecito mettere a morte nessuno. Così si compiva la parola che Gesù disse indicando di quale morte doveva morire. Rientrò nel pretorio Pilato, fece chiamare Gesù e gli disse: Tu sei il re dei giudei?». Nell'altra parte del papiro, Pilato domanda a Gesù: «Dunque tu sei re? Gesù rispose: Tu lo dici; io sono re. Per questo sono nato e per questo sono venuto nel mondo per testimoniare la verità. Chiunque è dalla verità, ascolta la mia voce. Gli dice Pilato: Che cos'è la verità? E detto questo, uscì di nuovo verso i giudei e disse loro: Non trovo in lui nessuna colpa». Ecco la traduzione delle parole greche che sono rimaste sulle sette righe delle due facciate:

| I | II |
|---|---|
| *i giudei...a noi...* | *(per) questo sono nato...* |
| *nessuno...cosicché la parola...* | *mondo per testimoniare...* |
| *disse indicando...* | *dalla verità.* |
| *Morire. Rientrò..* | *Gli dice...* |
| *pretorio Pilato* | *e questo...* |
| *e disse...* | *i giudei...* |
| *dei giudei.* | *nessuna...* |

Se pensiamo che il quarto vangelo fu composto sullo scorcio del I secolo in Asia Minore, il fragile documento egiziano risulta particolarmente rilevante: il testo giovanneo era già diffuso un paio di decenni dopo in una terra lontana come l'Egitto. Quella manciata di parole ci riporta vicino ai giorni in cui nasceva l'opera che, a partire da Clemente Alessandrino (morto prima del 215), sarà definita «il vangelo spirituale» per eccellenza. Un altro grande intellettuale cristiano di Alessandria d'Egitto, Origene, esclamerà: «Il fiore di tutta la Sacra Scrittura è il vangelo e il fiore del vangelo è il vangelo trasmesso a noi da Giovanni, il cui senso profondo e riposto nessuno mai potrà pienamente cogliere». All'apostolo fu attribuita, dei quattro simboli dell'Apocalisse, l'aquila. A lui potremmo applicare quanto Dante dice di Omero: «quel signore de l'altissimo canto / che sovra gli altri com'aquila vola» (*Inferno* IV, 95-96). Victor Hugo nelle sue *Contemplazioni* (1855-1856) introdurrà in modo analogo il quarto evangelista: «Ascoltate, io sono Giovanni. Ho visto cose oscure ... Come aquila egli sale verso i bagliori di Dio» (V e VI). E non mancherà ancora ai nostri giorni chi, come Sauro Albisani, tenterà di rendere il pathos di questo vangelo in endecasillabi (1994), mentre indimenticabili restano le versioni di Massimo Bontempelli e Salvatore Quasimodo.

A prima vista il testo giovanneo fatto di 15.416 parole greche e di 879 versetti (il terzo per lunghezza dopo Luca e Matteo) sembra usare un vocabolario esiguo, composto da soli 1011 termini diversi. In realtà, il suo è un linguaggio ormai «tecnico» e sofisticato. «Verità» ha un'accezione precisa che va oltre quella greca e si orienta verso la «rivelazione» di Cristo; «segni» e «opere» sono i miracoli; l'«Ora» per eccellenza è la morte e la risurrezione di Cristo, che vengono definite anche come «esaltazione» o «glorificazione»; fitto è il lessico processuale per descrivere lo scontro tra Cristo e il male («testimonianza», «giustizia», «giudizio», Paraclito, cioè «difensore», e così via); «amare» e «amore», «conoscere», «io sono» (applicato a Gesù), «vita», «mondo», «dimorare-rimanere», «luce», «Padre» (Dio) sono altrettanti vocaboli la cui presenza numerica non ha confronto con i vangeli sinottici. Anzi, uno studio critico sul linguaggio di Giovanni pubblicato nel 1991 a Gottinga ha isolato ben 153 caratteri specifici! Curiosa è l'ironia diretta o allusiva con la quale egli bolla a più riprese l'incomprensione che colpisce Gesù e le sue parole. A Nicodemo, che è un rabbì giudaico, Cristo dice: «Tu sei maestro in Israele e non sai queste cose?» (*Gv* 3,10). In modo sferzante in Giovanni 18,28 si fa notare che la delegazione giudaica, giunta davanti al palazzo di Pilato, «non volle entrare nel pretorio per non contaminarsi e poter mangiare la Pasqua», eppure stanno per chiedere l'esecuzione capitale di un innocente!

Un vangelo soprendente, dunque, che ignora vistosamente vocaboli cari agli altri evangelisti come «apostoli», «vangelo», «battesimo», «pubblicano», «annunziare», «conversione», «scriba» ecc. Un testo non privo di stravaganze come le due finali, l'una nel capitolo 20 e l'altra nel 21, o come in 14,31 ove Gesù esclama: «Alzatevi, andiamo via di qui!», ma il suo discorrere prosegue ancora in quel posto per ben tre lunghi capitoli. È, quindi, prima di tutto necessario ricostruire la storia di questo scritto, una storia che parte dagli anni 30 e si distende fino all'ultimo decennio del I secolo, passando dalla Palestina all'Asia Minore. Alla ricostruzione di questa vicenda in più tappe hanno contribuito vari studiosi che hanno dedicato al quarto vangelo opere monumentali, come i commenti di Raymond E. Brown e di Rudolf Schnackenburg.

A margine dobbiamo lasciare l'immenso apparato fantastico che si è intessuto attorno a Giovanni, in particolare in connessione con l'Apocalisse (connessione che a suo tempo dovremo giudicare). Per tutti i profili apocrifi, che influiranno sulla storia dell'arte cristiana – anche se il modello iconografico più celebre è quello «autentico» di Giovanni e Maria ai piedi della croce di Cristo – ricordiamo solo la medievale *Legenda aurea*. Durante la persecuzione di Domiziano, Giovanni è portato da Efeso a Roma ove, a Porta Latina, sopravvive illeso all'immersione in una caldaia di olio bollente. Viene, allora, relegato nell'isola egea di Patmos ove scrive l'Apocalisse. Trasferitosi a Efeso, converte un filosofo e, costretto dagli orefici che producono gli ex voto della dea Artemide, a bere una coppa di veleno, con un segno di croce la purifica facendone uscire una serpe. Risorge morti, guarisce infermi e muore trasfigurato dopo una splendida omelia sull'amore. La Chiesa cattolica lo festeggerà il 27 dicembre. Ma lasciamo questa foresta di immagini e miti e ritorniamo alla storia del vangelo e del suo protagonista. Un vangelo così caro alla tradizione, non solo cristiana, che André Gide darà il nome di Natanaele, proprio di un discepolo di Gesù noto solo a Giovanni (1,45), al suo ideale discepolo dei *Nutrimenti terrestri* (1897), invitato però a seguire la via larga del piacere, del lirismo frenetico della vita e non certo quella del vangelo.

*Il misterioso «discepolo amato»*

Dobbiamo partire da un misterioso «discepolo che Gesù amava». Costui entra in scena nel vangelo solo alla fine, quando si sta per compiere l'«Ora» di Cristo in Gerusalemme. È convinzione tradizionale che si tratti di un autoritratto dell'apostolo Giovanni, figlio di Zebedeo e fratello di Giacomo, curiosamente assente in tutto il vangelo, tranne che nell'aggiunta del capitolo 21. C'è, però, una difficoltà: di questo «discepolo» amato, chiamato anche «l'altro discepolo» (rispetto a Pietro), si dice che «era noto al sommo sacerdote». Come era possibile a un pescatore della Galilea, seppure partecipe di un'azienda ittica con il padre e con il fratello (*Mc* 1,19-20)? La difficoltà rimane insolubile. Ma anche gli altri tentativi di identificazione non sono più convincenti, anzi si rivelano più aleatori. Per alcuni sarebbe una figura ideale, incarnazione del vero discepolo di Gesù; per altri si tratterebbe di un estraneo alla cerchia degli apostoli, un cristiano di Gerusalemme legato alla comunità giudaica di Qumran sul Mar Morto; per altri ancora sarebbe un anonimo discepolo di Gerusalemme (entra in scena solo nella città santa); per il citato Brown nel «discepolo amato» si fonderebbero insieme sia l'apostolo Giovanni sia l'autore del vangelo in senso redazionale, l'«evangelista».

Noi consideriamo questo «discepolo amato» come l'espressione della *prima tappa* della storia vissuta dal «vangelo spirituale». Egli è un testimone oculare della vicenda di Gesù, con il quale ebbe un dialogo profondo e intimo (*Gv* 13,23-25); fu in posizione di prestigio, accanto a Pietro, e fu partecipe in modo diretto delle ultime giornate di Gesù, salendo con lui e con Maria sulla vetta del Golgota e sperimentando di persona la scoperta della tomba vuota: «entrò anche l'altro discepolo, giunto per primo al sepolcro: vide e credette» (*Gv* 20,8). Significativi i due verbi che definiscono l'autentica qualità della testimonianza cristiana delle origini: è un «vedere» storico-testimoniale ma accompagnato dal «credere», cioè da un'interpretazione religiosa degli eventi registrati. Riappare quel percorso sul crinale tra storia e fede da noi segnalato già alla partenza del nostro itinerario nel Nuovo Testamento. Questo discepolo «altro» e «amato» era stato forse seguace di Giovanni Battista, come si racconta in *Gv* 1,35-40: «Giovanni era là con due suoi discepoli e, fissando lo sguardo su Gesù che passava, disse: Ecco l'agnello di Dio! I due discepoli, udendolo parlare così, seguirono Gesù ... Uno dei due era Andrea, fratello di Simon Pietro».

L'altro discepolo «innominato» che si incammina con Gesù potrebbe essere il testimone (identificabile, come si diceva, con Giovanni l'apostolo). È curioso notare che il quarto vangelo marca a più riprese che il Battista «non era la luce ma era per rendere testimonianza alla luce» (*Gv* 1,8), non era il Cristo, cioè il Messia, non era lo sposo ma l'amico dello sposo (*Gv* 3,28-30), «non ha fatto segni miracolosi ma tutto ciò che egli disse di Gesù era vero» (*Gv* 10,41). Possiamo, dunque, affermare che alla radice della tradizione giovannea c'è un discepolo del Battista, divenuto seguace di Gesù, da identificare con buona probabilità con Giovanni figlio di Zebedeo e fratello di Giacomo, testimone diretto e predicatore del vangelo. Il suo ritratto ideale è nella seconda finale del vangelo, quando il redattore scrive: «Questi è il discepolo che rende testimonianza di queste cose e che le ha scritte, e sappiamo che la sua testimonianza è veridica» (*Gv* 21,24). Sebbene non abbia composto materialmente il testo, il «discepolo amato» è il fondamento e il garante della tradizione scritta che lo seguirà. La sua è una testimonianza di verità in senso storico ma anche nel senso giovanneo di verità rivelata, cioè di manifestazione del significato religioso profondo della storia di Gesù.

Giungiamo, così, alla *seconda tappa* della vicenda che sta alle spalle dell'ultimo vangelo. Dal «discepolo amato» fiorisce una tradizione che si alimenta a quella testimonianza e acquista un profilo proprio. La storia di Gesù di Nazaret è vista come il simbolo di una realtà superiore: ogni evento contiene in sé iridescenze che devono essere scoperte attraverso la fede. I miracoli sono «segni» perché sono come frecce puntate verso l'alto: Cristo è il Messia della nuova alleanza, è la luce del mondo, è il pane della vera vita, è la vita stessa. I discorsi sono parole di rivelazione in cui risuona l'«Io sono» che nel libro dell'Esodo definiva il mistero di Dio («Io sono colui che sono» *Es* 3,14). Il racconto della morte e risurrezione, pur modellandosi su quello di Marco-Matteo-Luca, lascia trasparire informazioni inedite e soprattutto una nuova impostazione. Questa tradizione, che ha appunto come sorgente la testimonianza dell'apostolo Giovanni, il «discepolo amato», si sviluppa in Palestina prima del 70: si nota, infatti, una buona conoscenza della topografia della Giudea e di Gerusalemme, della liturgia e del tempio con le sue feste e forse anche del pensiero dei «monaci» di Qumran sul Mar Morto, realtà che saranno spazzate via dalla conquista romana compiuta da Tito.

Una ricerca «radiografica» di tipo storico-letterario condotta sul testo attuale del quarto vangelo rivela che la sua tradizione usava fonti proprie, privilegiando il tempo trascorso da Gesù a Gerusalemme (la Galilea appare solo a sprazzi nei capitoli 1-2; 4; 6 e 21) e allungando considerevolmente la missione pubblica di Gesù: i vangeli sinottici evocano una sola Pasqua celebrata da Gesù, la tradizione giovannea almeno tre. Un certo rilievo ha anche la Samaria, la regione «eretica», ove Gesù converte una donna e altri suoi correligionari (c. 4; si veda *At* 8). È ricca anche la traccia linguistica. Si incontrano ben 12 vocaboli ebraici o aramaici: *rabbí* (7 volte), *rabbuní* (come il precedente, significa «mio maestro»), *messias*, *Kephas* (Pietro), *Siloam* (la fonte di Siloe del miracolo del cieco nato in *Gv* 9), *Thomas*, *osanna* («orsù, salvaci!»), *amen amen* («in verità, in verità...»), *manna*, *Bethesda* («casa dell'amore fedele» di Dio, una piscina di Gerusalemme), *Gabbata* («altura», nome del luogo ove sorgeva un cortile del pretorio di Pilato), *Golgota* (il Calvario). I primi sei vocaboli vengono tradotti dall'evangelista. In conclusione possiamo dire che la seconda tappa della storia giovannea è costituita da una tradizione che era diffusa in Palestina prima del 70 in lingua aramaica.

### *«Io che sono l'È, il Fu, il Sarà...»*

Ma ecco la grande svolta, rappresentata dalla *terza tappa*. La tradizione si cristallizza nella prima edizione del vangelo. Si tratta di un testo scritto in greco (l'autore traduce le parole aramaiche o ebraiche sopra citate: «abbiamo trovato il Messia, che significa il Cristo», si legge ad esempio in *Gv* 1,38), dotato di una struttura e di una sua conclusione che leggiamo in Giovanni 20,30-31: «Gesù davanti ai suoi discepoli fece ancora molti segni che non sono stati scritti in questo libro. Questi sono stati scritti affinché crediate che Gesù è il Cristo, il Figlio di Dio e, credendo, abbiate la vita nel suo nome». Dall'apostolo (Giovanni) dobbiamo ora passare all'evangelista, distinto dal primo, anche se la tradizione li identificherà, come si era soliti fare nella stessa antichità biblica (Isaia raccoglie sotto il suo patronato almeno tre autori differenti). D'ora innanzi noi ci interesseremo di questo evangelista, che era un teologo di alto profilo, capace di modellare un messaggio profondo in un linguaggio semplice, abile nell'uso dei simbolismi, degli enigmi, delle allusività. L'orizzonte a cui egli si rivolge è certamente legato alla cultura greca. È sufficiente aprire la prima pagina con quel gioiello in assoluto che è l'inno del prologo, «il più bell'inno cristiano», come l'ha definito Louis Bouyer.

«In principio era il Logos [la Parola, il Verbo]. / Il Logos era presso Dio. / Il Logos era Dio. / Egli era in principio presso Dio. / Tutto è stato fatto per mezzo di lui. / Senza di lui nulla è stato fatto di ciò che esiste...» (si legga l'intero canto del Logos in *Gv* 1,1-18). Al di là dello stile «a ondate», come dicono gli esegeti, per cui le varie onde delle frasi si susseguono allargando e riprendendo il tema precedente, è facile intuire il rilievo che nella cultura ellenistica aveva il Logos che l'evangelista applica a Cristo. La pagina resterà nei secoli uno dei testi di riferimento capitali non solo per la teologia. Pensiamo alla riflessione di Goethe nel *Faust* (il Logos è *Wort*, «parola», o *Sinn*, «significato», o *Kraft*, «potenza», o *Tat*, «atto»?). Ma, prima, bisognerebbe risalire a quel *Prologo di Giovanni*, capolavoro della lingua latina medievale, che il teologo irlandese Giovanni Scoto Eriugena, presente alla corte dell'imperatore «filosofo» Carlo il Calvo, compose tra l' 865 e l' 870. Si tratta di una gemma filosofico-teologica e poetica che, in forma di omelia, segue l'«aquila spirituale», cioè l'evangelista, che vola con ali veloci verso l'Inconoscibile, la cui presenza è – attraverso l'incarnazione – in tutto l'essere: «questa pietra e questo legno per me sono luce». L'appello dell'avvio dell'opera è rivolto a tutti: «La voce dell'aquila spirituale risuona all'orecchio della Chiesa...».

L'appello di Giovanni Scoto verrà raccolto da David M. Turoldo che nel suo *Vangelo di Giovanni* (1988) prenderà spunto proprio da quelle righe per costruire una «Salmodia dell'Inconoscibile». Ma già, anni prima, nella raccolta *Elogio all'ombra* (1969), Borges aveva composto una poesia intitolata *Giovanni I,14*, dedicata appunto a quel versetto dell'inno giovanneo che avrebbe suscitato scandalo nel mondo greco: «Il Logos divenne carne e pose la sua tenda in mezzo a noi» (*Gv* 1,14). Nasceva nei versi di Borges una sorprendente «autobiografia» del Verbo incarnato:

> Io che sono l'È, il Fu e il Sarà
> accondiscendo ancora al linguaggio
> che è tempo successivo e simbolo...
> Vissi stregato, prigioniero d'un corpo
> e di un'umile anima...
> Appresi la veglia, il sonno, i sogni,
> l'ignoranza, la carne,
> i tardi labirinti della mente,
> l'amicizia degli uomini
> e la misteriosa dedizione dei cani.
> Fui amato, compreso, esaltato e sospeso a una croce.

Un versetto, il 14 del prologo giovanneo, capace di generare una delle più intense *Romanze* mistiche di san Giovanni della Croce e di far esclamare a Péguy nella sua *Eva* (1913) che «anche il soprannaturale è carnale» e che «Gesù, frutto di un ventre carnale», riassume in sé tutta l'umanità fatta di carne e sangue. Un versetto divenuto sostanza poetica del «Vero corpo», un canto delle *Nozze* (1928) di Pierre-Jean Jouve e così via.

Ma ritorniamo al vangelo giovanneo destinato a un orizzonte di formazione greca. Possiamo dire qualcosa di più su quei destinatari? Grandi studiosi dell'ultimo vangelo hanno pensato a un ambito greco-pagano. Rudolf Bultmann immaginava un mondo sofisticato di tipo gnostico-ermetico. Lo studioso inglese Charles Harold Dodd in un'opera famosa, *L'interpretazione del quarto vangelo*, considerava lo scritto come un testo missionario per pagani di formazione greca: i simboli usati sono universali (luce e vita del «mondo», pane, acqua, fonte...), il lessico è spesso tipico del pensiero greco (Logos, verità, spirito, conoscere), gli schemi sono familiari all'ellenismo (essere dall'alto/basso, mondo terrestre/celeste, antitesi carne-spirito...).

Certo, la tradizione affermava che lo stesso apostolo Giovanni si sarebbe trasferito a Efeso, affascinante capitale dell'Asia Minore, e avrebbe fondato una costellazione di chiese, evocate nelle pagine di apertura dell'Apocalisse (cc. 1-3). L'ambito, quindi, sarebbe quello colto ed elegante dell'Asia proconsolare ove, però, erano presenti anche forti comunità giudaiche. Proprio per quest'ultimo dato è necessario rettificare la prima impressione. Simboli e vocaboli usati dall'evangelista possono, infatti, rimandare anche a un retroterra culturale biblico e non ellenistico e quelli tipicamente greci come «verità» acquistano nuovi significati. Nel vangelo sono presenti ben 21 citazioni bibliche e un numero alto di allusioni alle Scritture ebraiche, note nell'antica versione greca dei Settanta. La Bibbia è, dunque, il grande codice per interpretare la persona e la missione di Gesù. Non mancano persino impronte di una tradizione giudaica molto settoriale, com'è quella espressa dal «monastero» di Qumran ove tra i rotoli della comunità è venuta alla luce una *Regola della guerra dei Figli della luce contro i Figli delle tenebre* e l'ultimo vangelo ama questo dualismo morale tra luce e tenebre. Lo stesso versetto 14 dell'inno del prologo – tanto per rimandare a un particolare – descrive l'incarnazione del Logos come un «attendarsi», *eskénosen*, «pose la sua tenda», con un'allusione alla tenda dell'arca dell'alleanza e del tempio biblico. Anzi, si ha forse un giuoco verbale tra le consonanti *s-k-n* che sono alla base non solo del verbo greco ma anche del vocabolo ebraico *shekinah* con cui nel giudaismo si indicava la «Presenza» divina nel tempio. Cristo sarebbe la Presenza suprema di Dio nella tenda-tempio della sua carne, della sua esistenza storica e del suo corpo.

Ma c'è un altro segnale interessante che ci orienta verso destinatari giudeo-cristiani e non ellenisti. Per tre volte (*Gv* 9,22; 12,42; 16,2) ci si incontra con il termine *aposynagogós*, «escluso, espulso dalla sinagoga». Ora, la «scomunica» dei cristiani di matrice giudaica è stata formalizzata nel concilio ebraico di Iamnia, in Giudea, attorno al 90, e sostenuta da un capo di rilievo come Gamaliele II che fece inserire in una delle più celebri preghiere sinagogali, le *Shemoneh 'Esreh* (le «Diciotto» benedizioni), questa maledizione: «Siano annientati i Nazareni e i *minim* [eretici] in un istante e siano cancellati dal libro della vita e non siano iscritti insieme con i giusti». Si consumava, così, una frattura, registrata appunto dal quarto vangelo, il cui autore introduce spesso violente polemiche tra Gesù e i «giudei», che diventano quasi la personificazione dell'incredulità, come lo è in altri casi «il mondo». Si ha, dunque, una traccia emblematica delle tensioni laceranti tra Chiesa e Sinagoga sperimentate in quel periodo: i cristiani, che fino ad allora erano sostanzialmente vissuti nel grembo delle loro origini giudaiche, erano costretti ad una scelta dolorosa che, come si è visto, è già attestata da Matteo per le comunità siropalestinesi.

La conclusione è facile. Il vangelo giovanneo è destinato a cristiani di matrice ebraica residenti forse nelle città ellenistiche dell'Asia Minore (l'attuale Turchia costiera), invitati a «rimanere nella parola di Gesù» (*Gv* 8,31; 15,7) e «nel suo amore» (*Gv* 15,9), pronti a confessare pubblicamente la divinità di Cristo, anche a costo di essere espulsi dalla sinagoga e di veder reciso il legame con le proprie radici. Un vangelo, dunque, proteso a confermare nella fede, a rinsaldare e ad approfondire la conoscenza teologica di Gesù Cristo. Il verbo greco della conclusione, sopra citata, del vangelo «affinché crediate» nella lettura al congiuntivo presente (*pisteuete)* vorrebbe dire: «affinché continuiate a credere», evocando una fedeltà, una costanza e un progresso necessari nel momento delle scelte difficili.

### *Un rabbì, un'eretica, un funzionario*

Dopo aver dedicato ampio spazio al contesto entro cui si colloca «il vangelo spirituale», è giunto il momento di scorrerne la trama, cioè di tracciarne il progetto. Ci incontriamo con dati a noi già noti in seguito alla lettura degli altri vangeli (il Battista, Gesù in Galilea, in Giudea, la Passione-morte-risurrezione). Eppure tutto è diverso.

Il Battista non è più l'ardente profeta del fuoco apocalittico, ma è il testimone di Gesù, «agnello di Dio»; i miracoli sono ordinati in un settenario e chiamati «segni»; i discorsi hanno al centro solo Cristo e il mistero della sua persona, la sua morte coinvolge in sé la gioia pasquale. Individuare la struttura, cioè il piano di scrittura del vangelo, è stata un'impresa a cui si sono consacrati con passione tanti studiosi. Così, c'è chi ha visto in filigrana al testo le feste giudaiche alle quali Gesù aveva partecipato (tre Pasque, una festa innominata, quelle delle Capanne e della dedicazione del tempio di Gerusalemme). C'è chi è ricorso ai sette giorni della creazione o ad otto settimane simboliche e chi, invece, ha intravisto l'ossatura dell'esodo biblico dall'Egitto con i suoi simboli e le sue figure. C'è chi si è fondato sui temi teologici e chi ha ordinato il vangelo come se fosse un «dramma» che si consuma nella lotta senza quartiere tra Cristo e le tenebre (mondo, Satana, «giudei») e che l'evangelista racconta con immagini processuali. E altro ancora, in decine e decine di schemi e ricostruzioni.

È indiscutibile che il vangelo di Giovanni abbia una grande linea di demarcazione nel capitolo 12: fino a quel momento Cristo ha rivelato il suo mistero sulla scena aperta del mondo; da allora egli si rinchiude nella sala che prenderà poi il nome di Cenacolo e parlerà solo ai suoi discepoli in attesa dell'evento finale della sua morte. In questi due movimenti si svolgerà anche il nostro viaggio testuale, affidato soltanto a poche note.

Dopo il grande inno del prologo, che abbiamo già evocato, e dopo l'ingresso sulla ribalta di Gesù, del Battista e dei primi discepoli (c. 1), ci troviamo subito di fronte al primo «segno», l'atto miracoloso che all'evangelista interessa non come evento taumaturgico bensì come rivelazione di un aspetto del mistero di Cristo. Siamo in un villaggio di Galilea, Cana, che la tradizione popolare identifica ancor oggi in un piccolo centro arabo di nome Kafr-Kenna, segnato da un santuario francescano (*Gv* 2,1-11). Il «segno» ha il suo elemento simbolico nel vino, un dato caro alla speranza messianica e apocalittica. «Vini eccellenti e raffinati» erano promessi da Isaia (*Is* 25,6) per il banchetto degli ultimi tempi e l'apocrifo Secondo Libro di Baruc annunziava per il regno messianico viti con mille rami, rami con mille grappoli, grappoli con mille acini e ogni acino capace di produrre 460 litri di vino! Come è evidente, nel racconto, il vino di Gesù è l'ultimo, è il migliore ed è abbondante: Cristo Messia sfolgora nel suo «segno» che genera fede («i suoi discepoli credettero in lui»).

La scena rimarrà, comunque, nella fantasia dell'Occidente come immagine di gioia: pensiamo solo alle *Nozze di Cana* del Veronese (1563) al Louvre o all'omonimo canto che Max Jacob, poeta francese ebreo, divenuto poi benedettino ed eliminato dai nazisti nel 1944, porrà in bocca al suo bardo nell'opera postuma (1953) *Poemi di Morven il Gaelico*, o all'apparizione del banchetto di Cana come segno della felicità dell'amore benedetto da Dio in uno dei primi film, *Intolerance* (1916) di David Griffith ma anche nella *Via Lattea* (1968) di Luís Buñuel o alla sgangherata rappresentazione «verista» dell'episodio nell'*Uomo di Nazareth* di Anthony Burgess (1978), ove in atto sarebbero le nozze di Gesù. Il quarto evangelista ama, invece, «tipizzare» i suoi personaggi, trasformandone la realtà storica in emblema. È ciò che accade nelle tre avventure di fede che sfilano davanti a noi nei capitoli 3-4.

Il primo personaggio è Nicodemo (variante greca di un aramaico Naqdimon), divenuto poi protagonista di un popolare apocrifo *Vangelo di Nicodemo* e delle *Lettere di Nicodemo*, l'opera più nota del romanziere polacco Jan Dobraczynski, morto nel 1994. «Capo dei giudei», egli incontra Gesù in una notte di vento («Il vento soffia dove vuole e ne odi la voce, non sai da dove venga né dove vada: così è di colui che è nato dallo Spirito», gli dirà Gesù, giocando sul duplice valore in greco e in ebraico di *pneuma/rûah*, «vento» e «spirito»). La sua è una ricerca che viene dalla notte e si perde nella notte: alla fine sullo sfondo rimane solo Gesù le cui parole sono solenni e potenti (*Gv* 3,1-21): «...Dio ha tanto amato il mondo da dare il Figlio unigenito perché chi crede in lui non muoia ma abbia la vita eterna. Dio non ha mandato il Figlio nel mondo per giudicare il mondo ma perché il mondo si salvi per mezzo di lui...». Già si profila all'orizzonte la croce di Cristo, «innalzata» tra cielo e terra come segno di salvezza e di speranza, avvolta nella luce della Pasqua: «Come Mosè innalzò il serpente nel deserto, così è necessario che sia innalzato il Figlio dell'uomo...». È ciò che Gesù ripeterà alla fine del primo movimento del vangelo quando dichiarerà: «Quando sarò innalzato da terra, io attirerò tutti a me» (*Gv* 12,32). La risurrezione è un'«esaltazione», un'«ascensione» che trascina con il Cristo glorioso l'umanità redenta.

Il secondo personaggio è, invece, un'«eretica». Dopo l'ortodossia giudaica di Nicodemo, ecco una donna samaritana che incontra Gesù a un pozzo. *Quaerens me sedisti lassus...*, «ti sei seduto, stanco, per cercarmi...», canterà il celebre inno *Dies irae*, rievocando il momento in cui, al pozzo di Giacobbe, ai piedi del monte Garizim, ancor oggi sacro alla comunità «eterodossa» dei Samaritani, Gesù sostò per dialogare con una donna dalla vita sentimentale piuttosto movimentata. La rivelazione di Cristo prende spunto proprio dall'acqua di quel pozzo ma si allarga in un discorso alto ed emozionante (*Gv* 4,1-42). «Chiunque beve di quest'acqua, di nuovo avrà sete. Ma chi beve dell'acqua che io gli darò, non avrà mai più sete. Anzi, l'acqua che io gli darò diverrà in lui sorgente di acqua che zampilla per la vita eterna ... È giunto il tempo – ed è ora – in cui i veri adoratori adoreranno il Padre in spirito e verità.» La donna crede nel Messia Gesù («So che deve venire il Messia ... Sono io, che ti parlo!») ma crede perché «le ha detto tutto quello che ha fatto» nella sua travagliata vicenda matrimoniale. È una fede ancora imperfetta, seppure generosa.

Sarà il terzo personaggio, un funzionario del re Erode Antipa, a incarnare la fede pura (*Gv* 4,43-54). I sinottici parlano di un centurione romano nel racconto parallelo, e forse pagano era anche quel funzionario: si avrebbe, così, un crescendo nel trittico, dall'ebreo Nicodemo alla Samaritana «eretica» fino a una figura esterna a Israele in modo assoluto. Un crescendo c'è, comunque, nella fede. Il funzionario reale, infatti, «credette alla parola che gli aveva detto Gesù: Va', tuo figlio vive!». Prima ancora di veder attuato quello che sarà il secondo «segno» di Gesù, egli aderisce alla figura misteriosa che ha deciso di ascoltare il suo grido di padre disperato ed è ancora Cana a fare da sfondo al nuovo «segno» di Cristo, signore della vita. Da questo momento in avanti per una lunga serie di capitoli, dal 5 al 10, sono le feste giudaiche a scandire le diverse fasi della rivelazione di Gesù.

### *Il pane, la luce, l'acqua e una tomba rupestre*

È una festa non specificata a fare da cornice al terzo «segno», quello del paralitico della piscina di Bethesda, nei pressi del tempio, dotata di «cinque portici» (l'archeologia ha confermato questo dato perché una «galleria» a portici divideva a metà il quadrilatero della piscina, la cui acqua era destinata anche alle funzioni lustrali del tempio di Gerusalemme). Qui Gesù pronuncia un ampio discorso che è un autoritratto del «Figlio» che ha ricevuto dal Padre divino il potere di giudicare. In esso già si delinea lo scontro con gli uditori che non ammettono questa realtà straordinaria nell'uomo posto di fronte a loro (c. 5). Ma la nostra attenzione è attirata subito dal lungo e grandioso capitolo 6 che ha come fondale una festa di Pasqua (la seconda, dopo quella narrata in *Gv* 2,13 in occasione della cacciata dei mercanti dal tempio), la cittadina di Cafarnao, sul lago di Tiberiade, a noi già nota dai vangeli sinottici, e soprattutto la sua sinagoga, che non è però l'edificio che oggi si può ammirare con le sue colonne e le sue pareti ancora intatte, posteriore di almeno quattro secoli. Il filo conduttore del racconto potrebbe essere proprio il quarto «segno» operato da Gesù, quello dei pani moltiplicati. Il discorso che Gesù terrà nella sinagoga avrà, infatti, come tema «il pane della vita». Risulta, così, evidente il significato profondo che si cela sotto i miracoli narrati dal quarto evangelista. Il pane imbandito su uno spiazzo erboso per la folla che segue Gesù diventa il «segno» del pane della parola e della carne e del sangue di Cristo.

Risalendo alla manna donata agli ebrei del deserto, Gesù di fronte ai suoi interlocutori sempre più stupiti e scandalizzati imbandisce un banchetto sconcertante: «Chi mangia la mia carne e beve il mio sangue ha la vita eterna e io lo risusciterò nell'ultimo giorno». È facile intuire la reazione di ribrezzo soprattutto per un ebreo che considerava il sangue sacro e fonte di contaminazione per chi lo toccasse. È facile intuire, però, anche l'equivoco: Cristo parla della comunione con lui, di una intimità di vita che si attua attraverso la sua donazione sacrificale che si consumerà sulla croce. È facile intuire, infine, che l'evangelista vede in quelle parole la possibilità di comunione con Cristo offerta dall'eucaristia, il rito specifico cristiano dello «spezzare il pane» (*Lc* 24,35; *At* 2,42). Non per nulla alcuni studiosi ritengono di isolare in Giovanni 6,51 una formula eucaristica propria delle chiese giovannee, analoga a quella dell'ultima cena che non è descritta da Giovanni («Prendete e mangiate: questo è il mio corpo» *Mt* 26,26): «Il pane che io darò è la mia carne per la vita del mondo». Anzi, nella stessa linea sarebbe da intendere il precedente quinto «segno» di Gesù, quello strano camminare serale sulle onde del lago (*Gv* 6,16-25), evocazione dell'esodo di Israele in mezzo al mare o rimando al canto del Salmo 77,20: «Sul mare passava la tua via, Signore, i tuoi sentieri sulle grandi acque. / E le tue orme rimasero invisibili». In questa «Trasfigurazione» giovannea Cristo rivela una sua presenza reale («Sono io! Non temete!») ma non più fisica, efficace ma non più diretta. Una presenza analoga a quella affidata al pane e al vino dell'eucaristia, suo corpo e suo sangue.

Un'altra festa ebraica, celebrazione autunnale delle Capanne, costituisce la cornice di una nuova sezione, comprendente i capitoli 7-9. Solennità gioiosa, inizialmente legata alla vendemmia, ancor oggi celebrata in capanne ornate di fronde, essa commemorava il pellegrinaggio di Israele nel deserto, prima di approdare alla terra promessa, con soste in tende e capanne. Il rituale era ritmato da una processione con rami di palme, di mirto, di salice e con frutti di cedro, da grandi bracieri e falò che si accendevano nella notte, dall'acqua della fonte gerosolimitana di Siloe che, raccolta in un'anfora d'oro, veniva versata sull'altare dei sacrifici nel tempio, anche come auspicio per le piogge autunnali. Attorno a questi simboli Gesù intreccia una nuova riflessione, accompagnata da un «segno», il sesto. La riflessione è affidata a discorsi molto ampi che si espandono talora in polemiche serrate con i «giudei» ma che conoscono pure momenti teologico-lirici, come accade «nell'ultimo giorno, il grande giorno della festa», il settimo (*Gv* 7,37). Cristo, assumendo il simbolo dell'acqua, proprio di quella celebrazione, «esclama ad alta voce: chi ha sete venga a me e beva chi crede in me. Come dice la Scrittura [si ha un'allusione al *Sal* 78,15-16 e a *Zc* 14,8], fiumi di acqua viva sgorgheranno dal suo grembo. Questo egli disse riferendosi allo Spirito che avrebbero ricevuto i credenti in lui» (*Gv* 7,37-29).

Il sesto «segno» è quello del cieco nato (c. 9) che unisce in sé i due simboli della festa delle Capanne, cioè l'acqua di Siloe e la luce: da un lato, il cieco deve lavarsi gli occhi proprio nelle acque di quella fonte, dopo che Gesù glieli aveva cosparsi con un impasto di fango e saliva (l'antica medicina attribuiva valore terapeutico alla saliva per alcune affezioni visive); dall'altro, egli rivede ancora la luce del sole. In realtà, questo «aprirsi degli occhi» del cieco è inteso come una parabola di conversione: alla fine il cieco sanato è ai piedi di Gesù in adorazione, mentre pronunzia la professione di fede, «Credo, Signore» (*Gv* 9,38). Pagina di grande potenza, giocata sul contrasto luce-tenebre nel suo valore «fisico» e spirituale, questa del cieco è stata riletta dalla tradizione in chiave battesimale (sette affreschi nelle catacombe romane la interpretano già in tal senso) ma è anche testimonianza di quella successiva «scomunica» che i credenti in Cristo subivano da parte delle autorità sinagogali: «i giudei avevano stabilito che, se uno avesse riconosciuto Gesù come il Cristo, sarebbe stato espulso dalla sinagoga» (*Gv* 9,22).

Un altro solenne discorso di Gesù è ambientato sullo sfondo del tempio. Cristo arditamente si presenta come il «buon pastore» (in greco si ha, però, *kalòs*, «bello», secondo la visione semitica che univa bellezza, bontà e giustizia), titolo proprio di Dio stesso e del Messia (c. 10). Egli si identifica anche con la «porta» dell'ovile, che è un'immagine del tempio, rivelandosi ancora una volta (si veda *Gv* 1,14 e 2,19-22) come la sede suprema della presenza divina, il tempio di carne verso cui converge il gregge dei fedeli che egli conosce per nome e che è fedele alla sua parola. In finale (*Gv* 10,22) si evoca un'altra festa giudaica, quella appunto della dedicazione del tempio, commemorazione della riconsacrazione operata nel 165 a.C. da Giuda Maccabeo, dopo le devastazioni idolatriche siro-ellenistiche (è l'odierna festa giudaica invernale di Chanukkah). Ormai il primo movimento del quarto vangelo sta impennandosi verso la sua conclusione.

Conclusione che è offerta da un clamoroso «segno», il settimo e l'ultimo, quello della risurrezione di Lazzaro (c. 11), tanto caro alla storia della fede e dell'arte. Nel 1985 uno studioso austriaco, Jacob Kremer, ha pubblicato a Stoccarda con il titolo *Lazarus* un'opera che non offriva solo l'esegesi del brano giovanneo ma anche tutto l'arco della sua presenza nella letteratura, nell'arte, nella teologia e nella tradizione popolare. Proponiamo solo qualche esempio, partendo dall'avvio del *Sermone sulla morte*, tenuto dal celebre predicatore francese Bossuet nel 1662 al Louvre: «Accorrete, o mortali, a vedere nella tomba di Lazzaro che cos'è l'umanità. Venite a vedere nella stessa realtà la fine dei vostri progetti e l'inizio delle vostre speranze». Victor Hugo nella *Leggenda dei secoli* (1859) giustamente definisce questo episodio come «il primo incontro di Cristo col suo sepolcro», mentre nell'«Ode al popolo», contenuta nell'opera *I Castighi* (1853), ne offre un'interpretazione allegorica politica. «Lazzaro, Lazzaro, alzati!», egli grida al popolo francese, invitandolo a insorgere contro Napoleone III. Nel 1950 un altro scrittore francese, Jean Cayrol, in due studi sulla società contemporanea e sulle sue contraddizioni culturali, intitolati *Lazzaro tra noi*, chiamerà proprio con questo nome il suo personaggio-tipo, invitandolo a una riscossa; mentre il *Lazzaro* di André Malraux (1974) sarà più semplicemente una meditazione-interrogazione sulla morte. E non possiamo dimenticare l'oratorio *La risurrezione di Lazzaro* (HW XIV.3) che uno dei figli di Johann Sebastian Bach, Johann Christoph Friedrich, compose nel 1773, oppure la cantata D 689 *Lazzaro, ovvero la festa della risurrezione* che Franz Schubert elaborò nel 1820 e fece eseguire a Vienna nel 1830: dei tre atti – morte di Lazzaro, funerali, risurrezione – il musicista scrisse solo i primi due.

Arduo per i problemi storici che pone (anche se non mancano precise indicazioni topografiche e di ambiente), il racconto di questo «segno» è visto dall'evangelista nella luce della futura sepoltura e risurrezione di Cristo, anticipazione del destino di tutti i credenti in lui. In Giovanni 5,25 Gesù aveva detto: «I morti udranno la voce del Figlio di Dio, e quelli che l'avranno ascoltata, vivranno». Ora, al suono imperioso della voce di Cristo, «Lazzaro, vieni fuori!», l'amico di Gesù esce dalla tomba rupestre «coi piedi e le mani avvolti in bende e il viso coperto da un sudario». Un duplice «segno» pasquale, quindi, sia per Cristo, sia per il cristiano. Da quel momento in avanti gesti e parole di Gesù andranno in questa direzione. L'olio aromatico che Maria, sorella di Lazzaro (e non la peccatrice o la donna anonima come dicono gli altri evangelisti), versa sui piedi di Gesù è simbolo della sepoltura imminente che attende il Figlio dell'uomo (*Gv* 12,1-11). Egli si sente come il chicco di grano caduto in terra e votato alla morte: solo così potrà diventare stelo e spiga, «producendo molto frutto» (*Gv* 12,24).

*«...Ed era notte»*

«È giunta l'Ora in cui il Figlio dell'uomo sarà glorificato» (*Gv* 12,23). Queste parole possono fungere da sigla per tutto il secondo movimento del vangelo giovanneo. È quell'Ora – come si esprime l'evangelista – che racchiude il vertice della rivelazione di Cristo nelle parole e con la sua stessa vita. Le parole sono di addio ai suoi discepoli, nella cornice di una cena (ma, come è noto, non si parla dell'eucaristia, già presentata nel c. 6) e di un gesto simbolico di servizio e di donazione, la lavanda dei piedi agli stessi discepoli, un atto di estrema umiliazione per un ebreo, da Oscar Cullmann visto come una raffigurazione simbolica non solo della morte ma anche dell'eucaristia, carne e sangue offerti all'uomo. L'avvio del racconto, comprendente i diversi discorsi d'addio o di testamento, è suggestivo: «Prima della festa di Pasqua [la terza e ultima delle Pasque giovannee] Gesù, sapendo che era giunta la sua Ora di passare da questo mondo al Padre, dopo aver amato i suoi che erano nel mondo, li amò sino alla fine» (*Gv* 13,1). Suggestivo ed emozionante è anche il «riconoscimento» del traditore, Giuda, nel gesto del «boccone dell'ospite» che Gesù gli offre: «Preso il boccone, Giuda subito uscì. Ed era notte» (*Gv* 13,30).

Cristo, dunque, parla a lungo l'ultima sera della sua vita. L'evangelista elabora quei discorsi che riflettono la nota tecnica letteraria delle «ondate» che ritornano su se stesse ribadendo temi già abbozzati. Tra questi, due sono capitali, la fede e l'amore. La lettura diretta ne rivelerà l'insistenza e il fascino. Facciamo solo due citazioni. Per la fede, che è intimità o comunione con Cristo: «Io sono la vera vite ... Rimanete in me e io in voi. Come il tralcio non può far frutto da se stesso, se non rimane nella vite, così anche voi, se non rimanete in me. Io sono la vite, voi i tralci...» (*Gv* 15,1.4-5). Per l'amore: «Questo è il mio comandamento: amatevi gli uni gli altri, come io vi ho amato» (*Gv* 15,12). La comparazione non è più quella biblica: «ama il prossimo come te stesso»; essa è ormai totale e paradossale: «come io vi ho amato», cioè fino alla donazione assoluta, perché «nessuno ha un amore più grande di questo: dare la vita per i propri amici» (*Gv* 15,13). È in tale contesto che emerge la figura del «discepolo amato», la cui realtà storica – come si è detto – può essere oggetto di contestazioni, ma la cui verità simbolica è evidente.

Dopo aver promesso per cinque volte la futura presenza dello Spirito Paraclito, il «difensore» dei discepoli nella lotta contro il male e il mondo, le parole di Gesù si trasformano spontaneamente in preghiera. Consapevole che la lacerazione della morte è come un parto che genera vita (*Gv* 16,21), egli affida al Padre la comunità dei credenti perché siano «una cosa sola» nell'amore per Cristo, per Dio e tra di loro. Il capitolo 17, chiamato convenzionalmente «preghiera sacerdotale di Gesù», è in realtà un canto di lode che abbraccia tutta la distesa dei secoli e che si spegne sulla parola «amore»: «L'amore col quale tu, o Padre, mi hai amato sia in essi e io in loro!» (*Gv* 17,26). Goffredo Petrassi nelle *Orationes Christi*, composte tra il 1974 e il 1975, ha usato come testo del primo quadro musicale dominato dalla figura di Gesù orante proprio i primi cinque versetti di questa preghiera di Cristo (*Gv* 17,1-5), mentre nel secondo ha introdotto l'orazione del Getsemani (*Lc* 22,42 e *Mt* 26,42). Dedicate «ai fedeli di Cristo», queste *Orationes*, affidate a una strumentazione povera e a una sonorità nuda e persino aspra, sfociano nel finale in un mormorio di voci parlate e confuse che sembrano raccogliere l'eterno e universale respiro orante dell'umanità.

### *Tra l'orto del Cedron e l'orto del Golgota*

Due orti circondano la Passione secondo Giovanni: c'è quello del Getsemani, ove Cristo è arrestato in una scena che è epifanica («Io sono!», dichiara Gesù, evocando l'«Io sono» divino del libro dell'*Esodo* 3,14 e facendo piombare a terra i suoi carcerieri), descritta agli inizi del capitolo 18, e c'è l'orto finale (*Gv* 19,41), ove è collocato il sepolcro offerto alla salma di Gesù da un suo seguace, Giuseppe di Arimatea (forse l'attuale Rentis, a 14 chilometri da Lod presso Tel Aviv). Il racconto giovanneo della Passione, pur basandosi sull'impianto dei vangeli sinottici, ha una sua originalità che ha conquistato soprattutto la storia della musica. Vogliamo solo fare qualche esempio così che sia possibile leggere i capitoli 18-19 del testo giovanneo avendo come fondale sonoro una musica di grande intensità. Ci pare giusto cominciare con Heinrich Schütz, a cui dobbiamo anche le stupende *Sette parole di Cristo in croce* (SWV 478) del 1645. Nel 1665 e nell'anno successivo egli compose in due versioni una *Passione secondo Giovanni* per il Venerdì Santo (SWV 481), una partitura di forte interiorità, riflessione e mistica, sottolineata dal dominante modo gregoriano: l'unica concessione drammatica è nei cori.

Un'altra *Passione secondo Giovanni* è quella di Georg Böhm (1661-1733), che fu maestro d'organo di Bach, un'opera in due parti, la prima molto ampia, la seconda più intensa, su libretto di Christian Postel. Un interessante esempio di «Passione» cattolica è la *Passio Domini nostri Jesu Christi secundum Johannem* di Alessando Scarlatti (1660-1725). Opera breve (meno di mezz'ora), basata sul testo evangelico latino, è dominata dalla crocifissione. Ma l'apice ancora una volta è raggiunto da Bach con quella *Johannes-Passion* (BWV 245), composta per il Venerdì Santo del 1724, rimaneggiata ben quattro volte fino al 1747, della durata di poco più di un'ora, con piccole inserzioni anche di Matteo (*Mt* 26,75 e 27,51-52). L'indimenticabile coro di apertura dipinge in modo ispirato le sofferenze di Cristo che attanagliano anche il cuore del credente: Wagner definì questo brano «il taumaturgo della musica». Il corale finale, invece, rivelerà la metamorfosi che la morte subisce con la morte di Cristo, da punizione in speranza, da orrore in splendore. E per venire vicino a noi, oltre all'oratorio *Maria al Calvario* del francese Pierre Calmel su testo di Péguy, c'è l'emozionante *Passio Domini nostri Jesu Christi secundum Johannem* che il musicista estone Arvo Pärt ha composto nel 1977-1978 tra Tallin e Berlino per la radio bavarese e che è stata eseguita solo nel 1982 e nel 1988. L'organo ha una posizione centrale, quattro voci soliste accompagnate da quattro strumenti fungono da evangelista, mentre il coro rappresenta la folla. Silenzi pieni di tensione, cellule ritmiche ossessive, curve melodiche simili alla «cantillazione» medievale, sequenze reiterate rendono quest'opera densa e tesa.

Quattro sono le scene del racconto giovanneo della Passione e morte di Cristo. La prima si svolge nell'orto al di là del torrente Cedron (che scorreva ai piedi del monte degli Ulivi) e, come si è detto, è dominata dalla figura di Cristo che a chi lo circonda per arrestarlo rivolge il potente «Io sono!» della divinità (*Gv* 18,1-11). La seconda scena è occupata dal processo giudaico che vede coinvolti sia l'antico sommo sacerdote, Anna (è una riduzione del nome Giovanni), sia quello in carica, Caifa (*Gv* 18,12-27). Entra in azione ora il «discepolo amato» che ha accesso al palazzo sacerdotale. Terza scena è quella del processo romano, piuttosto originale in questo vangelo (*Gv* 18,28-19,16). Essa è tutta attraversata da verbi di movimento che sembrano distinguere sette piccoli quadri (si veda *Gv* 18,28-29; 18,33; 18,38; 19,4; 19,9; 19,13). Si sottolinea a più riprese la regalità di Cristo, una regalità paradossale perché si manifesta mentre egli è torturato. Coronato di spine, avvolto in un mantello di porpora, Gesù è schiaffeggiato e venerato ironicamente: «Ave, re dei giudei!» (*Gv* 19,1-3). Celebre è anche il dialogo tra Gesù e il procuratore romano Pilato, un dialogo ripreso simbolicamente nel *Maestro e Margherita* di Michail Bulgakov e nel *Patibolo* dello scrittore kirghiso Čingiz Ajtmatov. «Pilato: Tu sei il re dei giudei? ... Gesù: Il mio regno non è di questo mondo... Il mio regno non è di quaggiù. E Pilato: Dunque tu sei il re? Gesù: Tu lo dici. Io sono re. Per questo io sono nato e venuto nel mondo, per rendere testimonianza alla verità. Chiunque è dalla verità ascolta la mia voce. Pilato: Che cos'è la verità?» (*Gv* 18,33-38). L'ironia giovannea fa sì che si giuochi sull'ambiguità dei termini «re» e «verità» che per Pilato non hanno in quel momento nessun senso, mentre per l'evangelista sono la manifestazione della gloria e della rivelazione che Cristo porta al mondo proprio con la sua crocifissione. E la croce dell'ultima scena (*Gv* 19,17-42) diventa lo sconcertante trono regale di Cristo. Lassù egli attua l'attrazione a sé di tutta l'umanità per strapparla al potere delle tenebre (*Gv* 12,32). Da lassù affida in un'ultima proclamazione, che è molto più di un testamento, a Maria e al «discepolo amato» la missione di continuare la sua presenza e la sua parola nella Chiesa: «Donna, ecco tuo figlio! ... Ecco tua madre!» (*Gv* 19,26-27). Lassù egli sigilla la sua esistenza con un'unica parola, *tetélestai*!, cioè tutto ha raggiunto il *telos*, la meta, la pienezza, la sua opera è compiuta (*Gv* 19,30). Lassù si celebra il vero trionfo di Cristo, che ora deve continuare nella storia.

Infatti l'evangelista attribuisce grande rilievo al gesto del soldato romano che, per attestare la morte di Gesù, gli trafigge il costato dal quale sgorga acqua e sangue (*Gv* 19,31-37): in quell'atto di crudeltà inutile egli vede il simbolo dell'agnello pasquale e dell'acqua sacra che sgorgava dal tempio (*Ez* 47; *Zc* 14,8; si veda anche *Gv* 7,37-39) e forse si intuisce il segno del battesimo (acqua) e dell'eucaristia (sangue). Anche il capitolo pasquale, il 20, va in questa linea esaltando in due dittici la presenza di Cristo che continua nella Chiesa. Da un lato, ecco il sepolcro vuoto, scoperto da Pietro, dall'«altro» discepolo (Giovanni) e da Maria di Magdala, ed ecco l'incontro di quest'ultima con il Cristo risorto. La Maddalena ha un rilievo particolare nel primo dittico. Già era ai piedi della croce e quante tele o affreschi l'hanno raffigurata in quella situazione capitale. Nicola Porpora nel suo *Il trionfo della divina giustizia ne' tormenti e morte di Gesù Cristo*, un oratorio del 1716, aveva musicato un dialogo tra Maria, madre di Gesù, Maria di Magdala e il «discepolo amato» con la Giustizia divina personificata che cerca di spiegare il senso della morte di Cristo. Il venerdì santo 11 aprile 1873 all'Odéon di Parigi si rappresentò, invece, l'oratorio *Marie Magdeleine* di Jules Massenet che, in mezzo a varie scene, introduceva quella dell'incontro con il Risorto.

Maria non riconosce Cristo, anzi, lo scambia col guardiano del giardino cemeteriale: è questo un segno evidente della necessità di uno «sguardo» diverso, quello della fede, per comprendere la Pasqua di Cristo, evento inciso nella storia ma destinato a trascenderla. Gesù è riconosciuto solo quando la chiama per nome e le sue parole – divenute nella versione latina *Noli me tangere* – indicano appunto lo stato trascendente del Risorto («Non mi toccare... ma va' e dì ai fratelli...»). Esse sono state l'emblema di tante raffigurazioni, da quella di Duccio di Buoninsegna nella *Maestà* (1311) per il Duomo di Siena all'affresco del convento di San Marco a Firenze dipinto dal Beato Angelico (1440), dal Tiziano conservato alla National Gallery di Londra (1511) fino a Graham Sutherland nella cattedrale di Chichester (1903).

L'altro dittico, ugualmente celebre, presenta un incontro di Cristo risorto in due scene successive. Nella prima si ha quella che gli studiosi chiamano «la Pentecoste giovannea»: sotto il simbolo del «soffio» (il vento) Cristo effonde lo Spirito sugli apostoli conferendo loro il potere di rimettere i peccati e facendoli partecipi della sua opera di vittoria sul male. Nella seconda scena protagonista è Tommaso, l'apostolo prima incredulo e poi credente che vuole toccare con mano il costato ferito di Cristo. Evidente parabola in azione, questo racconto è una lezione che il Risorto offre alla Chiesa perché creda anche «senza vedere» con gli occhi dell'esperienza sensoriale e razionale.

### *«A me affluiranno i secoli dall'oscurità»*

Si chiude così il vangelo nella sua prima edizione e una conclusione (*Gv* 20,30-31) ne indica la finalità («perché crediate che Gesù è il Cristo, il Figlio di Dio»). La storia, però, non è finita. Dopo il testimone Giovanni, dopo la tradizione giovannea, dopo il vangelo scritto, ecco *una quarta e ultima tappa*. È una seconda edizione del vangelo che, oltre a ritocchi interni, presenta l'aggiunta di un altro capitolo, il 21, dotato di una nuova conclusione generale (*Gv* 21,24-25) destinata ad esaltare in modo iperbolico l'opera del «discepolo amato» e dello stesso Cristo («il mondo intero non basterebbe a contenere i libri che si dovrebbero scrivere» su Gesù e sulla sua storia). Se si accetta una notizia di Ireneo, vescovo di Lione nel II secolo, riportata dalla *Storia della Chiesa* di Eusebio di Cesarea (III-IV sec.), il testimone originario, l'apostolo Giovanni, sarebbe morto in età patriarcale sullo scorcio del I secolo, agli inizi dell'impero di Traiano (98-117). Ebbene, nell'aggiunta del capitolo 21 si fa esplicita menzione di questa morte in un racconto allusivo. Gesù aveva replicato a Pietro che lo interrogava sulla sorte del «discepolo amato»: «Se voglio che egli rimanga finché io venga [di nuovo], a te che importa?...». L'«editore» annota: «Si sparse, così, tra i fratelli la voce che quel discepolo non sarebbe morto. Gesù, però, non aveva affermato che non sarebbe morto...» (*Gv* 21,22-23).

E la morte, pur se in tarda vecchiaia, giunge anche per il «discepolo amato». Si chiude, così, un'epoca, quella apostolica dei primi testimoni. Il poeta romantico inglese Robert Browning (1812-1889) nel suo scritto *Una morte nel deserto* immagina il vuoto provato dalla comunità cristiana delle origini allo spegnersi dell'ultima voce dei testimoni: «Non resterà sulla terra (pensaci!) / alcun vivente che abbia conosciuto, / che abbia visto coi suoi occhi, / che abbia toccato con le sue mani / Colui che è fin dall'inizio, il Verbo della Vita. / Come sarà quando nessuno più dirà: / Io l'ho visto ?». Rimane ora la Chiesa nella sua struttura visibile che ha come punto di riferimento la figura di Pietro, la cui missione continua: egli dovrà «amare» e «pascere le pecore» del gregge di Cristo, si dice in Giovanni 21,15-17. Anch'egli è ormai morto (*Gv* 21,19) ma il suo ministero pastorale continua nella comunità ecclesiale, lungo la distesa del tempo, in attesa che il Signore ritorni a sigillare la storia (*Gv* 21,22). Chiudiamo, dunque, l'ultimo vangelo la cui storia complessa abbiamo cercato di ricostruire. Alla fine rimane davanti a noi la Chiesa con due testimonianze emblematiche che perdurano nel tempo, Pietro e Giovanni. Il poeta austriaco Max Mell nella sua «sacra rappresentazione», *Das Apostelspiel* (1923), li introduce nella vita moderna: sono due visitatori stranieri che appaiono in una fattoria per compiere il «giudizio» divino nel fuoco. Solo una giovane contadina dalla fede semplice li riconosce e riesce a intercedere presso il «discepolo amato» perché l'amore del Signore prevalga sulla giustizia.

Prima, però, di lasciare il quarto vangelo vorremmo gettare su di esso un ultimo sguardo dall'alto, così da coglierne il messaggio globale. Dalle 21 pagine del testo emerge innanzitutto un glorioso ritratto di Cristo, Figlio di Dio, Signore, Salvatore, pane di vita, luce del mondo, buon pastore, via, verità e vita, risurrezione, vite vera, Logos incarnato. Egli è in senso stretto il grande «simbolo» che unifica l'intero vangelo, se è vero che tutto converge ed è «tenuto insieme» (*syn-ballein*) da lui. Se vogliamo essere più precisi, possiamo identificare nella sua figura quattro lineamenti. Egli è il Figlio Unigenito di Dio, inviato nel mondo per salvarlo (*Gv* 3,16-17), «egli è nel Padre e il Padre è in lui» (*Gv* 14,10-11). Gesù è, poi, il Logos, la Parola che era fin dal principio in Dio ma che entra nel tempo e nella corporeità per rivelarci Dio e farci suoi figli (il quarto vangelo distingue, però, tra Cristo *hyiòs*, «Figlio», e gli uomini *tekna*, «figli»). In terzo luogo egli è il Figlio dell'uomo, titolo solenne e apocalittico desunto dal capitolo 7 di Daniele e noto pure ai vangeli sinottici; come tale, Gesù è giudice universale ma è anche colui che tutti attira a sé con la sua croce immersa nella luce. Infine, il Cristo giovanneo si pone sullo stesso piano di Dio usando per dieci volte la locuzione «Io sono» (*egò eimì*), che è l'autopresentazione del Signore nell'Antico Testamento (si veda, ad esempio *Gv* 8,24.28 e 13,19).

I suoi «segni miracolosi», le sue «opere» compiute con la presenza in lui dello stesso Padre celeste, le parole dei suoi grandiosi discorsi di rivelazione, la sua «regale» crocifissione che è principio di salvezza e di gloria, la continuazione della sua presenza nella Chiesa attraverso lo Spirito Santo sono la testimonianza più completa di questo primato assoluto di Cristo nell'ultimo vangelo. Egli, come scriveva il poeta e gesuita inglese Gerard Manley Hopkins (1844-1889), «agisce in diecimila luoghi, / amorevolmente in membra, amorevolmente in occhi non suoi, / rivolto al Padre attraverso i tratti dei volti umani». L'umanità è rappresentata da Giovanni come immersa nelle tenebre. L'orizzonte della storia, infatti, è frazionato in due campi che si oppongono: è quel dualismo non metafisico ma esistenziale che si tende tra tenebra e luce, tra carne e Spirito, tra Satana e Dio, tra basso e alto, tra odio e amore, tra il mondo con il suo principe e Cristo «re non di questo mondo». La scelta di credere, di amare e di «rimanere» in Cristo significa schierarsi dalla parte della luce, anzi, essere immersi in essa e quindi essere già salvati.

È stata coniata dagli studiosi una locuzione piuttosto criptica per la visione della salvezza secondo Giovanni: nel suo vangelo appare un'«escatologia presenziale (o realizzata)». Per il quarto vangelo già ora si consuma il nostro destino ultimo; con l'incarnazione l'eterno è all'opera nel flusso magmatico della storia: «chi crede in Cristo non viene condannato; chi non crede in lui è già condannato, perché non ha creduto nel nome del Figlio unigenito ... Se uno osserva la mia parola, non vedrà mai la morte» (*Gv* 3,18; 8,51). L'amore che anima il credente è già la rappresentazione viva dello stato definitivo della salvezza. La Chiesa, che la seconda edizione del vangelo – come si è visto – dipinge nel capitolo 21, è il luogo in cui trionfa l'amore per Cristo e per i fratelli: «Mi ami più tu di costoro? ... Tu sai che io ti amo» (*Gv* 21,16-17). La fede e l'amore personale ci introducono già nell'eternità, anche se la caducità ci avvolge come un manto e anche se la pienezza della vita è ancora attesa («io lo risusciterò nell'ultimo giorno», si ripete in 6,39-40.44.54). «Vangelo spirituale» e arduo, deformato dalle eresie e da certe ortodossie troppo rigide, l'ultimo vangelo è tutto in un grande volto, quello di Gesù Cristo che patisce e che regna, ferito e avvolto di luce, umiliato e glorificato. L'intera realtà converge in lui, proprio come scriveva Boris Pasternak nelle due ultime strofe dell'*Orto del Getsemani*:

Il corso dei secoli è come una parabola
e può prender fuoco in piena corsa.
In nome della sua terribile grandezza
scenderò nella bara fra volontari tormenti.

Scenderò nella bara e il terzo giorno risorgerò,
e, come le zattere discendono i fiumi,
in giudizio, da me, come chiatte in carovana,
affluiranno i secoli dall'oscurità.

# VI
# Il vangelo di un bambino

«L'anno scorso si era formata qui in casa mia una piccola scuola di giovani contadini dai 10 ai 13 anni. E nel desiderio di dar loro la dottrina di Cristo in modo che potessero comprenderla e che avesse un influsso sulla loro vita, io raccontavo loro con parole mie quei passi dei quattro vangeli che mi parevano più comprensibili, i più accessibili ai bambini e al tempo stesso i più utili per il criterio morale che occorre avere nella vita ... I bambini, come disse Cristo, sono in particolar modo recettivi della dottrina del Regno di Dio.» Così scriveva il 12 giugno 1908 Tolstoj in premessa al suo volumetto *Il vangelo spiegato ai giovani*, tradotto per la prima volta in italiano da Igor Sibaldi nel 1995. In 52 paragrafi basati su una parafrasi di testi evangelici e con un apparato di «domande» didattiche (da due a dieci per ogni capitoletto) il celebre scrittore russo creava un suo «vangelo del bambino», un genere non di rado praticato, anche se spesso in forma retorica e sentimentale.

### *Un bambino è già una buona notizia*

Noi ora ci interesseremo, invece, del «vangelo del Bambino» per eccellenza, cioè di quei quattro capitoli evangelici, per un totale di 180 versetti, che non sono destinati a bambini – come spesso si è frainteso – bensì che hanno al centro il Bambino Gesù, il cui profilo ha già i lineamenti del Cristo Signore. Detto in altri termini, la nascita di quel bambino e la sua esistenza sono già una «buona novella», un «vangelo», cioè un annunzio pieno di salvezza. E invece sui primi due capitoli dei vangeli di Matteo e Luca si è addensata l'enfasi o la melassa «natalizia», sempre più deformata quanto più si premeva il pedale dei buoni sentimenti o, peggio, del consumismo. Certo, la fragranza di quelle pagine, le loro immagini, il pathos che le pervade, i colpi di scena e i canti che le attraversano hanno conquistato l'arte e la fede. Se non è possibile neppure esemplificare le infinite «Natività» pittoriche e letterarie, basterebbe solo elencare un po' a caso i soggetti musicali per comprendere quanto nel loro insieme i cosiddetti «vangeli dell'infanzia» siano stati un vero e proprio «codice» artistico e spirituale.

Pensiamo a uno dei capolavori di Heinrich Schütz, la *Storia della Natività* (SWV 435), eseguita alla corte di Dresda nel 1664, quaranta minuti di armonia suprema; pensiamo alla *Pastorale per la natività del Bambino Gesù* di Alessandro Scarlatti (1705), una piccola «storia sacra» che nel titolo porta quel termine di «pastorale» che diverrà tipico per molti brani natalizi (Couperin, Corelli...). Come non rimandare anche alle numerose cantate natalizie di Bach e di Telemann? E poi c'è l'*Oratorio di Natale* che Jean-François Le Sueur compose per la notte di Natale del 1786 in Notre-Dame a Parigi; c'è la cantata *Von Himmel hoch* di Mendelssohn (1830) e lo stupendo oratorio *Infanzia di Cristo* op.25 che Hector Berlioz scrisse nel 1854, ricorrendo alla fantasmagoria dei vangeli apocrifi, soprattutto per descrivere il soggiorno egiziano del Bambino Gesù a Sais. Un altro *Oratorio di Natale* op.12 è quello di Charles-Camille Saint-Saëns (1858), come lo è il *Natale del Redentore* di Lorenzo Perosi (1899), eseguito per la prima volta a Como per il centenario di Alessandro Volta.

Del 1907 sono *Les enfants à Bethléem* di Gabriel Pierné, del 1935 è il delizioso e breve brano *Angeli e pastori* di Kodály, mentre del 1944 sono quegli affascinanti pezzi per pianoforte intitolati da Olivier Messiaen *Venti sguardi sul Bambino Gesù*. Nel 1951 Francis Poulenc componeva *Quattro mottetti per il tempo di Natale* e nel 1953 Arthur Honegger portava a compimento la sua ultima e più importante opera, già concepita nel 1941, *Une Cantate de Noël*, mentre l'anno successivo (1954) il parigino Georges Migot ritornava all'oratorio con il «mistero lirico» *Natività di Nostro Signore* e negli anni 1957-59 il ginevrino Frank Martin risaliva al mondo medievale proponendoci un *Mistero della Natività*... Abbiamo solo fatto balenare quanto debba la musica a un soggetto come la nascita di Cristo. Ma è soprattutto alla teologia che dobbiamo riferirci per comprendere le poche e dense pagine del vangelo del Bambino Gesù. Seguiremo in modo molto essenziale la trama dei due racconti di Matteo e Luca: essi non combaciano tra loro se non negli elementi fondamentali e rivelano una qualità storica, letteraria e spirituale molto diversa rispetto al resto del vangeli che li ospitano. Si tratta, quindi, di una specie di «protovangelo», che in forma libera vuole disegnare il volto di Cristo attestandosi al primo capo del filo della sua vita terrena.

È ciò che farà, secondo una prospettiva più «formale» e meno narrativa, anche il prologo innico del vangelo di Giovanni che abbiamo già evocato. Partiamo da un brano di Luca, il racconto dell'annunciazione a Maria (*Lc* 1,26-38), modellato su uno schema già noto all'Antico Testamento, quello degli annunzi delle nascite di alcuni personaggi famosi come Sansone (*Gdc* 13) o il re-Emmanuele di Isaia (*Is* 7,10-17). Siamo a Nazaret, un villaggio ignorato dalle Scritture Sacre di Israele. Un francescano archeologo, Bellarmino Bagatti, ha trovato una traccia antichissima della devozione delle origini in una casa nazaretana adibita allora a luogo di culto dai giudeo-cristiani: «Nell'intonaco si trovò un'iscrizione in caratteri greci. Essa recava in alto le lettere greche *XE* e, sotto, *MAPIA*. È ovvio riferirsi alle parole greche che il vangelo di Luca mette in bocca all'angelo annunziatore: *Cháire Maria*, Ave Maria». Ebbene, attraverso quella comunicazione angelica, segno di una rivelazione trascendente, si delinea nel testo di Luca come un piccolo Credo che offre una perfetta definizione dell'identità di Cristo.

Ascoltiamo dunque l'annunzio a Maria, dopo il saluto dell'«Ave»: «Ecco, concepirai un figlio, lo darai alla luce, lo chiamerai Gesù. Sarà grande e sarà chiamato Figlio dell'Altissimo. Il Signore Dio gli darà il trono di Davide suo padre e regnerà per sempre sulla casa di Giacobbe e il suo regno non avrà fine ... Lo Spirito Santo scenderà su di te, la potenza dell'Altissimo stenderà su te la sua ombra; colui che da te nascerà sarà Santo e chiamato Figlio di Dio» (*Lc* 1,32-33.35). È la stessa proclamazione dell'incarnazione, cioè dell'incontro tra il divino e l'umano in Gesù, che è espressa da Giovanni nella frase essenziale «Il Logos si è fatto carne» (*Gv* 1,14). È per questo che Maria è allusivamente rappresentata come l'arca dell'alleanza del tempio di Sion su cui si stendeva l'«ombra» della presenza divina ed è interpellata dall'angelo come *kecharitoméne*, «ricolma di grazia» da parte di Dio. Suo figlio sarà, come dice Novalis nei suoi *Inni alla notte* scritti tra il Natale 1799 e l'Epifania 1800, «frutto infinito di misterioso amplesso». E il filosofo Johann G. Fichte, in una predica pronunziata nella festa dell'annunciazione a Maria, il 25 marzo 1786, esclamava: «Ci sembra poco che fra tutti i milioni di donne della terra soltanto Maria fosse l'unica eletta che doveva partorire l'Uomo-Dio Gesù? Ci sembra poco l'esser madre di Colui che doveva rendere felice l'intero genere umano e grazie al quale l'uomo sarebbe divenuto un'immagine della divinità e l'erede di tutte le sue beatitudini?».

*Annunciazione a Maria o a Giuseppe?*

Noi tutti abbiamo in mente la scena dell'annunciazione con i colori teneri ed estatici del Beato Angelico nel convento di San Marco a Firenze. Nell'ultimo dei suoi *Canti spirituali* Novalis confessava: «In mille immagini, Maria, ti vedo / amabilmente ritratta. / Ma nessuna di esse può fissarti / come ti vede la mia anima». L'annunzio dell'angelo a Maria è uno dei soggetti spirituali capitali nella memoria dell'Occidente: solo per citare qualche esempio a noi vicino, pensiamo all'*Annuncio a Maria* di Paul Claudel (1912), al *Rosario della gioia* di Marie Noël (1930), all'*Evangéliaire* di Pierre Emmanuel (1961), all'oratorio «cristico» omonimo di Georges Migot (1945-1946), alla veglia natalizia musicale di Daniel-Lesur (1951), al brano liturgico ortodosso dell'*Angelo a Maria* messo in musica da Modest Mussorgskij (1878-80) e da Pëtr Il'ič Čajkovskij (1887). Già san Bernardo di fronte all'esitazione e allo sconcerto di Maria – che alla fine però si dichiara «serva del Signore», un titolo biblico di onore e di consapevolezza di un'alta missione – affermava: «L'angelo aspetta la tua risposta, o Maria! Stiamo aspettando anche noi, o Signora, questo tuo dono, che è dono di Dio. Sta nelle tue mani il prezzo del nostro riscatto. Rispondi presto, o Vergine! Pronunzia, o Signora, la parola che terra e inferi e persino il cielo aspettano... Alzati, corri, apri!».

La pagina di Luca è, comunque, da leggere tenendo in sottofondo la più antica e la più cara preghiera mariana, l'*Ave Maria* che prende spunto dalle parole dell'angelo Gabriele e che è stata messa in musica infinite volte: Tomas L. da Victoria, Schubert, Gounod, Bruckner, Liszt (ne compose ben sei!). Verdi ne ha elaborate tre: la prima nel 1880, attingendo però al testo della *Divina Commedia*, per soprano solo e coro, la seconda nel 1889 seguendo la «scala enigmatica armonizzata» a quattro voci miste, e la terza nel 1887, nell'ultimo atto dell'*Otello*, in fa bemolle maggiore, cantata da Desdemona. Il Palestrina ha nel suo catalogo una Messa a 6 voci *Ave Maria*, Kodály ha composto una sua *Ave Maria* a tre voci in sol minore nel 1935 e il cantante francese Georges Brassens nel 1953 ha reso popolare un ritornello con la preghiera mariana desunta dalla rielaborazione poetica della *Chiesa vestita di foglie* di Francis Jammes (1906), mentre il parigino Claude Ballif nel 1966 nel suo *Chapelet* op.44 n.2 a quattro voci ha offerto un «rosario» di dieci «Ave Marie». Ma anche un poeta ateo come Louis Aragon in *Museo Grévin* (1943) faceva ripetere questa preghiera ai prigionieri di Auschwitz. E tutta la storia di Maria da quel giorno in avanti sarà trascritta in modo «laico» e per molti scandaloso dal film *Je vous salue Marie* di Jean-Luc Godard (1985). Ma il tema originario non può che essere teologico ed è la radice stessa del cristianesimo: è la persona di Cristo, «non concepita mai dai sensi umani» bensì dalla «purezza senza macchia di Maria» e dall'irruzione stessa del divino nella storia, come canterà Rilke nella sua *Annunciazione a Maria*.

L'improvvisa e sorprendente maternità di Maria crea, però, sconcerto in un'altra persona evangelica, il promesso sposo Giuseppe. Nella prassi matrimoniale ebraica antica il fidanzamento era considerato a tutti gli effetti il primo atto del matrimonio stesso. A segnalarci questo sconcerto è Matteo che ci narra un'«annunciazione a Giuseppe». Leggiamone le battute fondamentali. «Maria, promessa sposa di Giuseppe, prima che andassero a vivere insieme, si trovò incinta per opera dello Spirito Santo. Giuseppe, suo sposo, che era giusto e non voleva ripudiarla, decise di licenziarla in segreto. Mentre stava pensando questo, ecco apparirgli in sogno un angelo che gli disse: Giuseppe, figlio di Davide, non temere di prendere con te Maria, tua sposa, perché quello che in lei è generato viene dallo Spirito Santo. Essa partorirà un figlio e tu lo chiamerai Gesù; egli, infatti, salverà il suo popolo dai suoi peccati» (*Mt* 1,18-21). Giuseppe si trova di fronte ad una scelta drammatica. Il libro della legge biblica, il *Deuteronomio*, è chiaro: «Se la donna fidanzata non verrà trovata vergine, la si farà uscire sulla soglia della casa paterna e la popolazione della sua città la lapiderà per farla morire, perché ha commesso un'infamia in Israele» (*Dt* 22,20-21). Il giudaismo posteriore aveva attenuato la norma, imponendo però il ripudio: è ciò che deve fare anche Giuseppe.

Ma egli, da «uomo giusto», cioè mite e buono, vuole scegliere la via segreta, quella di un atto senza clamore, senza denunzia legale e processo ma solo alla presenza di due testimoni, come gli consentiva la legge. Maria se ne sarebbe ritornata alla casa paterna per una vita emarginata e infelice. Ecco, però, l'irrompere dell'angelo: egli è per eccellenza il segno di una rivelazione divina, come lo è il sogno (se ne contano cinque nel vangelo dell'infanzia di Gesù secondo Matteo), è il simbolo della comunicazione di un mistero. Giuseppe è invitato a perfezionare il matrimonio con Maria, superando ogni perplessità o sdegno, e ad assumere la paternità legale nei confronti del nascituro: l'imporre il nome – che viene spiegato etimologicamente come «salvatore» («Gesù» deriva dalla radice ebraica *jasha'*, «salvare») – era un atto tipico della patria potestà. L'origine misteriosa di

Gesù Cristo sarà, comunque, oggetto di polemica fin nei primi secoli. Lo scrittore cristiano Origene cita un filosofo platonico del II secolo, Celso, il quale, a sua volta, rimandava a un giudeo che affermava: «Gesù era originario di un villaggio della Giudea e aveva avuto per madre una povera indigena che si guadagnava da vivere filando. Accusata di adulterio, perché resa incinta da un certo soldato di nome Panthera, fu scacciata da suo marito, un artigiano. Errando in modo miserevole, dette alla luce di nascosto Gesù. Costui, cresciuto, spinto dalla povertà, andò in Egitto a lavorare; qui apprese alcune di quelle arti segrete per cui gli Egiziani sono celebri, ritornò dai suoi tutto fiero per le arti apprese e grazie ad esse si autoproclamò Dio» (*Contro Celso* 1,28 e 32). Si intravede in questo testo il tentativo di spiegare anche i miracoli di Cristo e forse in quel nome «Panthera» c'è la deformazione del greco *parthénos*, «vergine», applicato a Maria dai vangeli.

*Uno strano censimento*

La verginità è, però, nel racconto evangelico un dato marcato a livello teologico: Cristo, anche se è generato nella pienezza di una maternità e dell'umanità, non è frutto della «carne» e del «sangue», cioè non deriva dai puri e semplici meccanismi biologici di una generazione creaturale. In lui c'è il sigillo del divino ed è a questo che è finalizzata la verginità della madre, che non di rado le miniature amano raffigurare in evidente stato interessante. Alla fine Maria partorisce ed è Luca a collocare tale evento nella cornice di Betlemme, una cittadina nei pressi di Gerusalemme, patria del re Davide, in occasione di un censimento ordinato dal «governatore della Siria Quirinio» (si legga *Lc* 2,1-7). Pieter Bruegel il Vecchio in una tela custodita al Museo delle Belle Arti di Bruxelles (1566) ha rappresentato in modo delizioso l'accorrere a Betlemme, immersa nella neve, di un fitto stuolo di mercanti, contadini, straccioni per farsi registrare secondo un censimento condotto alle radici, cioè ai focolari d'origine delle famiglie, una prassi attestata nell'Egitto romano, anche se predominante era il censimento residenziale.

C'è, però, una difficoltà storica piuttosto grave. L'unico censimento documentato di Quirinio in Palestina fu eseguito nel 6-7 *d.C.*, quando Gesù aveva almeno dodici anni e stupiva i dottori della legge nel tempio di Gerusalemme (*Lc* 2,41-52). Come è noto, il calcolo cronologico della nascita di Cristo è erroneo a causa del computo impreciso del monaco scita Dionigi il Piccolo del VI secolo, che fissò l'evento nell'anno 753 dalla fondazione di Roma. In realtà, i vangeli affermano che Gesù nacque sotto Erode il Grande, il quale morì nel 4 a.C.! Luca, evocando quell'operazione censuale, ha forse confuso le date? Oppure l'ha fatto per imprimere alla nascita di Gesù un respiro universale? Abbiamo già affermato a più riprese che i vangeli, pur narrando la vicenda storica di una figura concreta come Gesù di Nazaret, non hanno rigorose preoccupazioni storiografiche. Tuttavia abbiamo anche visto che Luca è l'evangelista più attento al dato storico. È possibile, dunque, seguire due percorsi. Da un lato, si può affermare – come scrive un importante commentatore di Luca, Heinz Schürmann – che «il tema del censimento pone la nascita di Gesù in rapporto con tutto l'impero. In lui non si compie solo l'attesa dei giudei ma di tutta la terra. Si apre un orizzonte vasto come il mondo; è affermata l'importanza universale della nascita di Gesù». La questione sarebbe quindi da affrontare a livello teologico.

D'altro lato, però, si può tentare di vagliare tutti i dati storici generali disponibili, come ha fatto in un suo studio del 1983 sul *Problema cronologico della nascita di Gesù* Giulio Firpo. Secondo questo storico «il primo censimento», come lo definisce Luca (*Lc* 2,2), sarebbe da inquadrare in un piano globale censuale progettato da Augusto, destinato a coinvolgere anche un regno autonomo ed esente, com'era quello di Erode, «rex socius et amicus», cioè re alleato e amico di Roma. Nel 7-6 a.C. si sarebbe eseguito, dunque, in Palestina un censimento amministrativo, connesso a un giuramento di fedeltà all'impero e condotto secondo il metodo tribale e non residenziale per ragioni di tattica e cautela politica. A gestirlo fu Quirinio, in quel momento reggente con incarico speciale la legazione di Siria, tenuta in via ordinaria dal governatore Sanzio Saturnino, allora impegnato in una dura guerra contro gli armeni. Quando diverrà responsabile a pieno titolo della Siria, Quirinio ordinerà il secondo censimento, più noto e documentato, del 6-7 d.C. Certo è che, al di là delle questioni storiche, Luca vede nella nascita di Cristo un evento dagli echi universali e dall'incidenza nella vicenda storica umana.

La dimensione teologica nel racconto del Natale di Gesù risulta, quindi, primaria, come ha sempre compreso la tradizione. E non solo quella religiosa. Un docente di filosofia teoretica, Giovanni Moretto, nell'opera *La stella dei filosofi* (1995) ha convocato attorno alla mangiatoia di Betlemme Hegel e Bloch, Schelling e Schopenhauer, Dilthey e Sartre. Hegel, nella sua *Estetica*, si è soffermato solo sull'amore materno di Maria come ideale perfetto dell'arte romantica; Schleiermacher nella *Festa di Natale* ha, invece, immaginato un dialogo ove alle tre novelle di altrettante donne si accompagnano tre discorsi filosofico-teologici che intrecciano fede e musica e ci conducono fino «al grande Alleluja dell'ascensione», cioè al *Messia* di Haendel, «un annunzio compendioso dell'intero cristianesimo». Dilthey e Bloch, invece, commenteranno l'*Oratorio di Natale* di Bach, consapevoli che «nessuna parte dei vangeli è più vicina di questa del Natale di Gesù al nostro animo, nessuna è più semplice e popolare, nessuna ha stimolato più fortemente l'arte» (così Dilthey). E toccherà proprio a Sartre con il suo primo testo teatrale, *Bariona o il figlio del tuono*, composto per il Natale del 1940 nello Stalag XII D nazista di Treviri dove era stato internato, il compito di esprimere intensamente i sentimenti di Maria che partorisce non tanto in una stalla – come vorrà la tradizione – ma in quelle stanze, non di rado rupestri, che nelle case palestinesi servivano come dispensa e rifugio invernale, in compagnia di animali, stanza forse ceduta da un conoscente o parente.

Ecco qualche riga del testo di Sartre. «Cristo è suo figlio, carne della sua carne e frutto delle sue viscere. Ella lo ha portato per nove mesi e gli darà il seno e il suo latte diventerà il sangue di Dio ... Ella sente insieme che il Cristo è suo figlio, il suo piccolo, e che egli è Dio. Ella lo guarda e pensa: "Questo Dio è mio figlio. Questa carne divina è la mia carne. Egli è fatto di me, ha i miei occhi e questa forma della sua bocca è la forma della mia. Egli mi assomiglia. È Dio e mi assomiglia!". Nessuna donna ha avuto in questo modo il suo Dio per lei sola. Un Dio piccolissimo che si può prendere tra le braccia e coprire di baci, un Dio tutto caldo che sorride e respira, un Dio che si può toccare e vive.» Si intravede la base della riflessione tradizionale cristiana che ha attribuito a Maria, nel concilio di Efeso (431), il titolo di *Theotòkos*, «madre di Dio». Anche Manzoni – che nell'incompiuto *Natale del 1833* congiungerà il Natale al Calvario, come per altro appare nei vangeli (si veda la strage degli innocenti in *Mt* 2,16-18 e l'oracolo del vecchio Simeone in *Lc* 2,34-35) – nell'«inno sacro» *Il Natale* canterà: «La mira Madre in poveri / panni il Figliol compose, / e nell'umil presepio / soavemente il pose; / e l'adorò: beata! / innanzi al Dio prostrata, / che il puro sen le aprì».

### *L'annunciazione ai pastori*

«C'erano in quella regione alcuni pastori che vegliavano di notte facendo la guardia al loro gregge»: queste sono le presenze che popolano il deserto di Giuda adiacente a Betlemme e che Luca farà emergere in primo piano il giorno della nascita di Gesù, giorno non identificabile cronologicamente (il 25 dicembre, come è noto, è stato escogitato in connessione e sostituzione del culto solare, al solstizio d'inverno). Nel trattato *Sanhedrin* (25b) del Talmud, la grande raccolta delle tradizioni giudaiche, si legge che i pastori non potevano testimoniare in sede processuale perché considerati impuri, a causa della convivenza con animali, e disonesti, a causa delle frequenti violazioni dei confini territoriali. Il loro statuto civile era, quindi, posto in basso nella scala sociale e le loro condizioni di vita erano molto meno «georgiche» e idilliache di quanto ci abbiano abituato a pensare Virgilio e Teocrito. La tradizione cristiana ne ha collocato l'accampamento per quella notte nell'attuale villaggio arabo di Bet-Sahur, a tre chilometri da Betlemme, in una località detta «Campo dei Pastori», occupata nel IV-VI secolo da un monastero bizantino eretto su grotte usate dai pastori per le veglie notturne. Ora là si staglia una brutta chiesa moderna (1953), che vorrebbe imitare nella sua struttura la tenda beduina e la cui cupola lascia filtrare la luce del cielo quasi in un giuoco di stelle.

Dopo le annunciazioni a Maria e a Giuseppe possiamo parlare di un'annunciazione ai pastori (c'è anche quella a Zaccaria, padre di Giovanni Battista, che si legge in *Lc* 1,8-22). Ancora una volta sono di scena gli angeli che intonano quel *Gloria in excelsis* che verrà cantato in mille e mille Messe nei secoli e sarà il tema specifico di un'opera musicale del ginevrino Frank Martin, *In terra pax*, composta negli anni tragici del 1944-45. Questo coro che esce dalle labbra di «tutto l'esercito celeste», come Luca chiama biblicamente gli angeli, sarà rilanciato dalla terra al cielo quando Gesù entrerà a Gerusalemme per l'ultima settimana della sua vita. Nella notte del Natale gli angeli avevano cantato: «Gloria a Dio nel più alto dei cieli e pace in terra agli uomini [oggetto] della buona volontà [divina]» (questa è la versione corretta di *Lc* 2,14, ove di scena è l'amore di Dio e non tanto la volontà umana). Alle soglie della Passione i discepoli canteranno: «Pace in cielo e gloria nel più alto dei cieli!» (*Lc* 19,38). Commenta Raymond E. Brown in un'importante opera sulla *Nascita del Messia secondo Matteo e Luca* (1977): «È un tocco pieno di fascino che la moltitudine della milizia celeste proclami la pace sulla terra, mentre la moltitudine dei discepoli proclama la pace in cielo: i due passi potrebbero diventare quasi un responsorio antifonale».

C'è, però, in mezzo alla coreografia dell'epifania angelica un messaggio specifico, indirizzato ai pastori. Nell'originale greco Luca lo definisce un «evangelo» e ha un contenuto squisitamente teologico:

«Oggi vi è nato nella città di Davide un salvatore, che è il Cristo Signore» (*Lc* 2,11). Abbiamo qui, dunque, un piccolo Credo cristiano che ruota attorno a tre titoli fondamentali attribuiti al Bambino: Salvatore, Cristo (=Messia), Signore (=Dio). Anche Paolo conosce questo credo e lo cita scrivendo ai cristiani macedoni di Filippi: «Aspettiamo il Salvatore, il Signore Gesù Cristo» (*Fil* 3,20). Nel piccolo Gesù – secondo l'orientamento dei «vangeli dell'infanzia» – si intravede già il glorioso «Signore» risorto, proclamato dalla fede pasquale della Chiesa. La tipologia dell'icona russa della Natività della scuola di Novgorod (XV sec.) esplicita questo collegamento raffigurando il Bambino Gesù avvolto in fasce e deposto in una mangiatoia che ha la forma di un sepolcro. Ebbene, i primi ad accorrere in pellegrinaggio dal Cristo Signore sono gli ultimi della terra, anticipando un detto caro a Gesù: «I primi saranno gli ultimi e gli ultimi primi».

L'intero racconto lucano è costellato di verbi di moto e di sorpresa: «andiamo, vediamo, conosciamo, andarono, trovarono, videro, riferirono, tutti udirono, si stupirono, tornarono glorificando e lodando Dio per quanto avevano udito e visto». La famiglia di Betlemme è circondata dai pastori, i rifiutati dal Sinedrio, i marginali che Luca, però, vede come la prefigurazione della Chiesa di Cristo. Ma è interessante ora scoprire, in parallelo, quale sia la presenza che Matteo colloca attorno al Bambino Gesù. In primo luogo è necessario sottolineare che la scenografia è completamente differente e anche questo attesta la diversità delle tradizioni che stanno alla base dei due racconti e la loro qualità più teologica che storica. La sacra famiglia è quasi rappresentata in una specie di sala del trono a cui accedono delegazioni estere in visita di cortesia. È una scena diversa da come l'ha intesa l'arte cristiana e da come la cantava Novalis: «Una stella indicò la via / verso l'umile culla / del Re». Per Matteo si agitano, invece, le cancellerie, il clero di Gerusalemme, l'intera città. Un evento «internazionale» sta per compiersi e ha per protagonisti alcuni misteriosi Magi «venuti dall'Oriente».

### «*Una stella brillò in cielo oltre ogni stella*»

Era il 614 e la basilica di Betlemme, eretta nel 330 dalla madre di Costantino, Elena, e ristrutturata un paio di secoli dopo da Giustiniano, era assediata dal re persiano Cosroe che già aveva raso al suolo tutti gli edifici sacri cristiani della Palestina. Il sovrano stava per ricorrere al fuoco e alle balestre quando s'accorse che sul frontone erano raffigurati personaggi vestiti proprio come lui: erano i Magi che i bizantini avevano tratteggiato in abiti da cerimonia persiani. Quella chiesa, che racchiude nella sua cripta la grotta della natività di Cristo, fu così salvata ed è ancor oggi possibile visitarla penetrandovi per un'unica porticina detta simbolicamente «dell'umiltà», ma forse più prosaicamente destinata a impedire ai cavalieri ottomani di accedere a cavallo nelle cinque navate dell'interno. Il racconto di Matteo che riguarda i Magi (*Mt* 2,1-12) è sobrio, anche se non privo di colpi di scena, ed è tutt'altro che fiabesco o infantile, intarsiato com'è di citazioni o allusioni bibliche. La tradizione, però, non ha saputo resistere.

A causa dei tre doni offerti a Cristo (oro, incenso e mirra) ha contato i Magi in tre; poi li ha fatti re sulla base del Salmo 72 che afferma la prosternazione di tutti i sovrani davanti al re Messia; poi ha attribuito loro l'appartenenza alle tre razze (bianca, nera, gialla); poi ha individuato nomi diversi tra i quali prevalsero quelli di Gaspare, Melchiorre e Baldassarre, divenuti anche il titolo di un bel romanzo di Michel Tournier (1980). Nelle catacombe romane i Magi appaiono negli affreschi ben due secoli prima (II sec. ) dei troppo modesti pastori. «Fu per noi un freddo avvento / per un viaggio lungo come questo. / Le strade fangose.../ e i cammelli pustolosi, i piedi sanguinanti / ... Vi furono momenti in cui rimpiangemmo / i palazzi d'estate sui pendii, i terrazzi, / le seriche fanciulle che portavano i sorbetti...» Il viaggio dei Magi, così come lo canta Eliot nel 1927, è simile a quello immaginato dai vangeli apocrifi. Matteo dice solo che essi «giunsero da Oriente», cioè dal deserto arabico o siro ove transitavano le carovane commerciali. Nel libro biblico di Daniele i Magi sono i sapienti di Babilonia, antica sede di studi astronomici e astrologici. L'apocrifo *Vangelo arabo dell'infanzia* (V-VI sec.) li immaginava discepoli di Zaratustra, il profeta della religione iranica. Lo studioso americano Martin McNamara li ha invece cercati molto vicino a Israele, tra gli Esseni, una setta ebraica a cui apparteneva forse anche il celebre «monastero» di Qumran sul Mar Morto. In realtà l'evangelista li ha intenzionalmente fatti emergere da un orizzonte vago perché a lui non premeva tanto il dato storico quanto piuttosto il suo valore di segno. Nella piccola processione dei Magi verso Cristo Matteo vede in filigrana la processione planetaria annunziata da Gesù: «Molti verranno da oriente e da occidente e siederanno a mensa con Abramo, Isacco e Giacobbe nel Regno dei cieli...» (*Mt* 8,11).

Durante quel viaggio c'è un segno che si leva alto all'orizzonte, la stella. Vanamente considerata, come fece Keplero, una *supernova*, cioè una stella in cui avviene un'esplosione che la rende all'improvviso visibile; identificata da altri nella cometa di Halley, che però attraversò il cielo di Gerusalemme il 26 agosto del 12 a.C. (alcuni anni prima della nascita di Gesù); ricondotta da altri ancora a una congiunzione tra Giove e Saturno verificatasi nel 7 a.C., la stella dei Magi – come scriveva l'esegeta Marie-Joseph Lagrange – è più nota alla teologia che all'astronomia. Infatti, sulla scia della tradizione biblica e giudaica, l'ebreo cristiano Matteo vedeva in quella stella soprattutto un emblema messianico. Si pensi, ad esempio, che la frase biblica «Una stella spunta da Giacobbe» (*Nm* 24,17) era divenuta nella versione aramaica, la lingua parlata al tempo di Gesù: «Il Messia spunta da Giacobbe». Il Cristo dell'Apocalisse, tutto avvolto da stelle, si presenterà così: «Io sono la radice della stirpe di Davide, la stella radiosa dell'alba» (*Ap* 22,16).

I Magi sono, allora, una rappresentazione dei popoli che incontrano Cristo dopo averlo cercato, guidati dalla rivelazione cosmica divina, simboleggiata dalla stella che conduce al Messia: «Videro il Bambino con sua madre Maria e, prostratisi, lo adorarono» (*Mt* 2,11). L'«epifania» che Luca destinava agli ultimi, i pastori, Matteo la riserva ai diversi, agli stranieri rispetto a Israele che, pur illuminato dalla luce della parola biblica (la citazione del profeta Michea su Betlemme patria del Messia), non si muove da Gerusalemme. Il vescovo Ignazio di Antiochia nel 107, mentre veniva condotto a Roma per essere esposto alle belve, scriveva ai cristiani di Efeso: «Una stella brillò in cielo oltre ogni stella e tutte le altre stelle, insieme al sole e alla luna, formarono un coro, attorno alla stella di Cristo che tutte sovrastava in splendore...».

### *I canti dell'alba messianica*

Pochi sanno che l'ultimo libro ad essere messo all'Indice, prima della sua abolizione voluta da Paolo VI, fu una *Vie de Jésus* (1959) di un noto biblista francese, Jean Steinmann, proprio a causa dell'interpretazione simbolica delle pagine dei «vangeli dell'infanzia». Due sono le sponde da evitare navigando in questi racconti senza dubbio affascinanti. La prima è quella storicistica o apologetica. Come già si diceva, tali capitoli sono notevolmente differenti dagli altri presenti nei vangeli. Il nucleo storico degli eventi è molto semplificato e di difficile definizione, avvolto com'è in una spessa coltre di intepretazioni, di approfondimenti, di simboli, di citazioni e allusioni bibliche, di rielaborazioni teologiche (donde le diverse catalogazioni degli esegeti: racconto omiletico, storia simbolica, storia teologica o popolare e così via). C'è, tuttavia, una seconda sponda da evitare ed è quella, antitetica, mitico-allegorica. In questa prospettiva il testo sarebbe solo un «pretesto» per illustrare tesi cristologiche o per rivestire di consistenza fantasie popolari o per suscitare emozioni spirituali e morali. In realtà, «i vangeli dell'infanzia» non sono deliziose narrazioni per bambini ma testi teologici per adulti nella fede. Le loro vicende si aprono a chi comprende le Scritture spesso citate, in particolare da Matteo che fa convergere nel suo racconto l'attesa messianica di Israele.

Noi concludiamo la nostra lettura – condotta solo per esempi e in modo sintetico – cercando di raccogliere in un ideale fascicolo tutti gli inni che costellano il «vangelo dell'infanzia» di Gesù secondo Luca. Essi sono anche una testimonianza della liturgia della Chiesa delle origini e dell'interpretazione degli eventi narrati. La prima invocazione è naturalmente l'*Ave Maria* dell'angelo Gabriele (*Lc* 1,28). Abbiamo già parlato a lungo del rilievo di questa che è la prima e più amata preghiera mariana. Giovanni Pascoli nella sua lirica *L'Angelus* scriverà: «E tu nascesti Dio da un picciol Ave...». A tale invocazione è da associare subito la «benedizione» e la «beatitudine» che Elisabetta, la madre del Battista, indirizza a Maria durante la visita di quest'ultima «nella casa di Zaccaria»: «Benedetta tu fra le donne e benedetto il frutto del tuo grembo! ... Beata colei che ha creduto nell'adempimento delle parole del Signore!» (*Lc* 1,42.45). Alle parole di Elisabetta Maria risponde con uno dei cantici più celebri della cristianità, il *Magnificat*, «L'anima mia magnifica il Signore». «Questo cantico della benedetta madre di Dio» scriveva Lutero in un suo forte commento all'inno «dovrebbe essere ben imparato e ritenuto da tutti.»

Claudel lo rielaborerà in una delle sue *Cinque grandi odi* (1910) e così farà anche lo scrittore portoghese Fernando Pessoa nel 1933 con un *Magnificat* da lui attribuito a uno dei suoi eteronimi, Álvaro de Campos, mentre nel 1993 Pupi Avati lo sceglierà come titolo di un suo film. Ma è soprattutto la musica ad aver trasformato il *Magnificat* in un canto ininterrotto della cristianità. Abbiamo voluto cercare tra gli spartiti che conosciamo e ne abbiamo allineati almeno una ventina, a partire da Orlando di Lasso (XVI sec.) che compose ben 101 *Magnificat* da 4 a 6 voci, per passare a quei capolavori che sono le due trascrizioni a 7 voci e 6 strumenti e a 6 voci e basso continuo, presenti nel *Vespro della Beata Vergine* di Claudio Monteverdi (1610). C'è il *Magnificat* del siciliano Alessandro Grandi (1577-1630), attivo a Bergamo; c'è quello poderoso a 6 voci, due violini e basso continuo del cremasco Francesco Cavalli (1650), con modalità diverse di scrittura nelle sue 16 parti. Condotto sul «primo tono» gregoriano è il *Magnificat* di Henry du Mont (1610-1684), a cui accostiamo quello del tedesco Johann Kuhnau (1660-1722) e, dei 13 *Magnificat* composti da Johann Pachelbel (1652-1706), quello in do maggiore. I veneziani Antonio Lotti (1667-1740) e Vivaldi ne hanno offerti alcuni di grande bellezza, soprattutto i due di Vivaldi (RV 610 del 1713-17 e RV 611 del 1710).

Un vertice è raggiunto naturalmente da Johann Sebastian Bach con i 30 minuti del suo *Magnificat* (BWV 243), diviso in 12 unità, composto a Lipsia nel 1723 e rivisto nel 1728 e nel 1731: basterebbe solo evocare l'imponente fuga che regge il «Fecit potentiam», esaltazione della forza vittoriosa del braccio di Dio che annienta i superbi con lo squillo possente della tromba. Dopo il pugliese Leonardo Leo (1740), è un altro Bach, Carl Philipp Emanuel, a offrirci nel 1749 una resa in re maggiore (H 772) in 9 parti. In do maggiore è, invece, quello di Schubert (D 486) del 1816, mentre in si bemolle maggiore è quello di Bruckner (1852). Per venire ai nostri giorni, sarebbero da ascoltare i *Magnificat* di Luciano Berio (1949, ma eseguito nel 1971), del brasiliano Heitor Villa-Lobos (1889-1959), dell'inglese John Ireland (1879-1962), dell'ungherese László Lajtha (1892-1963), del polacco Krzysztof Penderecki (1973) in 7 parti, nonché quello che Jean-Louis Florentz compose nel 1979 in Africa miscelandolo con testi di Salmi e, infine, quello di Goffredo Petrassi per orchestra sinfonica con sassofono e con Maria rappresentata da un soprano solo.

Sì, perché l'inno di Maria – che è tutto intessuto di reminiscenze bibliche (in particolare il cantico di Anna, madre del profeta Samuele, in 1 *Sam*, 2) – si apre con una voce solista che parla in prima persona: «anima mia ... mio spirito ... mio salvatore ... la sua serva ... mi chiameranno beata ... ha fatto in me...». Poi è idealmente convocato l'intero coro dei «poveri del Signore», cioè i giusti e i fedeli già presenti nell'Antico Testamento, che elencano in sette verbi greci all'aoristo le azioni salvifiche di Dio in difesa degli ultimi e dei miseri contro i potenti e i ricchi della terra: «Ha spiegato la potenza ... / ha disperso i superbi ... / ha rovesciato i potenti ... / ha innalzato gli umili ... / ha ricolmato gli affamati ... / ha respinto i ricchi... / ha soccorso Israele...». È un canto della Chiesa delle origini – almeno così come ce lo presenta la redazione lucana – che è messo sulle labbra di Maria per esaltare le scelte di Dio, estrose e sconcertanti agli occhi degli uomini. «Dio ha scelto ciò che nel mondo è debole per confondere i forti, ciò che è ignobile e disprezzato e ciò che è nulla per ridurre a nulla le cose che sono», scriverà Paolo ai cristiani di Corinto (1 *Cor* 1,27-28).

In parallelo al *Magnificat* può essere posto il cantico intonato da Zaccaria, il padre del Battista, dopo la nascita del figlio. Intitolato anch'esso dalla tradizione con la prima parola della versione latina, *Benedictus*, l'inno si compone nell'originale greco di due sole frasi monumentali (*Lc* 1,68-75 e 76-79). È una specie di sintesi di tutta la storia biblica che sta ora approdando al suo apice. La promessa e l'alleanza divine, che avevano avuto le loro tappe più significative in Abramo e in Davide, in Cristo raggiungono la pienezza. Come scrive Raymond E. Brown, «la ragione principale per benedire il Dio di Israele è ciò che egli ha fatto per il suo popolo nel Messia Gesù». Anche questo inno entrerà nella storia della musica: citiamo solo il superbo *Benedictus*, forse uno dei suoi capolavori, che Jean-Baptiste Lully compose a Parigi nel 1685, e quello con 5 solisti e coro a 6 voci preparato da Marc-Antoine Charpentier, ancora a Parigi nel 1686-87 (H 345).

Siamo giunti, così, alla notte di Natale che Luca fa percorrere dalle note celestiali del coro angelico del *Gloria in excelsis* già citato, celebrazione della «buona volontà», cioè dell'amore che il Signore nutre nei confronti dell'umanità e che ha la sua più alta «incarnazione» in Gesù Cristo. L'ultimo canto che Luca incastona nel tessuto narrativo del suo «vangelo dell'infanzia» è pronunziato nel tempio di Gerusalemme da «un uomo giusto e timorato di Dio» di nome Simeone (*Lc* 2,25.35). Egli raffigura l'attesa messianica dell'Israele fedele che riconosce nel piccolo Gesù, presentato al tempio per essere riscattato come tutti i primogeniti ebrei (considerati appartenenti a Dio secondo *Es* 13), l'attuazione della sua speranza. Pronunzia anche un severo oracolo sulla storia futura che sarà quasi lacerata dalla presenza di Cristo: «... Egli è qui per la rovina e la risurrezione di molti in Israele, segno di contraddizione perché siano svelati i pensieri di molti cuori» (*Lc* 2,34). Ma il suo canto è dolce, è il *Nunc dimittis*, così chiamato dalle prime parole della versione latina di san Girolamo: si dice che Orlando di Lasso l'abbia musicato ben 12 volte (da 4 a 7 voci); ma noi evochiamo solo quello in fa dell'inglese John Ireland, composto nel 1915 con coro a 4 voci.

«Ora lascia, o Signore, che il tuo servo / vada in pace secondo la tua parola, / perché i miei occhi hanno visto la tua salvezza, / da te preparata davanti a tutti i popoli, / luce per illuminare le genti / e gloria del tuo popolo, Israele» (*Lc* 2,29-32). Così canta Simeone e il suo breve salmo, fin dal V secolo, è divenuto la preghiera serale del cristiano, il cantico della Compieta, l'orazione liturgica serale. Anzi, c'è stato uno studioso, Douglas R. Jones, che ha ipotizzato che esso fosse il canto funebre di un fedele giusto, messo in bocca a Simeone. In questo spirito il romanziere vittoriano inglese Anthony Trollope (1815-1882) pone sulle labbra di un suo personaggio, il protagonista di *The Warden* («Il custode»), mister Harding, sacerdote e violoncellista ormai vecchio e invalido, proprio le parole di Simeone. Egli si trascina fino allo strumento chiuso nell'armadio e, abbandonandosi alla «follia delle sue vecchie dita», ne tocca le corde traendone «un lagno bassissimo, di breve durata, a intervalli». Riesce, così, a capire e a dirsi che la sua vita ha compiuto il suo cerchio e allora «con un dolce sorriso» invoca: «Signore, ora lascia che il tuo servo vada in pace. Signore, ora lascia che il tuo servo vada in pace!». In realtà l'inno di Simeone non è un addio crepuscolare e malinconico, bensì un saluto festoso all'alba messianica che sta per schiudersi e che è incarnata nel «vangelo di un bambino».

# VII
# Quando parlava

«Alcuni videro arrestare Gesù. Ma nessuno gli mise le mani addosso. Le guardie tornarono dai sommi sacerdoti e dai Farisei che domandarono loro: Perché non ce lo avete condotto? Le guardie risposero: Mai un uomo ha parlato come quest'uomo!» (*Gv* 7,44-46). A più riprese nei vangeli è registrato lo stupore che colpisce l'uditorio di fronte alle parole di Gesù, un rabbì che «insegnava come uno che ha autorità e non come i loro scribi» (*Mt* 7,29), al punto che alcuni di questi ultimi sono costretti a riconoscere: «Maestro, hai parlato bene! E non osavano più fargli alcuna domanda» (*Lc* 20,39-40). Il Gesù di tutti gli evangelisti è un oratore affascinante: se Matteo, come sappiamo, distribuisce nel suo scritto cinque solenni discorsi di Cristo, anche Marco, che è più attento alle mani del Messia e alle loro opere, ne raccoglie due costellando le altre pagine di detti e interventi molteplici; Luca ci offre una serie di parabole originali e Giovanni conia un linguaggio solenne che mette in bocca a Gesù soprattutto nell'Ora estrema (*Gv* 13-17).

*La bocca di un rabbì*

C'è una locuzione che non di rado si incontra in particolare in Matteo: «Gesù aperta la bocca, insegnava dicendo...» (*Mt* 5,2). «La bocca del Signore ha parlato», esclamavano i profeti (*Mic* 4,4). Dalla bocca di Cristo, predicatore ambulante, escono parole che consolano e che inquietano, che convertono e che condannano, che giustificano e che attaccano. Esse toccano temi altissimi e scendono su eventi quotidiani. Gesù «parla apertamente del Padre» e delle «cose del cielo» (*Gv* 16,25 e 3,12). Spesso il centro del suo discorso è il Regno, cioè il progetto di salvezza, di liberazione e di amore che Dio vuole attuare nella storia coinvolgendo l'uomo: «Accolse le folle e si mise a parlar loro del Regno di Dio» (*Lc* 9,11). Anche dopo la risurrezione, egli appare ai discepoli «parlando del Regno di Dio» (*At* 1,3). Ma questi discorsi teologici sono spesso affidati a parabole, ossia a racconti simbolici che attingono alla terra di Palestina e all'esperienza modesta dei suoi abitanti: «Egli parlava loro di molte cose in parabole ... e fuor di parabola non diceva nulla alle folle» (*Mt* 13,3.34).

Gesù «parla liberamente e nessuno osa dirgli nulla» (*Gv* 7,26), anche quando il suo linguaggio è provocatorio e veemente come nei sette «Guai!» che scaglia contro le autorità religiose di Israele (*Mt* 23,13-35). Egli parla nel segreto, dialogando con Nicodemo in una notte ventosa (*Gv* 3,1-21) o a un pozzo con una donna di Samaria a cui svela il suo mistero di Messia: «Sono io, che ti parlo» (*Gv* 4,26). O con il cieco dalla nascita che egli ha guarito: «Chi è il Figlio dell'uomo perché io creda in lui? E Gesù: Colui che parla con te è proprio lui!» (*Gv* 9,36-37). Sono parole spesso fraintese o incomprese, parole che generano divisione: «Non compresero nulla di tutto quello che aveva detto; quel parlare restava loro oscuro e non capivano ciò che egli aveva detto» (*Lc* 18,34). «Molti dei suoi discepoli, dopo averlo ascoltato, dissero: Questo linguaggio è duro: chi può intenderlo?» (*Gv* 6,60). Ma Gesù replicava: «Se non fossi venuto e non avessi parlato loro, non avrebbero alcun peccato; ma non hanno scusa per il loro peccato» (*Gv* 15,22). E Pietro darà voce a tutti coloro che accoglieranno le parole uscite dalla bocca del Maestro: «Signore, da chi andremo? Tu solo hai parole di vita eterna» (*Gv* 6,68).

Dicevamo che Gesù è un parlatore affascinante. Egli non passa mai sopra le teste dei suoi interlocutori, ma le cattura per condurle dal loro orizzonte verso altre mete. Parte dal loro mondo fatto di terreni aridi, di semi e seminatori, di erbacce e di messi, di vigne e di fichi, di pecore e di pastori, di cagnolini, di uccelli, di gigli, di cardi, di senapa, di pesci, di scorpioni, serpi, avvoltoi, tarli, di venti, di scirocco e tramontane, di lampi balenanti e piogge o arsure. Ci sono nei suoi discorsi bambini che giocano sulle piazze, cene nuziali, costruttori di case e di torri, braccianti e fittavoli, prostitute e amministratori corrotti, portieri e servi in attesa, casalinghe e figli difficili, debitori e creditori, ricchi egoisti e poveri ridotti alla fame, magistrati inerti e vedove indifese ma coraggiose, ci sono monete piccole e grandi, ci sono tesori nascosti e mense con cibi puri e impuri secondo le regole *kasher* dell'ebraismo e altro ancora. Cervantes nel suo celebre *Don Chisciotte* riesce a ricordarci con una pennellata lo stile della predicazione di Gesù, evocando un passo del Discorso della Montagna:

«Dio non manca né ai moscerini, né ai vermicciattoli della terra, né agli animaluzzi delle acque; ed è tanto pietoso che fa sorgere il sole sui buoni e sui cattivi e piovere sopra i giusti e gli ingiusti» (I,18; cfr. *Mt* 5,45 e 6,26).

Nella stessa linea, in un suo articolo, Beniamino Placido evocava la forza anche di un solo particolare delle parole del rabbì di Nazaret: «Ci cadono i capelli e ce ne disperiamo. Per colpevole vanità. Ma anche perché assaporiamo – in questa disgrazia – l'amara caducità della nostra esistenza. È sbagliato, dicono i vangeli. Nulla è insignificante. Cinque passeri non si vendono forse per due assi? Eppure neanche uno di essi è dimenticato davanti a Dio. E anche i capelli del vostro capo sono tutti contati. Non temete, voi valete più di molti passeri (*Lc* 12,6-7). Altrove (*Lc* 21,18): Ma neppure un capello del vostro capo perirà».

I temi delle parole di Gesù che si possono evocare sono molteplici e differenti. Talvolta possono produrre un brivido, come quando egli insiste sull'urgenza della decisione per il Regno contro la tentazione dell'assopimento o dell'inerzia. Basterebbe prendere in mano il capitolo 25 di Matteo, nei versetti 1-13. Dalla casa dello sposo parte nella notte il corteo nuziale: le tenebre sono squarciate dal bagliore delle torce, il silenzio dai canti degli amici e dei parenti. Nella sua abitazione la sposa sta attendendo trepidante e, secondo l'antico costume, è circondata dalle sue damigelle. L'attesa, però, si prolunga; alcune delle ragazze si addormentano e le loro lampade restano senz'olio. Per esse la gioia di quella notte e di quella festa è finita. I due cortei, infatti, raggiungono la sala del banchetto proprio quando le giovani sono alla ricerca spasmodica di altro olio per le lucerne. La porta sbarrata della sala nella finale del racconto è quasi una piccola parabola autonoma: è la sintesi simbolica del destino di chi non ha capito l'urgenza e l'importanza di una decisione fondamentale e pronta. Le parole di Gesù-sposo sono glaciali: «Non so proprio chi siete».

### *La parabola come frontiera del vangelo*

«Un uomo aveva due figli...» Basta ascoltare questo avvio per far emergere – almeno nel lettore assuefatto alla lettura dei vangeli – una storia familiare che Gesù trasforma in parabola. Ebbene, le parabole sono una delle forme espressive più care alle «lezioni» del rabbì di Nazaret. Come i maestri del suo tempo, egli affida al simbolo e al racconto la formulazione del suo messaggio. E lo fa in modo originale e sorprendente. Difficile calcolare il numero delle parabole presenti nei vangeli: si va da un minimo di 35 a un massimo di 72, secondo le diverse classificazioni che possono inglobare anche paragoni brevi, schegge narrative, metafore espanse e così via. Noi ci attestiamo sul computo minimale e all'elenco che ora offriamo alleghiamo i passi evangelici perché sia possibile una lettura integrale personale, anche nelle varianti. Assente è Giovanni, non perché il Gesù del quarto vangelo non conosca l'uso del simbolo o del racconto ma perché ormai l'evangelista inclina a quella che egli chiama *paroimia*, cioè a una forma di comparazione estesa e già venata dall'allegoria, ossia da applicazioni variegate e da interpretazioni.

1. Il regno, la casa, l'uomo forte: *Mc* 3,24-27; *Mt* 12,24-26; *Lc* 11,17-18. 21-22.
2. Il seminatore e il seme: *Mc* 4,3-9; *Mt* 13,3-9; *Lc* 8,5-8.
3. Il seme che spunta da solo: *Mc* 4,26-29.
4. Il seme della senapa: *Mc* 4,30-32; *Mt* 13,31-32; *Lc* 13,18-19.
5. La zizzania nel campo di grano: *Mt* 13,24-30.
6. Il lievito nella farina: *Mt* 13,33; *Lc* 13,20-21.
7. Il tesoro nascosto nel campo: *Mt* 13,44.
8. Il mercante e la perla preziosa: *Mt* 13,45-46.
9. La rete colma di pesci buoni e cattivi: *Mt* 13,47-48.
10. Una lite e il processo: *Mt* 5,25-26; *Lc* 12,58-59.
11. I giuochi dei ragazzi in piazza: *Mt* 11,16-19; *Lc* 7,31-34.
12. Il padrone generoso e il servo spietato: *Mt* 18,21-35.
13. La pecora smarrita: *Mt* 18,12-14; *Lc* 15,4-7.
14. Gli operai nella vigna a ore diverse: *Mt* 20,1-15.
15. I due figli e l'obbedienza: *Mt* 21,28-31.
16. I vignaioli assassini: *Mc* 12,1-9; *Mt* 21,33-41; *Lc* 20,9-16.
17. Il banchetto nuziale regale: *Mt* 22,1-10; *Lc* 14,16-24.
18. L'invitato senza veste nuziale: *Mt* 22,11-14.
19. Il portiere notturno: *Mc* 13,33-36; *Lc* 12,35-38.
20. Il ladro notturno: *Mt* 24,43-44; *Lc* 12,39-40.
21. Il maggiordomo: *Mt* 24,45-51; *Lc* 12,42-46.
22. Il corteo nuziale delle dieci vergini: *Mt* 25,1-13.
23. I talenti o mine: *Mt* 25,14-30; *Lc* 19,11-27.
24. I due debitori e il creditore: *Lc* 7,36-50.
25. Il Buon Samaritano: *Lc* 10,25-37.
26. L'amico importuno nella notte: *Lc* 11,5-10.
27. Il ricco, i granai e la morte: *Lc* 12,16-20.
28. Il fico senza frutti: *Lc* 13,6-9 (cfr. *Mc* 13,28-29; *Mt* 24,32).

29. La dracma smarrita: *Lc* 15,8-10.
30. Il figlio prodigo, il padre amoroso e il fratello maggiore: *Lc* 15,11-32.
31. L'amministratore corrotto e astuto: *Lc* 16,1-8.
32. Il povero Lazzaro e il ricco: *Lc* 16,19-31.
33. Il servo e il padrone: *Lc* 17,7-10.
34. La vedova ostinata e il giudice indifferente: *Lc* 18,2-8.
35. Il fariseo e il pubblicano nel tempio: *Lc* 18,9-14.

Sottoposte a un'analisi serrata dagli esegeti, confrontate con altri modelli affini come la metafora e la comparazione, interpretate nei loro successivi adattamenti presenti già all'interno della redazione dei vangeli, le parabole sono da ricondurre al ministero e al messaggio di Gesù, come ha insegnato Adolf Jülicher (1857-1938), e non a generiche verità universali che renderebbero Cristo come un Socrate ebreo. Ora, secondo due grandi studiosi delle parabole, Charles Harold Dodd (1894-1973) e Joachim Jeremias (1900-1979), il messaggio centrale di Gesù e la sua opera hanno di mira la pienezza del Regno nell'escatologia, cioè nel compimento della storia. Come affermava Ernst Fuchs (1903-1983), «il linguaggio del Regno di Dio si fa annunzio ed evento di salvezza attraverso la parabola», che è proclamazione e dialogo con l'uomo. Certo, le parabole non sono il linguaggio esclusivo di Gesù ma esse – come scrive un altro studioso di questa forma evangelica, Vittorio Fusco – «vanno viste come la frontiera dell'evangelo: frontiera mobilissima su cui l'evangelo, senza mai cessare di essere dono inaudito, messaggio che viene da Dio e non dagli uomini, si rivela però veramente rivolto agli uomini, capace di farsi carico dei loro interrogativi e di assumere tutto quanto ancora resta in loro di capacità di camminare verso la verità».

### *Sulla strada di una fuga e di un ritorno*

All'interno dell'insegnamento molteplice di Gesù noi ora sceglieremo solo qualche brano emblematico. Ai discorsi più vasti e compiuti abbiamo già fatto riferimento durante la presentazione di Matteo. Affronteremo adesso due parabole lucane, entrambe attraversate nella loro trama da una strada simbolica. Ecco prima di tutto la storia di un padre prodigo d'amore nei confronti di due figli, l'uno prodigo nel peccato, l'altro prodigo di orgoglio e di grettezza. Con questa sommaria descrizione abbiamo già delineato il vero ordine strutturale della celebre parabola comunemente detta «del figlio prodigo» (*Lc*

15,11-32). Al centro di essa c'è, infatti, il padre che attende e accoglie il figlio minore perduto e che tenta di placare la gelida giustizia altezzosa del primogenito rimasto in casa. Il primato è, quindi, attribuito a Dio che «cerca ciò che è perduto», che non si rassegna a perdere anche una sola pecora del suo gregge o una piccola moneta (dracma) del suo tesoro (*Lc* 15,4-10). Come è noto, il capitolo 15 di Luca è basato su un trittico di parabole che, fra l'altro, sono state riprese poeticamente da Péguy nel suo *Portico del mistero della seconda virtù* (1911).

È lo stesso poeta francese a ricordarci che in queste parabole «Gesù come uomo ha conosciuto l'inquietudine umana», mentre Turoldo ha individuato in esse il fatto che *Anche Dio è infelice*, come recita il titolo di una sua opera del 1991, o, per usare il titolo di un altro commento, quello di don Primo Mazzolari, siamo in presenza della *Più bella avventura* (1934) vissuta da Dio, padre amoroso. Centrale è, dunque, la grazia, la passione del Signore per la sua creatura, anche quando è ribelle, e Rembrandt nella sua tela dell'Ermitage di San Pietroburgo (1669) ponendo frontalmente il padre che si curva per avvolgere tra le sue braccia il figlio inginocchiato e pentito, ripreso di spalle, ha mirabilmente interpretato il senso profondo di questa storia d'amore. Una storia che, per altro, ha sempre conquistato la tradizione, a partire dalle vetrate delle cattedrali gotiche francesi (Auxerre, Bourges, Chartres, Poitiers, Sens) o dalle rappresentazioni medievali come il *Courtois d'Arras* per giungere persino alla cinematografia con il *Figliuol prodigo* di Ferdinand Zecca (1901) e con quello di Marcel Carné (1907), con *The Wanderer* di Raul Walsh (1925), con il *Figliuol prodigo* di Richard Thorpe (1955).

Nel numero del 1° giugno 1991 della rivista «La Civiltà Cattolica» il gesuita Ferdinando Castelli ha dedicato un intero saggio agli *Scrittori moderni dinanzi alla parabola del figliuol prodigo*, passando in rassegna Papini, Santucci, Mauriac, Burgess, Fabbri, Péguy, Rilke, d'Annunzio, Gide e Turoldo. Un cenno anche noi vorremmo riservarlo a tre scrittori di diverso orientamento che si sono confrontati con questa straordinaria pagina lucana di amore, di dolore ma soprattutto di felicità (l'intero racconto è costellato di tratti gioiosi e festosi). Rainer Maria Rilke ha iniziato a Roma nel 1904, ha concluso a Parigi nel 1908-1909 e ha pubblicato nel 1910 la sua più importante opera in prosa intitolata *I quaderni di Malte Laurids Brigge*. Costui è un giovane aristocratico danese, poeta tormentato, che a Parigi non scopre solo i bassifondi della miseria umana e sociale ma anche quelli della coscienza. La nausea fisica, la gelida solitudine, l'angoscia violenta, la follia incombente lo condurranno alla morte. La parabola del figlio prodigo è applicata alla sua vicenda come «la leggenda di colui che non voleva essere amato». Ma lo sbocco non è disperato: alla fine c'è Dio come «direzione d'amore e non come oggetto d'amore»; da lui non è «da temere alcun amore in contraccambio» come ricatto ma solo un'attrazione interiore. La meta, allora, non è la perdizione, bensì «una peculiare, cupa ascensione verso un luogo trascurato e in disparte dal Cielo».

Riappare, così, la simbolica della strada che poi percorreremo. Nella stessa città (Parigi) e negli stessi anni (nel 1907) André Gide componeva il suo *Ritorno del figliuol prodigo*, in cui l'interpretazione del testo evangelico è sconcertante. Il protagonista è l'immagine del vero discepolo di Cristo che ha abbandonato la casa della Chiesa, custodita dal fratello maggiore, legalista e rigorista, per cercare la libertà, l'«amore che consuma», l'inquietudine che conduce a Dio. Infatti il padre lo comprende: «So quel che ti spingeva sulle strade; e ti aspettavo al termine. Mi avresti chiamato... ero là». Abbandonare la casa è, quindi, un dovere perché in essa vivono solo coloro che «preferiscono all'amore il buon ordine». Purtroppo la tentazione di ritornare a quel grembo oscuro e sicuro di schiavitù è forte. Per pigrizia, per viltà, per fame il figlio rientra nella casa e il suo ritorno non è una conversione ma il peccato per eccellenza: «Mi studierò di somigliare al mio fratello maggiore; amministrerò i nostri beni; come lui prenderò moglie». Gide, a questo punto, introduce un personaggio ignoto al vangelo, il fratello più piccolo. È lui che raccoglierà l'invito del fratello sconfitto e nella notte fuggirà di casa per mordere la melagrana selvatica della libertà, «una sete che solo questo frutto non zuccherino riesce a spegnere». Il fratello lo sosterrà in quella decisione coraggiosa: «Abbracciami, fanciullo mio: porti con te tutte le mie speranze. Sii forte; non ricordarci; non ricordarmi. Possa tu non tornare! ... Scendi adagio. Io tengo la lampada».

La parabola è «degenerata», anche se verso un tema suggestivo, e la stessa metamorfosi – seppure a livello molto inferiore – appare in uno degli ultimi romanzi di Alberto Moravia, *L'uomo che guarda* (1985). Il rapporto del protagonista con il padre è modellato sulla figura del figlio prodigo che è travolto e «ucciso» da un amore troppo possessivo. «A questo pensiero, mi tornava in mente» scrive Moravia «la parodia che della parabola aveva fatto un brillante scrittore francese: il figliolo prodigo torna pentito da suo padre. Il vitello grasso, sapendo la sorte che l'aspetta, scappa di casa. Allora il padre, per far tornare indietro il vitello grasso, uccide il figlio prodigo.» Una lettura semplificata e psicanalitica di basso profilo su un testo che, comunque, provoca. Un testo che soprattutto esalta la speranza, come ha saputo fare la musica con l'oratorio *Filius prodigus* di Marc-Antoine Charpentier (H.399) del 1680, con l'opera omonima di Daniel Auber (1850), con la cantata di Debussy (1884), con il balletto di Prokof'ev (1930), con il «mistero» di Benjamin Britten (1968).

Un testo, quello evangelico, segnato dal dinamismo, scandito dai verbi di moto. Nel versetto 13 il figlio *apedémesen*, cioè esce dal suo *demos*, la sua patria, il suo popolo, la sua terra, per orientarsi verso una regione remota. Nel versetto 15 è descritto mentre vaga senza meta e lentamente precipita nella miseria. È la via della fuga e del peccato. Quest'ultimo nell'Antico Testamento è spesso rappresentato con vocaboli di deviazione, di fallimento del bersaglio. Ma nel versetto 17 appare il verbo della «conversione», del ritorno alle radici della coscienza: «il giovane ritornò in se stesso». Segue la decisione: «mi alzerò e andrò da mio padre ... Si alzò e andò» (*Lc* 15,18.20). L'obiettivo del narratore si sposta ora all'altro capo della strada, ove c'è il padre che spia l'orizzonte, non rassegnato a quella perdita. Da lontano egli riconosce il profilo del viandante e «gli corre incontro» per l'abbraccio. E nella gioia del ritrovamento per due volte ripeterà: «Questo figlio era morto ed è tornato in vita, era perduto ed è stato ritrovato» (*Lc* 15,24.32). Una via in cui si consuma il dramma e in cui si celebra una festa, purtroppo non condivisa da chi non conosce la dolcezza della misericordia e del perdono ma solo la freddezza del giudizio, come il fratello maggiore.

### *Una rapina su una strada del deserto di Giuda*

Sulla strada romana che in una trentina di chilometri conduce dagli 800 metri di Gerusalemme ai 300 sotto il livello del mare ove è situata la splendida oasi di Gerico è, invece, ambientata un'altra celebre parabola lucana, quella del Buon Samaritano (*Lc* 10,25-37). Davanti a Gesù si leva un dottore della legge che pone un quesito: «Maestro, che devo fare per ereditare la vita eterna?». Gli impegni dell'ebreo osservante per raggiungere questa meta erano stati codificati dalla tradizione rabbinica in 613 precetti estratti dalla Bibbia, 365 negativi (quanti sono i giorni dell'anno) e 248 positivi, tanti quante erano le ossa del corpo umano secondo l'antica fisiologia. Gesù risponde citando due passi biblici, entrambi legati all'«amare»: «Amerai il Signore Dio tuo con tutto il tuo cuore, con tutta la tua anima, con tutte le tue forze» (*Dt* 6,5) e «Amerai il prossimo come te stesso» (*Lv* 19,18). Il dialogo ha, però, una svolta nell'ulteriore replica dello scriba: «Chi è mai il mio prossimo?». Un quesito «oggettivo» che l'ebraismo risolveva sulla base di una serie di cerchi concentrici di rapporti interpersonali piuttosto limitati. Gesù risponde ricorrendo a una parabola che alla fine ha un interrogativo rilanciato allo scriba: «Chi ha agito come prossimo?». Il ribaltamento è evidente: invece di interessarsi «oggettivamente» alla definizione del prossimo, Gesù invita a comportarsi «soggettivamente» da prossimo nei confronti di chi è nella necessità.

Un viandante sta percorrendo quella strada che si inerpica e discende tra i monti del deserto di Giuda. All'improvviso, si ha un assalto di briganti che «lo spogliarono, lo coprirono di percosse e se ne fuggirono lasciandolo mezzo morto». Ancora nel 1931 il vescovo anglicano di Gerusalemme era stato ucciso da un gruppo di predoni proprio mentre stava recandosi su questa strada da Gerusalemme a Gerico e non è mancato chi ha ipotizzato che Gesù abbia preso spunto da un fatto contemporaneo di cronaca nera. Un corpo insanguinato, il silenzio del deserto, l'attesa di un passaggio. Ecco, finalmente, da lontano un sacerdote... Ma subito la delusione: «Passò oltre dall'altra parte» della strada. Ecco un altro passaggio, un levita... Di nuovo la delusione: anch'egli «passò oltre dall'altra parte». Ecco un terzo viandante, un «eretico» Samaritano, appartenente a una comunità che nella Bibbia è chiamata «lo stupido popolo che abita in Sichem», anzi, «neppure un popolo» (si veda *Sir* 50,25-26). Eppure è solo lui che si accosta e si piega sull'ebreo ferito, suo nemico religioso e politico, per aiutarlo. Gesù non si perde nei particolari per i primi due, cercando spiegazioni per il loro atto di omissione, motivato forse da ragioni rituali (il sangue e la morte rendevano impuri chi vi entrasse in contatto e ciò era rilevante per un sacerdote e un levita ai fini delle loro funzioni e del loro statuto). È curioso notare che nel Talmud si affronta il caso inverso di un ebreo che trova per strada un Samaritano e un pagano feriti: naturalmente non è tenuto a prestare soccorso (*'Abodah Zara'* 26).

Gesù spazza via il legalismo che uccide e si ferma sulla figura-modello del Samaritano; egli autenticamente *è prossimo* del sofferente senza interrogarsi su *chi è* questo prossimo da aiutare. «Si fa vicino» (*Lc* 10,34), le sue viscere si commuovono, come si dice in greco nel versetto 33, il suo amore è operoso: fascia le ferite, vi versa vino e olio secondo i metodi del pronto soccorso antico, carica la vittima sulla sua cavalcatura, la depone solo quando giunge a uno dei caravanserragli che fungevano anche da albergo, per due volte si ripete il verbo «prendersi cura» (*Lc* 10,34-35), contribuisce anche alle spese successive con due denari. Il suo è un amore personale, sottolineato nell'originale dalla ripetizione del pronome greco *autòs*: «passò vicino *a lui*, *gli* fasciò le ferite, *lo* caricò sul suo giumento, *lo* condusse alla locanda e si prese cura di *lui*... Prenditi cura di *lui*!». Il sacerdote e il Levita incarnano la rigida sacralità che separa dal prossimo; il Samaritano rappresenta la santità che si unisce al dolore per salvarlo. È per questo che una tradizione ha visto nel ritratto del Samaritano un'immagine di Cristo stesso. Sulle mura di un edificio crociato diroccato, sito in quella stessa strada e chiamato liberamente «il *khan* [caravanserraglio] del Buon Samaritano», un anonimo pellegrino medievale ha inciso in latino questo graffito: «Se persino sacerdoti o Leviti passano oltre la tua angoscia, sappi che Cristo è il Buon Samaritano che avrà sempre compassione di te e nell'ora della tua morte ti porterà alla locanda eterna».

Più attenta all'impatto che doveva avere sull'uditorio di Gesù è la trascrizione attualizzata della parabola compiuta da un esegeta moderno già citato, Vittorio Fusco: «Immagina tu, bianco razzista e magari affiliato al Ku Klux Klan, tu che fai chiasso se in un locale entra un negro e non perdi l'occasione per manifestare il tuo disprezzo e la tua avversione, immagina di trovarti coinvolto in un incidente stradale su una via poco frequentata e di star lì a morire dissanguato, mentre qualche rara auto con un bianco alla guida passa e non si ferma. Immagina che ad un certo punto si trovi a passare un medico di colore e si fermi per soccorrerti...». Certo è che nella parabola appare in tutto il suo splendore il messaggio cristiano dell'amore che pervade molte parole di Gesù, a partire dall'appello del Discorso della Montagna: «Avete inteso che fu detto: Amerai il tuo prossimo e odierai il tuo nemico. Ma io vi dico: Amate i vostri nemici e pregate per i vostri persecutori» (*Mt* 5,43-44). Per giungere fino al testamento dell'ultima sera di Gesù: «Vi do un comandamento nuovo: Amatevi gli uni gli altri; come io vi ho amato, così anche voi amatevi gli uni gli altri. Da questo tutti vi riconosceranno come miei discepoli, se avrete amore gli uni per gli altri» (*Gv* 13,34-35). E se Luigi Santucci nel suo racconto *Samaritano apocrifo* ha ricordato la presenza del personaggio evangelico sui «vestiboli dei lazzaretti e dei luoghi pii», il musicista Benjamin Britten ne ha riproposto la figura nell'intensa *Cantata misericordium* op. 69, composta nel 1963 per il centenario della Croce Rossa. Ma il Buon Samaritano va oltre ogni filantropia, celebrando un amore assoluto e religioso, intrecciato con quello di Dio e per Dio. Nell'apocrifo *Vangelo di Tommaso* Gesù ripete: «Ama il tuo fratello come l'anima tua. Proteggilo come la pupilla dei tuoi occhi. Amalo come Dio ti ama e vuole essere amato».

*Lo sdegno è una virtù*

Le parole di Cristo conoscono, però, anche lo sdegno che si accende soprattutto di fronte all'ipocrisia religiosa, che sotto il manto di una pietà artificiosa e formale nasconde egoismi inconfessati e interessi inconfessabili. Pensiamo alla frusta agitata contro i mercanti che trasformano il tempio di Sion in «una spelonca di ladri» (*Mt* 21,13), come già lamentavano i profeti (*Ger* 7,11). Tutto il giudaismo ufficiale è metaforicamente frustato nelle varie polemiche che Gesù apre contro le varie fazioni dei Sadducei, dei Farisei, degli Erodiani, contro le classi sacerdotali e intellettuali (gli scribi): basterebbe rimandare ancora una volta ai sette «Guai!» del capitolo 23 di Matteo o all'attacco contro i «mercenari» o falsi pastori di Israele presente nel capitolo 10 di Giovanni. Il culto separato dalla vita, la liturgia senza la giustizia, il digiuno retoricamente conclamato, l'elemosina e la preghiera ostentate sono denunziati senza reticenze e la parabola del pubblicano e del Fariseo (*Lc* 18,9-14) ne è una vigorosa testimonianza. Il Fariseo, avvolto nel manto glorioso delle sue opere e della sua giustizia, è convinto della sua giustizia e dei doveri di Dio nei suoi confronti. Il pubblicano, peccatore pentito, nel riconoscimento umile della sua miseria morale diventa il vero uomo religioso.

L'idolatria della ricchezza, l'egoismo nei confronti dei poveri, la violenza e l'odio escludono dal Regno di Dio, cioè da quell'orizzonte in cui Gesù vorrebbe collocare la sua Chiesa. «Se stai per presentare la tua offerta all'altare e là ti ricordi che tuo fratello ha qualcosa contro di te, lascia la tua offerta là, dinanzi all'altare, va' prima a riconciliarti col tuo fratello e poi verrai a presentare la tua offerta» (*Mt* 5,23-24). Sono molte le parole di Gesù simili a quella spada che egli affermava di aver portato nella storia: «Non crediate che io sia venuto a portare pace sulla terra; non sono venuto a portare pace ma una spada. Sono venuto a separare figlio da padre, figlia da madre, nuora da suocera ... Sono venuto a portare fuoco sulla terra: come vorrei che fosse già acceso!» (*Mt* 10,34-36; *Lc* 12,49). Numerose sono le parole dure, radicali e assolute, rese ancor più veementi dal calco semitico, come nel caso della celebre frase: «Se uno viene da me e non odia suo padre, sua madre, la moglie, i figli, i fratelli, le sorelle e perfino la propria vita, non può essere mio discepolo» (*Lc* 14,26). In realtà Gesù, come è ovvio, non suggerisce l'odio che ha sempre bandito dal suo sdegno (l'ira e l'odio sono un vizio, lo sdegno una virtù), ma riflette il linguaggio semitico che ignora il comparativo e procede per assoluti, che trasforma un «amare meno» in «odiare». Rimane, comunque, la potenza indimenticabile di quel monito.

Il discorso potrebbe allargarsi e costringerci a citare metà delle parole di Gesù, segnate dal colore e dal calore, dalla passione e dall'intensità, dall'esigenza forte e assoluta, da un radicalismo che detesta il compromesso (in questo senso dev'essere intesa la sua visione del matrimonio come totale e indissolubile donazione d'amore, senza riserve e limiti: *Mc* 10,1-12; *Mt* 5,31-32 e 19,1-9).

Noi ora ci soffermeremo brevemente su un tema delicato che spesso ha travagliato la cristianità, producendo degenerazioni ed equivoci gravissimi, quello del rapporto con il potere politico. Gesù è severo con i potenti: definirà, ad esempio, sprezzantemente il re Erode Antipa «volpe», un termine che nel substrato linguistico aramaico può essere reso anche con «sciacallo», animale impuro (*Lc* 13,32). Il potere rivela il suo volto diabolico nelle tentazioni di Cristo: «La potenza e la gloria dei regni» dichiara Satana «è stata messa nelle mie mani e io la do a chi voglio» (*Lc* 4,6). Il «codice dell'autorità» che Gesù propone è l'esatto antipodo di quello che regge i sistemi politici: «I re delle nazioni le governano e coloro che hanno su di esse potere si fanno chiamare "benefattori". Per voi non dev'essere così! Chi è il più grande tra voi diventi come il più piccolo e chi governa come colui che serve» (*Lc* 22,25-26). Proprio come autobiograficamente si definisce Gesù nell'ultima cena quando pronunzia queste parole: «Chi è più grande: chi sta a tavola o chi serve? Non è forse chi è a tavola? Eppure io sto in mezzo a voi come colui che serve» (*Lc* 22,27). «Il Figlio dell'uomo, infatti, non è venuto per essere servito ma per servire e dare la sua vita in riscatto per molti» (*Mc* 10,45).

Tuttavia Cristo riconosce una consistenza e una legittimità al potere politico ed economico in occasione di una domanda polemica sollevata dai suoi avversari: «È lecito o no pagare il tributo a Cesare?» (*Mt* 22,15-22). Essi sono convinti di aver spinto Gesù su un crinale pericoloso che può costringerlo o a scivolare sulla critica all'autorità di Cesare (Tiberio), facendone un ribelle, oppure ad avventurarsi nella critica alla sottomissione a Dio, facendone un collaborazionista e un traditore della fede ebraica (è noto che la stessa moneta imperiale con l'immagine proibita dell'imperatore costituiva di per sé un atto idolatrico). Cristo risponde con un'azione simbolica nello stile dei profeti, ricorrendo proprio a quella moneta come segno. Riconosce che essa è sotto il sigillo di Cesare e, come tale, ha una sua sfera di pertinenza e di autonomia: «Date a Cesare quello che è di Cesare». Ma l'allusione che egli fa evocando l'«immagine» coniata sulla moneta suppone una seconda componente implicita: nella Genesi (*Gn* 1,27) l'uomo è definito «immagine di Dio». Perciò, la persona umana è in ultima e decisiva istanza contrassegnata da una dimensione trascendente: «Date a Dio quello che è di Dio». In sintesi, la moneta – cioè l'economia e la politica – siglata dall'appartenenza all'imperatore, sia di Cesare; l'uomo, siglato dal suo legame radicale con Dio, sia debitore radicalmente al Creatore, secondo una dignità intangibile. Il potere ha, quindi, limiti precisi nei confronti dell'uomo, ma non è annullato in una teocrazia integralista.

*Abba', jitqaddásh shemák...*

Tertulliano, che è stato il primo commentatore cristiano del Padre Nostro con la sua *De oratione Domini* scritta alla fine del II secolo, affermava che questa preghiera, insegnata da Gesù, è il «breviarium totius evangelii» (1,6). Studiare il testo dell'«orazione perfettissima», come la definiva Tommaso d'Aquino nella sua *Summa Theologiae* (II,II, q.83, a.9), è perciò una via per ritrovare la sostanza del messaggio cristiano. Anzi, «il Padre Nostro può essere anche la preghiera di tutti i figli di Abramo, espressione della loro fede in un Dio personale che è Padre e Creatore e di amore fraterno verso tutti gli uomini» (Aimé Solignac). Immensa è la bibliografia cristiana, a partire dai Padri della Chiesa, su queste parole di Gesù: alla raccolta dei materiali relativi al Padre Nostro e alla sua diffusione è persino dedicata una Fondazione internazionale specifica, denominata appunto *Oratio dominica*. A tale «preghiera del Signore» si farà anche il verso in modo quasi blasfemo, sbeffeggiandola. Prévert nelle sue *Parole* (1946) «prega» così: «Padre nostro che sei nei cieli, restaci!». Ernest Hemingway in uno dei suoi *Quarantanove racconti* (1938) la trasforma in un'invocazione al NADA personificato, che in spagnolo è il Nulla: «O NADA che sei nel NADA, sia NADA il tuo nome, NADA il tuo regno e sia NADA la tua volontà così in NADA come in NADA. Dacci oggi il nostro NADA quotidiano e NADA a noi i nostri NADA come noi li NADIAMO ai nostri NADA e non NADARE noi in NADA, ma liberaci dal NADA; pues NADA».

La preghiera del Padre Nostro – che avrà una stupenda parafrasi in otto terzine nel canto XI del *Purgatorio*, ove Dante la metterà in bocca alla lenta processione degli spiriti superbi – affonda le sue radici nel terreno del giudaismo, nell'antica invocazione aramaica del *Qaddish*, definito «uno dei grandi pilastri dell'ebraismo», il cui avvio suona così: «Sia magnificato e santificato il suo grande nome nel mondo che Egli ha creato secondo la sua volontà. Venga il suo regno durante la nostra vita e i nostri giorni...». Il Padre Nostro ci è riferito da Matteo e da Luca in due contesti e in due testi differenti, segno di quella libertà redazionale e interpretativa che abbiamo già riconosciuto agli evangelisti nell'elaborazione dei testi storici.

Cominciamo dal contesto. Matteo incastona il Padre Nostro all'interno del Discorso della Montagna, in una specie di mini-catechismo sull'autentica preghiera: «Quando pregate, non siate simili agli ipocriti ... Pregando non sprecate parole ... Voi, allora, pregate così...» (*Mt* 6,5-9). Luca, invece, fa fiorire il Padre Nostro da una domanda di uno dei discepoli, il quale chiede a Gesù una preghiera distintiva per la comunità dei suoi seguaci, così come i discepoli del Battista e altri gruppi religiosi del tempo si distinguevano proprio per una loro preghiera-simbolo, quasi fosse un vessillo di riconoscimento (*Lc* 11,1). La differenza tra i due contesti è, tutto sommato, secondaria perché l'elemento fondamentale è quello dell'essere la preghiera autentica e specifica del cristiano.

In questo senso risulta poco rilevante la determinazione del luogo ove Gesù insegnò il Padre Nostro. Al monte delle Beatitudini in Galilea Matteo ha raccolto, come si è detto, parole pronunziate da Gesù in momenti e ambiti diversi. Luca nel suo racconto del viaggio di Cristo verso Gerusalemme – al cui interno è ambientato il Padre Nostro – ha ugualmente raggruppato dati dispersi altrove nei vangeli di Marco e di Matteo. La tradizione cristiana ha scelto una terza località, il monte degli Ulivi di fronte a Gerusalemme, ove Elena, madre dell'imperatore Costantino, eresse una basilica sopra una grotta che si riteneva fosse il luogo ove era risuonata per la prima volta la preghiera del Padre Nostro. Là oggi un chiostro di suore carmelitane francesi, costruito tra il 1869 e il 1875, offre il testo matteano del Padre Nostro in decine e decine di lingue su lastre di maiolica. Ma, al di là del contesto, è del testo che dobbiamo ora occuparci: esso, infatti, ci è stato tramandato in due redazioni notevolmente diverse nella forma, anche se omogenee nella sostanza. Si tratta di adattamenti operati dalle comunità cristiane originarie secondo le loro tradizioni, soprattutto liturgiche.

Quella di Matteo (6,9-13) è la più nota e usata ancor oggi dai cristiani nelle liturgie e orazioni: è la più antica e solenne, ordinata in un settenario di domande si svolge in 57 parole greche (compresi gli articoli) e nella sua formulazione sembra riflettere maggiormente l'uso liturgico della prima Chiesa. Su di essa svolgeremo il successivo commento specifico. Per ora ci accontentiamo di trascriverne una retroversione in ebraico biblico condotta dagli studiosi a partire dal greco del vangelo di Matteo, secondo le sette invocazioni.

*'Avínu shebbashshamájim, jitqaddásh shemèka,*
*tavo' malkutèka,*
*je'asèh retzonèka ka'ashèr bashshamájim ken ba'áretz.*
*Lahménu 'al-haqqijjúm ten lánu hajjom,*
*umhól lánu hovoténu ka'ashèr 'anu mohalím leva'alé hovoténu,*
*ve'ál-tevi'énu lidé nissajón*
*'ella' hatztzilénu mera'.*

La forma testuale di Luca (11,2-4) si compone di sole cinque domande che, pur essendo espresse in un linguaggio più recente e adattato ai lettori dell'evangelista, riflettono forse meglio il nucleo e lo schema originario della parole di Gesù (le domande aggiunte da Matteo sembrano espansioni dovute all'uso liturgico). Ecco ora il testo riferito da Luca a cui associamo un'ipotetica versione in aramaico, la lingua parlata dal giudaismo di quei secoli, preparata dallo studioso Joachim Jeremias.

Padre, sia santificato il tuo nome,
*Abba', jitqaddásh shemák*
venga il tuo Regno,
*teté malkuták*
dacci ogni giorno
*lahmán delimhár*
il nostro pane quotidiano
*hab lan joma' den*
e perdonaci i nostri peccati
*ushebóq lan hobáin*
perché anche noi perdoniamo a ogni nostro debitore
*kedishbáqnan lehaajjabáin*
e non ci indurre in tentazione.
*vela' taelínnan lenisjón.*

Prima di esaminare il testo nella forma più ampia matteana, vogliamo fissare l'attenzione sull'elemento distintivo di questa preghiera di Gesù, l'invocazione iniziale che in Matteo è nella forma solenne ed ebraica di «Padre Nostro» (*'avínu*), ma che Luca, nel semplice vocativo «Padre», ha voluto riportare forse all'aramaico *abba'*, l'appellativo con cui il bambino chiamava suo padre, «babbo, papà». Pur connettendosi alla tradizione biblica e giudaica che esaltava la paternità di Dio, Gesù vuole sottolineare una particolare intimità in quel rapporto. Anche se qualche rarissima e incerta traccia dell'uso di *abba'* nei confronti di Dio è identificabile nella letteratura rabbinica antica, «siamo di fronte a qualcosa di nuovo e inaudito che valica i confini del giudaismo. Qui vediamo chi era il Gesù storico: l'uomo che aveva il potere di rivolgersi a Dio come *abba'* e che rendeva partecipi del Regno divino pubblicani e peccatori autorizzandoli a ripetere questa parola, *abba'*, caro padre!» (Joachim Jeremias).

*Le sette invocazioni all'abba' divino*

Seguendo, dunque, la versione più estesa di Matteo, commentiamo queste parole di Gesù che, come scriveva Péguy nel *Mistero dei Santi Innocenti* (1912), sono «una barriera che la collera e la giustizia divina non oltrepasseranno mai ... perché Cristo ha saputo come legare le braccia della giustizia di Dio e sciogliere le braccia della sua misericordia». Le prime tre invocazioni sono di evidente impronta teologica. «Sia santificato il tuo nome» rivela una locuzione biblica caratteristica: il «nome» è la persona stessa che lo porta; la «santità» è la perfezione, la purezza e la pienezza di Dio. Si chiede, perciò, a Dio di rivelare se stesso e il suo mistero nella storia perché tutti gli uomini lo possano riconoscere, lodare e amare, celebrandolo come Santo, cioè come Signore trascendente. È per questo che la cosiddetta «traduzione interconfessionale in lingua corrente» ha voluto rendere la prima invocazione: «Fa' che tutti ti riconoscano come Dio!». Potremmo parafrasare così: O Signore, rivela il mistero della tua persona perfetta e infinita perché tutti la possano riconoscere, adorare e celebrare.

Con la seconda invocazione – «Venga il tuo Regno» – si introduce il tema capitale della predicazione di Gesù, quello del Regno di Dio (o dei cieli, secondo la forma semitica amata da Matteo). Ricordiamo che la prima «predica» di Gesù si riassumeva in una frase: «Il Regno dei cieli è vicino!» (*Mt* 4,17). Anche in questo caso Cristo attinge all'Antico Testamento ove con l'immagine regale si celebrava la signoria di Dio sul cosmo e sulla storia: «Dite tra i popoli: Il Signore regna! / Sorregge il mondo perché non vacilli, / governa le nazioni con giustizia» (*Sal* 96,10). Il Regno di Dio, il progetto divino per la creazione e l'umanità, si sta attuando senza clamore e forza nel segreto del tempo e in Gesù di Nazaret. Perciò l'immagine più viva del Regno è quella del granello di senapa, «il più piccolo di tutti i semi», destinato però a crescere in albero frondoso (*Mt* 13,31-32).

L'ultima invocazione «teologica», la terza, è lo sviluppo logico della precedente: «Sia fatta la tua volontà come in cielo così in terra». La «volontà» divina ha per oggetto l'attuazione del Regno che si compie nella pace, nella salvezza, nella giustizia. «Fare la volontà del Padre» è l'impegno fondamentale del discepolo di Cristo, il quale per primo ha ricondotto tutta la sua opera alla «volontà» divina da realizzare: «Io sono disceso dal cielo non per fare la mia volontà ma la volontà di colui che mi ha inviato. E questa è la volontà di colui che mi ha inviato, che io non perda nulla di quanto egli mi ha dato» (*Gv* 6,38-39). Nel momento supremo della sua morte Gesù prega così, rivolgendosi al Padre con l'intimità che aveva insegnato ai suoi discepoli: «*Abba'*, Padre, tutto a te è possibile: allontana da me questo calice! Tuttavia non ciò che io voglio, ma ciò che vuoi tu!» (*Mc* 14,36).

Passiamo ora alle altre invocazioni che hanno un oggetto più quotidiano ed esistenziale. La quarta domanda del Padre Nostro chiede appunto: «Dacci oggi il nostro pane quotidiano». Il «pane» indica l'insieme delle realtà concrete necessarie per vivere. È «nostro» ed è «dato a noi» tutti, non è proprietà esclusiva di alcuni ma elargito a ogni creatura di Dio. È «quotidiano», in greco *epiousion*, un aggettivo ignoto alla lingua contemporanea ai vangeli ma presente in qualche papiro più tardo e forse tipico dell'uso popolare. Il vocabolo potrebbe derivare dal verbo «essere» greco e così indicare il pane necessario per il sostentamento e l'esistenza dell'uomo. Oppure potrebbe essere collegato al verbo greco «venire» e così riferirsi al pane «che viene», cioè a quello futuro del banchetto spirituale messianico ed escatologico del Regno di Dio e a questo forse allude Dante con la sua parafrasi: «Dà oggi a noi la cotidiana manna» (*Purgatorio* XI, 13). Il senso più attendibile è, però, il primo, sottolineato anche dall'«oggi» (Luca ha «ogni giorno»): si chiede al Padre celeste di donare a tutti gli uomini il pane «necessario», sufficiente alla vita «quotidiana».

«Rimetti a noi i nostri debiti» è la quinta invocazione. In aramaico un unico termine, *hoba'*, può riferirsi al «debito» economico e al «peccato», considerato come un debito nei confronti di Dio, un debito che Dio può condonare-perdonare. Luca, scrivendo a cristiani di origine pagana, traduce l'immagine nel suo valore metaforico: «Perdonaci i nostri peccati». Significativa è anche la reciprocità: «Rimetti a noi ... come noi li rimettiamo ai nostri debitori». «Perdona l'offesa al tuo prossimo» si legge nel libro biblico del Siracide «e allora per la tua preghiera ti saranno rimessi i peccati» (*Sir* 28,2). Questa dipendenza, un po' strana, del perdono divino dal nostro perdono verso i fratelli «debitori» vuole sottolineare l'urgenza e la necessità ma anche la dimensione comunitaria del perdono, come è affermato in una frase immediatamente successiva al Padre Nostro che sembra essere un commento a tale invocazione: «Se voi perdonerete agli uomini le loro colpe, il Padre vostro celeste perdonerà anche a voi. Se voi, però, non perdonerete agli uomini, neppure il Padre vostro celeste perdonerà le vostre colpe» (*Mt* 6,14-15).

Giungiamo alle ultime due domande, parallele tra loro. La sesta è quella che crea più imbarazzo nella resa italiana tradizionale al punto che si è pensato di procedere a una sua revisione: «Non ci indurre in tentazione». Per una corretta comprensione bisogna badare al sottofondo semitico e biblico. L'italiano «indurre» è eccessivo rispetto al greco che ha un «non portarci verso, non farci entrare», diverso dall'«indurre» che è uno «spingere» qualcuno a compiere un'azione. Il senso genuino è, dunque, quello di non essere esposti al rischio della tentazione. Ora, è necessario distinguere tra «tentazione-prova» e «tentazione-insidia». La prima può avere come soggetto Dio che vaglia la fedeltà e la purezza della fede dell'uomo: pensiamo ad Abramo, invitato a sacrificare Isacco, il figlio della promessa divina (*Gn* 22), a Giobbe, a Israele «corretto» da Dio nel deserto «come un uomo corregge il figlio» (*Dt* 8,5). È un'educazione alla fedeltà, alla donazione disinteressata, all'amore puro e senza doppi fini. Diversa è la «tentazione-insidia», che mira alla ribellione dell'uomo nei confronti di Dio e della sua legge e che, a prima vista, dovrebbe avere come radice Satana o il mondo.

Ebbene, se è facile comprendere la prima applicazione (si chiede a Dio di non provarci duramente e di non lasciarci soccombere in quel momento oscuro), è più complesso spiegare la seconda applicazione. Sì, perché per la Bibbia anche Dio può «tentare» al male. Lo si legge, ad esempio, nel Secondo Libro di Samuele: «Dio incitò Davide a fare il male attraverso il censimento di Israele» (2 *Sam* 24,1). La domanda del Padre Nostro potrebbe, perciò, avere questa sfumatura. Ma come spiegarla? La risposta è nella mentalità semitica: essa per evitare di introdurre il dualismo di fronte al bene e al male, ossia l'esistenza di due divinità, l'una buona e l'altra malvagia, cerca di porre tutto sotto il controllo dell'unico Dio, bene e male, grazia e tentazione. In Isaia il Signore non esita a dichiarare: «Sono io che formo la luce e creo le tenebre, faccio il bene e causo il male: io, il Signore, compio tutto questo!» (*Is* 45,7). In realtà, si sa che il male dev'essere ricondotto o alla libertà umana o al tentatore per eccellenza, Satana. Non per nulla la frase sopra citata riguardante Davide nella storia parallela dei libri delle Cronache suona così: «Satana spinse Davide a censire gli Israeliti» (1 *Cr* 21,1).

Pregando il Padre divino di «non indurci in tentazione» si vuole, allora, domandargli di non provarci con asprezza, ma anche di non lasciarci catturare dalle reti del male, di non permettere che entriamo nel cerchio magico e affascinante del peccato, di non esporci alla prova e all'insidia. In questa invocazione sono coinvolti temi capitali come la libertà e la grazia, la fedeltà e il peccato, il dolore e la speranza, il bene e il male. Eccoci, quindi, all'ultima domanda che è la versione positiva della precedente: «Liberaci dal male!». Nell'originale greco il vocabolo *poneroù* può intendere sia la liberazione «dal male» sia «dal Maligno», cioè dal diavolo, ed entrambi i significati sono accettabili e possono coesistere. Durante l'ultima cena Gesù offre a Pietro una rappresentazione suggestiva dell'aiuto divino a «liberarci dal male/Maligno»: «Simone, Simone, ecco Satana vi ha cercato per vagliarvi come il grano. Ma io ho pregato per te, perché non venga meno la tua fede» (*Lc* 22,31-32). Annota un teologo ortodosso francese, Olivier Clément: «Il Padre Nostro non è concluso da una lode o da un ringraziamento, ma rimane sospeso in un pressante grido di miseria» mentre l'uomo si sente sul ciglio del baratro oscuro del dolore e del male. È per questo che alcuni codici antichi, seguiti dalla tradizione protestante, hanno sentito il bisogno di aggiungere in finale al Padre Nostro l'acclamazione: «Tuo è il Regno, la potenza e la gloria nei secoli!».

### *«Sono il loro padre. Essi sono fratelli di mio figlio»*

Abbiamo dedicato ampio spazio alla preghiera specifica di Gesù, tra le molte sue parole riferite dai vangeli, perché essa è risuonata per secoli senza tregua, quasi come un respiro orante della cristianità. Lutero nel suo *Padre Nostro spiegato ai semplici laici* scriveva: «Da queste parole di Cristo noi apprendiamo parole e musica, cioè che cosa e come dobbiamo pregare». In verità la musica in senso stretto non ha accompagnato spesso il Padre Nostro, come ha fatto invece con l'Ave Maria. Tuttavia esiste una buona raccolta di canti e musiche, a partire dai *Pater Noster* del repertorio gregoriano e dai molti e quasi ignoti testi della polifonia rinascimentale (Pierluigi da Palestrina ne ha musicati due a 5 voci e a 8 voci e doppio coro). Nel 1994 è apparso un disco (San Paolo Ms 062) che ha offerto una lunga sequenza di *Pater Noster* di autori celebri come Liszt, Verdi (ma con il testo «volgarizzato da

Dante», come dice la partitura), Čajkovskij, Janáček e Stravinskij (due versioni, con testo russo e latino), di autori secondari e persino del tutto dimenticati e anche di contemporanei.

Ma il Padre Nostro merita attenzione per una ragione più squisitamente teologica. È interessante notare che la preghiera inizia con la parola «Padre», e quindi con Dio, e finisce col «Maligno». Simone Weil nella sua opera *Attesa di Dio* (1950) osservava con acutezza che il percorso del Padre Nostro è antitetico rispetto a quello che regge di solito ogni preghiera che va dal basso verso l'alto, dall'uomo e dalla sua miseria a Dio e alla sua luce. Qui, invece, si parte dal cielo e si scende fin nel groviglio oscuro del male. Ebbene, questa è la parabola dell'incarnazione, è la vicenda narrata dai vangeli, è la storia di un Dio che va incontro all'uomo, abbandonando la sua gloriosa trascendenza celeste per avviarsi sulle strade incerte e pietrose della terra. Ma nel momento dell'ingresso più profondo nell'oscurità e nel limite dell'umanità, cioè nel momento in cui il Figlio di Dio muore, Luca ha voluto idealmente far risalire Cristo e la sua preghiera dalla terra al cielo. Infatti, sulla croce Cristo prega usando forse ancora l'*abba'* del Padre Nostro, mentre ripete una frase del Salmo 31: «Padre, nelle tue mani consegno il mio spirito» (*Lc* 23,46). E nell'aria rimarrà quell'ultima parola, «Padre». Nel citato *Mistero dei Santi Innocenti* di Péguy Dio in un soliloquio parla così:

> Mio figlio l'ha detto loro abbastanza che sono il loro padre.
> Io sono il loro giudice.
> Ma sono soprattutto il loro padre.
> Colui che è padre è soprattutto padre.
> Colui che è stato una volta padre non può più essere che padre.
> Essi sono i fratelli di mio figlio.
> Sono figli miei; io sono il loro padre.

# VIII
# Le sue mani

«Gli venne incontro un lebbroso. Lo supplicava in ginocchio dicendogli: Se vuoi, puoi guarirmi! Gesù, mosso a compassione, stese la mano, lo toccò e gli disse: Io lo voglio, guarisci! E subito la lebbra scomparve ed egli guarì» (*Mc* 1,40-41). Le mani di Gesù si stendono spesso per toccare piaghe, organi paralizzati, corpi devastati o inerti. Pietro, in quel ritratto di Cristo disegnato per il centurione Cornelio e già da noi evocato, aveva riassunto la vita pubblica di Gesù semplicemente così: «Passò facendo del bene, sanando tutte le vittime del potere diabolico, perché Dio era con lui» (*At* 10,38). Con le labbra e con le mani Cristo annunzia il Regno di Dio che egli è venuto a inaugurare. Nel film *Ordet* (1955) di Carl Theodor Dreyer lo studente di teologia Johannes, nella sua follia, si presenta come Gesù Cristo. Quando sua cognata muore di parto, la nipotina lo conduce davanti al cadavere della mamma perché la risusciti, come fece Gesù con l'amico Lazzaro o con il figlio della vedova del villaggio di Nain o con la ragazzina dodicenne figlia di Giairo, capo della sinagoga di Cafarnao.

### *«L'Amleto di Shakespeare senza il principe...»?*

Quest'ultima è una scena di grande intensità ed emozione. Fuori s'accalcano i curiosi e le lamentatrici professionali secondo i riti orientali di lutto, Gesù è solo con i genitori e gli apostoli nella cameretta della piccola. «Presa la mano della ragazzina, le disse: *Talita' kum*, cioè Fanciulla, dico a te, alzati! E subito la ragazza si alzò e si mise a camminare... Gesù ordinò di darle da mangiare» (*Mc* 5,41-43). «Leggeva di preferenza il vangelo» scrive Fulvio Tomizza nel suo romanzo *Gli sposi di via Rossetti* (1986) «e si soffermava sull'episodio della giovinetta ripetendosi: *Talita' kum*, risorgi, ragazza...» Anche il bimbo morto ritorna in vita, per opera della grazia e della fede in Cristo, tra le braccia di Violaine nell'*Annuncio a Maria* (1912) di Claudel. Quella Violaine che, baciando un lebbroso, contrarrà la lebbra ma che, a sua volta, sarà guaritrice di lebbrosi. Il miracolo però – a cui Pascal attribuiva grande rilievo per la sua apologetica della fede cristologica e cristiana – non sboccia sempre per incanto, non accade automaticamente. Come ci ricorda Georges Bernanos nella sua opera *Sotto il sole di Satana* (1926), il miracolo atteso può non verificarsi. A Nazaret, di fronte alla grettezza dei suoi compaesani Gesù «non poté operare nessun prodigio ... e si stupiva della loro incredulità» (*Mc* 6,5-6). Ai Farisei che gli chiedono un clamoroso segno celeste, «traendo un profondo sospiro, dice: Perché questa generazione chiede un segno? In verità vi dico: Non sarà dato nessun segno a questa generazione!» (*Mc* 8,11-12).

Il miracolo non è un atto di prestigio o di magia, non è da compiersi sotto le luci della ribalta o a comando, non è né spettacolo né taumaturgia. Anzi, spesso Gesù compie i suoi atti di guarigione in disparte dalla folla e imponendo ai miracolati un silenzio che difficilmente è rispettato. «Non è il miracolo che prova la fede ma è la fede che fa accettare il miracolo» (Jean Simon). Non è neppure il miracolo a generare la fede bensì è la fede che genera il miracolo, come è dimostrato dal fatto che spesso Cristo chiede al malato di credere in lui prima di guarirlo. «Se aveste fede quanto un granellino di senape, potreste dire a questo gelso: Sràdicati e trapiàntati nel mare! Ed esso vi ascolterebbe», si legge in Luca (17,6). E Marco (11,23; si veda anche *Mt* 17,20; 21,21) rende ancor più paradossale la frase: «Chi dicesse a questo monte: Lèvati e scàgliati in mare! e lo dicesse senza dubitare in cuor suo ma credendo che quanto ordina avverrà, ciò gli sarà accordato!».

Rimane, comunque, una sensazione di imbarazzo nell'uomo contemporaneo, anche credente, di fronte alla profusione dei miracoli evangelici. «I nostri antenati credevano a causa dei miracoli» – scriveva Louis Évely – «noi, invece, crediamo malgrado i miracoli.» Effettivamente una fede motivata solo dal miracolo, una teologia basata solo su un'apologetica miracolistica e una speranza cristiana animata solo dall'attesa di irruzioni apocalittiche del divino nella trama quotidiana della storia subirebbero l'attacco diretto dello stesso Paolo: «Sono i giudei che cercano i miracoli, noi predichiamo Cristo crocifisso, scandalo per i giudei e stoltezza per i pagani» (1 *Cor* 1,22-23). Una religiosità miracolistica è sospesa tra mito e razionalismo: da un lato, immagina un Dio clamoroso e impressionante in azione sulla scena del mondo, dall'altro esige da lui prove e dimostrazioni della sua realtà.

Fatta questa considerazione ineccepibile, c'è però un dato innegabile. Come abbiamo già avuto occasione di documentare, nel vangelo di Marco i racconti di miracoli occupano il 31% del testo (209 versetti su 666) e, se escludiamo la narrazione della Passione, morte e risurrezione per attestarci solo sul ministero pubblico di Gesù, la proporzione sale al 47% (209 versetti su 425). Charles H. Dodd, il noto studioso giovanneo, ha intitolato i primi 12 capitoli del quarto vangelo «Il libro dei segni» e sappiamo che «segni» sono per Giovanni i 7 miracoli che egli presenta in quei capitoli. Anzi, parole e guarigioni, mani e bocca di Gesù sono così intimamente connesse nei vangeli da rendere impossibile ogni dissociazione o semplificazione. Come osservava il teologo canadese René Latourelle, «il vangelo senza i miracoli sarebbe come l'*Amleto* di Shakespeare senza il principe»!

Certo, proviamo pure a ridurne il numero, trattandosi in certi casi di doppioni o di rielaborazioni dello stesso evento. Sforziamoci inoltre di ricordare che la mentalità antica, non solo semitica, tende a vedere in azione direttamente Dio anche quando si tratta di cause intermedie o naturali. Tentiamo pure di applicare una lettura «demitizzante» che ci fa scoprire sotto alcuni racconti di miracoli un modo simbolico per esprimere una verità religiosa. Riconosciamo anche la tendenza sacrale della Bibbia e di altre civiltà antiche per cui peccato-malattia e, quindi, perdono-guarigione sono binomi inscindibili. Concediamo pure la presenza nei vangeli di qualche schema miracolistico modellato su testi dell'Antico Testamento e persino del mondo greco. Ammettiamo le carenze di conoscenza, nell'epoca evangelica, riguardo alle turbe psichiche, relegate sbrigativamente nel campo del demonismo (sulla *Medicina, miracolo e magia ai tempi del Nuovo Testamento* ha scritto un libro nel 1986 Howard Clark Kee). Ebbene, anche riconosciute tutte queste «attenuanti», non è però possibile elidere la questione «miracoli», data la loro presenza così massiccia nei vangeli, a livello strutturale e tematico. Appena apre quelle pagine, ogni lettore incespica in questa «pietra d'inciampo» che già gli avversari di Gesù cercavano di interpretare, magari ricorrendo a magia o a possessione diabolica (*Mc* 6,22-30; *Mt* 12,24-32).

*Lo storico di fronte ai miracoli di Gesù*

In due passi della tradizione giudaica, che abbiamo già avuto occasione di citare, la presenza dei miracoli è riconosciuta come parte rilevante dell'azione di Gesù. Il giudeo evocato da Celso, filosofo pagano contestato da Origene nel suo *Contro Celso*, descriveva la nascita adulterina di Cristo da Maria aggiungendo che Gesù, cresciuto, «spinto dalla povertà, era andato a lavorare in Egitto ove aveva appreso le arti segrete per cui gli egiziani sono celebri; ritornato poi dai suoi tutto fiero per le arti apprese, grazie ad esse si proclamò da se stesso Dio» (1,28). Ma più diretta e incisiva è la testimonianza del trattato *Sanhedrin*, appartenente al Talmud babilonese, la grande raccolta di testi tradizionali giudaici. La condanna a morte di Gesù è motivata con il fatto che «egli aveva praticato la magia», altro rimando evidente ai suoi atti miracolosi (43a). «Gli scribi di Gerusalemme» si legge nel vangelo di Marco (3,22) «affermavano: Costui è posseduto da Beelzebul [cioè "Baal il principe", divinità indigena cananea, trasformata popolarmente nel "principe dei demoni"] e scaccia i demoni per mezzo del principe dei demoni.» L'accusa di magia nera rivolta a Gesù non fa che confermare in modo indiretto la sua attività taumaturgica.

Noi ora – nello spazio ristretto della nostra ricerca – cercheremo in maniera essenziale di documentare criticamente la storicità sostanziale dell'azione prodigiosa delle mani di Gesù. Dobbiamo, però, fare tutta una serie di considerazioni preliminari. La prima è di tipo lessicale. A parte due vocaboli che ricorrono una sola volta – *thaumásia*, «meraviglie» (*Mt* 21,15), e *parádoxa*, «realtà stupefacenti» (*Lc* 5,26) – il Nuovo Testamento usa quattro termini precisi per indicare i miracoli di Gesù. Il primo è *dýnamis*, ricorre 119 volte ed evoca sia il «potere» miracoloso di Cristo sia i suoi «atti di potenza». Il secondo è significativo e ci è già noto dalla nostra lettura di Giovanni, *semeion*, «segno» (77 volte), usato nell'Antico Testamento per i prodigi dell'Esodo dalla schiavitù d'Egitto (in ebraico *'ôt*). Si indica, dunque, il valore «simbolico» del miracolo, cioè la funzione di rimando a una realtà superiore e trascendente. C'è poi il plurale *térata*, «prodigi» (16 volte) che sottolinea l'impatto psicologico del gesto di Gesù: anche il latino *miraculum* va in tale direzione perché deriva da *mirari*, il «vedere stupito». Infine c'è un gruppo di vocaboli greci – *ergon, ergázesthai, poieìn* – che denotano l'azione, l'opera, l'intervento divino che si produce nel miracolo stesso. In Giovanni si ripete che Gesù vede e compie le «opere» del Padre (*Gv* 5,17-29) e che è il Padre stesso ad agire nel Figlio (*Gv* 14,10-11). Aspetti metafisici, psicologici, intenzionali sono variamente presentati nel vocabolario molteplice dei miracoli evangelici.

La seconda osservazione è di taglio più teologico. Per l'evangelista il miracolo è raccordato con la risurrezione di Cristo, è un segno della sua divinità, è una rappresentazione efficace della salvezza e della redenzione, è un indice puntato verso un senso trascendente. La documentazione che i vangeli ci offrono è, perciò, scarna sul «cosa è successo» realmente e più significativa sul «cosa significa» il gesto di Cristo. Lo storico si trova, quindi, di fronte a una sostanziale scarsità di dati utili per un'indagine storiografica e quelli che vi sono presentati sono sottoposti a una rilettura teologica. Si ripropone, in pratica, per i miracoli la stessa questione che in apertura del nostro itinerario abbiamo posto riguardo al delicato rapporto tra fede e storia. Essa ha ora una delle sue applicazioni più nette. In questa linea procede anche la nostra terza considerazione. Essendo il miracolo per definizione un intervento soprannaturale nel tessuto degli eventi naturali, è ovvio che lo storico non potrà mai rilevare la realtà del miracolo in quanto tale: egli potrà solo dimostrare la solida probabilità o autenticità di un dato straordinario sulla cui precisa decifrazione interna non è in grado di pronunciarsi. In altri termini, la scienza e la storia non possono verificare il miracolo ma eventualmente solo documentare un fatto abnorme. La moderna storiografia, comunque, si dichiara aperta al contributo interpretativo ulteriore di altre discipline come la psicanalisi, la sociologia, la filosofia e, perché no?, la teologia.

Ora, fatte queste premesse, cercheremo di applicare la verifica storica ad alcuni eventi miracolosi narrati dai vangeli (abbiamo già detto che altri potrebbero essere ricondotti a dimensioni letterarie o prettamente teologiche). La nostra è solo una scelta che vuole attestare la sostanziale verità storica di un'attività taumaturgica di Gesù. Adotteremo, in modo molto semplificato, le due vie metodologiche che abbiamo illustrato nel capitolo iniziale della nostra ricerca. La prima rimanda al cosiddetto «criterio di discontinuità»: ha alto grado di attendibilità storica un dato evangelico che, essendo irriducibile alle concezioni e all'esperienza del contesto giudaico entro cui Cristo opera e alle concezioni della Chiesa delle origini, non può essere stato «creato» da quegli ambiti. Ebbene, diversamente da quanto accade nei miracoli anticotestamentari, sempre compiuti nel nome di Dio, Gesù spesso instaura un modo nuovo e quasi «blasfemo» di operare prodigi. Al lebbroso, come si è visto, dice: «Io lo voglio, sii guarito!» (*Mc* 1,41). Al paralitico: «Io te lo ordino: alzati!» (*Mc* 2,11). I suoi stessi avversari non contestano la sua attività taumaturgica quanto piuttosto l'autorità che egli rivendica (*Mt* 12,26-27).

L'originalità di Gesù rispetto all'orizzonte in cui si muove – inspiegabile con ragioni di pura ricostruzione ambientale – appare poi nella scelta «scandalosa» degli interventi da eseguire, scelta che mai avrebbe compiuto un pur santo rabbì taumaturgo di quel tempo. Riprendiamo l'esempio del lebbroso (*Mc* 1,40-45), che fra l'altro ha offerto lo spunto a un noto romanzo di Mauriac, *Il bacio al lebbroso* (1922). Questa affezione in Israele era considerata, per la famosa «tesi della retribuzione» (delitto-castigo, quindi peccato-malattia), una vergogna innominabile. Il lebbroso non era, dunque, soltanto un malato ma soprattutto uno scomunicato. Punito da Dio per una colpa gravissima, era costretto a vivere alla periferia dei centri abitati, di solito in caverne-ghetto o in immondezzai come Giobbe e doveva segnalare la sua presenza appena all'orizzonte si profilasse un cittadino sano e normale. Si legge, infatti, nel libro biblico del *Levitico*: «Il lebbroso colpito dalla lebbra indosserà vesti stracciate, avrà il capo scoperto e la barba velata. Andrà, gridando: Immondo! Immondo! ... E se ne starà fuori dell'accampamento» (*Lv* 13,45-46). Era, quindi, un uomo socialmente morto, schivato con orrore dai fedeli, timorosi di essere infettati non solo fisiologicamente ma soprattutto moralmente e sacralmente.

Gesù, invece, si mette sulla sua strada, lo accosta e giunge al punto di toccarlo. Non solo non lo condanna, ma, come nota Marco, «si commuove profondamente», lo guarisce e lo invia dai sacerdoti, quasi con una punta di ironia, a farsi rilasciare l'attestazione ufficiale di guarigione e di riammissione nella società civile. Abolendo tutti i tabù della casistica etico-giuridica di allora, questo atto miracoloso di Cristo presenta le caratteristiche di un evento originale, non prodotto da un contesto sociale o da schemi obbligati. C'è, però, un'altra «discontinuità» che merita di essere segnalata ed è quella che riguarda il genere stesso delle azioni e il comportamento del guaritore.

### «*Avevi sete di fede libera, non fondata sul prodigio*»

Diversamente dalle celebrazioni spettacolari della mitologia miracolistica, tipica anche della successiva agiografia cristiana; diversamente dai prodigi terrificanti e pittoreschi del Dio guaritore greco-romano Esculapio; diversamente dai vangeli apocrifi che introducono un Gesù bambino che impasta uccelli di creta ai quali insuffla la vita e che fa morire e risorgere compagni di giuoco a lui ostili; diversamente dalle tardive proliferazioni del meraviglioso cristiano, i vangeli riferiscono miracoli sobri, destinati solo a far del bene ai sofferenti, eseguiti solo in un ambito religioso e non per dar spettacolo o frutto di magia. Anzi, come si ricordava, c'è spesso da parte di Gesù l'imposizione del silenzio e della non divulgazione. Gesù ricusa di compiere miracoli punitivi e vendicativi come, ad esempio, vorrebbero alcuni suoi discepoli quando un villaggio samaritano rifiuta loro l'ospitalità: «Signore, vuoi che invochiamo un fuoco dal cielo per consumare costoro? Ma Gesù si voltò e li rimproverò» (*Lc* 9,52-55).

Cristo, poi, rifiuta di indossare i panni di un mago o di un santone di stampo apocalittico. I suoi gesti miracolosi ignorano, infatti, il ricorso agli incantesimi, alle tecniche preternormali, alle scenografie esaltanti, alle eccitazioni oracolari, come avrebbe sognato (e inventato) un qualsiasi seguace in vena di celebrazione del suo maestro e come ancor oggi vediamo accadere in certi movimenti religiosi esasperati e nella curiosità «misterica» popolare. I suoi atti sono, invece, elementari. Tocca gli occhi o le orecchie, impone le mani, prega, dialoga con l'infermo, al massimo ricorre alla saliva, ritenuta terapeutica nell'antica oculistica. In un'occasione non riesce neppure a guarire subito un malato: è il caso del cieco di Betsaida, sanato in due tappe (nella prima egli riesce solo a vedere «gli uomini come alberi che camminano» in modo confuso; nella seconda «vede chiaramente e a distanza ogni cosa»: *Mc* 8,22-26). A Gesù più che il suo trionfo e il successo del suo movimento interessano la fede, la conversione personale e la liberazione dal male, al punto che può persino guarire in disparte dalla folla per evitare pubblicità. L'anima della sua azione è religiosa e non propagandistica o apologetica.

Non esita a rifiutare ogni atto e parola quando il rischio del fraintendimento può essere in agguato: davanti a Erode Antipa, ove è stato inviato da Pilato prima della crocifissione, Gesù tace deludendo il re che «sperava di vedere qualche miracolo compiuto da lui» (*Lc* 23,8-9). Similmente accade di fronte a coloro che ai piedi della croce lo provocano: «Ha salvato gli altri, non può salvare se stesso! È il re d'Israele, scenda ora dalla croce e gli crederemo! ... Ha detto infatti: Sono figlio di Dio!» (*Mt* 27,42-43). Dostoevskij nei *Fratelli Karamazov* giustamente commenta: «Tu non discendesti dalla croce quando ti si gridava: Discendi dalla croce e crederemo che sei Tu! Perché una volta di più non volesti asservire l'uomo ... Avevi bisogno di un amore libero e non di servili entusiasmi, avevi sete di fede libera, non fondata sul prodigio».

C'è, in tale prospettiva, un'altra via da percorrere nella nostra ricerca storica dopo quella della «discontinuità» ed è quella opposta ma complementare della «continuità» dei miracoli di Gesù con tutta la sua azione e con il suo pensiero ma anche con l'ambiente socio-culturale del suo tempo. Partiamo da quest'ultimo. Gli atti di Gesù non sono rivestiti di forme e modalità posteriori, ma sono coerenti con l'ambito entro cui egli viveva. Pensiamo al citato ricorso alla saliva, all'emorragia di quella donna che gli si avvicina per toccargli il lembo del mantello, piena di vergogna quando è scoperta, perché sa che in tale stato avrebbe contaminato ritualmente gli altri e quindi pure Gesù (*Mc* 5,25-34). Pensiamo alle malattie più di frequente curate da Gesù, cioè la lebbra e la cecità, morbi endemici della Palestina di allora. Pensiamo ai miracoli polemici nei confronti dei Farisei: non avrebbero avuto un gran senso se inventati dagli evangelisti che scrivevano in molti casi per ambienti greco-romani a cui era ignoto questo gruppo giudaico o che componevano i loro scritti dopo il 70 quando, con Gerusalemme distrutta, quel movimento era stato assai ridimensionato. Pensiamo anche alla menzione di particolari neutri o di testimonianze dirette, come la guarigione della suocera di Pietro dalla febbre (*Mc* 1,29-31), o al dettaglio di Gesù che dorme sul cuscino di poppa durante la tempesta poi da lui sedata (*Mc* 4,35-41) o al tetto di canne e fango della casa palestinese di Cafarnao attraverso il quale viene fatta calare la brandina dove giace il paralitico (*Mc* 2,1-12).

La «continuità» che più ci interessa è, però, un'altra e si connette a quanto sopra si diceva a proposito della figura, dell'azione e delle parole di Gesù, costantemente attestate dai vangeli. Cristo rifiuta di cavalcare l'entusiasmo febbrile messianico-politico dei suoi contemporanei; egli si premura soprattutto di annunziare la venuta del Regno di Dio. Ebbene, i miracoli sono quasi una predicazione in atto del Regno, ne sono una rappresentazione efficace e «simbolica», ne sono una conferma «sperimentale». In una frase, considerata dagli studiosi come trasmessa da un'antica tradizione aramaica pre-evangelica, Gesù esclama: «Guai a te Corazin! Guai a te, Betsaida! Perché, se a Tiro o a Sidone fossero stati compiuti i miracoli operati in mezzo a voi, già da tempo avrebbero fatto penitenza, ravvolte nel cilicio e nella cenere!» (*Mt* 11,21). I miracoli sono nelle intenzioni di Gesù un appello «visibile» alla conversione e alla fede, in coerenza con il suo comportamento generale, e non grandi segni pubblicitari e promozionali di un messianismo politico e magico, come avrebbe voluto

Satana nel celebre racconto delle tentazioni (*Mt* 4,1-11; *Lc* 4,1-13). Il legame intimo tra miracoli e fede nel Regno di Dio è formalizzato da Gesù stesso quando dichiara: «Se io scaccio i demoni per virtù dello Spirito di Dio, è certo giunto tra voi il Regno di Dio» (*Mt* 12,28).

In «continuità» con il suo stile di predicazione e di azione in favore dei poveri, degli esclusi e degli emarginati da parte dell'«ufficialità» del suo tempo, Cristo destina solo a costoro la sua parola miracolosa, efficace e salvatrice. Per questo dobbiamo affermare che Regno di Dio, morte e risurrezione e miracoli fanno parte di un unico sistema coerente che definisce il Gesù storico nella sua costante personalità ma anche nella sua originalità. Un esegeta francese, Eduard Cothenet, osservava: «Se la predicazione cristiana nella sua memoria dei miracoli di Gesù non si fosse basata su una serie di fatti assodati, avrebbe trovato facilmente dei confutatori in Palestina. La controversia, invece, non si è sviluppata su questo terreno, ma su quello dei significati da attribuire a tali atti. E su questo dobbiamo interrogare Gesù stesso».

Ecco, dopo aver illustrato l'attendibilità storica di alcuni eventi miracolosi compiuti da Cristo, è necessario adesso interrogarci sul loro significato teologico. In realtà, abbiamo già a più riprese sottolineato il valore «simbolico» di quegli atti, cioè il loro essere «segni» che rimandano a significati e a dimensioni che trascendono la pura fattualità, l'accadere fenomenico, il concreto verificarsi. Ora lo faremo attraverso uno dei modelli miracolosi più imbarazzanti per gli uomini e le donne di oggi, quello della guarigione degli indemoniati.

### *Sotto il sole di Satana*

Un sacerdote semplice ma fedele sente scatenarsi dentro di sé e fuori di sé la tempesta della tentazione diabolica. Egli si dibatte in mezzo a un groviglio oscuro che lo imprigiona e lo prostra: invano cerca di vedere un cielo che non sia oscurato da un sole che lo acceca e lo brucia riducendolo a cenere; eppure l'anelito verso la purezza lo pervade ancora, la grazia divina non lo abbandona nella polvere... È facile riconoscere in questa figura il protagonista del romanzo di Bernanos, già da noi menzionato, *Sotto il sole di Satana* (1926). Potremmo considerare questo testo quasi una riflessione simbolica sul mistero del male e del demoniaco che si annida nell'uomo e nella storia e che si erge a fronteggiare lo stesso Cristo nei racconti evangelici della liberazione degli ossessi. Proprio per mostrare la complessità di tale mistero, sceglieremo tre testi marciani che secondo gli evangelisti rappresentano altrettanti volti del male e del Maligno. Sarà anche l'occasione per ridisegnare il profilo genuino dell'atto miracoloso all'interno di una visione più genericamente miracolistica, com'è quella che spesso affiora nella stessa Bibbia oltre che nell'antico Vicino Oriente.

Il primo racconto è inserito nella cosiddetta «giornata di Cafarnao», una raccolta di eventi coordinati da Marco in un'unità cronologica e spaziale (*Mc* 1,21-39). «Entrato di sabato nella sinagoga di Cafarnao, Gesù si mise a insegnare. Erano stupiti del suo insegnamento perché egli insegnava loro come uno che ha autorità diversamente dagli scribi. Ecco che un uomo, presente in sinagoga e posseduto da uno spirito immondo, si mise a urlare: Che hai a che fare con noi, Gesù Nazareno? Sei venuto a rovinarci? Io so chi sei tu: il Santo di Dio! Gesù lo sgridò: Taci! Esci da quest'uomo! E lo spirito immondo uscì da lui, straziandolo e urlando forte» (*Mc* 1,21-26). Innanzitutto è da sottolineare il rilievo dato alla parola di Cristo: essa offre un insegnamento autorevole, interviene efficacemente sull'ossesso e, come si dice in finale (*Mc* 1,27), «è una dottrina nuova» insegnata da uno che «comanda agli spiriti immondi che gli obbediscono». La salvezza non viene da formule e gesti esoterici, da filtri o pozioni magiche ma da una parola che è operativa e imperativa. Al centro della narrazione non c'è il diavolo, ma Cristo liberatore dal male con la sua parola efficace.

Contro Cristo si erge lo «spirito immondo» (una locuzione che ricorre 12 volte in Marco, come 12 volte appare la parola «demonio»), che qui è presentato sotto i tratti di una figura personale che interloquisce con lo stesso Cristo. L'uomo dell'episodio è, all'inizio, normale, tant'è vero che è assiso in sinagoga fra gli altri. In lui agisce all'improvviso una presenza specifica, sollecitata dall'ingresso di Gesù. Ed è significativa la dichiarazione dello «spirito immondo» che contiene una professione di fede: Cristo è «il Santo di Dio» che, nel linguaggio biblico, è espressione della trascendenza, cioè dell'origine divina di Gesù di Nazaret. Si ha, quindi, un'epifania satanica: il male sa di avere come avversario Dio stesso, presente e operante in Gesù Cristo. Come accade spesso nel vangelo di Marco, Gesù però stende un velo su questa epifania: «Taci!». Egli non vuole né clamore né che per ora si sveli il suo segreto profondo. In queste righe si ha dunque l'incontro con un essere misterioso che si erge contro Cristo dichiarandosi suo avversario; con lui Gesù ingaggia un duello che è risolto subito dalla sua parola creatrice e salvatrice: «Esci da quest'uomo!». E, in finale, l'urlo rappresenta il grido di morte del demonio.

Nel brano il diavolo appare non come una generica espressione del male o della perversa libertà dell'uomo né come un modo primitivo per definire un morbo particolare. Si tratta di una realtà precisa che trascende la persona che ne viene coinvolta. E su questo aspetto ritorneremo.

Passiamo ora a un secondo racconto che ci presenta un'altra concezione del demonio secondo gli evangelisti. Non possiamo citare l'intero testo per la sua lunghezza: rimandiamo dunque alla lettura diretta di Marco 5,1-20. Lo sfondo geografico è genericamente indicato come «la regione dei Geraseni» e più precisamente «l'altra riva del mare», cioè la costa orientale del lago di Tiberiade, il fondale della prima attività pubblica di Gesù. Matteo nel passo parallelo parla di Gadara, una località a sud-est del lago stesso. Marco rimanda, invece, alla regione di Gerasa, l'attuale Jerash in Giordania, famosa per il suo splendido foro e per gli stupendi resti romani, ma forse troppo lontana dall'area del lago. La tradizione ha collocato l'episodio nell'attuale località di Kursi, a metà costa del lago. Tuttavia il rimando a Gerasa e, quindi, alla regione della Decapoli a prevalenza pagana ha un suo valore.

Marco, infatti, come gli altri evangelisti, concentra in questo episodio tutta una serie di elementi negativi. L'area pagana di Gerasa è già un segno di impurità. Ma andiamo oltre. «Venne incontro a Gesù dai sepolcri un uomo posseduto da uno spirito immondo. Egli aveva scelto come dimora i sepolcri ... Continuamente, notte e giorno, tra i sepolcri e sui monti gridava...» (*Mc* 5,2-3.5). Per tre volte si menziona la residenza di questo sventurato tra i morti, in una necropoli, o sui monti desertici, forse le alture del Golan. Ecco, allora, un secondo elemento negativo: per la Bibbia la morte è la fonte massima di impurità e si leva contro il Signore della vita. Ma c'è un altro dato sorprendente. Quando Gesù interpella lo «spirito immondo» che strazia quest'uomo e gli chiede il nome, la risposta è: «Mi chiamo Legione, perché siamo numerosi» (*Mc* 5,9). Ebbene, «Legione» rimanda all'impero romano, alle sue forze d'occupazione, cioè a un'altra componente negativa e oppressiva. Ma non è finito. Quando Gesù decide di liberare l'uomo dagli «spiriti immondi», essi domandano e ottengono di entrare in una mandria di duemila porci che là erano allevati (non dimentichiamo che ci troviamo in un territorio dove è prevalente la popolazione pagana). Ecco un altro evidente simbolo di impurità secondo le tradizioni alimentari rituali ebraiche.

Ora, «gli spiriti immondi uscirono da quell'uomo ed entrarono nei porci e il branco si precipitò dal burrone nel mare ... e affogarono l'un dopo l'altro nel mare» (*Mc* 5,13). Il «mare» è, certo, il lago nel linguaggio biblico ma è anche il simbolo del caos e del male, tant'è vero che nella Gerusalemme celeste cantata dall'Apocalisse «il mare non c'è più» (*Ap* 21,1). A questo punto possiamo tirare le fila del racconto. La sequenza simbolica negativa – Gerasa, sepolcri, monti desertici, Legione, porci, mare – orienta il testo in un senso generale e non più specifico, come nel primo esempio. Di scena in questo caso è il male del mondo, il demoniaco in senso lato che avvelena la storia; si potrebbe pensare all'idolatria, anche perché Isaia descrive così gli idolatri: «Abitavano nei sepolcri, passavano la notte in nascondigli, mangiavano carne suina e cibi immondi nei loro piatti ... bruciavano incenso sui monti e sui colli mi insultavano» (*Is* 65,4.7). Se nel primo passo marciano il demonio appariva in una sua identità specifica e personale, adesso si ha invece una rappresentazione di tutte le forze maligne della storia: morte, impurità, oppressione, idolatria.

Il racconto è, allora, una parabola in azione, un simbolo narrato? Lo è, ma tenendo conto che è innestato su una guarigione reale compiuta da Gesù, quella di un pazzo furioso. Il ritratto di quell'infelice va proprio in questa direzione: «nessuno riusciva a tenerlo legato neanche con catene: infatti più volte aveva spezzato le catene e infranto i ceppi e nessuno riusciva a domarlo. Continuamente, notte e giorno, ... gridava e si percuoteva con pietre» (*Mc* 5,4-5). Anzi, nella scena finale, una volta guarito, è così descritto dall'evangelista: «seduto, vestito e sano di mente» (*Mc* 5,15). La storia della guarigione di un malato mentale (che spesso nell'antichità era associato alla possessione diabolica) diventa una narrazione esemplare per celebrare la vittoria di Cristo sul male: egli, infatti, è riconosciuto come «Figlio del Dio altissimo» (*Mc* 5,7), trionfante sulle forze oscure che tormentano la vicenda umana.

### *L'agonia di Satana*

Vogliamo proporre un terzo testo emblematico. Siamo ai piedi del monte della Trasfigurazione di Cristo, identificato dalla tradizione nel Tabor che incombe sulla pianura della Galilea. Gesù ha appena svelato a tre apostoli, Pietro, Giacomo e Giovanni, il mistero della sua persona di Figlio di Dio ed ecco che in pianura s'imbatte in un caso che i suoi discepoli non sono stati in grado di risolvere. Il brano da leggere è in Marco 9,14-29. Gli studiosi sono convinti che in esso s'intrecciano due casi differenti unificati secondo la prospettiva «demoniaca», quello di un indemoniato e quello di un epilettico. O forse c'è il tentativo – secondo la comune concezione di allora e non solo di allora – di interpretare uno stato patologico psico-fisico riportandolo a una radice demoniaca. Che si tratti di epilessia è evidente nella descrizione fatta dal padre di questo giovane: «Quando lo spirito muto lo afferra, lo getta a terra ed egli schiuma, digrigna i denti e si irrigidisce» (*Mc* 9,18). Condotto davanti a Gesù, il ragazzo è preso dalle «convulsioni, cade a terra e vi si rotola spumando» (*Mc* 9,20). E ancora il padre ricorda che «fin dall'infanzia si è spesso gettato nel fuoco e nell'acqua» (*Mc* 9,21-22). È la tipica sintomatologia dell'epilessia.

L'interpretazione «demoniaca» è solo frutto della cultura del tempo. In realtà, come forse in altri casi di «indemoniati», Gesù si trova di fronte al limite dell'uomo, al male fisico e psichico, alla nostra imperfezione e creaturalità, all'incompiutezza umana e anche a quel gorgo oscuro che è all'interno la nostra realtà. Qui è in azione qualcosa di negativo che Cristo vuole sciogliere. Le gradazioni nei tre racconti – apparentemente tutti di «esorcismo» di ossessi – sono a questo punto chiare: si parte dal demoniaco in senso stretto (l'indemoniato di Cafarnao), si passa nel male spirituale della perversione e dell'idolatria (l'«indemoniato»-pazzo di Gerasa) e si approda al male psico-fisico dell'«indemoniato»-epilettico del Tabor. Sotto un'unica categoria si collocano realtà e situazioni differenti. Su ogni cosa, però, si erge la figura di Cristo Salvatore che ingaggia la sua battaglia innanzitutto con Satana: il primo racconto è la descrizione viva ed efficace dell'«agonia» – nel senso di «lotta» e di sconfitta – del demonio. Ma Cristo lotta anche contro il male morale e fisico dell'uomo, regioni nelle quali Dio sembra assente ma dove egli vuole celebrare una sua epifania. Fra l'altro, i verbi usati nell'ultima riga del terzo racconto sono estremamente significativi: «Il fanciullo diventò come morto. Molti dicevano: È morto [*apéthanen*]. Ma Gesù, presolo per mano, lo svegliò [*egheiren*] ed egli sorse in piedi [*aneste*]» (*Mc* 9,26-27). Ebbene, questi sono i tre verbi greci usati dall'intero Nuovo Testamento per definire la morte e la risurrezione di Cristo, la radice di ogni liberazione dalla morte e dal male.

Al termine di questa nostra analisi del trittico marciano vogliamo riservare una nota sul demonio. Nel linguaggio biblico è presentato o come «satana», che di per sé è un titolo giuridico e indica «il pubblico accusatore» (si veda *Gb* 1-2 ove è un angelo del consiglio della corona di Dio), o come «diavolo», in greco «colui che divide». Abbiamo già dimostrato che, secondo il linguaggio evangelico, nel diabolico si tende a far confluire una gamma di componenti diverse, tutte catalogabili sotto il termine generale «male»: c'è il dolore, il peccato, l'idolatria, il diavolo, i limiti della creatura, le tragedie fisiche, le sciagure, le perversioni della società, qualche malattia particolarmente impressionante o misteriosa e così via. A determinati eccessi di «diabolicità» si deve reagire come a tentazione diabolica. Alcuni atteggiamenti, anche moderni, che privilegiano il satanico facendone quasi il centro della fede cristiana o della religione in genere sono ovviamente da stroncare. È necessario far piazza pulita di una certa morbosità «satanica», sia in ambito cristiano sia in ambito magico, ricorrendo al contributo di discipline specifiche come sono, di volta in volta, l'antropologia culturale, l'etnologia, la psicologia, la stessa medicina e, per i testi biblici, una corretta ermeneutica o scienza dell'interpretazione.

Operato questo ridimensionamento, rimane da evitare, però, anche lo scoglio opposto. Goethe nel *Faust* affermava: «Hanno scacciato il Maligno e tutti i malvagi più piccoli ci sono restati». L'ottimismo radicale illuministico di poter ogni cosa spiegare con le scienze umane, riducendo il trascendente a una specie di nebula simbolica di menti primitive, è altrettanto semplificatorio e «diabolico». Lo è anche la visione romantica di Satana come immagine dell'eroe audace che sfida Dio, correndo verso la libertà, la bellezza e la gioia e infrangendo una legge che tarpa all'uomo le ali in questo «folle volo» (si pensi all'*Inno a Satana* di Carducci). Il diavolo come ombra di Dio fa parte del messaggio cristiano. Lo attesta anche Pietro, sia pure con un linguaggio pittoresco di taglio apocalittico: «Il vostro nemico, il diavolo, simile a leone ruggente s'aggira cercando chi divorare; resistetegli saldi nella fede...» (1 *Pt*, 5,8-9). I vangeli, seppure ricondotti in molti casi al contesto culturale ad essi contemporaneo, che vede il Maligno all'opera in alcune sindromi che sono semplicemente patologie psico-fisiche, lasciano aperti spazi evidenti e indiscussi in cui Satana è in azione, è definito, è in lotta diretta con Cristo. Anch'egli fa parte del mistero teologico della redenzione.

### *«Io sono colui che non sono»*

Per specificare quanto appena affermato accontentiamoci di una serie di considerazioni interpretative generali, senza voler addurre l'intera tradizione ecclesiale che nei secoli, fino ai nostri giorni, è intervenuta, in forme diverse, sul diavolo (pensiamo al *Credo del popolo di Dio* di Paolo VI del 1968 o al *Catechismo della Chiesa Cattolica* del 1992). Dobbiamo anzitutto, come già si diceva, rifiutare la centralità del diavolo nel discorso evangelico: al centro ci sono, infatti, Dio e Cristo. Il cristianesimo rigetta nettamente ogni forma di dualismo che veda come arbitri della storia e dell'essere due divinità antitetiche e dialettiche tra loro. Il demonio non è il principio del male che combatte il principio divino del bene determinando la tensione permanente e strutturale dell'essere creato. Per la tradizione cristiana Satana è inferiore a Dio e da lui controllato e dominato.

Una seconda riflessione concerne invece l'uomo. Dobbiamo rifiutare l'alibi del diavolo per cancellare la libertà e la responsabilità umana. Prima di tutto è necessario puntare l'indice contro il male che l'uomo crea con le sue stesse mani. Il rischio, glorioso e miserabile, della libertà è alla radice dell'esistere e dell'agire di ogni persona.

Una terza osservazione deve riguardare la distinzione tra male fisico e male morale. Come si è detto, nell'antico Israele, ma anche in molte culture, malattia e peccato vanno di concerto, sciagura fisica e castigo divino s'intrecciano saldamente. Non si esclude certo che un disordine morale possa avere ridondanze nella corporeità ma è necessario ribadire quanto Gesù ha proclamato davanti al cieco nato. Un caso, questo, che poneva difficoltà non marginali ai teologi di allora che per risolverlo ricorrevano o al peccato «infettante» della madre mentre era in gestazione o, con sprezzo del ridicolo, a un peccato dello stesso feto, così da giustificare la cecità congenita. Ai discepoli che gli chiedono: «Rabbì, chi ha peccato, lui o i suoi genitori, perché egli sia nato cieco?», Gesù replica: «Né lui ha peccato, né i suoi genitori! Ma è accaduto così perché in lui si rivelino le opere di Dio!» (*Gv* 9,2-3).

Una quarta nota ci sembra necessaria. Per il Nuovo Testamento Cristo non viene solo per redimere le malefatte del diavolo o dell'uomo. Come scrive Paolo, la redenzione è «molto di più» (*Rm* 5,17): è il dono di una vita nuova, la partecipazione alla stessa vita divina. La salvezza va oltre la pura e semplice liberazione dal male e dal maligno, è comunione con Dio, con l'eternità, con l'infinito.

Una quinta e ultima considerazione riassume tutto il profilo del demoniaco secondo la Bibbia. Si tratta di una visione «analogica» e simbolica che ingloba in sé, come si è visto, molte dimensioni che noi, più analiticamente, siamo inclini a distinguere: in essa si annidano male fisico, devianze psichiche, peccato personale, influsso sociale nefasto, il male in genere ma anche il Maligno. Ebbene, in questo senso si può dire che Satana per la Bibbia tende a personificare tutto il male del mondo nelle sue molteplici variazioni. Ci sono però passi in cui si ha l'affermazione netta che Satana è un mistero specifico che si oppone al progetto divino sull'umanità e sull'essere. La teologia successiva ha parlato di «personalità» del demonio sulla base anche delle scene evangeliche in cui Gesù interpella Satana ed è interpellato direttamente da lui. Certo, parlare di «persona» o «essere personale» per quanto riguarda il diavolo è una formulazione da precisare perché la «persona» è un valore, è un'unità piena e armonica, mentre Satana è «colui che divide» (*diábolos*), che incrina la perfezione. Il cardinale Josef Ratzinger usava un'espressione paradossale: «Il diavolo è un essere personale al modo della non-persona». È l'antitesi di Dio, nel quale l'essere persona è pienezza assoluta; è l'antitesi anche dell'uomo, la cui persona è segno di ricchezza e intimità profonda. Giustamente Gide scriveva: «Se il diavolo potesse, direbbe: Io sono colui che non sono», con evidente riferimento alla definizione biblica di Dio: «Io sono colui che sono» (*Es* 3,14).

Con quest'ultima nota ritorniamo al punto di partenza: per capire il diavolo bisogna prima affermare, conoscere e collocare al suo giusto posto Dio e Cristo. Ed è ciò che i vangeli costantemente ci ripetono. Da questo punto fermo è possibile sviluppare una demonologia, consapevoli dell'asserto spesso ribadito anche da insospettabili come Baudelaire che «la più grande astuzia del diavolo è farci credere che non esiste» (Papini, invece, diceva che «l'ultima astuzia del diavolo fu quella di spargere la voce della sua morte» e Gide confessava: «Non credo nel diavolo; ma è proprio quello che il diavolo spera: che non si creda in lui»). L'oggetto e il soggetto primario e ineludibile della fede cristiana rimane, però, Cristo.

### *Lazzaro, il risorto, e Pirandello*

Concludiamo il capitolo sui miracoli con un'appendice particolare. Spesso nel nostro itinerario all'interno del Nuovo Testamento abbiamo tentato e tenteremo di illustrare quella che tecnicamente è chiamata la *Wirkungsgeschichte*, in tedesco «la storia dell'effetto» o dell'influsso che le pagine bibliche hanno esercitato sulla cultura dell'Occidente. Non abbiamo potuto farlo per i miracoli, anche a causa dell'immenso repertorio artistico che molti di essi hanno generato nei secoli. Vogliamo, però, in finale evocare un miracolo che appartiene ai celebri sette «segni» del quarto vangelo, la risurrezione di Lazzaro, il cui significato «simbolico» è evidente: al di là dell'evento, che è contrassegnato da vari elementi storico-narrativi, per l'evangelista il miracolo è l'anticipazione figurata della risurrezione di Cristo e del cristiano. Ora, come abbiamo già avuto occasione di dire, nel 1985 uno studioso austriaco, Jacob Kremer, ha pubblicato a Stoccarda un volume intitolato *Lazarus. Die Geschichte einer Auferstehung* («Lazzaro. La storia di una risurrezione»). Dopo aver offerto un'ampia lettura esegetica del capitolo 11 di Giovanni, l'autore ha raccolto – attraverso una cavalcata nei secoli a partire dalle catacombe di San Callisto a Roma – tutto il filo d'oro, artistico, letterario e musicale che a quella pagina si connette. Abbiamo già menzionato, nella nostra presentazione di Giovanni, alcune riprese di questa celebre scena. Ricordiamo ora qualche altra testimonianza. Tanto per fare alcuni nomi fra i più famosi, pensiamo a Giotto, Cranach, Rubens, Rembrandt, Redon per la storia dell'arte. Oppure, per stare alla musica, alla citata *Risurrezione di Lazzaro*, cioè al «risveglio-risurrezione» di Lazzaro, composta nel 1773 da Johann Christoph Friedrich Bach (HW XIV.3) sul poema omonimo di Johann Gottfried Herder. Anche la letteratura, infatti, è stata conquistata dall'evento di Betania e Kremer, fra gli altri, evoca la *Messiade* di Friedrich G. Klopstock, il poema XXXI di Alfred Tennyson (*When Lazarus left by channel*), *Delitto e castigo* di Dostoevskij, il *Lazarus laughed* di Eugene O'Neill, che dipende dalle tesi di Nietzsche sul mito di Dioniso, il *Lazarus* del ceco Karel Čapek, la lirica *Die Auferweckung des Lazarus* di Rilke, il *Barabba* di Pär Lagerkvist, *The doer of good* di Oscar Wilde, *Calvary* di William B. Yeats, la commedia *Der Meteor* di Friedrich Dürrenmatt, *Men and Women* di Robert Browning, *Tryptichon* di Max Frisch e altri testi ancora.

Non vogliamo completare quella lista che, è ovvio, nel frattempo si è allungata. Pensiamo solo al *Lazzaro* (1990) di Morris West che nel 2000 mette in azione un papa Leone XIV fieramente conservatore: giunto alle soglie della morte per malattia, ne riemerge come un Lazzaro rinnovato nello spirito, non più «economo» del gregge di Cristo ma uomo dalla fede pura e dalla vita trasfigurata. Desideriamo, invece, riservare un cenno a un dimenticato testo teatrale scritto sulla fine degli anni Venti da Luigi Pirandello e intitolato *Lazzaro*. Protagonista è Diego Spina, un fanatico religioso che muore clinicamente per alcune ore, ma che poi ritorna in vita in modo inatteso. Egli, però, con questa esperienza ha scoperto in modo sconcertante che non c'è nulla al di là di quella frontiera ultima, ove neppure Dio si è presentato. Il messaggio segreto di Pirandello-Spina sembrerebbe quello irrazionale che viene pronunziato nel dramma: «Tu devi credere e non sapere». Tuttavia, nell'intero svolgimento della scena sarà presente un personaggio vestito come Cristo, testimone muto del mistero di luce e di tenebre in cui si dibatte l'uomo, implicito rimando a un «oltre» offerto al credente. E questa è forse una parabola che possiamo adottare anche noi per una corretta comprensione del miracolo, segno sconcertante e trascendente, che insiste e incide nella storia ma che la oltrepassa.

IX

# Il risorto spiegò la sua morte

«Ponzio, ti ricordi di Gesù il Nazareno che fu crocifisso non so più per quale delitto? Ponzio Pilato aggrottò le sopracciglia, si portò la mano alla fronte come chi vuole ritrovare un ricordo. Poi, dopo qualche istante di silenzio: Gesù – mormorò – Gesù il Nazareno? No, non ricordo.» Così Anatole France nel racconto *Il procuratore di Giudea* (1902) fa reagire un Pilato, ormai pensionato, alle sollecitazioni dell'ex-collega governatore di Siria. Nella sua memoria si era spenta l'eco di quel processo che, come abbiamo avuto occasione di dire, Tacito ha registrato nei suoi *Annali* (15,44,2-5) e lo storico giudaico Giuseppe Flavio ha evocato nell'opera *Antichità Giudaiche* (18,63-64). Una sentenza – come scriverà lo studioso inglese Samuel G.F. Brandon nel suo *Processo di Gesù* – divenuta «la più importante della storia dell'umanità. Nessuna azione giudiziaria intentata contro una persona è conosciuta da un numero altrettanto grande di persone. Gli effetti del processo di Gesù sulla storia umana sono incalcolabili».

## *Tra gli ulivi del Getsemani*

I più celebri casi giudiziari, come il processo contro Socrate ad Atene nel 399 a.C. o quello che mandò al rogo Giovanna d'Arco nel 1431 o quello aperto dall'Inquisizione nei confronti di Galileo nel 1633, impallidiscono di fronte alle due sbrigative sessioni forensi – durate poche ore e celebrate davanti alla massima autorità giudaica, il Sinedrio, e al procuratore romano, rappresentante imperiale – che attorno all'anno 30 condannarono alla pena capitale il predicatore ambulante galileo di nome Gesù di Nazaret. La storia di quelle ore ha inciso profondamente nella trama della storia. Ogni anno milioni di persone in tutto il mondo rievocano tali eventi e li rivivono nella liturgia cristiana, con una intensità simile a quella che sboccia dalle parole e dalla musica della *Passione secondo Matteo* di Bach: «Anche se il mio cuore nuota nelle lacrime perché Gesù prende congedo da me, il suo testamento mi rallegra: egli lascia nelle mie mani la sua carne e il suo sangue ... Voglio donarti il mio cuore perché tu vi discenda, mio Salvatore! Voglio sprofondarmi in te. Ma se il mondo è troppo piccolo per te, allora tu solo devi essere per me più del mondo e più del cielo!».

Un esegeta, Martin Kähler, ha affermato che «i vangeli sono in realtà un racconto della Passione, morte e risurrezione di Cristo con un'ampia introduzione». E non è da escludere che uno dei «protovangeli», predicati e forse anche scritti prima del fiorire dei quattro vangeli a noi giunti, fosse appunto una narrazione teologica degli ultimi eventi storici della vita di Gesù. Noi non possiamo seguire integralmente quei racconti né coglierne tutte le risonanze all'interno del Nuovo Testamento: la Pasqua di Cristo è, infatti, l'evento centrale del cristianesimo. Ci accontenteremo di procedere selezionando qualche scena e qualche figura, rimandando inoltre a quanto abbiamo fatto balenare nelle precedenti descrizioni sommarie dei quattro vangeli. La scelta è difficile. Lasciamo alle spalle l'ultima cena di Gesù con i suoi discepoli. Ad essa abbiamo già fatto riferimento ed è nella memoria di tutti con la rappresentazione di Leonardo da Vinci nel Convento delle Grazie a Milano e per alcuni è anche nell'orecchio con la «scena biblica» per coro maschile *L'agape degli apostoli* che Wagner ha composto nel 1843. E forse è poi presente nello stravolgimento parodistico che Prévert (*La cena*) ha compiuto nella raccolta poetica *Parole* (1946) e Buñuel nel film *Viridiana* (1961).

La donazione sacrificale della carne e del sangue, cioè di tutto se stesso, è celebrata da Cristo con i segni del pane e del vino ed è consumata negli atti che seguono, a partire da quella notte iniziata con la preghiera drammatica tra gli ulivi del Getsemani. Di questo momento descritto come un'«agonia», una lotta estrema, abbiamo già detto; vorremmo ora ripresentarlo seguendo qualche traccia tra le mille e mille che ha lasciato nella storia, tenendo in sottofondo ideale quel *Cristo al monte degli Ulivi*, unico oratorio composto da Beethoven e avendo davanti agli occhi l'emozionante tela di Andrea Mantegna (1460), conservata al museo di Tours, con la pesante corporeità dei discepoli assonnati in primo piano e con il Cristo sospeso su una rupe e solitario in tesa orazione. «Gesù sarà in agonia fino alla fine del mondo: non bisogna dormire fino a quel momento» scriveva Pascal nel celebre *Pensiero* 736 (ed. Chevalier), traducendo il valore salvifico universale della Passione e morte di Cristo. Un tema che percorrerà il *Diario di un curato di campagna* di Bernanos (1936), il cui protagonista è definito «prigioniero della santa Agonia», e segnerà i *Dialoghi delle carmelitane* (1949) dello stesso autore, divenuti anche un testo musicale di Poulenc (1957).

*Agonia* è il titolo di uno degli *Ultimi poemi in versi e in prosa* (1945) di Max Jacob, mentre egli attende, come Cristo nel Getsemani, la fine nel campo di concentramento nazista. Ma, come ci insegna *Il monte degli Ulivi* (1839) di Alfred de Vigny, quelle ore notturne sono anche il simbolo dell'angoscia di ogni persona, quando attorno ad essa si addensa il silenzio di un Dio apparentemente «muto, cieco e sordo al grido delle sue creature». Gérard de Nerval le riproporrà nel sonetto *Cristo negli ulivi* (1854): «Dio manca all'altare del mio sacrificio ... Dio non c'è! Dio non è più! Ma essi continuano a dormire». E sarà il regista Ingmar Bergman a tradurre il dramma di questo silenzio del Padre nelle parole semplici del sagrestano del film *Luci d'inverno* (1963): al pastore in crisi egli presenta la solitudine totale di Cristo come l'emblema supremo dell'esperienza che anche il credente fa dell'assenza di Dio nel tempo della tenebra.

### *«Giuda stava per tradirlo, lui, uno dei dodici!»*

In quella notte, tra gli ulivi del Getsemani, avanza Giuda, figlio di Simone, detto Iscariota (forse «di Kariot», villaggio palestinese meridionale, o deformazione da *sicarius*, nome dei ribelli al potere romano, o *'ish-karja'*, «uomo della falsità», per un soprannome posteriore, o forse anche «tintore»). Di lui abbiamo già avuto occasione di far cenno. Egli appare a Cafarnao, dopo il discorso di Gesù sul «pane di vita», quando Cristo esclama: «Non ho forse scelto io voi, i dodici? Eppure uno di voi è un diavolo!». E Giovanni annota: «Parlava di Giuda, figlio di Simone Iscariota: costui, infatti, stava per tradirlo, lui, uno dei dodici!» (*Gv* 6,70). Era riapparso durante la cena di Betania, nell'ultima settimana della vita di Gesù, quando aveva protestato per lo spreco del profumo di nardo versato sui piedi di Cristo da Maria, sorella di Lazzaro, meritandosi dall'evangelista anche il titolo di «ladro» (*Gv* 12,6). Matteo (*Mt* 26,14-16) ritorna su questo aspetto quando lo raffigura mentre pattuisce la somma di trenta monete d'argento per consegnare Cristo ai sommi sacerdoti, una notizia che – almeno nella cifra – è però modellata su un passo del profeta Zaccaria ove di scena è un pastore («essi pesarono trenta sicli d'argento come mia paga», *Zc* 11,12).

Giuda è seduto a mensa con Gesù nell'ultima cena, quando «il diavolo gli aveva già messo in cuore di tradire» il suo maestro, che proprio allora gli offre il «boccone dell'ospite», un segno di amicizia: «dopo quel boccone Satana entrò in Giuda», annota Giovanni (*Gv* 13,2.27). Matteo mette sulle labbra di Gesù l'annunzio del tradimento, sempre nella medesima sera, nel Cenacolo, e Giuda ipocritamente reagisce: «Rabbì, sono forse io? Gli rispose Gesù: Tu l'hai detto!» (*Mt* 26,20-25). Queste parole, dette quasi in un soffio, fanno calare il sipario sulla vicenda di Giuda, discepolo di Gesù. Egli riapparirà al Getsemani per quel bacio dato a Cristo come un probabile segno di identificazione offerto nell'oscurità a chi doveva arrestare il Nazareno e divenuto l'immagine del tradimento (si pensi alla scena dipinta da Giotto nella Cappella degli Scrovegni a Padova e, a distanza enorme, uno dei primi film, *Il bacio di Giuda*, diretto da Armand Bour nel 1909). «Giuda con un bacio tradisci il Figlio dell'uomo?» (*Lc* 22,48): queste parole amareggiate di Gesù sono sostituite in Matteo da un secco *ef'ho parei*, «per questo sei qui!», ma accompagnato da un triste *etaire*, «amico, compagno» (*Mt* 26,50). Sarà solo Matteo, però, a registrare la tragedia di quest'uomo, che poco dopo corre dai suoi mandanti a restituire il prezzo di un tradimento, divenuto già insopportabile (*Mt* 27,3-10).

La fine drammatica ormai incombe. Matteo l'affida a una sola riga: «Giuda, scagliate nel tempio le monete d'argento, si allontanò e andò a impiccarsi» (*Mt* 27,5). Luca, nella sua seconda opera, gli Atti degli Apostoli, ci offrirà una versione più clamorosa di quella fine, rimandando forse a un passo dell'Antico Testamento (*Sap* 4,19) ove si dipinge a tinte forti il destino dei malvagi: «Giuda, precipitando in avanti, si squarciò in mezzo e si sparsero fuori tutte le sue viscere» (*At* 1,18). Una morte atroce, comunque sia accaduta, funge da sigillo a una vita forse segnata dall'illusione e dalla delusione, causate da una falsa immagine di Gesù, sognato come un messia politico e scoperto come un maestro dall'orizzonte troppo alto e remoto. Giuda rimarrà come un simbolo universale di tradimento, anche se santa Caterina da Genova (XV sec.) affermava di aver ascoltato in visione un Cristo sorridente dirle: «Se tu sapessi quel che io ho fatto per Giuda...!» e don Primo Mazzolari, in una sua famosa predica, parlava di Giuda come del «prediletto di Gesù e nostro fratello».

Esiste, infatti, tutta una letteratura attorno a Giuda, talora pronta a ripercorrerne la vicenda sconcertante (pensiamo al frammento epico

*L'eterno ebreo* di Goethe o alla *Fine di Satana* di Hugo o al *Giuda* di Lanza del Vasto, al *Sale della terra* di Carlo Monterosso, all'*Opera del tradimento* di Mario Brelich, ai *Trenta denari* di Ferruccio Ulivi e così via), ma spesso incline a cercarne una difesa o una giustificazione. Persino il cattolicissimo Claudel nella sua *Morte di Giuda* (1933) riabiliterà una certa paradossale buona fede del traditore; Roger Caillois nel suo *Ponzio Pilato* (1961) ne farà un santo, votato all'attuazione di un progetto superiore. «La verità è» – dichiara Giuda nel *Quinto evangelio* di Mario Pomilio (1975) – «che io non fui il traditore: fui piuttosto la vittima di un curioso piano di salvezza, esteso a tutti gli uomini, che per esplicarsi perfettamente doveva escludere me.» È la tesi radicale anche dell'*Ultima tentazione di Gesù* del greco Nikos Kazantzakis (1955), il quale presenta Giuda come il più pio degli apostoli che sceglie il tradimento per rendere possibile la morte sacrificale ed espiatrice di Gesù. Analogo è, per certi versi, quel «vangelo secondo Giuda» che è *La gloria*, romanzo di Giuseppe Berto (1978).

Esplicitamente intitolato *Vangelo secondo Giuda* è, invece, il libro dello scrittore polacco Henryk Panas, sconcertante storia di un ricco e colto affarista che segue inizialmente Gesù perché innamorato della Maddalena e che vive poi una storia più grande di lui, la cui memoria egli affida a un vangelo apocrifo. Ma forse si avvicina di più alla realtà il *Maestro* di Max Brod (1952) che, al di là del suo Giuda nichilista, incentra tutto sulla forza salvifica dell'amore e della donazione di sé compiuta da Cristo.

Giuda, dunque, rimane responsabile del suo atto ma è proprio attraverso l'oscurità del tradimento e poi dell'odio, della violenza e della morte che si celebra la fecondità della redenzione e dell'amore di Gesù che si dona. Ma è giunto ormai il momento di uscire dall'orto del Getsemani e di entrare nelle stanze del potere religioso e civile ove si consuma il destino del rabbì di Nazaret.

### *Gesù imputato davanti al Sinedrio*

Contro la tradizionale accusa di «deicidio» rivolta nei secoli contro i «perfidi giudei» si è levata la voce del Concilio Vaticano II: «Sebbene autorità ebraiche con i propri seguaci si siano adoperate per la morte di Cristo, tuttavia quanto è stato commesso durante la sua Passione non può essere imputato né indistintamente a tutti gli ebrei allora viventi né agli ebrei del nostro tempo» (*Nostra aetate* n.4). Cerchiamo dunque, in modo essenziale, di definire le due assise processuali che condussero Gesù alla pena capitale, seguendo la testimonianza evangelica dal punto di vista storico. Sulla responsabilità effettiva di quell'esito fatale si confrontano due interpretazioni. Per alcuni – e tra questi è da segnalare Josef Blinzler con il suo noto *Processo a Gesù*, tradotto in italiano nel 1966 – il procedimento penale davanti alla massima autorità giudaica, il Sinedrio, fu intenzionalmente connotato in senso politico così da favorirne l'accettazione a ruolo e la conferma presso il tribunale romano, l'unico che poteva emettere sentenze capitali. Si tratterebbe, quindi, di una responsabilità effettiva del Sinedrio. Per altri, invece, l'organo giudaico istruì solo la causa, sostenendo la qualità politica della predicazione e dell'operato di Gesù perché tale era il convincimento del Sinedrio e tale era l'interpretazione data dalla folla. Il tribunale romano, competente in materia, emise la sentenza della quale ebbe piena responsabilità giuridica e morale.

Stando ai vangeli, Gesù è portato sotto scorta innanzitutto da Anna (diminutivo di Giovanni), ex sommo sacerdote (dal 6 al 15) ancora molto influente: aveva collocato in quella carica ben cinque suoi figli e il genero Caifa, che resse il Sinedrio dal 18 al 36. Lasciato Anna, che forse svolge un primo interrogatorio informale, Gesù è trasferito da Caifa, sommo sacerdote in carica, che presiede una seduta notturna nel suo palazzo, individuando un capo d'accusa religioso contro Gesù, quello della bestemmia, per essersi arrogato un messianismo non solo regale-davidico ma anche trascendente-apocalittico, sulla base di un passo del profeta Daniele (7,14). In esso si parlava di un misterioso «Figlio dell'uomo» che riceveva da Dio un potere cosmico e che veniva insediato accanto a lui «sulle nubi del cielo»: il giudaismo aveva inteso questo testo in un senso messianico superiore (come è noto, il Messia era considerato come una creatura, mentre qui appariva con un potere trascendente). Ebbene, Gesù dichiara di sé: «Vedrete il Figlio dell'uomo seduto alla destra della Potenza divina e venire sulle nubi del cielo» (*Mc* 14,62). Il reato di bestemmia comportava la pena capitale per la legge ebraica, pena che doveva essere però convalidata dal potere romano.

Si è obiettato che nel trattato *Sanhedrin*, che raccoglie le norme giudaiche antiche riguardo al Sinedrio, i processi capitali dovevano essere trattati solo in seduta diurna e nell'aula ufficiale sinedrale detta «della pietra squadrata». La sentenza di quella notte, nel palazzo di Caifa, sarebbe illegale e invalida. Tuttavia, Luca sottolinea che «appena fu giorno, si riunì il consiglio degli anziani del popolo, con i sommi sacerdoti e gli scribi e condussero Gesù davanti al Sinedrio» (*Lc* 22,66) per celebrare il processo. La maggiore attenzione alla storicità, dichiarata in modo esplicito da Luca, rende più attendibile la notizia da lui offerta, senza inficiare quella di Marco e Matteo che probabilmente evocano le due sedute informali notturne presso Anna e Caifa, ma non ignorano l'assise mattutina, considerata da loro solo come siglatura formale della riunione notturna. Condannato a morte, Gesù è trasferito al «pretorio» del procuratore romano Ponzio Pilato, in carica in Giudea dal 26 al 36. Sulla collocazione topografica di questo palazzo esiste un'annosa controversia archeologica. Giovanni parla di un «Litostroto», di un «lastricato», detto in aramaico *Gabbata'*, cioè «altura» (*Gv* 19,13), come del luogo ove Gesù fu processato dal procuratore. Un pavimento, venuto alla luce a Gerusalemme nei sotterranei del convento delle Suore di Sion negli anni Cinquanta, che reca inciso sulle sue lastre il cosiddetto «giuoco del re» e uno scorpione, simbolo della X Legione Fretense, ha fatto ipotizzare che qui Gesù fosse stato giudicato e sottoposto al «giuoco»-tortura, evocato anche dai vangeli (*Mc* 15,16-20). Ma la più corretta datazione di quel reperto sembra condurci a un'epoca successiva.

*Davanti al pretorio di Pilato*

«Uomo per natura inflessibile e, in aggiunta alla sua arroganza, duro, capace solo di concussioni, di violenze, rapine, brutalità, torture, esecuzioni senza processo e crudeltà spaventose e illimitate.» Così, Filone, filosofo ebreo di Alessandria d'Egitto, dipingeva Pilato, il «prefetto» romano di Giudea, il cui nome è venuto alla luce anche su un masso di calcare ritrovato a Cesarea Marittima, la sua residenza ufficiale, durante gli scavi condotti tra il 1959 e il 1964 dal professor Antonio Frova. Come abbiamo già avuto occasione di ricordare, Matteo è decisamente benevolo nei suoi confronti. A lui era stato consegnato Gesù di Nazaret da parte del Sinedrio, con un capo d'imputazione politico: «Abbiamo trovato costui che sobillava il nostro popolo, impediva di dare tributi a Cesare e affermava di essere il Cristo re» (*Lc* 23,2). Prima di ratificare l'accusa giudaica, Pilato apre un'istruttoria e adotta una tecnica dilatoria: sappiamo dallo storico ebreo Giuseppe Flavio che egli amava provocare la nazione a lui affidata, ricorrendo ora a sgarbi, ora a dure repressioni. Luca annota anche il ricorso alla diversione di deferire Gesù a Erode Antipa, un figlio di Erode il Grande che aveva giurisdizione sulla Galilea e che in quei giorni pasquali si trovava a Gerusalemme.

Pilato rispolvera pure, stando agli evangelisti, un non altrimenti noto «privilegio pasquale» che comprendeva l'amnistia per un carcerato, la cui selezione era affidata a una specie di giuria popolare assembleare. Di nuovo la manovra fallisce, perché viene preferito a Gesù «un prigioniero famoso», tale Barabba, forse un rivoluzionario zelota. Matteo aggiunge anche l'intervento della moglie di Pilato, «turbata in sogno a causa di quell'uomo giusto» Gesù (*Mt* 27,19). Giovanni (18,33-38) riferisce e rielabora un dialogo tra Cristo e Pilato di forte tensione che, come abbiamo avuto occasione di dire, ha offerto la sostanza letteraria a una delle parti più alte del romanzo *Il Maestro e Margherita* di Michail Bulgakov (incompiuto alla morte dell'autore nel 1940 e pubblicato postumo nel 1966). In quelle pagine Pilato emerge come un eroe complesso, tormentato nell'anima e perseguitato nel fisico dall'emicrania, sconcertato di fronte a un Maestro che gli propone un radicale sistema alternativo di valori. Alla fine del libro, si incontrerà ancora Pilato mentre guarda impietrito la luna e contempla i cocci della brocca nella quale si era lavato le mani in quel giorno fatidico.

La lavanda delle mani, gesto biblico come bibliche sono le parole che – secondo Matteo (27,24) – Pilato pronunzia («Non sono responsabile di questo sangue»), è l'ultimo lineamento positivo che Matteo introduce nel suo ritratto di Pilato, il quale però rimane il responsabile effettivo della condanna a morte di Gesù. Le tensioni che correvano ormai tra la nuova religione cristiana, aperta anche al mondo romano, e la comunità ebraica d'origine spiegano questa rilettura matteana della figura di Pilato, che gli scritti apocrifi posteriori esalteranno, arrivando al punto di farlo convertire al cristianesimo o di farlo perire suicida come Giuda, nella disperazione per una sentenza sentita come una tragica pietra miliare della storia imperiale.

Certo è che Pilato rimane una presenza statuaria nel processo a Gesù: essa ha varcato i secoli perché ogni domenica nel culto cristiano si ripete il suo nome nel Credo («fu crocifisso sotto Ponzio Pilato...»). Ha conquistato la letteratura: è coinvolto nel *Barabba* di Lagerkvist (1950), è espressione del male che l'umanità contiene nel suo grembo nel *Processo a Gesù* di Diego Fabbri (1955), è guardato con comprensione da Claudel nel suo *Il punto di vista di Ponzio Pilato* (1933) e da Caillois nel suo *Ponzio Pilato* (1961). Nel racconto *Pilato* di Friedrich Dürrenmatt il procuratore incontra Gesù e rimane folgorato dal suo sguardo: «In quegli occhi si aboliva il confine tra Dio e uomo; Dio sarebbe divenuto uomo e l'uomo Dio».

Pilato avrà anche una cantata in otto episodi a lui dedicata nel 1964 dal musicista ginevrino Frank Martin che lo considerava «uomo onesto e giusto ma debole come tutti noi». Darà inoltre il nome a un film di Irving Rapper (1961), ove è costretto a narrare tutta la sua storia drammatica davanti all'imperatore Caligola. Il regista polacco Andrzej Wajda nel film *Pilato e gli altri* (1972) rileggerà, invece, la Passione di Cristo attraverso gli occhi disincantati e scettici di questo alto funzionario romano. E non mancherà la modesta ironia di un *Secondo Ponzio Pilato*, film di Luigi Magni del 1988.

Egli, però, rimane fissato in quel gesto della lavanda delle mani che è già nella pietra dei sarcofagi romani dei «due fratelli» e di Giunio Basso (IV sec.). Un gesto di distacco, ma insufficiente: la sentenza era ormai emessa con il sigillo imperiale e Gesù era già sottoposto alla tortura. Una scena che è nei nostri occhi con l'indimenticabile e violento *Cristo deriso* di Hieronymus Bosch alla National Gallery di Londra o con l'oleografico *Ecce Homo* di Guido Reni o con l'intenso volto del Cristo paziente di Georges Rouault. O forse nell'allusione che Rossellini ha voluto fare alla figura di Gesù attraverso la morte sotto la tortura nazista del partigiano Manfredi in *Roma città aperta* (1945) e Buñuel in *Nazarin* (1958), in cui le contumelie e le derisioni del prete mistico spretato riflettono quelle della Passione di Cristo. Anche quando, come nell'*Ecce Homo*, opera postuma di Nietzsche (1908), sembra prevalere il registro della parodia e a Cristo è sostituito Dioniso, la carica dell'intera sofferenza umana concentrata in Gesù non perde la sua forza simbolica.

### *«Il suo volto non è il volto dei pittori»*

C'è nella città vecchia di Gerusalemme una strada che porta ancor oggi il nome di Via Dolorosa. Il corteo avanzava allora su quel percorso sotto la direzione dell'*exactor mortis*, il centurione romano incaricato dell'esecuzione capitale per crocifissione. Il condannato, scortato da quattro soldati armati di lancia e accompagnato dalla solita folla dei curiosi, procedeva recando sulle spalle probabilmente il *patibulum*, cioè l'asse trasversale della croce (quello verticale era già infisso nel terreno del Calvario). Soste, incontri, piccoli episodi della narrazione evangelica sono divenuti le «stazioni» della *Via crucis*, la famosa pratica devozionale cristiana sorta già al tempo delle Crociate, che dà il titolo a un bel libro di Nicola Lisi (1953) e alla *Via crucis del povero* di don Primo Mazzolari (1939) ma anche a un testo musicale che Liszt compose a Budapest nel 1879.

Noi vorremmo idealmente accompagnare questo tragitto, che è spaziale e porta fuori dalle mura gerosolimitane dell'epoca (le condanne a morte non dovevano «inquinare» la purità rituale della città santa), evocando qualcuno degli infiniti «commenti» dedicati alle sobrie pagine evangeliche dalla tradizione artistica, letteraria e popolare, a partire dai «misteri» medievali che mettevano in scena la Passione di Cristo.

Potremmo citare la *Passione di Gesù Cristo*, un dramma di Metastasio (1730), l'inno sacro *La Passione* di Manzoni (1815), *La Passione di Cristo* di Enrico Pea (1923), *I testimoni della Passione* di Papini (1937) e così via. Ma è soprattutto la musica (naturalmente con le arti figurative) ad accompagnare le ultime ore terrene di Cristo. Pensiamo solo a tutte le *Passioni* che abbiamo spesso citato parlando dei quattro vangeli. Ma c'è anche la cantata-oratorio *Le ultime sofferenze del Redentore* (H 776) di Carl Philipp Emanuel Bach (1769) che riflette le emozioni degli spettatori di quegli eventi. C'è l'oratorio *La Redenzione* di Charles Gounod (iniziato nel 1867 e finito nel 1882), una trilogia gigantesca che coinvolge Calvario, Risurrezione e Pentecoste e che nella prima esecuzione diretta dall'autore a Birmingham vide un organico di 140 strumentisti e 400 coristi. Ci sono la *Sinfonia-Passione* (1923) e *La Francia al Calvario* (1956) di Marcel Dupré, il *Choral-Passion* op. 7 del tedesco Hugo Distler (1933), ispirato al grande Schütz. C'è *La douloureuse Passion du Christ* op. 72 di Charles Tournemire (1936-37) con quel possente finale a otto voci: «O Cristo, corpo vivente, glorioso corpo, sfolgorante di luce...».

Potremmo continuare con i mottetti su testi della Passione evangelica di Poulenc (1938), con la *Passion* di Cristo e del cristiano di Georges Migot (1941-43), con il *Golgotha* del ginevrino Frank Martin (1945-48), una musica «bachiana» nata dalla contemplazione di una celebre acquaforte di Rembrandt, quella delle *Tre croci*, per giungere fino a *Nones* di Luciano Berio (1954) che prende lo spunto dall'«ora nona», cioè le tre del pomeriggio, quando Gesù «gridò a gran voce...» e spirò (*Mt* 27,46). Per non parlare poi dell'immensa serie dei film «cristologici», raramente meritevoli di attenzione. Di essi vorremmo evocare solo l'emozionante scena del Cristo che porta la croce, affaticato dal procedere nella neve, seguito da Maria, Giovanni e dalla Maddalena, così come ce l'ha proposta Andrej Tarkovskij in *Andrei Rubliov* (1969), simbolo della partecipazione vera alla Passione di Gesù da parte dei contadini russi.

Molteplici sono gli eventi evangelici che accompagnano la via e l'approdo di quella piccola processione con il condannato Gesù al Golgota-Calvario, modesta prominenza rocciosa ora inglobata nella mastodontica Basilica del Santo Sepolcro. Nella nostra analisi dei singoli vangeli abbiamo già sottolineato gli elementi specifici di ciascuna narrazione. Alcuni sono segni simbolici che cercano di cogliere il senso trascendente della vicenda che lassù sta consumandosi. Pensiamo alle tenebre che si stendono come un sudario «su tutta la terra da mezzogiorno alle tre pomeridiane» (*Mt* 27,45), segno del giudizio divino (*Am* 8,9: «In quel giorno farò tramontare il sole a mezzogiorno...»). Nella stessa linea è da interpretare lo squarcio improvviso del velo che celava agli sguardi umani il Santo dei Santi, cioè il luogo più sacro del tempio, segno della «rivelazione» del mistero di Dio in Cristo crocifisso. Anche la nota di Matteo su alcune tombe scoperchiate e su morti risuscitati «dopo la sua risurrezione» (*Mt* 27,52-53) è un'anticipazione simbolica dell'evento glorioso del giudizio e della meta ultima dell'essere e della storia umana. Altri fatti narrati dagli evangelisti riflettono, invece, la tortura subita da Gesù in quelle ore: nel 1969 è stato presentato a Gerusalemme uno scheletro ritrovato in un ossario di Givat ha-Mivtar, identificato come appartenente a un certo Jehohanan (Giovanni); esso aveva le caviglie tenute insieme lateralmente e perforate da un chiodo di crocifissione.

Significativa è anche la menzione della *posca*, che in latino indica una bevanda di vino forse blandamente anestetica (miscelata con fiele o, come dice Marco, con mirra), offerta a Gesù. Ma la tradizione ha posto a ragione l'accento sulle ultime parole di Gesù. Al contrario di quanto afferma un verso di un famoso «spiritual» nero-americano – «lo inchiodarono sulla croce e non mormorò nemmeno una parola...» – divenuto il titolo di un romanzo di Heinrich Böll, *E non disse nemmeno una parola* (1953), storia di una coppia di «esseri umani crocifissi» – Gesù in croce, secondo i vari vangeli, pronunzia sette frasi che sono state ordinate, soprattutto nella tradizione musicale, all'interno di una sequenza. Basterebbe seguirla nelle celebri *Sette parole di Cristo in croce* di Schütz (SWV 478) o in quelle solo strumentali (1787) e poi in versione vocale di Haydn. Eccole:

1. Ai crocifissori: «Padre, perdonali, perché non sanno quello che fanno!» (*Lc* 23,34).
2. Alla madre Maria: «Donna, ecco tuo figlio». Al discepolo amato Giovanni: «Ecco tua madre» (*Gv* 19,26-27).
3. Al malfattore pentito, crocifisso accanto a lui: «In verità ti dico: oggi sarai con me nel paradiso» (*Lc* 23,43).
4. «"*Elì, Elì, lemà sabachtani?*" Che significa: "Dio mio, Dio mio, perché mi hai abbandonato?"» (*Mt* 27,46; cfr. *Sal* 22,2).
5. «Ho sete!» (*Gv* 19,28).

6. «Tutto è compiuto!» (*Gv* 19,30).

7. «Padre, alle tue mani affido il mio spirito» (*Lc* 23,46; cfr. *Sal* 31,6).

Tutte queste parole meriterebbero un'indagine accurata, come è stato fatto dall'esegesi. Noi ci accontentiamo di segnalare che esse rivelano la gamma variegata dei sentimenti di Gesù e dei temi teologici che si affollano in quelle frasi brevi, ora sussurrate, ora urlate. Siamo ben lontani dall'*Ultima tentazione di Cristo* del film plateale di Martin Scorsese (1988), comunque ben diverso dal romanzo omonimo del già citato scrittore greco Kazantzakis, a cui dobbiamo anche un intenso *Cristo di nuovo in croce* (1954), nel quale la Passione di Gesù si ripete prima «in una recita» e poi autenticamente in un paese greco. Due soli aspetti vorremmo sottolineare, esprimendoli con altrettante testimonianze poetiche contemporanee. Da un lato, il realismo della crocifissione è per i vangeli una forte prova dell'incarnazione: Cristo passa attraverso il terreno proprio dell'uomo, quello del limite, della morte, della finitudine, divenendo fratello di tutti gli uomini e di tutte le donne. Nel suo *Cristo in croce* Borges scrive:

La nera barba pende sopra il petto.
Il volto non è il volto dei pittori.
È un volto duro, ebreo.
Non lo vedo
e insisterò a cercarlo
fino al giorno
dei miei ultimi passi sulla terra.

D'altro lato, ha sempre impressionato il silenzio del Padre. Berto nel suo «vangelo di Giuda», *La Gloria*, dopo il grido «Dio mio, Dio mio, perché mi hai abbandonato?» scriveva: «Non c'è risposta. Allora, con un urlo, rendi lo spirito ... O Eterno, io grido a te da luoghi troppo profondi: Signore, non ascoltare la mia voce». Luca, come è noto, tempera questa assenza desolata con un'invocazione di fiducia posta sulle labbra morenti di Gesù, cioè la settima e ultima parola. L'incarnazione, comunque, suppone il passaggio anche attraverso la tenebra interiore, attraverso l'esperienza di Giobbe, una figura biblica spesso riletta in chiave cristologica. È ciò che esprime Turoldo in uno dei suoi *Canti ultimi* (1991):

No, credere a Pasqua non è
giusta fede:
troppo bello sei a Pasqua!

Fede vera
è al venerdì santo
quando Tu non c'eri
lassù!

Quando non una eco
risponde
al suo alto grido

e a stento il Nulla
dà forma
alla tua assenza.

*«Subito uscì sangue e acqua»*

«I giudei cercano i segni, i greci la sapienza; noi predichiamo Cristo crocifisso, scandalo per i giudei, stoltezza per i pagani.» Paolo, scrivendo ai corinzi (1 *Cor* 1,22-23), è lapidario nel collocare al centro del cristianesimo il Cristo crocifisso, come lo sarà al centro delle chiese in infinite variazioni iconografiche: basterebbe solo sostare davanti alla *Crocifissione* di Mathias Grünewald, «capolavoro destinato a sublimare l'angoscia infinita dell'anima», come scriveva in *Laggiù* (1891) Joris-Karl Huysmans. O davanti al *Cristo giallo* di Gauguin, alle *Crocifissioni* provocatorie di Dalì e Guttuso, al *Cristo di San Giovanni della Croce* di Graham Sutherland. Noi scegliamo ora una rappresentazione che è la matrice di tutte le altre, quella evangelica di Giovanni (19,31-37). Ai crocifissi i soldati applicavano spesso uno sbrigativo sistema di eutanasia: spezzando gli arti inferiori si accelerava il soffocamento e la fine del disgraziato. Su Gesù spirato i soldati infieriscono con una specie di brutale verifica del decesso avvenuto: gli trapassano con una lancia il costato. «Subito» nota l'evangelista «uscì sangue e acqua», forse dal pericardio o dall'organismo che nell'antica fisiologia orientale era ritenuto composto di sangue e acqua.

Giovanni, secondo la prospettiva costante del suo vangelo, vede in quell'evento, da lui solennemente attestato, un significato ulteriore e trascendente che spiega ricorrendo a due citazioni anticotestamentarie. La prima è un ovvio riferimento all'agnello pasquale le cui ossa dovevano rimanere intatte: «Non gli sarà spezzato nessun osso» (*Es* 12,46). Gesù, morto, secondo il quarto vangelo, alla vigilia di Pasqua (la cosiddetta «Parasceve» o «preparazione» evocata in *Gv* 19,31), è il perfetto agnello pasquale della piena liberazione. La citazione successiva (*Gv* 19,37), destinata ad illustrare il fatto, è desunta dal profeta Zaccaria: «Volgeranno lo sguardo a chi hanno trafitto» (*Zc* 12,10). Il contesto della citazione profetica è importante. Nel brano si parla di Israele che si converte contemplando un uomo sacrificatosi per gli altri e si descrive, più avanti, una sorgente d'acqua che sgorga dal tempio di Sion e si irradia verso il Mar Morto e il Mediterraneo (*Zc* 14,8). L'evangelista vede nell'acqua cantata dal profeta un riflesso di quella che ora esce dal costato di Cristo, il nuovo tempio divino a cui si accede per essere lavati dall'acqua battesimale e per bere il sangue eucaristico.

Annota uno studioso di Giovanni, Ignace de la Potterie: «Nell'Ora decisiva, sul trono della croce, la morte di Cristo rivela la sua misteriosa fecondità. L'acqua e il sangue sono lo Spirito che darà vita all'umanità morta e peccatrice. È per questo che Giovanni scandisce con insistenza la sua "testimonianza vera", cioè il senso profondo e misterioso di quest'evento a prima vista secondario». Il Cristo crocifisso, divenuto poi un mero ornamento, deve conservare tutta la sua forza teologica e simbolica. Spesso è stato solo un segno emotivo, persino retorico-devozionale, come nell'avvio enfatico del *Sermone sulla Passione* (1661) di Jacques-Bénigne Bossuet: «Andiamo, cristiani, alla croce: è là che potremo tuffarci nel diluvio del sangue di Gesù!». Oppure è stato un'immagine ossessiva romantica, come nelle *Contemplazioni* (1856) di Victor Hugo: «Il Crocifisso sbianca e Gesù Cristo si tinge d'azzurro» (I,29). O come nelle *Confessioni di un figlio del secolo* (1836) di Alfred de Musset: «È il dolore che ti ha fatto Dio». È stato anche una figura attuale e provocatoria, come nel film *Mamma Roma* (1962) di Pasolini, ove il figlio della prostituta, interpretata da Anna Magnani, muore «crocifisso» su un letto d'ospedale.

Secondo una diffusa prassi romana, i morti in croce dovevano restare sul patibolo fino alla consunzione del cadavere, profanato da animali selvatici, contro la legge biblica che ordinava di seppellire al tramonto in una fossa comune i condannati a morte (*Dt* 21,22-23). Tuttavia era possibile che i parenti o una personalità autorevole richiedessero la salma del crocifisso per una sepoltura privata; la concessione era poi automatica – stando a Filone d'Alessandria – in occasione del genetliaco dell'imperatore o dei prefetti romani locali. I vangeli introducono una persona ricca e nota, Giuseppe di Arimatea, originario di un centro identificato con l'antica Rama di Efraim, l'attuale Rentis, non lontano da Lidda-Lod. Costui aveva la residenza a Gerusalemme, ove possedeva una tomba di famiglia. È lui, descritto da Marco e Luca come simpatizzante del cristianesimo («in attesa del Regno di Dio»), a intercedere presso Pilato per ottenere la sepoltura del corpo di Gesù. Accanto a Giuseppe nel momento della deposizione dalla croce – immortalata nella tela del *Cristo morto* del Mantegna a Brera e attualizzata da André Malraux in *La Speranza. Sierra de Teruel* (1937) con la figura dell'aviatore morto, deposto per terra dalla carcassa del suo aereo – c'è un'altra personalità, quel Nicodemo membro del Sinedrio che Gesù aveva incontrato in una notte ventosa (*Gv* 3).

Secondo l'uso antico il corpo veniva lavato e unto con olio (non lo si imbalsamava come in Egitto), raramente era cosparso di aromi (2 *Cr* 16,14). Nicodemo, però, in segno di omaggio porta «una miscela di mirra e di aloe di circa cento libbre», cioè di 32-34 chili (*Gv* 19,39), quasi ad attribuire a Cristo una sepoltura regale. Per l'incombere del riposo sabbatico, che inizia la sera del venerdì, non si può tuttavia procedere a questa operazione, rimandata al «primo giorno della settimana», dopo il sabato. Il cadavere di solito era avvolto in un lenzuolo, in greco *sindôn;* ma Giovanni evoca anche il sudario per il volto e le bende che bloccavano mento, piedi e braccia: «avvolgere il morto nei suoi lini» era una locuzione popolare giudaica che indicava la fine di una persona. Matteo (28,12-14) e l'apocrifo *Vangelo di Pietro* introducono una custodia militare alla tomba di Gesù e narrano l'esperienza traumatica dei soldati all'apparizione dell'angelo e la relativa corruzione da parte del Sinedrio perché non testimonino questo evento. In realtà, il taglio del racconto è di netta impronta apologetica, cioè di giustificazione del cristianesimo e della sua fede: le guardie diventano i testi neutri e indiscutibili della risurrezione avvenuta e la smentita dell'accusa di sottrazione del cadavere di Gesù da parte dei discepoli propalata dal giudaismo ufficiale. La storicità dell'episodio può, quindi, essere considerata sospetta, mentre significativo rimane il suo valore teologico.

### *Rianimazione o risurrezione?*

Siamo così giunti a quell'alba, che fu cantata dal filosofo Maurice Blondel nel suo diario del 1892 come «il giorno dell'eternità, l'immagine della patria, l'aurora di una vita nuova, della vera vita». Il gesuita e docente universitario Xavier Tilliette nella sua opera *La Settimana Santa dei filosofi* (1992), invece, ritiene giusto che «la filosofia si arresti alla soglia delle apparizioni pasquali, al sabato santo. Essa non deve testimoniare la Gloria. Per sua natura essa è destinata a soggiornare al capezzale di un morto, a vegliare un giacente. Occorre mantenere castamente la frontiera, diceva il filosofo Schelling». È vero, la filosofia e la storiografia non possono appropriarsi delle vie della grazia e della fede. Tuttavia questo non impedisce loro di guardare oltre quella frontiera. È ciò che ora facciamo anche noi in modo essenziale, prima di insediarci nel cuore dell'evento, che è teologico e trascendente.

Il punto di partenza della nostra ricostruzione è in una presenza particolare in quell'alba incerta, è in un gruppo di donne: tre secondo Marco, due per Matteo, tre nominate e altre in numero non definito secondo Luca, una sola, Maria di Magdala, per Giovanni. Osserva il biblista Rinaldo Fabris nel suo *Gesù di Nazareth: storia e interpretazione* (1991): «Difficilmente un racconto com'è questo della sepoltura e risurrezione di Gesù, composto per motivi catechistici o apologetici, avrebbe messo in scena delle donne come testimoni della tomba vuota di Gesù», essendo le donne, secondo il diritto semitico, non abilitate a testimoniare in modo giuridico valido.

Detto in altri termini, se non fosse stato nella realtà degli eventi, gli evangelisti non avrebbero mai inventato una testimonianza del sepolcro vuoto di Gesù affidandola a donne, «incapaci» di testimoniare. Due sono gli elementi che esse incontrano. Il primo è la pietra che sigillava l'apertura della tomba: ora giace ribaltata come segno di superamento dell'irreversibilità del morire. Il racconto di Giovanni aggiunge una nota esplicita sul contenuto di quel sepolcro, così come appare successivamente agli occhi di Pietro: «Entrò nel sepolcro e vide le bende per terra e il sudario, che era stato posto sul capo di Gesù, non per terra con le bende ma piegato in un luogo a parte» (*Gv* 20,6-7). Nel IV secolo, il patriarca di Costantinopoli Giovanni Crisostomo in una sua omelia sul quarto vangelo annotava: «Chiunque avesse rimosso il corpo non l'avrebbe prima spogliato né si sarebbe preso il disturbo di rimuovere e di arrotolare il sudario e di lasciarlo in un luogo a parte». Il primo elemento è, dunque, una tomba vuota che conserva le tracce di un morto ormai non più presente.

Il secondo elemento è la teofania, cioè l'esperienza del divino che irrompe nella storia, rappresentato dall'angelo che proclama le stesse parole dette poi dal Credo cristiano: «È risorto!». Si tratta dell'interpretazione profonda del primo segno, quello della tomba vuota. Come è facile intuire, ci ritroviamo ancora una volta sul crinale da noi ripetutamente evocato: storia e fede ne sono i versanti, distinti ma inseparabili. Cerchiamo, allora, di approfondire questo intreccio per il quale, come cantava Jean-Claude Renard nei suoi «Salmi di Pasqua» della raccolta *Terra del Sacro* (1966), «la morte è eliminata, le tenebre sollevate, tutta la terra è redenta nel mattino di menta e di arancio e la pietra è spezzata». Una considerazione preliminare si impone: l'immagine del Cristo sfolgorante di luce che si libra sul sepolcro, dopo averne scardinato la pietra tombale, non è evangelica ma apocrifa. L'arte cristiana dei primi secoli la ignora e, a partire dal V-VI secolo, rappresenta solo la «verità» evangelica delle donne al sepolcro. Sarà solo in Occidente, nei secoli XI-XIII, che si svilupperà il tema del Cristo risorgente dalla tomba o sospeso nei cieli. Pensiamo, ad esempio, all'assoluta e possente fisicità della *Risurrezione di Cristo* che Piero della Francesca ha dipinto nel 1463 nella sala dell'antico palazzo comunale del suo paese natale, Borgo Sansepolcro.

Perché questo silenzio dei vangeli sull'evento pasquale di Cristo nelle sue modalità esteriori? Che senso ha l'espressione «risorto dai morti»? La formula «risurrezione di Cristo» usata dai vangeli e dalla tradizione cristiana comprende un evento storico o è solo una categoria ermeneutica, cioè un'interpretazione teologica di una realtà trascendente? E il termine «risurrezione» è l'unico usato per descrivere la Pasqua di Cristo? Sono domande chiare che esigono risposte molto articolate formulate nelle pagine di una sterminata bibliografia teologica. Noi ci accontenteremo solo di poche note fondamentali. Innanzitutto sottolineiamo che per il Nuovo Testamento la misteriosa vicenda finale di Cristo non può essere ricondotta alla rianimazione pura e semplice di un cadavere, come quelle compiute da Gesù nei confronti di Lazzaro (*Gv* 11) e del figlio della vedova di Nain (*Lc* 7,11-17). Ora, noi siamo di fronte a un evento che ha contorni verificabili storicamente (la tomba vuota, i lini abbandonati, la testimonianza delle donne) ma il cui nucleo è trascendente; c'è, dunque, anche il ritorno alla vita di Gesù morto, ma ciò che accade in quell'atto, non descritto dai vangeli, è – per usare un'immagine di Gesù – simile a quanto avviene al seme o al lievito. Si ha una trasformazione che va oltre il corpo di Gesù e incide su tutto l'essere e sulla storia.

*Risurrezione o esaltazione?*

Il seme e il lievito divino sono penetrati attraverso Gesù Cristo nella realtà intera dell'umanità e nell'essere cosmico trasfigurandoli; è un'irruzione che feconda di eterno e di infinito il nostro tempo e il nostro spazio. Per esprimere questo evento, che incide nella storia in modo diretto, ma soprattutto in forma globale, il Nuovo Testamento è ricorso a due linguaggi che tentano di manifestare ciò che è per eccellenza un «mistero», ossia una realtà trascendente e superiore all'orizzonte umano.

Il primo è quello della *risurrezione*, un linguaggio già noto all'Antico Testamento: basterebbe leggere il capitolo 37 di Ezechiele ove, in una visione surreale, il profeta descrive lo Spirito creatore di Dio che ritesse su una distesa di scheletri la carne della vita, dando origine a un immenso popolo vivente. Il Nuovo Testamento esprime la «risurrezione» o con il verbo *egheirein*, «risvegliare» dalla morte, simbolicamente intesa come un sonno, oppure con il verbo *anístemi*, «levarsi, sorgere in piedi». Dietro il velo del linguaggio simbolico si vuole indicare che Gesù come uomo passa attraverso il segno radicale dell'umanità, la morte, «risvegliandosi» alla vita divina che gli appartiene e che ora pervade il morire, vincendolo.

C'è, però, un altro linguaggio, caro a Giovanni, a Luca e a Paolo che è definito di *esaltazione* o *glorificazione* ed è espresso con il verbo greco *hypsoùn*, «innalzare, elevare», e con immagini di ascensione verso l'alto. Basterebbe citare tre frammenti giovannei: «Come Mosè innalzò nel deserto il serpente, così bisogna che sia innalzato il Figlio dell'uomo ... Quando avrete innalzato il Figlio dell'uomo, allora saprete che Io Sono [nome divino] ... Quando sarò innalzato da terra, attirerò tutti a me» (*Gv* 3,14; 8,28; 12,32). Oppure basterebbe rievocare il racconto dell'ascensione al cielo ribadito da Luca in finale di vangelo (*Lc* 24,50-53) e in apertura agli Atti degli Apostoli (1,6-12). Il senso del linguaggio è chiaro. Con la «risurrezione» si affermava la continuità tra il Gesù storico e il Cristo risorto; con l'«esaltazione» si celebra la gloria divina del Risorto. Venendo in mezzo a noi, Gesù è divenuto in tutto simile a noi; con la morte egli conclude la sua parabola storica, ma è «esaltato», cioè rientra nel mondo divino a cui appartiene come Figlio di Dio, attirando a sé quell'umanità che egli aveva assunto incarnandosi e morendo per condurla alla gloria. Questo è nitidamente dichiarato nell'inno che Paolo incastona nella sua Lettera ai Filippesi (*Fil* 2,6-11), inno che riprenderemo quando ci incontreremo con l'apostolo e i suoi scritti.

L'ascensione-esaltazione-innalzamento non è, quindi, da concepire in termini materialistici o «astronautici», ma secondo categorie metafisiche e teologiche: fra l'altro, in tutte le culture il cielo è l'area della divinità perché trascende l'orizzonte terreno, è il simbolo della superiorità e diversità di Dio rispetto all'uomo. Quanto accade nella risurrezione di Cristo è, dunque, un evento complesso, accuratamente rappresentato dai vangeli. È un evento che si radica nel tempo e nello spazio, cioè nella morte e in una tomba, e che perciò ammette una verificabilità storica; ma esso fiorisce nell'eterno e nel divino, ed è per questo che esige un'analisi nella fede e nella teologia. Nella sua sostanza la Pasqua di Cristo è una realtà trascendente e, come tale, supera la pura verifica storica. Ma ha una risonanza efficace anche nella storia e nello spazio ove rimangono tracce e segni. Ora comprendiamo perché gli evangelisti si siano rifiutati di ridurre quello che avviene al sepolcro di Cristo entro i confini di una rianimazione di cadavere e siano invece ricorsi a linguaggi più profondi e simbolici. Rimane, però, aperta una questione: se Cristo è risorto ed è glorificato, dovrebbe essere possibile ancora incontrarlo, sia pure attraverso un'esperienza particolare e non banalmente esteriore. È ciò che vedremo subito vagliando quelle testimonianze evangeliche di solito catalogate sotto il termine poco felice di *apparizioni*.

### *«Pensava che fosse il custode del giardino...»*

Che sia poco felice il vocabolo «apparizione» lo si deve alla comune accezione odierna, che spesso raccoglie sotto questo termine fantasie, emozioni spirituali indefinibili, parapsicologia e persino *visitors*, magia e inganni. In realtà il linguaggio neotestamentario ricorre solo al verbo «vedere»: Gesù «fu visto» e le narrazioni evangeliche di tali incontri sono molteplici (tre incontri «privati», cioè con singoli, e cinque con la comunità dei discepoli). Essi hanno come fondale Gerusalemme o la Galilea, le aree geografiche nelle quali Gesù era stato incontrato durante la sua esistenza terrena. Se il modello può essere quello delle teofanie anticotestamentarie, cioè delle solenni apparizioni divine riservate ad Abramo, Mosè, Davide, Salomone, Elia, la realtà ora è molto più diretta e quotidiana. Si potrebbe facilmente trascriverne la trama nella vicenda personale di ogni uomo, come ha voluto fare – con molta amarezza – Blaise Cendrars nel suo poemetto *Pasqua a New York* (1912), messo in musica da Arthur Honegger con una voce e quattro strumenti a corda. È difficile, anche se possibile, incontrare il Cristo paziente e glorioso tra i grattacieli della «Grande Mela». Forse è più facile nella grande Russia, stando almeno a Tolstoj e alla sua *Risurrezione* (1899), che potrebbe essere appaiata alla suite sinfonica *La grande Pasqua russa* (1888) di Rimskij-Korsakov.

Ma ritorniamo ai testi evangelici. Nelle apparizioni del Risorto sono riconoscibili due trame o sequenze fisse. La prima è stata catalogata dagli studiosi come «apparizione di riconoscimento» e ha per sfondo Gerusalemme. Ai discepoli riuniti o in viaggio Cristo si ripresenta all'improvviso. Stranamente essi non lo riconoscono subito: paradossale è il caso di Maria di Magdala che lo scambia per il custode del giardino cemeteriale ove era stato sepolto Gesù. L'apice della scena è, quindi, nel «riconoscimento» che è favorito da Cristo stesso con segni e parole. Maria è chiamata per nome: «essa, allora, voltatasi verso di lui, gli disse in ebraico: *Rabbuní!* che significa "Maestro!"» (*Gv* 20,16). Ugualmente «gli occhi [dei discepoli di Emmaus] erano incapaci di riconoscerlo» mentre camminavano e ascoltavano il Risorto che parlava con loro. Ma, quando egli spezza il pane in casa, «si aprirono i loro occhi e lo riconobbero» (*Lc* 24,31). Anche la narrazione posta in appendice al vangelo di Giovanni, pur essendo ambientata sul lago di Tiberiade, contiene l'elemento di «cecità». Sette discepoli sono ritornati a fare i pescatori e quando vedono, dopo una notte di pesca, un uomo sul litorale, «non si accorgono che era Gesù» (*Gv* 21,4), ad esclusione del «discepolo amato», simbolo del perfetto credente, il quale si rivolge a Pietro ed esclama: «È il Signore!» (*Gv* 21,7).

A questo punto è legittima una domanda: come può accadere che i discepoli non riconoscano subito Gesù nel Cristo risorto? La risposta è nella natura stessa dell'evento pasquale così come l'abbiamo sopra descritto. Esso incide nella storia ma è, nella sua sostanza, soprannaturale, misterioso, trascendente. Per avere il «riconoscimento» del Cristo risorto non basta aver avuto una conoscenza storica, camminando con lui sulle strade palestinesi, ascoltandolo mentre parlava sulle piazze o si cenava insieme. È necessario avere un canale di conoscenza e di comprensione superiore, quello della fede: allora Cristo si rivela vivo e presente nella storia che continua. In questa luce è facile intuire che l'«apparizione», cioè l'incontro con il Risorto, è disponibile a tutti coloro che crederanno o saranno da lui interpellati alla fede: pensiamo al caso emblematico di Paolo oppure all'episodio dei due discepoli di Emmaus che, come abbiamo avuto occasione di dire presentando il vangelo di Luca (24,13-35), in filigrana rivela la celebrazione eucaristica cristiana come luogo dell'incontro con Cristo.

L'esperienza di fede, però, non vuole dire fantasia, sogno, assenza di realtà storica. Ecco perché in Luca, ad esempio, si insiste sul fatto che Cristo risorto «mangia una porzione di pesce arrostito» (*Lc* 24,42-43) e in Giovanni si ripete che sul lago di Tiberiade «Gesù prese il pane e lo diede loro, e così pure il pesce» (*Gv* 21,13). Ecco perché si introduce un rimando vigoroso alla «corporeità», che per il semita non è solo fisicità, ma indizio di personalità e di presenza: «Guardate le mie mani e i miei piedi: sono proprio io! Toccatemi ed esaminate: uno spettro non ha carne e ossa come vedete che io ho» (*Lc* 24,39). Analoga è la provocazione di Cristo nei confronti del dubbioso Tommaso: «Metti qua il tuo dito, guarda le mie mani! Stendi la tua mano e ponila sul mio costato! E non essere più incredulo ma credente!» (*Gv* 20,27). Questo linguaggio evangelico ha lo scopo di sottolineare l'«oggettività» dell'esperienza pasquale. Essa non sboccia da una sensazione soggettiva, ma è indotta da una presenza esterna, trascendente eppure reale. Così reale ed efficace da mutare radicalmente la vita di quegli uomini esitanti e timorosi e persino l'esistenza di un avversario deciso come Paolo.

*Credere e comprendere*

Parlavamo di due schemi secondo i quali i vangeli tratteggiano le apparizioni. Ebbene, oltre a quelli di «riconoscimento», ci sono gli incontri «di missione». Il Cristo risorto incarica i discepoli di un compito missionario ed è questo il centro dell'evento. La grandiosa finale del vangelo di Matteo (28,16-20), ambientata in Galilea, ne è l'esempio più luminoso. Gli apostoli dovranno proclamare il vangelo a tutto il mondo, battezzare, insegnare la morale cristiana: ricevono quindi l'incarico di evangelizzare e di offrire i sacramenti della salvezza. È questa la missione della Chiesa nata dalla Pasqua di Cristo. Anche la Maddalena è invitata ad «andare dai fratelli» per annunziare loro la risurrezione. E per Luca il Cristo che ascende alla gloria del cielo lascia come testamento ai discepoli che «nel suo nome devono essere predicati a tutte le genti la conversione e il perdono dei peccati» (*Lc* 24,47) e l'intera seconda opera di Luca, gli Atti degli Apostoli, è la testimonianza di questo impegno missionario che ha la sua radice nel mandato pasquale di Cristo e nella sua presenza («Io sarò con voi sino alla fine del mondo», *Mt* 28,20).

Suggestiva è la scena ambientata da Giovanni nella sera del giorno della risurrezione e nella cornice del Cenacolo, ove poche ore prima Gesù aveva celebrato la sua cena pasquale (*Gv* 20,19-23). Il Risorto appare davanti agli apostoli impauriti, fa un gesto simbolico e pronunzia alcune parole esplicative. Egli «soffia» su di loro, compiendo un'azione simbolica, simile a quelle care ai profeti. In ebraico, come anche in greco, un unico vocabolo (*rûah*) può evocare sia il «vento», il «soffio», il «respiro» dell'aria sia lo «spirito» dell'uomo e di Dio. Il soffio era il simbolo dello Spirito creatore che «si librava sulle acque ... e alitava nelle narici» dell'uomo chiamato all'esistenza (*Gn* 1,2; 2,7)

Le parole di Cristo spiegano il valore profondo di quell'atto simbolico: «Ricevete lo Spirito Santo! A chi perdonerete i peccati saranno perdonati e a chi non li perdonerete resteranno non perdonati» (*Gv* 20,22-23). Alla Chiesa, quindi, è affidata la stessa missione di Gesù: creare una nuova umanità pacificata con Dio. Quel potere che Cristo esercitò passando sulla terra «perdonando i peccati» ora è affidato dal Risorto alla sua comunità: egli è ancora presente e dà efficacia a questo perdono, ma è della Chiesa il compito di rendere visibile e «storica» la salvezza (si veda *Mt* 16,19; 18,18).

Le apparizioni acquistano, dunque, un alto valore teologico. Non stupisce, allora, che la tradizione popolare abbia voluto nei secoli successivi moltiplicarne il numero e gli attori, comprendendo che la possibilità di incontrare il Risorto è aperta a tutti. Gli apocrifi si sono preoccupati, in particolare, di immaginare un abbraccio tra Cristo e Maria. Nel *Vangelo copto di Gamaliele* (V sec.) Maria è consolata da Gesù: «Hai versato abbastanza lacrime. Colui che fu crocifisso ora è vivo, parla con te e indossa la porpora celeste». E Maria: «Sei dunque risorto, mio Signore e mio figlio? Felice risurrezione!». A questo punto si inginocchia per baciarlo e per essere benedetta ma anch'essa riceve la missione di «correre dai fratelli e portare il lieto annunzio della sua risurrezione dai morti». Celebre sarà pure l'incontro apocrifo di Pietro con Cristo a Roma, mentre l'apostolo sta fuggendo dalla persecuzione di Nerone. Raccontano gli *Atti di Pietro* (fine II sec.): «Mentre attraversava la porta della città, Pietro vide il Signore che entrava in Roma e gli disse: Signore, dove vai? Il Signore gli rispose: Entro in Roma per essere nuovamente crocifisso! Pietro, allora, si pentì del suo proposito, vide il Signore salire in cielo e se ne ritornò sereno a Roma». Da questo racconto lo scrittore polacco Henryk Sienkiewicz (1846-1916) ha elaborato nel 1896 il famoso romanzo *Quo vadis?*, divenuto anche un film di Mervyn LeRoy (1951), liberamente ripreso per la televisione da Franco Rossi nel 1985.

Nelle sue *Lettere di Nicodemo* (1951) lo scrittore polacco cattolico Jan Dobraczynski, morto nel 1994, fa una considerazione che potremmo porre a sigillo del nostro itinerario nell'orizzonte pasquale cristiano: «Vi sono misteri nei quali bisogna avere il coraggio di gettarsi, per toccare il fondo, come ci gettiamo nell'acqua, certi che essa si aprirà sotto di noi. Non ti è mai parso che vi siano delle cose alle quali bisogna prima credere per poterle capire?». I racconti evangelici pasquali sono prima di tutto testi di fede e, proprio per questa via, aprono la ricerca di una comprensione che sia anche razionale e storica. Il credere e il comprendere s'intrecciano in modo complesso e delicato e costituiscono la struttura fondamentale della teologia cristiana. Per certi versi, inoltre, il credere e il comprendere fanno parte dell'adesione dell'arte e della cultura alla Pasqua: basterebbe rileggere l'«inno sacro» *La Resurrezione* di Manzoni (1812).

Oppure basterebbe riascoltare quei due gioielli musicali che sono l'*Oratorio di Pasqua* (BWV 249), che Bach compose nel 1725 e rielaborò fino al 1740 (attori sono Pietro, Giovanni, Maria di Giacomo e la Maddalena), e l'*Ascensione* (BWV 11), dolcissima rappresentazione dell'osmosi tra gioia e amarezza per il distacco. In questa linea si colloca anche il celebre *Messia* (HWV 56) di Haendel (1742), indimenticabile per la cascata alleluiatica del n.39. Ma lo stesso musicista a ventitré anni, nel 1708, aveva dedicato in modo esplicito il suo primo oratorio alla *Risurrezione* (HWV 47), introducendovi anche Lucifero e la sua sconfitta. Certo, il filo della fede è ora dominante, come nell'oratorio pasquale, già evocato, di Carl Philipp Emanuel Bach. Tuttavia il riferimento costante alla narrazione degli eventi è netto, come in quel capolavoro di Perosi che è *La Resurrezione di Cristo* (1898) ove, in due parti, sono presentate la morte-sepoltura e la gloria di Gesù. La contemplazione sobria pervade, invece, il *Cantique de Pâques* per soli, coro femminile e orchestra, composto da Honegger nel 1918.

Vogliamo, però, concludere con una testimonianza ove la fede è esplicitata e lo è non in una generica adesione ma in una confessione esistenziale e personale. Il grande musicista Heinrich Schütz compose nel 1623 un affascinante oratorio, intitolato *Storia della risurrezione* op. 3 (SWV 50). Alla partitura egli aggiunse un post-scriptum di poche ma intense righe: «Signore Gesù Cristo, tu mi hai concesso di cantare la tua risurrezione su questa terra. Nel giorno del tuo giudizio, Signore, richiamami dalla mia tomba e, in cielo, il mio canto, mescolato a quello dei serafini, ti renderà grazie in eterno!».

# X
# Io, Saulo di Tarso, un fariseo, l'ho visto!

«Il vero cristianesimo, che durerà eternamente, viene dai vangeli, non dalle epistole di Paolo. Gli scritti di Paolo sono stati, in verità, un pericolo e uno scoglio; sono stati la causa dei principali difetti della teologia cristiana. Paolo è il padre del sottile Agostino, Paolo è il padre dell'arido Tommaso d'Aquino, Paolo è il padre del tetro calvinista, Paolo è il padre del bisbetico giansenista. Gesù è, invece, il padre di tutti coloro che cercano nei sogni dell'ideale il riposo delle anime loro.» Così dichiarava nel suo *Saint Paul* (1869) Ernest Renan, iscrivendosi nella lista dei detrattori dell'Apostolo, come avrebbe fatto più tardi il «laico» Gide, insofferente per il Paolo calvinista della sua famiglia d'origine. Oggetto d'indomato amore e di ardente detestazione, Paolo traccia una discriminante soprattutto tra giudaismo e cristianesimo ma anche tra ellenismo e cultura cristiana, divenendo «scandalo» nel senso etimologico di questa parola greca, cioè pietra d'inciampo.

*Paolo, «il Lenin del cristianesimo»?*

Per secoli nel giudaismo Paolo è stato bollato come traditore e apostata; ma non è mancato ai nostri giorni chi, come l'ebreo Richard I. Rubenstein, l'ha ritrovato «fratello» (*My brother Paul*, New York 1972) o, come si legge nel titolo di un'opera di Alan F. Segal, l'ha definito *Saul the Pharisee* (New Haven 1990), considerandolo l'unico scrittore fariseo del I sec. e il fervido annunziatore del monoteismo ai pagani, mentre un esegeta cristiano, Ed P. Sanders, allentava di molto le tensioni tra Paolo e la dottrina giudaica tradizionale, contrariamente all'opinione dominante.

Anche nel cristianesimo l'Apostolo per eccellenza, come viene chiamato, non ha mancato di dividere. La stessa definizione di «secondo fondatore del cristianesimo», coniata nel 1904 da Walter Wrede nel suo *Paulus*, è ambigua: può indicare un'opera benefica di rigenerazione rispetto al primo fondatore Gesù, ma pure un intervento devastante di degenerazione. In questo secondo senso si muoverà Nietzsche, che nel suo *Anticristo* bollerà Paolo come «disangelista», cioè annunziatore di una cattiva novella, al contrario degli «evangelisti»; mentre Gramsci sbrigativamente lo classificherà come «il Lenin del cristianesimo». Certo è che qualche riserva – almeno per un uso improvvido delle sue teorie – appariva già nel Nuovo Testamento quando nella Seconda Lettera di Pietro si leggeva: «[Nelle lettere del nostro carissimo fratello Paolo] vi sono alcune cose difficili da comprendere e gli ignoranti e gli incerti le travisano, al pari delle altre Scritture, a loro rovina» (2 *Pt* 3,16).

Non mancava, però, chi avrebbe abbozzato ritratti aureolati dell'Apostolo, come Giovanni Crisostomo, patriarca di Costantinopoli, che nella *XXV Omelia* dedicata alla Seconda Lettera ai Corinzi, esclamava: «Come la fiamma che si abbatte tra le canne e il fieno trasforma nella propria natura ciò che arde, così Paolo tutto invade e tutto trasporta alla verità, torrente che tutto raggiunge e che schianta gli ostacoli. Come atleta che insieme lotta e corre e sferra pugni, come soldato che assedia le mura e combatte in campo aperto e guerreggia sulle navi, così Paolo usava ogni genere di battaglia, spirando fuoco ... Balzava in ogni luogo senza interruzione, accorreva presso gli uni, raggiungeva gli altri, assisteva questi e si affrettava da quelli, più veloce del vento. Governava come fosse una sola casa o una sola nave il mondo intero, sollevando i sommersi, consolidando coloro che turbati cadevano, comandando ai marinai; seduto a poppa, teneva fisso lo sguardo a prua, tirava le funi, manovrava i remi, tendeva le vele con gli occhi che scrutavano il cielo, facendo tutto da solo, come nocchiero, prodiere, vela, nave. E tutto per portare fuori dalla sventura tutti».

Lutero ha assunto la Lettera ai Romani come vessillo della sua Riforma, brandendo spesso una frase paolina come spada per la sua lotta teologica ed ecclesiale. Bossuet nel suo *Panegirico di San Paolo* (1659) esaltava «colui che non lusinga le orecchie ma colpisce dritto al cuore», mentre Victor Hugo nel *William Shakespeare* (1864) lo inseriva tra i genii, «santo per la Chiesa, grande per l'umanità ..., colui al quale il futuro è apparso: nulla è superbo come questo volto stupito dalla vittoria della luce». Franz Werfel nel dramma *Paolo tra gli Ebrei* (1926) cercava, invece, di illustrare il fallito tentativo del giudaismo di non perdere questo suo figlio brillante. Il suo antico maestro Gamaliel lo supplica: «Per la libertà di Israele, confessa: Gesù era solo un uomo!»; ma Paolo ormai ha la vita attraversata dalla luce di Cristo e non può che respingere il pur amato rabbì Gamaliel.

Si potrebbe a lungo continuare questo elenco di ammiratori di Paolo, giungendo fino ai nostri giorni. Pensiamo al *Saulo* dell'ungherese Miklos Meszöly, composto tra il 1962 e il 1967, diario autobiografico paolino in cui il persecutore si trasforma nell'uomo braccato dal mistero, «come se fossi sempre inseguito da qualcuno» che alla fine lo raggiunge per sempre. Ma vorremmo soprattutto evocare quell'«abbozzo di sceneggiatura per un film su San Paolo (sotto forma di appunti per un direttore di produzione)», datato «Roma, 22-28 maggio 1968», che Pier Paolo Pasolini ha elaborato e ripreso nel 1974 senza mai concluderlo e che sarà pubblicato postumo nel 1977 con il titolo *San Paolo*. L'idea era di trasporre la vicenda dell'Apostolo ai nostri giorni, sostituendo le antiche capitali del potere e della cultura con New York, Londra, Parigi, Roma, la Germania. «Paolo è qui, oggi, tra noi» scriveva l'autore delle *Lettere luterane* «Egli demolisce rivoluzionariamente, con la semplice forza del suo messaggio religioso, un tipo di società fondata sulla violenza di classe, l'imperialismo, lo schiavismo ... Il film, però, rivelerà la contrapposizione tra "attualità" e "santità": il mondo della storia che tende, nel suo eccesso di presenza e di urgenza, a sfuggire nel mistero, nell'astrattezza, nel puro interrogativo; e il mondo del divino che, nella sua religiosa astrattezza, al contrario, discende tra gli uomini, si fa concreto e operante.»

### *L'ebreo Saulo, il greco-romano Paolo*

Adolf Deissmann aveva definito Paolo «un cosmopolita». Effettivamente egli era figlio di tre culture, che già occhieggiavano dalla sua «carta d'identità». Il suo nome originario era lo stesso del primo sfortunato re di Israele, Saul. «Sono un ebreo di Tarso in Cilicia», dichiara al tribunale romano che gli chiede le generalità al momento dell'arresto a Gerusalemme (*At* 21,39). In polemica con i suoi detrattori ebrei di Corinto rivendica le sue radici: «Sono essi ebrei? Anch'io lo sono. Sono israeliti? Anch'io. Sono stirpe di Abramo? Anch'io» (2 *Cor* 11,22). Agli amati cristiani macedoni di Filippi ribadisce vigorosamente di essere «circonciso l'ottavo giorno, della stirpe di Israele, della tribù di Beniamino, ebreo da ebrei, fariseo secondo la legge» (*Fil* 3,5). In crescendo ai romani scrive: «Vorrei essere io stesso maledetto, separato da Cristo a vantaggio dei miei fratelli, miei consanguinei secondo la carne. Essi sono Israeliti e a loro appartengono l'adozione a figli, la gloria, le alleanze, la legislazione, il culto, le promesse, i patriarchi. Da essi proviene Cristo secondo la carne» (*Rm* 9,3-5). E ai galati rivela persino una punta di integralismo nazionalistico: «Essi sono per natura ebrei e non peccatori come le genti» (*Gal* 2,15).

Formatosi a Gerusalemme «alla scuola di Gamaliel, nelle più rigide norme della legge dei padri» (*At* 22,3), educato secondo la prassi giudaica anche al lavoro manuale, quello dello *skenopoiòs*, «fabbricatore di tende» (forse tessitore di peli di capra per stoffe ruvide, dette appunto *cilicium* dalla regione d'origine che era la stessa di Paolo), Saulo era però un giudeo della Diaspora, nato a Tarso, «non oscura città della Cilicia», come egli la definisce con civetteria (*At* 21,39). Posta sul fiume Cidno, la città, ora compresa nella Turchia meridionale, era sede di una vivace scuola filosofica stoica, che qualche traccia lasciò nel pensiero dell'Apostolo, e godeva del diritto di cittadinanza romana, riconosciutole da Marco Antonio e Augusto. Paolo userà con orgoglio questa dignità di cittadino dell'impero, non solo appellandosi – come è noto – al tribunale supremo romano (*At* 22,28) ma anche presentandosi in tutte le sue lettere con il suo secondo nome schiettamente latino, Paolo.

La tradizione posteriore, nel IV secolo, non esiterà a creare un epistolario apocrifo tra l'Apostolo e Seneca ove incontriamo battute di questo genere. Seneca a Paolo: «Se il nome di un uomo così grande e prediletto da Dio sarà tutt'uno col mio, questo non potrà essere quanto di meglio per il tuo Seneca». Paolo a Seneca: «Durante le tue riflessioni ti sono state rivelate verità che a pochi la divinità ha concesso il privilegio di conoscere ... Io semino, allora, in un campo già fertile un seme imperituro, l'immutabile parola di Dio».

Ma Paolo non è solo romano; la sua cultura e la sua attività si muoveranno sempre nell'atmosfera ellenistica. Egli usa il greco in modo creativo, forgiandolo con grande libertà, come fosse un ferro incandescente: conosce le risorse retoriche di quella lingua, la rielabora con inventiva attribuendo accezioni inedite a vocaboli come *sarx*, «carne», *pneuma*, «spirito», *hamartía*, «peccato», *dikaiosyne*, «giustizia», *sotería*, «salvezza», *eleuthería*, «libertà», *agape*, «amore», e non esitando a creare verbi rinforzati da una o più preposizioni (soprattutto *syn-*, «con», per indicare la «simbiosi» del fedele con Cristo).

La storia di Paolo si consuma, dunque, in un crocevia di culture e le sue tre identità di ebreo, di romano e di greco sono indispensabili per comprenderne l'opera e la vicenda personale, che si svolge in tutto il bacino del Mediterraneo, aprendosi anche al sogno di raggiungere l'estremo capo occidentale, la Spagna (*Rm* 15,22-24). Di questa biografia è possibile ricostruire la trama, sia pure in modo sommario, sulla base di due fonti documentarie non sempre coincidenti, l'epistolario paolino e la seconda opera di Luca, gli Atti degli Apostoli, dal c. 13 alla fine. Il punto fermo «profano» della cronologia paolina è l'incontro dell'Apostolo con il proconsole romano Gallione a Corinto (*At* 18,12-17): un'iscrizione di Delfi ci attesta che costui risiedette nella città greca negli anni 50-51. Da questo nodo cronologico si cerca di ordinare i dati non del tutto combacianti offerti dalle due fonti neotestamentarie citate.

Partendo dalla conversione al cristianesimo, da situare probabilmente fra il 32-35, si possono ricostruire due traiettorie temporali. La prima, fondata sugli Atti degli Apostoli, è scandita da tre grandi viaggi missionari di Paolo: dopo il primo, si celebra il «concilio» degli apostoli a Gerusalemme (anni 49-50); si individuano nel 58-60 un biennio di custodia cautelare in attesa di giudizio a Cesarea Marittima e un altro biennio di arresti domiciliari a Roma (60-62), in attesa dell'esito dell'appello presso la corte suprema imperiale. La morte, preceduta da un'altra detenzione, dovrebbe essere collocata nell'arco degli anni 64-67, ma di questo gli Atti tacciono. La seconda traiettoria, basata sulle Lettere paoline, situerebbe il «concilio» gerosolimitano dopo il secondo viaggio missionario dell'Apostolo in Grecia (50-51), introdurrebbe un ampio soggiorno, forse con prigionia, a Efeso (52-55), mentre l'arresto a Gerusalemme e la carcerazione a Cesarea daterebbero del 56-57, il trasferimento per nave a Roma avverrebbe nell'inverno del 57-58, gli arresti domiciliari romani durerebbero dal 58-60 e nel 60, sotto Nerone, Paolo sarebbe condannato a morte. Non è nostra intenzione tracciare un diagramma particolareggiato della vicenda storica di Paolo: ci accontenteremo di seguirla nella successione delle Lettere. Ma con una nota fondamentale: è convinzione dominante tra gli studiosi che solo sette di esse siano da attribuire direttamente a Paolo e, precisamente, la Prima ai Tessalonicesi, la Prima e la Seconda ai Corinzi, quelle ai Galati, ai Filippesi, ai Romani, a Filemone.

### *Sulla strada verso Damasco*

«Oltre ogni misura perseguitavo la Chiesa di Dio cercando di distruggerla»: così confessava Paolo ai galati (*Gal* 1,13) in un vasto brano autobiografico (cc. 1-2), documento rilevante per la ricostruzione della vicenda personale dell'Apostolo, insieme con l'«autoelogio» di 2 Corinzi 11-12. Una confessione che ribadirà ai filippesi: «Ero uno zelante persecutore della Chiesa» (*Fil* 3,6). Negli Atti degli Apostoli, dopo la lapidazione di Stefano, il primo martire cristiano, si annota: «Saulo era compiaciuto della soppressione di Stefano» (*At* 8,1). Ma ecco la grande svolta che Paolo affida solo a tre verbi, due di illuminazione, uno di lotta: «[Cristo] è apparso anche a me ... [Dio] si degnò di rivelarmi il suo Figlio ... Sono stato afferrato da Cristo Gesù» (1 *Cor* 15,8; *Gal* 1,16; *Fil* 3,12). Tre sono anche le narrazioni di quella celebre epifania sulla via di Damasco: ce le offrono gli Atti degli Apostoli, alla terza persona nel c. 9 e alla prima nei cc. 22 e 26. Quell'evento è per Paolo discriminante: da allora ci sarà un «prima» sconfessato e un «poi» tutto segnato da Cristo. Prima c'era Saulo («Saulo, Saulo, perché mi perseguiti?», gli grida la voce misteriosa), poi ci sarà Paolo, l'apostolo di Cristo.

Anche Felix Mendelssohn-Bartholdy nel suo mirabile oratorio *Paulus* op. 36, ideato a partire dal 1831 ed eseguito per la prima volta a Düsseldorf il 22 maggio 1836 con ben 356 coristi e 160 strumentisti, ha diviso la storia – desunta dagli Atti degli Apostoli – in due parti, affidandola a due bassi diversi, l'uno è Saulo e l'altro incarna Paolo. «Un'opera, quella di Mendelssohn» come riconosceva Robert Schumann «dell'arte più pura, un'opera di pace e di amore.» Nei nostri occhi, invece, quell'illuminazione divina rimane fissa nella raffigurazione della tela del Caravaggio a Santa Maria del Popolo a Roma, con l'enorme cavallo che sogguarda Saulo disarcionato e accecato. Una conversione che diventa quasi il modello di ogni altro rivolgimento spirituale. Basterebbe pensare ad Agostino che muterà la sua vita proprio aprendo una pagina paolina, al c. 13 della Lettera ai Romani: «Non nelle crapule e nelle ebbrezze, non negli amplessi e nelle impudicizie, non nelle contese e nelle invidie, ma rivestitevi del Signore Gesù Cristo e non assecondate la carne nelle sue concupiscenze! Non volli leggere oltre, né mi occorreva. Appena terminata la lettura di questa frase, una luce di certezza penetrò il mio cuore e tutte le tenebre del dubbio si dissiparono» (*Confessioni* VIII, 12,29).

Osservava Victor Hugo nel citato *William Shakespeare*: «La via di Damasco è necessaria al cammino del progresso. Cadere nella verità e rialzarsi uomo giusto è una caduta-trasfigurazione: questo è sublime! Questa è la storia di Paolo e, dopo di lui, questa sarà la storia dell'umanità. Il progresso si attuerà solo attraverso una serie di illuminazioni». Anche August Strindberg nel suo audace dramma *Verso Damasco*, composto tra il 1898 e il 1904, trasforma quell'evento antico in una parabola del percorso della vita, ma per lo scrittore svedese la via che conduce a Damasco è un labirinto onirico ove le tracce si confondono, è una spirale ossessiva ove il passato a brandelli si mescola con il presente, ove ogni decorso lineare si aggroviglia in ripetizioni, ove ogni sbocco atteso si rivela un inganno, ove la folgorazione finale non accade. Così non è per Saulo che da quel giorno degli anni 32-35, a poca distanza dalla morte di Cristo, diventa il più appassionato missionario cristiano, soprattutto sulle strade dell'area geografica chiamata poeticamente da Deissmann «l'ellisse dell'ulivo», cioè la costa mediterranea che si dispiega da Antiochia, Efeso, Tessalonica, Atene, Corinto, fino a Roma. Proteso fin dall'inizio verso i pagani (*Gal* 1,16) e incline a scegliere i grossi centri (l'unica città di rilievo esclusa fu Alessandria d'Egitto), Paolo «evangelista» procede armato solo della parola, «come se Dio esortasse per mezzo nostro» (2 *Cor* 5,20), «non parola d'uomo ma parola di Dio, che effonde la sua energia in voi che avete creduto» (1 *Ts* 2,13).

Il vangelo, però, non è solo una teoria, è anche e soprattutto un modo di esistere ed è per questo – come notava Dietrich Bonhoeffer nel suo *Schema per un saggio* scritto in carcere – che la parola dev'essere sostenuta dal «modello umano che trae origine dall'umanità di Cristo». Paolo, allora, si presenta proprio come un modello di vita da imitare: «Fatevi miei imitatori, come io lo sono di Cristo» (1 *Cor* 4,16). Le sue Lettere sono questo intreccio tra parola e vita; non sono, come spesso erroneamente si crede, freddi trattati teologici. La lingua stessa è piegata all'azione, come riconosceva uno che se ne intendeva, Erasmo da Rotterdam nella lettera premessa alle due Epistole paoline ai Corinzi: «Se si suda a spiegare le idee di poeti e oratori, con questo retore [Paolo] si suda ancor di più a capire cosa vuole, a cosa mira», pronto com'è a farsi greco con i greci, giudeo con i giudei, «servo di tutti, per guadagnare il maggior numero» a Cristo (1 *Cor* 9,19-23). Il citato Wrede chiamava giustamente le Lettere paoline «frammenti di missione» e noi ad esse potremmo applicare la definizione che uno scrittore greco contemporaneo a Paolo, Demetrio, aveva coniato per il genere epistolare: è «l'altra parte del dialogo», già intessuto con la presenza e la parola viva.

### *Una lettera da Corinto a Tessalonica*

Per scoprire il contenuto del messaggio del missionario Paolo e la stessa trama dell'esistenza sua, dei suoi discepoli, delle sue Chiese e dei suoi avversari è, dunque, necessario leggere l'epistolario che reca il suo nome. Esso, secondo il Canone e la tradizione, allinea tredici scritti contrassegnati in modo esplicito dal nome dell'Apostolo e un quattordicesimo, la Lettera agli Ebrei, a lui attribuito fin dal II sec. Come sopra si diceva, solo sette sono oggi unanimemente considerate Lettere autentiche: ciò, però, non significa che le altre non siano «ispirate» e «canoniche» per i cristiani. Composte tra gli anni 50-60 – 1 Tessalonicesi; 1 e 2 Corinzi; Galati; Filippesi; Romani; Filemone (questo è l'ordine cronologico più probabile e accolto) – costituiscono gli scritti più antichi del cristianesimo, antecedenti ai vangeli, non essendo per ora convincenti le tesi menzionate di O'Callaghan e Thiede sulla datazione attorno agli anni 50 di Marco e Matteo. Nelle altre Lettere la maggioranza degli esegeti ravvisa la mano di discepoli che hanno indossato il manto dell'Apostolo, ricorrendo alla pseudonimia alta, seguendo una prassi diffusa in quei secoli.

Lettere genuine e non solo rivestite fittiziamente del carattere epistolare, questi scritti conoscono anche la trattazione teologica a vasto respiro, sempre però aperta alla proposta etica, pastorale, esistenziale. Il vocabolario dell'intero *corpus* paolino si compone di 2446 termini diversi e spesso la lingua è piegata al messaggio, come si stupiva Renan, per il quale era «impossibile violare più arditamente il genio della lingua greca di quanto abbia fatto Paolo». Gli autografi vergati su papiro sono andati per sempre perduti. A noi è giunto un repertorio di oltre cinquemila copie antiche, spesso frammentarie, degli scritti paolini, ove spiccano ben dieci papiri del III sec.; tra questi ultimi brilla il testo più remoto, il Papiro 46 della collezione Chester Beatty di Dublino, 86 fogli databili del 200 circa, a noi pervenuto quasi completo (dieci Lettere). È significativo ricordare che nel 180 al proconsole Saturnino che li interroga sui libri in loro possesso i martiri di Scillium presso Cartagine rispondono: «Sono le Lettere di Paolo, uomo giusto». Ed è, comunque, emozionante leggere al termine di alcune Lettere dettate dall'Apostolo allo scriba-segretario queste frasi: «Il saluto è di mia mano, di Paolo ... Vedete con quali grossi caratteri vi scrivo, ora, di mia mano ... Vi saluto nel Signore anch'io, Terzo, che ho scritto la lettera» (1 *Cor* 16,21; *Gal* 6,11; *Rm* 16,22). Ma ora è necessario aprire quei fogli di papiro e leggerne il contenuto.

Siamo attorno al 51. Paolo è a Corinto. Alle spalle ha il ricordo delle settimane trascorse a Tessalonica, importante nodo stradale e commerciale e capitale della Macedonia (*At* 17,1-10), dell'accoglienza festosa dei pagani, della dura reazione degli ebrei là residenti, della sommossa da loro ordita e della fuga a cui è stato costretto. Il fedele discepolo e amico Timoteo gli reca ora notizie della neonata Chiesa tessalonicese e delle sue prime incertezze. Paolo decide, dunque, di inviare un messaggio a quella comunità, «da leggersi a tutti i fratelli»: è la Prima Lettera ai Tessalonicesi, il primo scritto paolino a noi giunto, quasi certamente il primo testo cristiano del Nuovo Testamento. Nonostante il sospetto di alcuni studiosi che vi hanno visto la fusione redazionale di più lettere, l'opera è unitaria anche se rivela un impasto di toni e di temi differenti.

C'è il registro autobiografico dei ricordi, segnato dalla nostalgia (1 *Ts* 1-3.13): «Siamo stati amorevoli in mezzo a voi come una madre che nutre e cura le proprie creature ... Abbiamo esortato ciascuno di voi come un padre fa con i suoi figli ... Vi amavamo talmente da desiderare di donarvi non solo il vangelo di Dio ma la nostra stessa vita, perché ci eravate divenuti carissimi» (1 *Ts* 2,7.11.8). La speranza è quella di un nuovo incontro: «Dio stesso, Padre del nostro Signore Gesù Cristo ci spiani la strada verso di voi» (1 *Ts* 3,11).

Appare, però, anche il registro teologico, che si sviluppa attorno a tre temi: l'amore fraterno, il mistero della nostra morte e risurrezione, la *parousía* o venuta ultima del Signore Gesù a sigillo della storia (1 *Ts* 4,1-5.11). Il terzo registro dello scritto è pastorale: Paolo «prega» ed «esorta» la comunità attraverso quattordici imperativi a un'esistenza cristiana perfetta e pura (1 *Ts* 5,12-28).

All'interno della molteplicità dei temi vogliamo individuare ora un solo filo teologico che nella trama della Lettera è piuttosto robusto, quello escatologico. La Chiesa tessalonicese è, infatti, percorsa da brividi apocalittici, è protesa verso la meta ultima della storia che sente come imminente ed è anche pervasa da curiosità riguardanti quell'appuntamento misterioso. Al riguardo Paolo è piuttosto sbrigativo. Usando un'immagine introdotta da Gesù, egli elimina ogni tentazione di avere oroscopi sulla fine: «Il giorno del Signore verrà come un ladro nella notte» (1 *Ts* 5,2).

È, dunque, necessario essere svegli e vigilanti, senza però fanatismi e ossessioni, perché «Dio non ci ha destinati all'ira ma all'acquisizione della salvezza per mezzo del Signore nostro Gesù Cristo che morì per noi» (1 *Ts* 5,9). Anzi, contro l'eccitazione di coloro che si dimettono dalle responsabilità quotidiane per decollare già verso quell'alba eterna di luce, Paolo raccomanda come «punto d'onore: vivere in pace, attendere ai propri impegni, lavorare con le proprie mani così da condurre una vita dignitosa di fronte agli estranei e da non aver bisogno di nessuno» (1 *Ts* 4,11-12). Ma uno sguardo – in verità un po' impacciato – Paolo lo getta anche su quell'orizzonte atteso e ignoto e lo fa ricorrendo al linguaggio simbolico apocalittico, cercando così di risolvere una curiosità dei tessalonicesi: nell'istante supremo, coloro che saranno ancora in vita quale sorte avranno? Ecco la risposta di Paolo: «I morti in Cristo risorgeranno. Poi noi, ancor vivi e superstiti, saremo rapiti insieme con loro nella morte per andare incontro al Signore nell'aria; e così saremo sempre con il Signore» (1 *Ts* 4,16-17). Scenari cosmici, dunque, per un passaggio indolore dal tempo all'eterno, dallo spazio terreno all'infinito celeste. Una visione che l'Apostolo nella lettera successiva destinata ai corinzi muterà, affermando la necessità di una metamorfosi radicale anche dei viventi in quel transito: «Non tutti moriremo, ma tutti saremo trasformati» (1 *Cor* 15,51).

L'accento dell'intera Lettera, però, cade sul presente da vivere con intensità, nella fedeltà al vangelo, nella santità, nell'amore fraterno, nell'obbedienza ai responsabili (i «preposti» alla guida della comunità che non è affatto, quindi, priva di struttura e istituzioni). Il tutto in una serena libertà di spirito, espressa attraverso un appello ad accogliere i valori etici universali: «Provate ogni cosa, tenete ciò che è buono» e in greco si ha *kalòn*, «bello», nel senso globale semitico della realtà «buona e bella» (1 *Cor* 5,21). Anche ai filippesi Paolo raccomanderà: «Tutto ciò che c'è di vero, nobile, giusto, puro, amabile, lodevole, virtuoso e onorato sia oggetto dei vostri pensieri» (*Fil* 4,8).

## *All'insegna di Afrodite*

Sul monte a ridosso di Corinto oggi rimangono solo tre possenti colonne doriche a ricordare il monumentale tempio di Afrodite, vero e proprio emblema di una città allora splendida, dotata di due porti, con seicentomila abitanti. In quella città di mare, attraversata dall'elegante via del Lechaion, brulicava una massa di commercianti, di marinai, di persone di culture e religioni differenti. Nella vasta *agorà*, con la stupenda fontana Pirene e il mirabile tempio di Apollo, passeggiavano intellettuali e politici. Nei quartieri portuali si muoveva una fauna umana variegata che a Corinto cercava soprattutto sesso: «corintizzare» in greco era allora sinonimo di «darsi alla lussuria» e «ragazza corinzia» stava semplicemente per «prostituta», mentre nel tempio di Afrodite erano al lavoro ben mille «ierodule» o prostitute sacre.

Paolo giunge in questo groviglio di varia umanità nell'inverno 50-51, reduce dal fallimento della missione di Atene, ove all'Aeropago era stato sbeffeggiato (*At* 17-18). Secondo il suo solito metodo, prima si rivolge ai fratelli ebrei, tra i quali riesce a ottenere una conversione clamorosa: quella di Crispo, capo della locale sinagoga. Poi è ai pagani che annunzia il messaggio cristiano e il successo è strepitoso: dagli schiavi fino all'assessore alle finanze della città, Erasto, la gamma dei convertiti è vasta e variegata. Trascorso un anno e mezzo, Paolo riprende il suo itinerare missionario, ma Corinto rimarrà nel suo cuore, anche se diversi sono ormai gli orizzonti in cui egli opera.

Si giunge, così, a metà degli anni 50 (siamo forse nel 55 o nel 57). Paolo è a Efeso e là – come già sappiamo dal nostro primo capitolo – gli perviene un messaggio recatogli dagli agenti commerciali di una «donna-manager» cristiana di Corinto, una certa Cloe. La situazione della Chiesa corinzia è, infatti, drammatica: tensioni violente all'interno, degenerazioni morali, crisi ideologiche, sbandamenti liturgici sconvolgono la comunità. L'Apostolo detta subito una lettera che in modo puntiglioso affronta tutte le questioni, con un'esuberanza di temi e di accenti. È questo uno scritto da leggere integralmente per scoprire che – come affermava Maurice Goguel nella sua *Nascita del cristianesimo* – «Paolo non è per nulla un teorico: la sua vita interiore, il suo pensiero, la sua attività missionaria e di responsabile di Chiesa formano un tutto indissolubile».

Noi ci accontentiamo solo di elencare i temi affrontati dalla Prima Lettera ai Corinzi, soffermandoci su qualche aspetto. Si comincia con una sferzata contro le fazioni in cui si era frantumata la Chiesa corinzia. Quasi si trattasse di scuole filosofiche, ci sono i seguaci di Kefa (Pietro), forse di tendenza conservatrice-giudaizzante; c'è chi si appella a Paolo, forse preferendo il dialogo con il mondo pagano; c'è chi opta per Apollo, straordinario predicatore e forse alfiere di tendenze intellettuali; c'è persino chi ha fondato un «partito di Cristo», di tendenza forse radicale. Le parole di Paolo spazzano via chiesuole e gruppuscoli, tentazioni intellettualistiche e integralismi settari: «I Giudei cercano i miracoli. I Greci cercano la sapienza. Noi, invece, predichiamo Cristo crocifisso, scandalo per i Giudei, stoltezza per i pagani» (1 *Cor* 1,22-23).

Le pagine si riscaldano progressivamente, si fanno ancor più concrete e persino provocatorie: «Devo ritornare da voi con il bastone o con amore e spirito di dolcezza?» (1 *Cor* 4,21). C'è da risolvere il caso di un incesto che scandalizza la comunità e Paolo è severo, anche se non dispera; c'è la vergogna del contenzioso tra cristiani presso i tribunali civili; c'è la questione sessuale che su fronti opposti vede i «libertini» che dichiarano tutto lecito, fermi a una concezione meramente fisicista della sessualità, e i «puritani» che per reazione proibirebbero anche il matrimonio; c'è la tensione tra i diversi stati sociali; c'è il problema specifico degli «idolotiti», cioè della partecipazione dei cristiani a celebrazioni sacrificali pagane insieme a parenti o amici in particolari occasioni; ci sono i disordini nelle assemblee liturgiche (e questo offre a Paolo lo spunto per una narrazione dell'ultima cena di Gesù); c'è l'equilibrio da raggiungere tra istituzione e carisma, tra unità e diversità, senza cadere negli opposti estremi dell'autocrazia e dell'anarchia spirituale; c'è, infine, l'interrogazione sul futuro ultimo dell'umanità, oltre la morte, verso quella Pasqua cosmica nella quale «Dio sarà tutto in tutti» (1 *Cor* 15,28).

*«È meglio sposarsi che bruciare!»*

Già questo elenco mostra la vastità dei problemi che pervadono l'esistere cristiano di ogni epoca, fino ai nostri giorni. Noi ora vorremmo sostare brevemente sul capitolo 7 della Lettera, dedicato al tema scottante dell'etica matrimoniale. Non possiamo trascrivere l'intero capitolo: la lettura su una Bibbia è, però, necessaria e certamente creerà sconcerto. Non bisogna, tuttavia, dimenticare che Paolo non sta componendo un trattato completo sull'argomento, ma si sta rivolgendo a un ambiente specifico con istanze circoscritte (è «una teologia applicata», diceva Hans Conzelmann). Alla base c'è una concezione della corporeità di matrice biblica: il corpo non è né neutro né negativo, come supponeva la cultura greca. «Non sapete che il vostro corpo è tempio dello Spirito Santo? ... Glorificate, dunque, Dio nel vostro corpo!» (1 *Cor* 6,19-20). Il corpo diventa, allora, il simbolo più alto per parlare della Chiesa «corpo di Cristo»: come durante la sua esistenza terrena Gesù ha annunziato e attuato la salvezza con il suo corpo, le sue labbra, le sue mani, i suoi piedi, il suo cuore, così adesso il Cristo risorto parla e agisce nella storia attraverso il corpo dei cristiani a lui uniti nella fede e nell'amore (c. 12).

Ora, la corporeità ha una sua espressione privilegiata di comunicazione nella sessualità. In tale ambito Paolo si rivela, però, a prima vista rigorista e persino gretto, al punto che alcuni hanno ipotizzato alle sue spalle un matrimonio fallito. Certo, frasi come queste imbarazzano il cristiano di oggi, attento al valore teologico e sacramentale del matrimonio: «È cosa buona per l'uomo non toccare donna. Tuttavia, per il rischio della fornicazione, ciascuno abbia la propria moglie e ogni donna il suo marito ... Ai non sposati e alle vedove dico: sarebbe buona scelta rimanere come sono io; ma se non sanno vivere in continenza, si sposino; è meglio sposarsi che bruciare!» (1

*Cor* 7,1-2.8-9). C'è poi anche una strana raccomandazione riguardante l'astinenza temporanea dai rapporti matrimoniali «per dedicarsi alla preghiera» e questo consiglio – modellato sulle tradizioni di purità rituale dell'Antico Testamento – è stato nei secoli esasperato fino a segnare negativamente la relazione nuziale nei confronti della vita spirituale e liturgica. Altrettanto imbarazzante può risultare il paragrafo sulla verginità, esaltata come il modello supremo di vita cristiana, a scapito del matrimonio: «Se ti sposi, non fai peccato e se una ragazza prende marito, non fa peccato. Tuttavia avranno tribolazione nella carne e io voglio risparmiarvele!» (1 *Cor* 7,28).

A questo punto è necessaria una precisazione. Paolo ha certo una sua sensibilità personale che può essere parziale e discutibile, ma bisogna anche ricordare che egli sta intervenendo concretamente in una Chiesa lacerata tra lassisti e rigoristi, entrambi specchio di una società erotizzata. Egli ribadisce la legittimità del matrimonio contro i «puritani» estremisti e lo fa con una mentalità che riflette la cultura del tempo, nella quale sono immersi lui e i suoi interlocutori. Ma egli introduce un'interessante variazione: in tutta la pagina – sia quando si parla di nozze, sia quando si affronta il tema citato dell'astinenza «devozionale», sia quando si risolve la questione del cosiddetto «privilegio paolino» (cioè di un matrimonio «misto» valido, sciolto per l'impossibilità del coniuge cristiano di professare e praticare la sua fede per l'opposizione del partner) – l'Apostolo considera sempre i casi sia dal punto di vista maschile sia da quello femminile, secondo una significativa parità di diritti. Inoltre, nella Lettera agli Efesini (c. 5) il matrimonio riceverà una celebrazione ben più alta. Ora siamo di fronte solo a una regolamentazione concreta, all'interno di un contesto sociale lontano dalla nostra sensibilità e nella cornice di un erotismo esasperato che aveva influenzato anche la comunità cristiana.

La verginità acquista, allora, il valore di segno provocatorio. Non è l'esaltazione di uno stato «anagrafico» né di una situazione fisiologica in quanto tale, bensì è agli occhi di Paolo l'espressione di una dedizione assoluta al Regno di Dio, all'amore del prossimo, alla libertà della donazione di sé. L'Apostolo riconosce che matrimonio e verginità sono «carismi», cioè vocazioni di origine divina (1 *Cor* 7,7), ma la seconda è il segno dello stato ultimo dell'umanità quando, come anche Gesù aveva affermato, non ci saranno più legami limitati ma ci sarà un cuor solo e una vita sola in Dio (*Mt* 22,30). In un certo senso, anche i coniugi cristiani dovrebbero avere nella loro esistenza un seme di verginità, intesa non come mera astinenza sessuale ma come desiderio di donazione pura e assoluta per il Regno di Dio e la sua giustizia. In questa linea si comprende perché Paolo consideri il matrimonio misto tra cristiani e pagani «come un campo magnetico di sacralità» (Ugo Vanni), capace di santificare l'altro coniuge e i figli. È nella stessa prospettiva che si comprende perché Paolo nel medesimo capitolo non dia rilievo alla situazione di schiavitù: nel giudaismo uno schiavo non poteva essere accolto nella comunità perché non sarebbe stato in grado di osservare le esigenti norme rituali, incombenti anche nella vita quotidiana; per il cristianesimo lo statuto sociale è secondario perché è l'interiorità della donazione ad essere decisiva (1 *Cor* 7,20-22).

*Eros e agape*

Proprio la radicalità della dedizione nell'amore, che era già alla base del Discorso della Montagna (*Mt* 5-7), diventa il filo conduttore di una delle pagine più affascinanti e celebrate dell'epistolario paolino, l'inno all'amore (1 *Cor* 13). Significativa è la scelta lessicale: Paolo parla non dell'*eros* ma dell'*agape*. Come aveva sottolineato Anders Nygren nel suo noto *Eros e agape*, tradotto in italiano nel 1971, l'eros è desiderio e tensione verso l'altro, l'agape è sacrificio e donazione per l'altro; l'eros è via dell'uomo a Dio, l'agape è via di Dio verso l'uomo; l'eros è conquista, l'agape è grazia; l'eros è auto-affermazione nobile, l'agape è amore disinteressato e dedizione di sé. Ecco, dunque, il testo paolino che è in prosa ritmica.

Se pure parlassi le lingue degli uomini e degli angeli,
ma non avessi l'agape,
sarei un bronzo echeggiante o un cembalo tintinnante.
Se avessi la profezia
e conoscessi tutti i misteri e tutta la scienza,
e avessi tutta la fede così da trasferire le montagne,
ma non avessi l'agape, sarei un nulla.
Se anche distribuissi tutti i miei averi
e votassi il mio corpo a esser bruciato,
ma non avessi l'agape, nulla mi gioverebbe.
L'agape è magnanima,
l'agape è benigna, non invidia,
l'agape non si vanta, non si inorgoglisce,
non disprezza, non è egoista,
non s'adira, non considera il male,
non gode dell'ingiustizia, gioisce per la verità,
tutto copre, tutto crede,
tutto spera, tutto sopporta.
L'agape non si spegnerà mai ...
Tre sono le realtà che permangono:

fede, speranza e agape.
Più grande di tutte è, però, l'agape! (1 *Cor* 13,1-8.13).

Paolo inizia con il dipingere l'uomo carico di ogni dote umana e spirituale, ma vuoto d'amore. Il dono delle lingue – simbolo non solo di cultura ma di capacità mistico-estatiche (tale è il senso profondo della locuzione «parlare in lingue») – diventa, senza l'agape, il rimbombo di un gong o il frastuono del cembalo dei culti orgiastici della dea Cibele. Tre doni divini altissimi come la profezia, la scienza («gnosi») e la fede capace di «trasportare anche le montagne» (*Mc* 11,23), se privi dell'amore, sono uno zero. La stessa generosità eroica e il distacco dai beni, se non sostenuti dall'amore, sono solo autoglorificazione o gesti eroico-spettacolari. Il poeta brasiliano contemporaneo Paulo Suess così riprendeva questa prima parte dell'inno paolino: «Anche se parlassi la lingua di tutte le tribù viventi / e persino dei popoli scomparsi dalla terra e dalla memoria, / se non ho l'amore, / sono un trombone di gelida latta, un computer trilingue. / Anche se distribuissi tutte le mie scarpe e i viveri / per soccorrere il popolo scalzo e denutrito, / se non ho l'amore, / sono una delle tante cavie rivoluzionarie, / un cacciatore di farfalle o un poeta sognatore».

La seconda parte dell'inno è simile a un fiore i cui petali sono altrettante qualità dell'agape: magnanimità, bontà, umiltà, disinteresse, generosità, rispetto, benignità, perdono, giustizia, verità, tolleranza, costanza... È il corteo delle virtù che accompagnano l'amore. Se l'agape si spegnesse (ma, essendo divina, non può morire), le virtù umane e religiose si eclisserebbero. Se Giovanni Testori nel 1991 ha voluto rendere la Prima Lettera ai Corinzi in una versione quasi poetica e ha esaltato proprio la forza dolce di questo canto, George Orwell nel romanzo *Fiorirà l'aspidistra* ne ha tentato un audace stravolgimento, purtroppo reale nella storia dell'uomo, sostituendo ad «agape» la parola «denaro»: «Anche se parlassi tutte le lingue, se non ho denaro, divengo un bronzo risonante ... Se non ho denaro, non sono nulla ... Il denaro tutto crede, tutto spera, tutto sopporta ...».

### *I «superapostoli» di Corinto*

Proprio l'agape doveva essere messa a dura prova nella Chiesa di Corinto. E non per ragioni economiche, ma per prestigio dottrinale. La seconda missiva che Paolo indirizza ai corinzi, forse verso la fine del 57, colpisce infatti alcuni «superapostoli» (2 *Cor* 12,11), in realtà «falsi apostoli» (2 *Cor* 11,13) che ironizzavano su di lui dicendo: «Le sue lettere saranno anche gravi e forti, ma la sua presenza fisica è debole e il suo discorso insignificante» (2 *Cor* 10,10). Allusioni un po' misteriose, al punto che Adolf Jülicher riteneva che la Seconda Lettera ai Corinzi fosse «la più enigmatica e personale delle Lettere paoline». Lo è per l'identificazione esatta di questi avversari dell'Apostolo, lo è per una serie di ammiccamenti che circolano per lo scritto. Paolo da Efeso, ove aveva scritto la Prima Lettera, si era recato a Corinto e là aveva trovato una situazione disgustosa. Anzi, era stato persino offeso pubblicamente durante un'assemblea. Rientrato a Efeso, «in un momento di grande afflizione e con il cuore angosciato, aveva scritto tra molte lacrime per far conoscere l'immenso affetto che nutriva» per i Corinzi, nonostante tutto (2 *Cor* 2,4: questa «lettera delle lacrime» è, però, andata perduta).

Ma chi erano i rivali di Paolo che a Corinto lo ridicolizzano e adulterano e mercanteggiano il vangelo (2 *Cor* 2,17)? Di costoro la Lettera disegna due ampi ritratti (2 *Cor* 2,14-7,4; 10,1-13,10), dai quali emergono lineamenti differenti che non permettono un'identificazione univoca. Da un lato, sembrano essere giudeo-cristiani, «israeliti, discendenza di Abramo» (2 *Cor* 11,22); d'altro lato, hanno la fisionomia di predicatori ambulanti, sul modello dei filosofi itineranti greci. Sembrano, da un lato, essere rigorosi custodi della «lettera» delle Scritture, inclinando verso il fondamentalismo della «lettera che uccide» (2 *Cor* 3,6); d'altro lato, hanno il gusto del prodigioso, si affidano a visioni e ad eccitazioni carismatiche. Propugnatori di un cristianesimo elitario e sofisticato, non disdegnano il successo popolare, fondandolo sul plagio e sullo sfruttamento (2 *Cor* 11,20). Paolo sbotta: «Questi tali sono falsi apostoli, operai fraudolenti, che si mascherano da apostoli di Cristo. Ciò non deve stupire perché anche Satana si maschera da angelo della luce» (2 *Cor* 11,13-14). Così, la Chiesa di Corinto è divenuta un mefitico vaso di Pandora da cui esalano «contese, invidie, animosità, dissensi, maldicenze, insinuazioni, arroganze, disordini» (2 *Cor* 12,20).

Eppure Paolo – che tratteggia la sua vita come un'avventura senza respiro tra prigione, naufragi, pericoli e sofferenze di ogni genere, percosse e persino un tentativo di lapidazione (2 *Cor* 11,23-27) – conserva intatta anche in questa tempesta la serenità: «Siamo da ogni parte tribolati ma non piegati, sconvolti ma non disperati, perseguitati ma non abbandonati, colpiti ma non distrutti: dappertutto portiamo nel nostro corpo la morte di Gesù perché anche la vita di Gesù si manifesti nel nostro corpo» (2 *Cor* 4,8-10). La polemica con gli avversari permette a Paolo di abbozzare per contrasto il ritratto dei veri apostoli che «non predicano se stessi ma Gesù Cristo Signore» (2 *Cor* 4,5), che hanno la coscienza di essere fragili come vasi d'argilla ma capaci di contenere un tesoro inestimabile (2 *Cor* 4,7), consapevoli di essere chiamati a partecipare al trionfo glorioso di Cristo, descritto con immagini imperiali. Infatti in 2 *Cor* 2,14-16 si assiste alla sfilata di un corteo regale con danze festose (il verbo greco *thriambeuein* rimanda alla danza delle Baccanti) e con l'esalare di profumi (zafferano nel trionfo romano, con aromi vari). Ma quell'effluvio profumato e fragrante si fa asfissiante e micidiale per i perversi: «Dio ci fa partecipare al suo trionfo in Cristo ed effonde per mezzo nostro dappertutto il profumo della sua conoscenza. Noi siamo, infatti, dinanzi a Dio il dolce aroma di Cristo tra coloro che si salvano e coloro che si perdono: per questi odore di morte per la morte, per quelli odore di vita per la vita» (2 *Cor* 2,14-16).

### *Una lettera scritta non con l'inchiostro né su una lapide*

Vorremmo aggiungere due osservazioni finali a questa Seconda Lettera ai Corinzi che «riflette il temperamento, la ricchezza caratteriale, l'eccitabilità persino, la ruvidezza di Paolo e anche la confusione della situazione» (Otto Kuss). La prima riguarda la sua stessa genesi. La lettura continua e diretta del testo rivela una certa frammentarietà, salti tematici, accostamenti ingiustificati. Alcuni commentatori hanno ipotizzato che essa sia una specie di silloge di brani di lettere paoline differenti: c'è chi ne ha intraviste due, chi tre mentre altri ancora hanno sbriciolato il testo in ben cinque lettere diverse. Ad esempio, i capitoli 8-9 dedicati alla colletta per sostenere la Chiesa di Gerusalemme sembrerebbero essere un trattatello sulla solidarietà tra le Chiese; i paragrafi 6,14-7,1 riflettono, invece, temi e linguaggio degli scritti del «monastero» giudaico di Qumran sul Mar Morto (dualismo luce-tenebre, isolazionismo sacrale, uso di florilegi di citazioni bibliche, presenza del principe demoniaco Beliar, oltre a ben sei vocaboli ignoti alla versione greca antica della Bibbia, detta «dei Settanta»); nei cc. 10-13 sembrano essere scivolati passaggi della «lettera delle lacrime», sopra evocata e andata perduta.

Altri commentatori, però, preferiscono spiegare questa eterogeneità con la tensione che turba l'anima dell'Apostolo: c'è persino chi ha immaginato che egli abbia composto tale missiva di getto, in una notte insonne e che quanto più s'inoltrava nello scritto, tanto più i temi si accumulavano, si ripetevano, si sfrangiavano, si attorcigliavano... Difficile è optare per l'una o l'altra spiegazione. Certo è che non siamo in presenza di un'opera dalla struttura armonica e pianificata, ma di un testo composito, seppure con un robusto filo sotterraneo di coordinamento. I travagliati rapporti fra Paolo e i corinzi hanno probabilmente fatto fiorire diversi scritti dell'Apostolo; essi, però, non possono essere identificati con precisione in questo documento complesso e stratificato ma profondamente paolino.

Un'altra nota che vorremmo fare è di ordine letterario-teologico. La Seconda Lettera ai Corinzi è costellata di riflessioni suggestive, affidate a simboli folgoranti. Eccone un'antologia. Cristo è per eccellenza il *sì* perché «in lui tutte le promesse di Dio sono divenute *sì*» (2 *Cor* 1,17-20). I cristiani sono una lettera vivente: «La nostra lettera siete voi, lettera scritta nei nostri cuori, conosciuta e riconosciuta da tutti gli uomini. Voi vi rivelate come una lettera di Cristo, composta da noi, scritta non con l'inchiostro, ma con lo Spirito del Dio vivente, non su tavole di pietra ma sulle tavole di carne dei cuori» (2 *Cor* 3,2-3). L'apostolo, cioè il ministro della nuova alleanza con il Signore, è avvolto dalla luce divina, ma non la vela come aveva fatto Mosè disceso dal Sinai, bensì «a viso scoperto, riflette come in uno specchio la gloria del Signore» (2 *Cor* 3,7-18). Il nostro destino futuro è come una veste splendida che si deve indossare, anche se ci costa deporre l'abito quotidiano della nostra corporeità (2 *Cor* 5,1-10).

L'incarnazione di Cristo nella storia umana è vista come un atto di amore e come un esproprio: egli, «pur essendo ricco, si è fatto povero, affinché anche voi diveniate ricchi in forza della sua povertà» (2 *Cor* 8,9; cfr. *Fil* 2,6-8). Sulla scia di Cristo l'Apostolo si deve consacrare a tutti: «Chi è debole, che anch'io non lo sia? Chi riceve scandalo, che io non ne frema?» (2 *Cor* 11,29). Egli, pur essendo stato «rapito fino al terzo cielo ... in paradiso e aver udito parole ineffabili che nessuno può pronunziare» (2 *Cor* 12,2-4), confessa di avere infitta «nella carne una spina, un messo di Satana, incaricato di schiaffeggiarlo» (2 *Cor* 12,7), forse una malattia fastidiosa o una prova interiore. Ma è «quando sono debole che io sono forte» (2 *Cor* 12,10), perché Cristo gli ha promesso: «Ti basti il mio amore: la forza diventa infatti perfetta nella debolezza!» (2 *Cor* 12,9). Riaffiora anche nel fedele lo scandalo e il paradosso della croce «perché la debolezza di Dio è più forte degli uomini!» (1 *Cor* 1,25). La Chiesa, fedele al suo Signore, diventa allora la sposa di Cristo: «Provo per voi lo stesso amore geloso di Dio: ho promesso, infatti, di presentarvi a Cristo, unico sposo, come una vergine pura» (2 *Cor* 11,2).

# XI
# Il vangelo di Paolo

Dello stile di Paolo san Girolamo ci ha lasciato una nota critica suggestiva: *Non curabat magnopere de verbis cum sensum haberet in tuto*, «non si preoccupava più di tanto delle parole quando aveva messo al sicuro il significato». Un contrasto tra parola grezza e messaggio luminoso che – stando all'antico ritratto degli *Atti di Paolo e Tecla*, pittoresco ma importante apocrifo della fine del II sec. – si ripercuoteva anche nella fisionomia dell'Apostolo: «Era un uomo di bassa statura, la testa calva, le gambe arcuate, il corpo vigoroso, le sopracciglie congiunte, il naso alquanto sporgente, pieno di amabilità: a volte aveva le sembianze di un uomo, a volte l'aspetto di un angelo». Paolo riesce a comporre armonicamente in sé la realtà umana, nella sua pesantezza e carnalità ma anche nella trascendenza a cui è destinata. A ragione Mario Luzi di lui scriveva: «Enorme figura che emerge dal caos dell'errore e dell'inquieta aspettativa degli uomini per dare un senso alla speranza. Uomo venuto da una crisi planetaria ... La sua dismisura era sulla potenza della passione, ma non sulla causa di quel pathos».

### *«O Galati stupidi, chi mai vi ha ammaliati?»*

Il nuovo trittico di lettere paoline, che si apre ora davanti a noi, è posto proprio nel cuore del pathos dell'Apostolo, alla radice della sua fede e del suo «vangelo». Galati, Filippesi e Romani (con l'aggiunta del biglietto a Filemone) costituiscono una tappa fondamentale non solo del nostro itinerario testuale paolino ma in tutta la teologia cristiana. Il percorso non sarà facile per chi vorrà addentrarsi integralmente in quel fascicolo di pagine. Già Origene nel III sec. – ed Erasmo da Rotterdam ne replicherà l'immagine – presentava

Paolo come un ospite poco affabile: ti introduce in un palazzo grandioso svelandoti tesori ma anche disorientandoti tra sale, corridoi, scaloni. Alla fine non sai più dove sia l'uscita o l'ingresso del labirinto. Eppure rimani affascinato e capisci che quella visita era necessaria.

Paolo in questi scritti non vuole sollecitare un dialogo accademico, vuole provocare reazioni, adesioni o rigetti, offrire una testimonianza. Perciò non è possibile essere istruiti su Paolo «in modo ragionevole» e distaccato, come esigeva Voltaire nel suo *Dictionnaire philosophique*. L'aveva già intuito Lutero quando definiva così quella specie di «prova d'autore» (rispetto ai Romani) che è la Lettera ai Galati: «Essa è la mia epistoletta, a cui mi sono fidanzato. È la mia Caterina von Bora», cioè la monaca che sarà sua sposa. Questo scriveva Lutero nel 1531 mentre componeva un secondo commento alla Lettera: il primo, elaborato tra il 1516 e il 1517, aveva quasi segnato il transito del Riformatore del cattolicesimo verso un nuovo orizzonte. Nel 1934 un esegeta inglese, G.S. Duncan, confermava che «la Lettera ai Galati è la Magna Charta del cristianesimo evangelico».

Dicevamo che essa è una «prova d'autore» rispetto al capolavoro paolino: qui, infatti, troviamo in sintesi l'impianto teologico di quello che abbiamo chiamato «il vangelo» di Paolo. Si discute da sempre sull'identificazione esatta dei «galati», galli che nel III-II sec. a.C. migrarono dall'Europa per raggiungere l'altopiano anatolico, costituendo un regno lasciato in eredità ai romani dall'ultimo loro sovrano, Aminta, nel 25 a.C.: Paolo scrive ai cristiani di questo piccolo regno decaduto che si stendeva attorno all'attuale Ankara (Ancira) o a quelli della provincia romana della Galazia che era molto più estesa e abbracciava anche l'Anatolia meridionale? La questione è sostanzialmente cronologica: se si opta per la prima e più probabile scelta, la Lettera è da collocare dopo il 55, quando Paolo percorse quella regione; altrimenti, nella seconda ipotesi, si potrebbe risalire fino al 49-50, quando l'Apostolo entrò in Anatolia; in tal caso sarebbe lo scritto paolino più antico.

La prima soluzione s'impone soprattutto per il legame intimo che la Lettera rivela con quella successiva ai romani. In queste poche pagine, comunque, ci vengono subito incontro gli avversari nei confronti dei quali Paolo non risparmia espressioni pesanti. «Vi sono, infatti, alcuni che vi turbano e vogliono sovvertire il vangelo di Cristo» (*Gal* 1,7). Ecco, allora, un appello ardente: «O Galati stupidi [*anóetoi* in greco evoca per assonanza e per contrasto il comune *agapetoì* che Paolo di solito usa per i suoi interlocutori], chi mai vi ha ammaliati, proprio voi agli occhi dei quali fu rappresentato [letteralmente "fu pubblicato ufficialmente" a grandi caratteri] al vivo Gesù Cristo crocifisso?» (*Gal* 3,1). E ancora: «Chi vi agita subirà la sua condanna, chiunque egli sia» (*Gal* 5,10). Infine, con sarcasmo, l'Apostolo fa intendere che i rivali sono cristiani di origine ebraica. Alludendo pesantemente alla loro circoncisione, egli ironizza: «Dovrebbero farsi mutilare coloro che vi turbano» (*Gal* 5,12), cioè più che circoncidersi avrebbero dovuto castrarsi. E il rimando forse va – in modo blasfemo nei confronti della circoncisione, il grande segno dell'alleanza d'Israele con Dio – anche ai culti orgiastici pagani di Cibele, i cui sacerdoti venivano iniziati attraverso l'evirazione.

Risulta, dunque, chiaro il profilo del rivale di Paolo: è il giudeocristianesimo che ribalta l'ordine dei valori, al primato di Dio sostituisce quello dell'uomo, alla grazia oppone la legge, alla fede privilegia le opere, all'«essere salvati» il «salvarsi». Ma la *vis* polemica dell'Apostolo va oltre la concezione del giudaismo, che non era così antitetica rispetto alla visione teologica paolina. Certo è che egli vuole impedire che l'uomo prevarichi su Dio, cioè che l'etica anticipi la teologia, che la legge osservata preceda il vangelo annunziato, che l'auto-salvazione si opponga alla grazia salvifica. Non è solo un ordine logico o cronologico dei fattori, ma una sequenza strutturale e metafisica, è una rivoluzione teologica copernicana al cui centro è Dio e non l'uomo giusto. La polemica paolina riguarda, perciò, l'originalità del messaggio cristiano nel suo cuore autentico. Su questo ritorneremo fra poco trattando la Lettera ai Romani. Per ora vorremmo solo segnalarne la formulazione tematica che Paolo in Galati 2,16 ribadisce tre volte:

– «Riconosciamo che l'uomo non è giustificato dalle opere della legge ma soltanto per mezzo della fede in Gesù Cristo.»
– «Abbiamo creduto in Cristo Gesù per essere giustificati dalla fede in Cristo e non dalle opere della legge.»
– «Dalle opere della legge non verrà mai giustificato nessuno.»

### *«Mi opposi a Kefa a viso aperto...»*

La Lettera ai Galati, che in finale è postillata da un autografo («vedete con quali grossi caratteri vi scrivo, ora, di mia mano», *Gal* 6,11), è tutta segnata dall'impronta personale e spirituale dell'Apostolo. Basterebbe solo scorrere qua e là il testo. «Se anche noi stessi o un angelo dal cielo vi annunziasse un vangelo diverso da quello che vi abbiamo annunziato, sia maledetto! L'abbiamo appena detto e di nuovo lo ribadisco: se qualcuno vi annunzia un vangelo diverso da quello che avete ricevuto, sia maledetto! ... Vi dichiaro, fratelli, che il vangelo da me annunziato non è secondo l'uomo: io non l'ho ricevuto né imparato da un uomo ma per rivelazione di Gesù Cristo» (*Gal* 1,8-9.11-12). E questo vangelo ha al centro la grazia, cioè l'irruzione di Dio nella storia dell'uomo, proprio come era accaduto a Paolo che autobiograficamente rievoca la via di Damasco: «Colui che mi scelse fin dal grembo di mia madre e mi chiamò con la sua grazia si compiacque di rivelare a me suo Figlio perché lo annunziassi in mezzo ai pagani» (*Gal* 1,15-16).

Per tutti c'è, dunque, come per Paolo, un «prima» e un «poi»: «Prima che venisse la fede, noi eravamo rinchiusi a chiave nella prigione della legge, in attesa della fede che doveva essere rivelata ... Tutti voi ora siete figli di Dio per la fede in Cristo Gesù» (*Gal* 3,23.26). Da prigionieri e schiavi a liberi e figli: «Quando giunse la pienezza del tempo, Dio mandò suo Figlio, nato da donna, nato sotto la legge, per riscattare coloro che erano sotto la legge e perché ricevessimo l'adozione a figli. Che voi ora siate figli deriva dal fatto che Dio ha mandato nei nostri cuori lo Spirito di suo Figlio che grida: *Abba'*, Padre! Perciò non sei più schiavo ma figlio e, se figlio, anche erede per volere di Dio» (*Gal* 4,4-7). Si ode, nella pagina paolina, l'eco della voce di Gesù stesso in quell'*Abba'* aramaico del «Padre Nostro» (*Lc* 11,2), espresso appunto nella lingua parlata da Gesù e dai discepoli. Potente, comunque, è il legame con Cristo: «Sono stato con-crocifisso con Cristo: non sono più io che vivo ma è Cristo che vive in me! ... Per me non c'è altro vanto che nella croce del Signore nostro Gesù Cristo, per mezzo della quale il mondo per me è stato crocifisso, come io per il mondo ... Io porto nel mio corpo le stigmate di Gesù» (*Gal* 2,20; 6,14.17). Queste «stigmate» che Paolo reca nella sua carne non sono solo le ferite della lotta per il vangelo ma la comunione dell'Apostolo con la Passione di Cristo stesso. Per indicare quel legame intenso tra Cristo e il cristiano, Paolo ricorre anche all'immagine classica della veste, segno di nuova realtà e di dignità: «Quanti siete stati battezzati in Cristo, vi siete rivestiti di Cristo» (*Gal* 3,27). Ecco, allora, la grande svolta che l'umanità intera sperimenta, passando dalla dispersione e dalla frammentazione all'unità e all'armonia: «Non c'è più giudeo né greco; non c'è più schiavo né libero; non c'è più maschio né femmina: tutti voi siete uno in Cristo Gesù» (*Gal* 3,28).

Sia pure a margine, meritano un cenno le pagine autobiografiche di apertura della Lettera. La via per Damasco, l'Arabia (che forse è solo la Siria meridionale e la Giordania), Damasco ancora, Gerusalemme: sono queste le prime mete del Paolo divenuto cristiano. Gerusalemme è un punto di riferimento capitale, verso cui l'Apostolo s'incammina a più riprese, soprattutto per ottenere un avallo ufficiale del suo progetto missionario che varca i confini del giudaismo. Avallo che gli viene formalmente concesso da quelle che Paolo chiama «le colonne» della Chiesa, cioè gli apostoli di Gesù Giacomo, Kefa (Pietro) e Giovanni (*Gal* 2,9). Ma tra le mete della predicazione paolina c'è soprattutto Antiochia di Siria (ora Antakia in Turchia), culla del cristianesimo germogliato dal paganesimo e non dal giudaismo. È qui che scoppia un incidente tra Pietro e Paolo, emblematico delle due grandi figure della cristianità delle origini e del loro stile personale e pastorale.

Pietro è uomo di mediazione, attento a salvaguardare le diverse sensibilità e gli equilibri interni; Paolo è uomo radicale, insofferente dei compromessi e delle sfumature. Pietro ad Antiochia osserva le norme rituali alimentari quando è presente una delegazione di ebrei gerosolimitani, le supera quando è solo con i cristiani di matrice pagana. Questa doppia misura irrita Paolo che non esita a «opporsi a viso aperto perché [Pietro] era evidentemente nel torto» (*Gal* 2,11), denunciando ciò che ai suoi occhi non è diplomazia ma ipocrisia. Ed in effetti un comportamento come quello di Pietro avrebbe giustificato l'esistenza di due Chiese, estranee una all'altra, impossibilitate a essere l'«uno in Cristo» sopra proclamato (*Gal* 3,28). Sarebbero, così, venute meno l'unità, la libertà, la novità del cristianesimo. Il rapporto di Paolo con Pietro è esemplare. Da un lato, egli riconosce a Kefa la funzione di «colonna» (Gesù in *Mt* 16,18 aveva parlato di «pietra», indicandola proprio con il nuovo nome aramaico imposto all'apostolo Simone, Kefa, cioè «pietra, roccia, Pietro») per la verità del vangelo; d'altro lato, però, non esita a scegliere la via della contestazione, quando le decisioni concrete pastorali sono ambigue o discutibili. Obbedienza e libertà, indipendenza e comunione non si escludono, quando chiara è la scala di valori in cui esse si esplicano.

### *Dal pretorio, «casa di Cesare», in catene*

Nelle nostre memorie scolastiche la città macedone di Filippi – che portava il nome del suo fondatore Filippo II, padre di Alessandro Magno (IV sec. a.C.) – è presente per la battaglia risolutiva del 42 a.C. tra Ottaviano e Marco Antonio, da una parte, e Bruto e Cassio, dall'altra, e per quel celebre motto «Ci rivedremo a Filippi», desunto dalla *Vita di Giulio Cesare* di Plutarco. Per il cristianesimo Filippi, che ancora oggi offre una significativa testimonianza archeologica della sua gloria antica, è legata invece alla presenza di Paolo, qui giunto dopo la visione notturna di Troade dove un macedone implorava l'Apostolo: «Passa in Macedonia e aiutaci!» (*At* 16,9). A Filippi era, così, risuonato per la prima volta in Europa il nome e il messaggio di Gesù Cristo. Paolo non dimenticherà mai questa comunità generosa e affettuosa e, anni dopo, attorno al 55-56, quasi in contemporanea con la Lettera ai Galati, le indirizzerà uno scritto caloroso. Infatti, «nessuna Chiesa aprì con me un conto di dare e di avere, se non voi soli: anche a Tessalonica mi avete inviato per due volte il necessario ... Adesso ho il necessario e persino il superfluo perché sono ricolmo dei vostri doni ... che sono un profumo di soave odore, un sacrificio accetto e gradito a Dio» (*Fil* 4,15-18).

La Lettera è, però, scritta da un carcere duro: Paolo è «in catene», all'interno di un «pretorio» romano (*Fil* 1,7.13), «casa di Cesare» (*Fil* 4,22), cioè edificio statale. Egli teme per la sua vita, pur non perdendo fiducia e serenità: «Anche se il mio sangue dev'essere versato in libagione sul sacrificio e sulla liturgia della vostra fede, io sono felice e lo sono con voi ... Cristo sarà glorificato nel mio corpo, sia che io viva sia che muoia. Per me, infatti, il vivere è Cristo e il morire un guadagno» (*Fil* 2,17; 1,20-21). La speranza di uscire da questo incubo è forte, come lo è quella di riabbracciare gli amati filippesi: «Sono convinto nel Signore che presto verrò io di persona da voi» (*Fil* 2,24). Dove sia carcerato Paolo non lo dice: in passato si è pensato all'ultima prigionia di Roma ma, per una serie di ragioni generali che ora non possiamo elencare, si deve ripiegare su una carcerazione molto severa a Efeso, dopo le tormentate vicende vissute dall'Apostolo in quella città e narrate in Atti 19. Ai corinzi Paolo aveva già confessato di essersi trovato a Efeso come in una lotta con le belve (1 *Cor* 15,32).

Ma la sorpresa maggiore la si ha nella lettura dello scritto, a causa degli stacchi inattesi, dei mutamenti repentini di tono e persino di umore, dei trapassi non mediati. Policarpo, vescovo di Smirne, scrivendo anch'egli ai filippesi nel 105 ricordava «le lettere» che Paolo aveva loro indirizzato: le pagine che oggi chiamiamo Lettera ai Filippesi non saranno forse la sintesi delle diverse «lettere» paoline menzionate dal vescovo? La cosa è probabile, sebbene sia difficile districare i frammenti di quella corrispondenza, tant'è vero che gli studiosi isolano brani differenti per estensione e numero senza accordarsi tra loro. Ma non si può neppure del tutto escludere che la Lettera sia unitaria e rifletta la mutevolezza che spesso contrassegna lo stile e la personalità sempre fremente dell'Apostolo: «in questo scritto» osservava Jerome Murphy O'Connor «si sente battere il cuore di Paolo».

C'è, infatti, un'intimità, marcata dall'«io-voi-noi», un giuoco di pronomi che percorre lo scritto. Ma non manca la tensione, soprattutto nella polemica contro chi sta inquinando il messaggio cristiano. Le parole si fanno, allora, aspre come contro i galati: «Guardatevi dai cani, guardatevi dai cattivi operai, guardatevi da quelli che si fanno circoncidere [ma il termine è sprezzante e rimanda piuttosto all'"incisione", alla "mutilazione"]» (*Fil* 3,2). Il pensiero corre ancora una volta ai cristiani giudaizzanti. Altrove, però, si condannano alcuni bollati come libertini, «il cui dio è il loro ventre, orgogliosi di ciò di cui dovrebbero vergognarsi, tutti protesi alle realtà terrene» (*Fil* 3,19). Per contrasto emerge la vera tensione cristiana verso una patria trascendente ove si profila il volto trasfigurato e glorioso di Cristo che ci chiama a raggiungerlo (*Fil* 3,20-21). La vita cristiana diventa, allora, una corsa: «Non ho ancora conquistato né sono giunto alla perfezione. Solo mi sforzo di correre per conquistarlo perché anch'io sono stato conquistato [si potrebbe tradurre anche "afferrato", "impugnato"] da Cristo ... Dimentico del passato e proteso verso il futuro, corro verso la meta per arrivare al premio che Dio ci chiama a ricevere lassù, in Cristo Gesù» (*Fil* 3,12-14).

Paolo, fra l'altro, ama ricorrere a metafore sportive, in particolare a quella della corsa nello stadio, per indicare il dinamismo dell'esistenza cristiana. Poche righe prima ai filippesi confessava di «non aver corso invano né invano faticato» (*Fil* 2,16). Ai galati chiedeva: «Correvate così bene: chi vi ha tagliato la strada?» (*Gal* 5,7). E ai corinzi: «Non sapete che nelle corse allo stadio tutti corrono freneticamente, ma uno solo conquista il premio? Correte anche voi così da conquistarlo! Però ogni atleta è rigoroso in tutto; essi lo fanno per ottenere una corona corruttibile, noi invece per una incorruttibile. Io, dunque, corro ma non senza meta; faccio pugilato ma non per batter l'aria; bensì colpisco duramente il mio corpo e lo soggiogo perché non mi capiti che, dopo aver predicato agli altri, venga io stesso squalificato» (1 *Cor* 9,24-26). Alla corsa – che sarà ripresa nel «testamento» di 2 Timoteo 4,7-8 («ho terminato la mia corsa») – si aggiunge nel passo appena citato il pugilato che è evocato anche con il verbo tecnico greco del «colpire sotto gli occhi», cercando di individuare con il *caestus*, il guantone zavorrato con ferro, il punto più delicato dell'avversario. Per Paolo «l'uomo di Dio come autentico campione deve affrontare con decisione totale la gara e la lotta per due motivi: per rispondere alla chiamata di Dio e per onorare l'ingaggio» (Rinaldo Fabris).

*L'eclisse sul Golgota*

Quando, nel capitolo IX del nostro libro, abbiamo cercato di definire la Pasqua di Cristo, abbiamo sottolineato che la Chiesa delle origini è ricorsa a un linguaggio variegato, proprio perché quell'evento aveva in sé dimensioni verificabili ma anche trascendenti, coinvolgeva la storia e lo spazio ma anche l'eterno e l'infinito, annodava in sé l'esperienza sensibile e l'atto di fede. Un solo linguaggio non sarebbe stato sufficiente, né quello dei fatti, dei documenti, delle testimonianze né quello teologico, spirituale e simbolico. Si è, così, usata sia una formulazione che parlava di «risurrezione» o «risveglio» di Gesù dalla morte alla vita sia l'espressione dell'«esaltazione» o «glorificazione» del Cristo. Questo secondo linguaggio è alla base dell'ascensione al cielo descritta da Luca, della crocifissione gloriosa secondo Giovanni e di un testo paolino che ora leggiamo. Si tratta di un inno incastonato nel capitolo 2 della Lettera ai Filippesi: è probabilmente la citazione di un canto, forse battesimale, delle Chiese paoline, ritrascritto e ritoccato da Paolo, articolato in strofe, modellato su un movimento spaziale simbolico (verticale-discensionale, prima, e verticale-ascensionale, poi, secondo appunto lo schema dell'«esaltazione»), non privo di allusioni a testi biblici (*Is* 53; *Dn* 7; *Sir* 24).

L'elemento capitale è situato in un contrasto: da un lato, la discesa umiliante del Figlio di Dio quando s'incarna, precipitando fino allo «svuotamento» (*kénosis*) di tutta la sua gloria divina nella morte di croce, il supplizio dello schiavo, cioè l'ultimo degli uomini per poter essere, così, vicino e fratello dell'intera umanità; d'altro lato, ecco l'ascesa trionfale che si compie nella Pasqua quando Cristo si ripresenta nello sfolgorare della sua divinità, nell'«esaltazione» gloriosa che è celebrata da tutto il cosmo e da tutta la storia ormai redenti. Si tratta di una visione grandiosa che presenta morte e risurrezione, umanità e divinità di Gesù Cristo in una forma sintetica e solenne. Ecco, dunque, il primo movimento, quello dell'incarnazione, che ha il suo sigillo nella morte di Gesù in croce.

> Cristo Gesù, pur avendo la condizione di Dio,
> non volle approfittare dell'essere uguale a Dio,
> ma svuotò se stesso
> assumendo la condizione di schiavo.
> Divenuto simile agli uomini

e presentatosi in forma umana,
umiliò se stesso
facendosi obbediente fino alla morte
e alla morte di croce (*Fil* 2,6-8).

Dall'orizzonte luminoso della divinità il Figlio di Dio s'avvia a varcare l'infinita distanza che intercorre tra il Creatore e la creatura. Non teme di umiliare il suo «essere uguale a Dio» che gli compete per natura e non per usurpazione: egli non lo vuole conservare gelosamente come un tesoro né lo vuole usare solo a proprio vantaggio (tale è il senso della frase greca stringata da noi tradotta con «non volle approfittare dell'essere uguale a Dio»). Anzi, egli «svuota» se stesso (*ekénosen*, un termine che diverrà «tecnico» in teologia per indicare l'abisso in cui Dio precipita nel Cristo morto in croce), quasi annientandosi. È questa, in sintesi, la storia di Gesù di Nazaret, povero, debole e umiliato, votato alla crocifissione, cioè a una morte infamante e miserabile. Forse è Paolo – a cui è tanto caro l'emblema della croce – ad aggiungere all'inno, fuori ritmo, la precisazione «morte di croce». Dalla vetta del Golgota, però, parte anche la grande svolta pasquale. Quella morte non spegne la divinità che Cristo ha in sé, sia pure velata sotto il peso della carne umana. Ecco, allora, il secondo movimento dell'inno, il canto dell'«esaltazione-glorificazione» pasquale.

Per questo Dio lo ha sovraesaltato
gratificandolo con un nome
che supera ogni altro nome
affinché nel nome di Gesù si pieghi ogni ginocchio
degli esseri celesti, terrestri e sotterranei
e ogni lingua confessi
che Gesù Cristo è il Signore
a gloria di Dio Padre. (*Fil* 2,9-11).

Abbiamo cercato di ricalcare l'intensità del greco che esalta i toni martellando per tre volte il tema del «nome» che nel mondo biblico è la persona stessa e la sua dignità. Questo «nome», che getta in adorazione tutte le creature descritte secondo la tripartizione verticale semitica del cosmo (cielo-terra-inferi), è *Kyrios*, «Signore», il termine con cui nell'Antico Testamento tradotto in greco e usato dai cristiani si indicava il nome sacro del Dio biblico, *Jhwh*. Il Cristo glorioso risorto appare in pienezza come il Pantokrator che incombe trionfale dalle absidi delle basiliche paleocristiane o bizantine: egli reca ancora i segni della Passione e morte, ma è ormai splendido nella luce della divinità, in quella luce che si era eclissata sulla croce del Golgota quando Gesù aveva «svuotato» se stesso della sua gloria divina non solo per essere accanto all'umanità ma per entrare nel suo grembo, fatto di miseria, di dolore, di morte, di limite, di peccato. È la stessa luce che ora brilla di nuovo nella risurrezione, avvolgendo cielo, terra e inferi, cioè l'intero essere redento.

*Tre stelle nere nel cielo della storia*

«Le grandi ore della storia della Chiesa sono state le grandi ore della Lettera ai Romani.» Questa frase, che apre il commento di Paul Althaus al capolavoro di Paolo, esprime il valore di vessillo che il testo paolino ha avuto nella cristianità: basti solo pensare alle lezioni che Lutero tenne sulla Lettera ai Romani nel 1515-16 alle soglie della svolta che egli stava per imprimere alla cristianità (l'autografo di quelle note verrà scoperto a Berlino nel 1908, ma una copia era già venuta alla luce nel 1889 nientemeno che nella Biblioteca Vaticana). Per venire ai nostri giorni, è d'obbligo citare l'*Epistola ai Romani*, il famoso commento teologico che Karl Barth pubblicherà a Berna nel 1919 e che rifonderà completamente nel 1922 a Monaco di Baviera, facendolo diventare un testo di riferimento per la teologia e la cultura del Novecento. È, comunque, paradossale che questa Lettera, causa di divisione e tensione nella cristianità, sia divenuta oggi uno strumento di dialogo ecumenico: è, infatti, con la versione della Lettera ai Romani che è iniziata nel 1967 in Francia la pubblicazione della *Traduzione ecumenica della Bibbia*.

Considerata da Filippo Melantone, uno dei padri con Lutero della Riforma protestante, «il compendio della dottrina cristiana», la Lettera ai Romani «è attraversata, come un cielo da lampi, da grida di dolore e di gioia, da dialoghi concreti e da confessioni drammatiche» (Salvatore Garofalo). Paolo la scrive da Corinto tra il 55 e il 58 (secondo le diverse cronologie a cui si è accennato) con l'aiuto dello scriba Terzo che si firma in *Rm* 16,22. Non possiamo entrare nel merito delle molteplici notizie offerte dal capitolo finale della Lettera che, fra l'altro, rivela forse interventi redazionali successivi e che ci offre una lunga serie di saluti a uomini e donne della Chiesa di Roma, tra i quali si notano alcune coppie. Non possiamo neppure seguire con puntigliosa attenzione i 432 versetti dell'intero scritto come potrebbe fare un commento. Ci accontenteremo di disegnare una mappa teologica essenziale della Lettera che Paolo ha concepito come sua credenziale presso una Chiesa prestigiosa, insediata nel cuore dell'impero, in una Roma popolata da un milione di persone, tra cui si contavano forse cinquantamila ebrei con ben tredici sinagoghe.

Lo scritto segue sostanzialmente due movimenti; il primo è di taglio teologico-dottrinale (cc. 1-11), il secondo di tono etico-pastorale (cc. 12-16). La parte più rilevante è senza dubbio la prima e potrebbe essere scandita in tre tempi: la giustificazione per la fede (cc. 1-5), la vita secondo lo Spirito (cc. 6-8), la sorte di Israele (cc. 9-11). Se volessimo individuare un ideale filo tematico, potremmo assumere quella citazione del profeta Abacuc (2,4) che Paolo pone sull'ideale frontale della Lettera e che potremmo rendere così: «Il giusto mediante la fede vivrà» (*Rm* 1,17). I capitoli 1-8, che sono il cuore dell'opera, sono appunto definiti da questa frase nelle sue due scansioni: «Il giusto, divenuto tale mediante la fede (cc. 1-5), vivrà (cc. 6-8)». Per spiegare in pienezza il valore di tale affermazione teologica ci affideremo a una costellazione di termini greci che Paolo plasma secondo significati nuovi e che chiama a illuminare il cielo teologico della Lettera.

Si tratta di un settenario di parole che si ordinano in due campi; partiremo da tre vocaboli che sono come stelle «nere»: con la loro tenebra accecante trafiggono l'orizzonte della storia. La prima parola è *sarx*, «carne». Non è l'esistenza umana nella sua fragilità, come intendeva Giovanni quando nel prologo al suo vangelo affermava che «il Logos [Cristo] divenne carne [*sarx*]» (*Gv* 1,14). Per Paolo, invece, la *sarx* è un principio negativo efficace e deleterio che si annida nel cuore umano. Immaginiamo la zizzania che pervade il terreno seminato a grano, come diceva Gesù in una sua parabola (*Mt* 13,24-30): essa è inestricabile, fiorisce, prospera e attenta alla fecondità del grano. La *sarx* è il terreno offerto al male, un terreno che si distende nelle nostre coscienze. Ecco poi la seconda stella oscura, l'*hamartía*, cioè il «peccato» nel suo irrompere violento. Il terreno della *sarx* alimenta e fa crescere la zizzania del peccato il cui sviluppo è contorto e tempestoso e si manifesta nel grappolo delle azioni inique da noi compiute.

La terza parola negativa è *nomos*, la «legge» da osservare. Di per sé essa è santa e donata da Dio ma è l'uso perverso che ne fa l'uomo a portare alla sua degenerazione. Per ricorrere ancora all'immagine del terreno, è come se, capitati su una distesa di sabbie mobili, tentassimo da soli – alzando le braccia – di venirne fuori. Tentativo spontaneo ma vano; quanto più ti agiti per estrarti, tanto più affondi. Così è il destino di chi si illude di vincere la *sarx* e l'*hamartía* compiendo le opere della legge. Per salvarti da quel gorgo di melma è necessario che ci sia una mano che da una roccia stabile ti afferri e ti liberi. Ed è proprio da qui che passiamo alle altre quattro parole della nostra costellazione teologica.

*Quattro stelle luminose nel cielo della storia*

Si accende, dunque, nel cielo tenebroso della nostra caduta, la prima stella luminosa, quella della *charis*, la «grazia». Il vocabolo, che è rimasto nell'inglese *charm* e nel francese *charme*, indica qualcosa di affascinante e di gioioso. È l'apparire di Dio nella notte dell'anima. Egli squarcia la nostra solitudine, mettendosi lui per primo alla nostra ricerca, incamminandosi sulle nostre strade. Osserva Paolo: «Isaia arriva fino al punto di affermare: Io [il Signore] mi sono fatto trovare anche da quelli che non mi cercavano, mi sono rivelato anche a quelli che non mi interrogavano» (*Rm* 10,20; *Is* 65,1). In principio, dunque, c'è l'amore divino che si rivolge all'uomo. È questo il senso del grido finale del *Diario di un curato di campagna* di Bernanos: «Tutto è grazia!». Illuminato dalla *charis*, l'uomo deve rispondere con la sua libertà di adesione o di rifiuto. Ecco, allora, la seconda stella luminosa, la *pistis*, la «fede». Essa è simile a braccia aperte che accolgono l'amore divino donato. È l'afferrare quella mano che ci viene offerta mentre stiamo sprofondando nel terreno molle della *sarx*, avviluppati nei grovigli dell'*hamartía*.

È a questo punto che si accende la terza stella, quella del *pneuma*, lo Spirito. Anche in ebraico un unico vocabolo (*rûah*) indica sia il «vento» sia lo «spirito», sia il respiro della vita fisica sia quello della vita interiore. Ebbene, con l'abbraccio d'amore tra *charis* e *pistis*, tra grazia divina e fede umana, Dio infonde in noi il suo stesso respiro, il suo Spirito, cioè la sua vita. È per questo che noi lo possiamo considerare come padre e ci possiamo sentire fratelli di suo figlio, Gesù Cristo; tra lui e noi corre la stessa vita: «Voi non avete ricevuto uno spirito [*pneuma*] da schiavi per piombare nella paura ma avete ricevuto uno spirito [*pneuma*] di figli adottivi per mezzo del quale gridiamo: *Abba'*, padre!» (*Rm* 8,16). Ora, l'uomo che ha accolto la grazia (*charis*) nella fede (*pistis*) e che ha ricevuto in sé il *pneuma*, lo Spirito della vita divina, acquista un nuovo statuto interiore che è descritto dall'ultima parola, *dikaiosyne*, «giustificazione». Essa è la stella terminale che sigilla la vicenda della salvezza, partita dalle tenebre e approdata alla luce: l'uomo è ora «giustificato», cioè reso giusto, perfetto, è – per usare un'immagine paolina – una «creatura nuova». Da lui le opere giuste fluiranno come frutto della salvezza ottenuta.

Abbiamo disegnato in modo simbolico ed essenziale – attraverso la costellazione delle sette parole *sarx - hamartía - nomos - charis - pistis - pneuma - dikaiosyne* – quell'avventura della redenzione che Paolo nella Lettera ai Romani traccia in modo formale e articolato, in pagine di forte densità teologica. Se le dovessimo scorrere, troveremmo percorsi ulteriori, puntualizzazioni accurate e scene di vasto respiro. C'è, ad esempio, la grandiosa rappresentazione iniziale dei bassifondi dell'umanità ove *sarx* e *hamartía* imperversano. Pagani ed ebrei, indistintamente, sono sotto la tempesta della collera divina: Dio «li ha abbandonati» in balìa di se stessi e delle loro infamie, si ripete per tre volte in *Rm* 1,24.26.28. È inutile che gli ebrei alzino la bandiera della legge, della circoncisione, delle promesse divine: sono precipitati nell'abisso del peccato. In queste pagine, però, c'è anche la celebrazione della salvezza offerta da Cristo. Essa è un «molto più» di quanto ci si attende (*Rm* 5,17): «Là dove il peccato è abbondato, là di molto è sovrabbondata la grazia» (*Rm* 5,20). L'uomo non è solo guarito dalle sue ferite ma è del tutto rinnovato, «ri-creato», diventa intimo e figlio di Dio.

Come Cristo è entrato morto nel sepolcro di pietra e ne è uscito vivente e glorioso, così l'uomo che entra nel sepolcro d'acqua del battesimo lascia le spoglie della sua corruzione e ne esce risorto e creatura nuova (*Rm* 5,1-11). Certo, egli sente sempre la lacerazione drammatica – dipinta dall'Apostolo in un capitolo di straordinaria efficacia (il c. 7) – tra il bene e il male: «Quando voglio fare il bene [in greco c'è *kalòn*, la "bellezza-bontà"], ecco che il male si insedia accanto a me» (*Rm* 7,11). Ma l'irrompere della grazia è decisivo: «Me sventurato, chi mi strapperà a questo corpo di morte? Siano rese grazie a Dio per mezzo di Gesù Cristo, nostro Signore!» (*Rm* 7,24-25). E l'orizzonte, a questo punto, s'allarga.

*I tre gemiti e l'olivo*

Entriamo, allora, nello stupendo capitolo 8 che meriterebbe una lettura integrale, soprattutto per quella visione cosmica della salvezza che tanto aveva conquistato Pierre Teilhard de Chardin, gesuita scienziato e filosofo, teso a intuire nell'evoluzione stessa del creato il procedere progressivo della redenzione verso la pienezza: «Immergiti nella materia, figlio della terra» – cantava nel suo *Inno all'universo* – «bàgnati nelle sue falde ardenti perché essa è la sorgente e la giovinezza della tua vita e anche in lei batte il gemito dello Spirito». È proprio con l'immagine del gemito, che esce dalle labbra della partoriente, che Paolo compone una parabola della redenzione cosmica. Tre sono i gemiti che s'intrecciano. C'è quello del creato che «a capo eretto attende da lontano la rivelazione dei figli di Dio» (*Rm* 8,19): «tutta la creazione geme e soffre fin da ora le doglie del parto» (*Rm* 8,22). C'è il gemito dell'uomo: «[la creazione] non è sola ma anche noi che possediamo le primizie dello Spirito gemiamo interiormente attendendo da lontano l'adozione a figli [di Dio]» (*Rm* 8,23). C'è, infine, il gemito divino: «Lo Spirito stesso viene in aiuto alla nostra debolezza ... intercedendo per noi con gemiti ineffabili» (*Rm* 8,26).

Il destino ultimo dell'essere è, quindi, quello di una ri-creazione e di una rigenerazione. Perciò, scrivendo ai corinzi, Paolo aveva già usato un'immagine «genetica»: «Ciò che tu semini non prende vita, se prima non muore, e quello che semini non è il corpo che nascerà ma un semplice chicco ... Così anche la risurrezione dei morti: si semina corruttibile e risorge incorruttibile, si semina ignobile e risorge glorioso, si semina debole e risorge potente, si semina un corpo animale e risorge un corpo animato dallo Spirito» (1 *Cor* 15,36-37.42-44). Questa vicenda dell'essere creato è da Paolo inserita all'interno di una *próthesis*, cioè di un progetto o disegno divino che egli tratteggia ricorrendo a una sequenza di verbi, i primi due segnati dalla preposizione *pro-* che indica l'origine eterna e trascendente della *prothesis* divina (*Rm* 8,28). È un progetto che ci precede e ci supera e che comprende il riscatto, la salvezza e la pienezza dell'umanità. Ecco la successione dei cinque verbi che partono dalla pre-conoscenza, dalla pre-destinazione (da non intendersi, però, in senso «calvinista», quasi che non supponesse anche la libertà umana), dalla vocazione per approdare alla giustificazione e alla glorificazione. È un cerchio vitale che si muove da Dio e ritorna in Dio.

Quelli che ha pre-conosciuti [*pro-egno*]
ha anche pre-destinati [*pro-órisen*] ad essere conformi all'immagine
del Figlio suo, perché egli sia primogenito tra molti fratelli;
quelli che ha pre-destinati [*pro-órisen*]
ha anche chiamati [*ekálesen*];
quelli che ha chiamati [*ekálesen*]
ha anche giustificati [*edikaiosen*];
quelli che ha giustificati [*edikaiosen*]
ha anche glorificati [*edóxasen*] (*Rm* 8,29-30).

In questo disegno occupa uno spazio particolare Israele, al quale Dio si è legato strettamente con la prima alleanza. Al popolo che ha ricevuto dal Signore «l'adozione a figli, la gloria, le alleanze, la legislazione, il culto, le promesse, i patriarchi e da cui proviene Cristo secondo la carne» (*Rm* 9,4-5) Paolo dedica ben tre capitoli (9-11) della Lettera e, pur ribadendo che gli ebrei hanno bisogno di essere salvati in Cristo dal loro peccato, ne esalta la grandezza e il destino di gloria anche a loro aperto. La Chiesa, che comprende i non-ebrei, deve sentirsi innestata nella «santa radice» di quell'olivo che è Israele. L'immagine agricola che l'Apostolo usa è paradossale: l'innesto lo si compie su un albero selvatico con un pollone fruttifero; nella storia della Chiesa è avvenuto il contrario. Infatti sull'olivo, che è Israele, è stato innestato un oleastro che «partecipa della radice e della linfa dell'olivo», cioè i pagani convertiti al cristianesimo (*Rm* 11,16-24). E anche se ora gli israeliti si sono ridotti a essere rami e polloni piantati altrove, essi potranno riconnettersi alla loro radice e al loro tronco sano: «Se, infatti, tu sei stato reciso dall'oleastro (come eri per natura) e sei stato contro natura innestato su un olivo buono, quanto più essi (che sono della stessa natura) potranno venire di nuovo innestati sul proprio olivo!» (*Rm* 11,24).

*La questione fiscale*

Come spesso si è ribadito, Paolo non è un teorico puro; anche in una Lettera così densamente teologica com'è quella ai Romani egli lascia spazio nei capitoli 12-16 alla morale, alla prassi pastorale, alle relazioni ecclesiali, nella convinzione che il vero «culto logico» (*loghikè latreia*), cioè compiuto nello spirito profondo dell'uomo, sia l'«offrire i nostri corpi come sacrificio vivo, santo, caro a Dio» (*Rm* 12,1). Detto in altri termini, il vero culto cristiano è quello di presentare al Signore un'offerta esistenziale, ossia la propria vita. L'amore-agape, celebrato in 1 *Cor* 13, è ora riproposto con intensità come «pienezza della legge» (*Rm* 13,10). Noi, però, vorremmo scegliere nelle pagine della Lettera ai Romani un paragrafo a prima vista un po' stridente con la nostra sensibilità, quello del rapporto con il potere civile. Paolo rivela un lealismo sorprendente nei confronti dell'impero romano, lealismo ribadito anche in altri passi dell'epistolario (1 *Tm* 2,1-2; *Tt* 3,1-2; cfr. 1 *Pt* 2,13-17), in dissonanza con la dura polemica dell'Apocalisse. È probabile che questa scelta facesse parte di una strategia «politica», seguita anche da Luca negli Atti degli Apostoli, secondo la quale si cercava di impedire che si confondesse la Chiesa con uno dei vari movimenti eversivi antiromani d'Oriente (si pensi agli zeloti ebrei di Palestina o all'editto del 49 con cui l'imperatore Claudio espelleva da Roma molti ebrei come indesiderati).

Il passo in questione è Romani 13,1-7 ed è aperto da una dichiarazione di principio: «Ogni persona sia sottomessa alle autorità costituite» (*Rm* 13,1). Seguono due motivazioni. La prima è teologica e riflette l'antica concezione biblica secondo la quale «non c'è autorità se non sotto Dio e quelle che esistono sono state stabilite da Dio», che è il

Signore della storia. Opporsi ad esse è, allora, opporsi a un piano divino tracciato nella vicenda umana (*Rm* 13,1-2). La seconda motivazione è di taglio più pratico: l'autorità è deputata al bene comune, osservarne le norme significa assicurare alla società serenità, violarle comporta la punizione «perché non invano essa regge la spada» (*Rm* 13,3-4). La conclusione è scontata: «È necessario stare sottomessi, non solo per timore della sua collera ma anche per ragione di coscienza» (*Rm* 13,5). A questo punto Paolo allega una nota sulla questione fiscale: «Per questo, allora, dovete pagare le tasse, perché coloro che compiono questa funzione sono ministri [*leitourgoì*] di Dio» (*Rm* 13,6).

Certo, il discorso risente del tempo, del contesto socio-culturale, delle finalità immediate che l'Apostolo si propone, dell'ottimismo con cui si vede l'impero romano come tutore anche del cristianesimo, in opposizione al giudaismo considerato come ostile e vessatorio. È, quindi, necessaria una corretta interpretazione; essa ci permetterà di riprendere il discorso sul rapporto tra fede e politica già sviluppato da Gesù con il gesto simbolico della moneta di Cesare (*Mt* 22,15-22). Sicuro è che Paolo – come già Cristo – non vuole qui offrire un trattato di morale socio-politica ma tracciare solo una linea di condotta alla Chiesa del I secolo inserita nella struttura imperiale romana. Tuttavia alcune considerazioni di ordine generale possono essere dedotte anche da un brano «datato» com'è questo. L'uso da parte di Paolo del linguaggio giuridico profano, l'angolo di visuale «dal basso» per i rapporti con lo Stato (cioè la morale del cittadino più che quella del politico, come si ha invece in un documento giudaico contemporaneo, la cosiddetta *Lettera di Aristea*), la concretezza degli impegni richiesti vogliono coinvolgere il cristiano nella realtà della vita civile. In tal modo, come ha fatto notare il teologo Ernst Käsemann, Paolo intende forse opporsi all'esaltazione eccitata di quei cristiani che, per una falsa emancipazione spiritualistica, si ritenevano già cittadini del Regno dei cieli e quindi rifiutavano ogni impegno all'interno delle strutture istituzionali storiche (più o meno come si comportano oggi certi gruppi o sette o movimenti apocalittici). Il cristiano, invece, deve partecipare con realismo alla vita sociale e politica senza fughe in verticale e senza decollare verso cieli mitici o mistici.

Un'ulteriore osservazione di tipo «contestuale» ci condurrebbe a un altro dato interessante. In queste righe l'Apostolo, opponendosi all'orientamento della letteratura apocalittica, ricusa ogni concezione solo demoniaca del potere. Esso, certo, comporta rischi gravi di degenerazione, può divenire idolatrico, come accadeva nel culto imperiale o nell'assolutizzazione della ragion di stato, ma può anche partecipare al progetto di Dio sulla storia quando si impegna per il bene comune. Il cristiano dev'essere, dunque, disponibile, con genuino spirito di collaborazione nei confronti di tutto ciò che l'autorità statale – anche atea/pagana (si ricordi che, quando Paolo scriveva, imperatore a Roma era Nerone) – esige per il bene civico. Un capitolo speciale e importante è, al riguardo, quello delle tasse. L'evasione fiscale è chiaramente bollata da Paolo: «Rendete a ciascuno il dovuto: a chi il tributo il tributo, a chi le tasse le tasse ...» (*Rm* 13,7).

Ma vorremmo aggiungere un'altra considerazione. Per l'Apostolo il rapporto con lo Stato non è solo una questione giuridica estrinseca, è anche un problema di coscienza e, come tale, tocca la morale cristiana. Il civismo, la correttezza fiscale, i doveri sociali sono altrettanti capitoli dell'impegno etico del credente. Anzi, come è stato notato da Ulrich Wilckens in un suo saggio sul brano paolino, la trascrizione «attualizzata» e aggiornata degli impegni proposti in questo paragrafo secondo la sensibilità moderna comporterebbe maggiori esigenze rispetto all'antico contesto: supporrebbe, infatti, partecipazione responsabile, cooperazione sociale, attenzione critica, solidarietà e uno spiccato senso democratico e civico. Siamo, perciò, davanti a un testo che non dev'essere, certo, assunto in modo fondamentalistico come avallo sacrale del potere. Esso è aperto a nuove incarnazioni secondo le moderne istanze del diritto, della politica sociale, della giustizia, dell'obiezione di coscienza e così via. Una pagina da trascrivere, dunque, partendo, però, dalla convinzione che il rapporto del credente con lo Stato è anche una questione autenticamente cristiana.

*L'ultimo biglietto*

Il ritratto di Paolo finora disegnato attraverso i suoi scritti di sicuro autentici, pur essendo molto accurato, non copre tutti i lineamenti di un volto originale e sfuggente. La scuola che da lui è direttamente derivata lo arricchirà di nuovi tratti, come vedremo nel capitolo successivo. La lettura integrale dei suoi scritti rimane indispensabile ed è un limite grave che essi siano quasi del tutto assenti, sia nella predicazione ecclesiale sia nella conoscenza laica: quanti sono i cristiani che hanno letto con attenzione l'intera Lettera ai Romani? E quanti sono i cultori della storia dell'Occidente che hanno cercato di individuare e comprendere le radici paoline? Il vangelo di Paolo è centrato sul Cristo crocifisso e risorto, umiliato e glorioso: si pensi che delle 535 presenze nel Nuovo Testamento del nome di Gesù Cristo (di Gesù, di Cristo e così via) almeno 400 si trovano nell'epistolario paolino. Nella Lettera ai Romani egli confessava: «Chi ci separerà dall'amore di Cristo? La tribolazione, l'angoscia, la persecuzione, la fame, la nudità, il pericolo, la spada? No, in tutte queste cose noi stravinciamo per merito di Lui che ci ha amati. Sono, infatti, convinto che né morte né vita, né angeli né principati, né presente né avvenire, né potenze, né altezza né profondità, né alcun'altra creatura potrà mai separarci dall'amore di Dio in Cristo Gesù, nostro Signore» (*Rm* 8,35-39).

Il discorso teologico dell'Apostolo, radicato nel vangelo di Cristo, si allarga però fino ad abbracciare e ad illuminare orizzonti diversi entro i quali l'umanità si muove e si scontra continuamente. Il quadro generale potrebbe essere così formulato secondo una sintesi suggerita da un esegeta, Pietro Rossano: «In un grande disegno salvifico Dio offre la salvezza a tutti, ebrei e gentili, in Cristo Gesù morto e risorto. Si diventa partecipi della salvezza unendosi a Cristo mediante la fede, morendo con lui al peccato e partecipando alla forza della sua risurrezione. La salvezza tuttavia non è ancora completa finché egli di nuovo ritorni; nel frattempo colui che in Cristo è stato affrancato al potere della legge e del peccato diventa un uomo nuovo per opera dello Spirito e la sua condotta si ispira alla nuova situazione in cui è venuto a trovarsi per la chiamata divina». Il linguaggio teologico risulta, però, uno stampo freddo che non può del tutto contenere l'incandescenza del pensiero e del sentimento dell'Apostolo. E quanto esso sia insufficiente lo dimostra quell'ultimo commovente biglietto che Paolo, ormai «anziano e in catene» (*Fm* v. 9), indirizza a Filemone, un amico ricco e generoso, «collaboratore» nell'annunzio del vangelo, nella cui casa si radunava una comunità di cristiani (*Fm* vv. 1-2), anche se ignota è la città.

A lui l'Apostolo chiede un favore piuttosto inatteso. Durante la sua carcerazione – che forse erano gli arresti domiciliari a Roma agli inizi degli anni 60 (*At* 28,30-31) – Paolo aveva incontrato e «generato» alla fede cristiana uno schiavo di nome Onesimo (*Fm* vv. 10-11). Costui era fuggito proprio dalla casa di Filemone e, secondo il diritto romano, doveva essere restituito al padrone che ne avrebbe deciso la sorte come meglio gli fosse gradito. La proposta che Paolo avanza è significativa per illustrare la nuova visione che il cristianesimo stava introducendo nelle relazioni sociali. Ascoltiamo l'Apostolo, che ricorre anche a un giuoco di parole sul nome «Onesimo» che in greco significa «utile»:

Onesimo un giorno ti fu inutile, ora è utile a te e a me. Te lo rimando, lui che è il mio cuore [letteralmente "le mie viscere"] ... È stato separato da te per un momento perché tu lo riavessi per sempre, non più come schiavo ma molto più che schiavo, cioè come fratello amato tanto da me ma ancor più da te, sia secondo la natura umana sia per la fede nel Signore. Se, dunque, mi consideri come amico, accoglilo come me stesso ... Sì, fratello, che io possa ottenere da te questo favore nel Signore; da' questo sollievo al mio cuore in Cristo! Ti scrivo fiducioso nella tua docilità, sapendo che farai anche più di quanto ti chiedo (*Fm* vv. 11-21).

È suggestivo notare come Paolo si permetta di aggiungere un tocco di umorismo quando dice: «Se in qualcosa Onesimo ti ha offeso o ti è debitore, metti tutto sul mio conto. Scrivo questo di mio pugno, io, Paolo: io stesso pagherò! Anche se vorrei dirti che tu mi sei debitore e proprio di te stesso!» (*Fm* vv. 18-19). Paolo esce di scena con questo delizioso biglietto, simbolo di amore e di libertà. C'è nel saluto finale un bagliore di speranza: «Intanto preparami un alloggio perché spero – grazie alle vostre preghiere – di esservi felicemente restituito» (*Fm* v. 22). Chissà se il desiderio di Paolo si realizzò, prima della sua morte sotto Nerone imperatore!

# XII
# Oltre Paolo: la tradizione paolina

Se stiamo al computo dei versetti – la cui numerazione è stata introdotta solo nel 1528 da Sante Pagnini in una Bibbia pubblicata a Lione – il *corpus* delle tredici Lettere che portano il nome di Paolo ne conta 2003 su un totale di 5621 dell'intero Nuovo Testamento. Siamo, quindi, in presenza di un materiale documentario consistente al cui interno, però, si notano rilevanti variazioni di vocabolario, di stile, di temi. Su queste variazioni alcuni studiosi (tra costoro segnaliamo il filosofo Friedrich Schleiermacher), a partire dalla fine del Settecento, hanno puntato il microscopio dell'analisi letteraria. Si è giunti progressivamente a una conclusione – ora dominante tra gli esegeti – secondo cui sei Lettere attribuite dalla tradizione a Paolo sarebbero in realtà «pseudoepigrafe» o «deuteropaoline», poste cioè sotto il nome e l'autorità dell'Apostolo ma in realtà provenienti da discepoli, da quella che è stata chiamata «tradizione (o scuola) paolina». Questa conclusione merita subito due note. La prima è di tipo storico-letterario: le argomentazioni critiche, come vedremo, sono consistenti ma non sono mai del tutto apodittiche, perché non si possono escludere evoluzioni stilistiche e tematiche nella biografia intellettuale di un autore. La seconda è di tipo teologico: le Lettere deuteropaoline rimangono per i cristiani «canoniche» e «ispirate», quindi norma della loro fede; l'ispirazione divina, infatti, si estende a eventuali discepoli-autori dell'Apostolo, come è accaduto nel caso di Marco e Luca per i rispettivi vangeli.

### *L'epifania dell'Anticristo*

Iniziamo, perciò, un nuovo viaggio testuale nell'epistolario paolino. Anche in queste pagine l'Apostolo incombe con il suo magistero e la sua autorità, tanto da poter essere considerato per certi aspetti l'autore ultimo: d'altronde, non è infrequente nella Bibbia l'attribuzione al Maestro di opere di discepoli, come accade nel libro di Isaia o come avviene paradossalmente per Salomone che vede porre sotto il suo nome, oltre ai Proverbi, anche il Cantico dei Cantici, il Qohelet, il Salmo 72 e persino il Libro della Sapienza, scritto in greco almeno nove secoli dopo, attorno al 30 a.C. (non c'erano allora questioni di copyright ...). I sei scritti che ora scorreremo si ordinano in tre ambiti autonomi. Isolata rimane la Seconda Lettera ai Tessalonicesi; le Lettere ai Colossesi e agli Efesini sono imparentate tra loro e si rivelano come un'originale rilettura del patrimonio teologico paolino; le due a Timoteo e quella a Tito formano un'unità omogenea, particolarmente attenta alla dimensione istituzionale della Chiesa. Avremo, dunque, uno specchio del pensiero e della vita delle Chiese paoline che, ancorate alla rupe dell'Apostolo, si aprono verso nuovi orizzonti, ordinamenti e anche rischi.

Cominceremo con un cenno alla Seconda Lettera ai Tessalonicesi, 823 parole greche in tutto, 47 versetti, 3 capitoli ma con 13 vocaboli ignoti al resto del Nuovo Testamento. È un testo ridondante e ripetitivo (si pensi che il capitolo 1 si compone di sole tre frasi principali appesantite da numerose subordinate), affine e distante al tempo stesso dalla Prima Lettera ai Tessalonicesi. Se mettiamo tra parentesi l'introduzione del capitolo 1, lo scritto è a dittico. La prima tavola rivela i colori accesi dell'apocalittica: si affronta, infatti, il tema della scadenza della *parousía* o «venuta» ultima del Signore Gesù, con tutto il fremito che tale evento genera (c. 2). Nella comunità tessalonicese circolano false lettere paoline dense di oracoli minacciosi, si agitano persone fanatiche ed esaltate, si moltiplicano visioni e manifestazioni carismatiche più o meno dubbie, si respira una spasmodica atmosfera di attesa.

La replica a tale stato patologico avviene nella Lettera sul filo della simbologia fosforescente ed emozionante della letteratura apocalittica giudaica, allora molto diffusa, ma lo scopo non è quello di eccitare ulteriormente bensì di placare gli animi. Anziché escogitare oroscopi sulla *parousía*, è necessario interpretare il flusso della storia al cui interno si annidano i germi e i segni del destino ultimo. Uno dei segni viene particolarmente evocato, sempre con il linguaggio apocalittico: è l'«apostasia» di molti e l'epifania dell'«...Uomo del peccato, il Figlio della perdizione, colui che si contrappone e si esalta sopra ogni essere che viene detto Dio o è oggetto di culto, fino ad assidersi nel tempio di Dio, additando se stesso come Dio» (2 *Ts* 2,3-4). Questa figura blasfema attinge i suoi tratti alle simbologie del libro biblico di Daniele ed è la personificazione delle potenze del male, l'Anticristo, che si erge contro Dio, Cristo e il bene della storia.

Ma l'autore della Lettera va oltre e introduce un misterioso ostacolo al trionfo dell'apostasia e del Figlio della perdizione o Anticristo: «Voi sapete ciò che ostacola [*to katechon*] la sua epifania che, così, accadrà solo al tempo stabilito. Il mistero dell'iniquità è già all'opera e lo sarà solo fino a quando verrà tolto di mezzo chi lo ostacola [*ho katechon*]» (2 *Ts* 2,6-7). Questo «ostacolo» è presentato prima al neutro come entità e poi al maschile come persona. Si tratta, dunque, di una personificazione variamente interpretata: la predicazione del vangelo, la Chiesa, un decreto divino, persino l'impero romano, lo Spirito Santo o san Michele arcangelo. In realtà è la stessa volontà divina che governa la storia e che controlla il male. Allora il senso dei versetti citati diventa meno pittoresco e fantasmagorico e molto più teologico. La storia è il campo aperto dove il Male può imperversare; ma il cristiano sa che Dio lo tiene sotto controllo fino al momento in cui il Maligno apparirà in tutto il suo sinistro fulgore. Sarà, quella, l'epifania finale del giudizio: «solo allora l'Empio sarà rivelato e il Signore Gesù lo annienterà con il soffio della sua bocca ...» (2 *Ts* 2,8).

Alle curiosità un po' pettegole – che non di rado affiorano anche ai nostri giorni – sulla fine del mondo si oppone in queste pagine un grandioso affresco della storia che si trasforma in un'interpretazione fiduciosa della vicenda umana e in un appello a un impegno severo nella lotta contro il male. Si spiega, così, la seconda tavola del dittico (c. 3), ove in tono concitato l'Apostolo contesta la situazione confusa e perturbata della comunità cristiana di Tessalonica. Convinti dell'imminenza della fine, molti avevano abbandonato la loro professione, conducendo una vita eccitata, indisciplinata e disordinata. La replica è dura: «Chi non vuol lavorare neppure mangi ... Vi esortiamo nel Signore Gesù Cristo a mangiare il proprio pane in tranquillità» (2 *Ts* 3,10.12). È solo nell'impegno quotidiano sereno e operoso che ci si prepara all'incontro con Cristo; è solo nella fedeltà alla storia presente che si può accogliere il Regno futuro; è solo combattendo l'Anticristo operante nel mondo che si potrà partecipare al trionfo finale sul male. A margine notiamo che, nonostante la diversità di vocabolario e di prospettiva rispetto al testo sicuramente paolino della Prima Lettera ai Tessalonicesi, lo scritto ora considerato reca in finale – forse anche per contestare le false lettere paoline a cui sopra si faceva cenno – la nota: «Questo saluto è di mia mano, di

Paolo. Ciò serve come segno di autenticazione per ogni lettera: io scrivo così» (2 *Ts* 3,17).

*Alla ricerca di indizi tra le righe*

Chi va oggi a cercare l'antica Colossi, «città grande, fiorente, con molti abitanti», come la definiva Senofonte, s'imbatte in una ristretta area archeologica nei pressi del villaggio di Honez nella Turchia centrale. È solo un cumulo di pietre su cui regna il silenzio; eppure il nome antico di questa ex-città risuona ancor oggi proprio per merito di Paolo, che però mai si recò a Colossi di Frigia, la cui Chiesa fu fondata da un discepolo dell'Apostolo, Epafra, originario di quella regione. Costui fa capolino nel finale della Lettera insieme a Luca, «il caro medico» (*Col* 4,14), e forse a un altro evangelista, Marco, «cugino di Barnaba» (*Col* 4,10), un altro discepolo di Paolo. L'Apostolo, comunque, incombe in apertura e chiusura di lettera ed è dalle catene di una prigione che egli scrive (*Col* 4,3.18), com'era accaduto per quella inviata ai filippesi e come sarà per quella destinata agli efesini, tanto da attribuire a questo trittico epistolare la classificazione di «Lettere della cattività o prigionia». La figura di Paolo affiora anche nell'intreccio tra teologia e morale, cioè tra dottrina e vita, caratteristico degli scritti certamente paolini, appare nella raffigurazione «pasquale» del battesimo cristiano (*Col* 2,12.20 come in *Rm* 6), nella triade delle virtù fede-amore-speranza (*Col* 1,4) e in altri tratti tematici e stilistici.

Eppure, in un'analisi accurata di questa epistola che è da collegare idealmente alla successiva Lettera agli Efesini, si incontrano molte sorprese. Ben 34 sono i vocaboli inediti rispetto a tutto il resto del Nuovo Testamento e 28 rispetto alle Lettere paoline certe; si ignorano completamente termini e temi cari a Paolo come quelli della *dikaiosyne*, la «giustificazione» mediante la fede, del *pisteuein*, il «credere», del *nomos*, la «legge», e così via. La vivacità di dettato, che era quasi la firma letteraria paolina, si spegne nelle costruzioni pesanti e prolisse e nelle ripetizioni, l'attenzione non è artigliata più da interrogativi o appelli rivolti ai «fratelli», fatta forse eccezione per il «codice familiare» (*Col* 3,18-4,1) che, però, riflette materiale tradizionale paolino. Ma non manca il ricorso alla retorica classica, come hanno dimostrato due studi di Michel Wolter e di Jean-Noël Aletti, apparsi nel 1993, basati sulle tecniche del discorso greco-latino: annunzio tematico, argomentazione-dimostrazione, esortazione-appello.

Le sorprese sono, però, soprattutto di ordine ideologico e contenutistico. Si introduce un nuovo profilo di Cristo come Signore cosmico, «capo dei Principati e delle Potestà» (*Col* 2,10), dei «Troni e delle Dominazioni» celesti (*Col* 1,16), come colui nel quale «tutto sussiste» (*Col* 1,17) e tutto è riconciliato e redento (*Col* 1,20). Entra in scena non più la Chiesa locale ma quella universale di cui Cristo è «capo», secondo una nuova simbologia destinata a variare l'immagine della Chiesa come «corpo di Cristo» apparsa in 1 Corinzi 12. Il battesimo è, sì, una partecipazione alla vicenda della morte e risurrezione di Cristo come in Romani 6, ma la risurrezione è vista come già compiuta anche per il fedele e non più da attendere nel futuro ultimo: «Siete stati con-sepolti con lui nel battesimo, in lui siete stati con-risuscitati» (*Col* 2,12). È quella che i teologi chiamano nel loro linguaggio specifico «l'escatologia realizzata»; la pienezza della salvezza è già ora attuata. Cade di molto la tensione verso la *parousìa*, la venuta ultima di Cristo così ansiosamente attesa dai tessalonicesi. È il presente da vivere con intensità perché in esso si è già insediata l'eternità con l'avvento di Cristo in mezzo a noi e nel cosmo. Più che tendere al futuro, bisogna «cercare le realtà che sono in alto, dove è assiso Cristo ... non quelle della terra» (*Col* 3,1-2), secondo una prospettiva più spaziale che storica della salvezza.

Altrettanto sorprendenti sono alcune variazioni che vengono introdotte in temi classici paolini. La fede non è presentata come l'abbraccio della grazia divina, cioè come un atto personale di adesione, ma come un contenuto di verità da accogliere. Si moltiplicano, allora, i vocaboli del conoscere: «conoscenza, sapienza, intelligenza, insegnamento, verità, mistero da rivelare» e il vangelo è definito come «parola di verità» (*Col* 1,5). Anche un simbolo paolino come quello della veste, segno della nuova dignità acquisita dal cristiano, riceve un'inedita variante: Paolo affermava che è Cristo stesso da «indossare come veste» (*Gal* 3,27; *Rm* 13,14); ora è semplicemente «l'uomo nuovo» in senso morale (*Col* 3,10). Abbiamo voluto questa volta soffermarci su aspetti letterari e teologici molto specifici e persino minuziosi per mostrare – sia pure in modo semplificato – come procede l'analisi esegetica dei testi, alla ricerca dei segnali che essi nascondono e che si possono riportare a galla. Si tratta, però, di un'operazione indiziaria, condotta quasi tra le righe, ed è perciò che i risultati sull'attribuzione o meno di questa Lettera a Paolo conservano sempre qualche grado di incertezza.

### *L'«eresia» dei colossesi*

«Nessuno vi inganni con argomentazioni capziose ... con la sua filosofia, con vuoti raggiri ispirati alla tradizione umana, secondo gli elementi del mondo e non secondo Cristo» (*Col* 2,4.8). Questo monito solenne è sviluppato per tutto il capitolo 2 della Lettera ai Colossesi e delinea l'esistenza di una vera e propria «eresia» che aveva conquistato adepti a Colossi. Le allusioni che qua e là costellano la pagina ci permettono di risolvere con buona approssimazione l'enigma di quella «venerazione degli angeli» denunziata come una degenerazione della fede cristiana (*Col* 2,18). Saremmo di fronte a una specie di «cocktail» religioso nel quale sono stati immessi ingredienti vari che ora cercheremo di sceverare. In questo sincretismo teologico c'era una componente ellenistica che riguardava le speculazioni sugli «elementi del mondo» (*Col* 2,8.20) e sul destino iscritto, in modo fatalistico, negli astri: in pratica avremmo un'astrologia più o meno analoga – ma di certo più dignitosa e raffinata – rispetto a quella allegramente praticata ai nostri giorni e impudentemente contrabbandata o come una scienza o come una disciplina esoterico-sacrale.

C'era poi una componente giudaica, evocata appunto dagli angeli classificati – come si è già visto – in Potestà, Principati, Troni, Dominazioni (*Col* 1,16; 2,10.15): essi presiedevano ai destini dei singoli, dell'umanità e dell'universo. Il tutto era miscelato con speculazioni, visioni, culti e pratiche ascetiche: infatti, si fa riferimento, oltre che alla «venerazione degli angeli», a feste, noviluni, sabati, astinenze da cibi e bevande (*Col* 2,16), a precetti puritani del tipo «Non assumere, non gustare, non toccare!» (*Col* 2,21), a un'«affettata religiosità, umiltà e austerità riguardo al corpo» (*Col* 2,23). Non mancava anche la coreografia delle iniziazioni misteriche: in *Col* 2,18, infatti, si usa il verbo greco *embateuein*, «accostarsi» a una visione, che era proprio il vocabolo usato per indicare le iniziazioni pagane. Il rischio che l'Apostolo vede in tali pratiche è chiaro: Cristo viene collocato in questo coro di stelle e di angeli come un *primus inter pares*, come una guida preminente ma all'interno di una folla di mediatori tra Dio e l'umanità. Egli, invece, per la genuina fede cristiana, è l'unico mediatore tra terra e cielo; non ci sono salvatori concorrenti, solo «in lui sono nascosti tutti i tesori della sapienza e della conoscenza» (*Col* 2,3).

Spazzando via l'apparato di pratiche, devozioni, pietismi dai contorni incerti, che non cessano di proliferare anche ai nostri giorni in ambito cristiano e che appannano la purezza della fede e del vangelo e la centralità di Cristo, l'autore della Lettera vuole operare una bonifica religiosa per riportare nel cuore della religiosità l'unicità di Cristo Gesù in tutto il suo splendore. È in questa luce che acquista rilievo l'inno solenne posto in apertura dello scritto che, come per quello di Filippesi 2, è da considerarsi la citazione di un canto delle

Chiese dell'Asia Minore, sia pure con qualche ritocco e aggiunta. In questi versi – scanditi dalla ripetizione del termine greco che indica la totalità, *panta* – emerge grandiosa la figura di Cristo Pantokrator, cioè Signore di tutto l'essere cosmico e storico, Sapienza creatrice, pienezza dinamica (*pleroma*) di ogni vita e salvezza, sorgente di armonia e di pace universale.

[Cristo] è immagine del Dio invisibile,
primogenito di tutta la creazione
poiché in lui
sono state create tutte le realtà,
quelle nei cieli e quelle sulla terra,
quelle visibili e quelle invisibili,
sia i Troni, sia le Dominazioni,
sia i Principati, sia le Potestà.
Tutto è stato creato
per mezzo di lui e in vista di lui.
Egli è prima di tutto
e tutto in lui sussiste.

Egli è il capo del corpo, cioè della Chiesa,
egli è il principio, il primogenito
dei risorti dai morti,
così da primeggiare su tutti.
Poiché piacque a Dio di far abitare in lui ogni pienezza
e per mezzo suo di riconciliare tutta la realtà in lui,
rappacificando con il sangue della sua croce,
cioè per mezzo di lui,
sia le realtà della terra sia quelle dei cieli (*Col* 1,15-20).

### *Un'immensa pergamena cosmica*

Sappiamo già che la più antica copia a noi giunta dell'epistolario paolino è il Papiro 46 del 200: ebbene, se noi andiamo a cercarvi la Lettera agli Efesini e se la cerchiamo nei due codici di pergamena più importanti per la trasmissione testuale del Nuovo Testamento, il Codice Vaticano e quello Sinaitico, entrambi del IV secolo, ci accorgiamo che la titolatura è priva del riferimento a Efeso. Si legge infatti: «Paolo, apostolo di Gesù Cristo per volere di Dio, ai santi e ai credenti in Cristo Gesù» (*Ef* 1,1). È, quindi, assente l'espressione completa «ai santi che sono in Efeso» presente in altri codici. Heinrich Schlier ha ipotizzato che essa fosse una lettera circolare nella quale il nome della città veniva inserito secondo le diverse destinazioni. L'eretico Marcione nel II secolo supponeva, invece, che essa fosse la Lettera che Paolo aveva indirizzato ai cristiani della città di Laodicea, menzionata in Colossesi 4,16 e andata perduta. Certo è che Paolo è vissuto a Efeso ben due anni (*At* 19,10) e che questa splendida città costiera dell'Asia Minore costituì un punto di riferimento capitale per tutte le altre Chiese della regione. Dallo scritto emerge che destinataria è una comunità ove i pagani convertiti prevalgono sui cristiani di origine ebraica.

Comunque sia, la Lettera, che è di una densità e di un'originalità straordinaria, si collega nettamente con quella ai Colossesi della quale sembra evocare frasi e temi: si pensi, ad esempio, a Cristo «capo» della Chiesa (*Col* 1,18 ed *Ef* 1,22-23) o alla «pace» universale conclusa mediante il sangue di Cristo (*Col* 1,10 ed *Ef* 2,14-15). Sui 115 versetti della Lettera agli Efesini ben 73 trovano un parallelo nei Colossesi. La figura di Paolo, «prigioniero di Cristo (o "del Signore")» (*Ef* 3,1; 4,1) e «ambasciatore del vangelo in catene» (*Ef* 6,20) come nella Lettera ai Colossesi, domina non solo come presenza ma anche perché nello scritto vengono usati 22 vocaboli che sono tipici delle sue Lettere certamente autentiche. Tuttavia, un'analisi minuziosa del testo rivela che ben 50 termini greci sono del tutto nuovi (e 38 lo sono per l'intero Nuovo Testamento), mentre lo stile è sensibilmente diverso: frasi lunghe e ridondanti, accumulazioni ripetitive di sinonimi, un taglio solenne che in alcune pagine rende la Lettera simile a un'omelia o a un trattato teologico, costellato però da inni e preghiere. Ma, come è accaduto per la Lettera ai Colossesi, è soprattutto l'originalità dei temi e delle prospettive a far supporre che alla base dello scritto ci sia un'altra mano, per alcuni (Pierre Benoit) di un discepolo sotto suggerimento di Paolo stesso, per altri di un collaboratore paolino.

Le novità teologiche ricalcano e sviluppano quelle già registrate per i colossesi: la giustificazione per la fede e non per le opere della legge, cavallo di battaglia dell'Apostolo, si stempera; la redenzione compiuta da Cristo ha contorni cosmici; il «mistero di Cristo» non è più la croce che salva ma è l'unione «ecumenica» tra ebrei e cristiani nella salvezza; la risurrezione del cristiano è già in azione; la Chiesa universale è ancora descritta come «corpo» ma Cristo ne è il «capo», marcando così una certa distinzione tra Chiesa e Cristo rispetto all'idea più unitaria del «corpo di Cristo che è la Chiesa» propugnata in 1 Corinzi 12. È, allora, necessario vagliare con rigore i contenuti della Lettera agli Efesini perché essi delineano l'evoluzione del pensiero paolino verso nuovi orizzonti. In questo senso diventa secondaria l'identificazione dell'autore del testo (Paolo o un discepolo) e un po' anche quella dei destinatari (Efeso o un'altra Chiesa dell'Asia Minore). La pacatezza della Lettera, l'equilibrio tra teoria e prassi (i primi tre capitoli sono teorici, gli altri tre sono pratici), l'alta qualità della riflessione costituiscono uno stimolo per la lettura di uno scritto di sicuro rilevante nella letteratura neotestamentaria.

Tre sono le figure che noi ci accontenteremo di abbozzare attraverso queste pagine: Cristo, la Chiesa, il cristiano. Esse sono presenti costantemente, incontrandosi tra di loro e costituendo una sorta di cerchio vitale unico. Cristo è rappresentato nella sua gloria soprattutto in un inno che, come accadeva per quella ai Colossesi, apre la Lettera agli Efesini (1,3-14). In forma di benedizione, con le frasi concatenate a grappolo in un'unica fluviale costruzione, questo densissimo salmo neotestamentario vuole esaltare il Cristo Pantokrator, Signore di tutto l'essere cosmico e storico. Si parte dall'infinito ed eterno orizzonte di Dio, un oceano in cui «quanto più si naviga tanto più si scoprono nuovi mari», come diceva il mistico spagnolo del Cinquecento Fray Luís de León. Si usano vocaboli greci segnati dalla preposizione *pro-* che indica un «prima» assoluto, antecedente al tempo, una *pro-thesis*, cioè un «progetto» che ci supera, una «pre-destinazione» che non è riduzione meccanica della storia a leggi obbligate ma un perimetro entro cui l'uomo e l'essere intero sono collocati.

Suggestiva è l'immagine sottesa al verbo greco *anakefalaiósasthai*, «ricapitolare» (*Ef* 1,10). Si allude certamente alla *kefalè*, al «capo» Cristo che guida e ordina l'intero «corpo» della Chiesa e della creazione, si evoca l'atto di «intestare» la realtà intera nella persona di Cristo, ma forse si rimanda anche al *kefalaion* greco, cioè al *capitulum* latino, l'asta attorno alla quale si avvolgeva e svolgeva il rotolo di pergamena. Cristo dà ordine e senso a tutte le sillabe, a tutte le parole, a tutti i discorsi della storia e a tutte le particelle dell'essere. In questa immensa pergamena cosmica uno spazio decisivo è occupato dalla Chiesa e dai figli adottivi di Dio, i cristiani.

> Benedetto sia Dio, Padre del Signore nostro Gesù Cristo,
> che ci ha benedetti con ogni benedizione spirituale nei cieli in Cristo
> e ci ha eletti prima della fondazione del cosmo
> per essere santi e immacolati dinnanzi a lui nell'amore,
> predestinandoci all'adozione a figli suoi per mezzo di Gesù Cristo,
> secondo il beneplacito della sua volontà,
> a lode della gloria e della sua grazia donataci nel suo Figlio amato
> nel quale abbiamo la redenzione col suo sangue,
> la remissione delle colpe secondo la ricchezza della sua grazia,
> fatta abbondare in noi con ogni sapienza e intelligenza,
> facendoci conoscere il mistero della sua volontà,
> secondo il suo beneplacito prestabilito in Cristo,
> per un disegno di pienezza dei tempi,
> quello di ricapitolare in Cristo tutte le realtà, le celesti e le terrestri.

In lui siamo divenuti anche eredi,
predestinati secondo il progetto
di colui che tutto opera secondo il piano della sua volontà
perché fossimo a lode della sua gloria,
noi che per primi abbiamo sperato in Cristo.
In lui, anche voi, ascoltata la parola di verità,
il vangelo della vostra salvezza, nel quale avete creduto,
avete ricevuto il sigillo dello Spirito Santo promesso,
il quale è caparra della nostra eredità
per la redenzione di coloro che sono proprietà di Dio,
a lode della sua gloria! (*Ef* 1,3-14).

La versione stessa dell'inno risulta necessariamente inceppata e faticosa, se si vuole mettere in luce lo stile ridondante, reiterato e ramificato della Lettera. Netta e nitida è, però, la centralità di Cristo nell'intera trama della realtà cosmica e storica. È, quindi, per certi aspetti vera l'affermazione secondo la quale la Lettera agli Efesini è per gli scritti deuteropaolini l'equivalente di quella ai Romani per l'epistolario autenticamente paolino. Cristo – si diceva – «ricapitola» tutto l'essere ma è più di ogni altra cosa «capo» della Chiesa, suo corpo (*Ef* 1,23). La sua presenza è particolarmente viva ed efficace nella Chiesa, che è «pienezza» (*plérōma*) divina. Come scriveva un commentatore della Lettera, Romano Penna, «mondo e Chiesa formano due cerchi concentrici, sottoposti alla stessa signoria di Cristo, ma solo la Chiesa è il *plérōma* di Cristo, cioè l'ambito pienamente ricolmo della sua presenza, della sua energia, della sua grazia e dei suoi doni».

### *«Mariti, amate le vostre mogli!»*

Nell'ambito della Chiesa – la seconda figura dominante della Lettera agli Efesini – si compie anche un incontro di pace, quello tra ebrei e pagani. In una pagina commossa l'Apostolo vede crollare il muro che nel tempio di Gerusalemme separava il cortile degli ebrei da quello dei Gentili: come è attestato da una targa di marmo rinvenuta nel 1871 a Gerusalemme e ora conservata presso il Museo dell'Antico Oriente di Istanbul, nel tempio erodiano frequentato da Gesù e da Paolo, si comminava la pena di morte al pagano che avesse varcato tale linea di demarcazione. In Cristo, invece, i due popoli si abbracciano, «chiamati a partecipare della stessa eredità, a formare lo stesso corpo ed essere destinatari della promessa» (*Ef* 3,6).

Cristo è la nostra pace:
egli ha fatto dei due un solo popolo,

abbattendo il muro di divisione che era frammezzo ...
per creare in se stesso dei due un solo uomo nuovo,
facendo la pace,
e per riconciliare tutti e due in un solo corpo,
per mezzo della croce, eliminando in se stesso l'inimicizia.
Egli è venuto ad annunziare pace a voi lontani,
e pace ai vicini ...
Voi non siete più stranieri né ospiti
ma concittadini dei santi e familiari di Dio,
edificati sul fondamento degli apostoli e dei profeti,
avendo come pietra angolare lo stesso Cristo Gesù (*Ef* 2,14-20).

In questo edificio vivente, che sarà descritto anche da Pietro nella sua Prima Lettera (1 *Pt* 2,4-6), ci viene incontro la terza figura, quella del cristiano, colui che ha «deposto l'uomo vecchio» e si è «rivestito dell'uomo nuovo» (*Ef* 4,22.24), colui che «imita Dio camminando nell'amore, sul modello di Cristo che vi ha amato donando se stesso per voi» (*Ef* 5,1), colui che lascia alle spalle le tenebre e si fa illuminare da Cristo (*Ef* 5,6-14), colui che trasforma la sua vita in un canto di lode e di grazie a Dio (*Ef* 5,19-20). La morale del cristiano è tracciata in un vero e proprio «codice familiare» (*Ef* 5,21-6,9), parallelo a quello più essenziale presente nella Lettera ai Colossesi (3,18-4,1). Messi a tema sono i rapporti reciproci tra mogli e mariti, tra figli e genitori, tra schiavi e padroni. Fissiamo la nostra attenzione solo sulle relazioni coniugali, anche perché qui è tracciato un profilo del matrimonio certamente più a vasto respiro di quello disegnato nel capitolo 7 della Prima Lettera ai Corinzi, da noi già letto.

Le mogli siano sottomesse ai loro mariti come al Signore: il marito è, infatti, capo della moglie, come anche Cristo è capo della Chiesa, lui che è salvatore del suo corpo. Come la Chiesa sta sottomessa a Cristo, così anche le mogli lo siano in tutto ai loro mariti.

Voi, mariti, amate le vostre mogli come Cristo ha amato la sua Chiesa e ha dato se stesso per lei, per santificarla ... Così anche i mariti hanno il dovere di amare le loro mogli come il loro stesso corpo: chi ama sua moglie ama se stesso. Nessuno ha mai odiato la sua carne ma la nutre e la cura; così fa Cristo con la Chiesa perché noi siamo membra del suo corpo. «Per questo l'uomo lascerà suo padre e sua madre e si unirà alla sua donna e i due saranno una sola carne» [*Gn* 2,24]. Questo mistero è grande: lo dico per Cristo e per la Chiesa. Perciò, anche voi, ciascuno per parte sua, ami sua moglie come se stesso e la moglie rispetti il marito (*Ef* 5,22-33).

È fuor di dubbio che questa formulazione della relazione marito-moglie risente del tempo e della cultura semitica, ma anche greco-romana, che concepiva la famiglia in chiave patriarcale. Il tema della «sottomissione» femminile riflette il diritto antico che considerava la donna come un essere subordinato rispetto al marito. Tuttavia, pur rimanendo «incarnato» nel suo tempo, questo passo apre nuovi orizzonti. In primo luogo la sottomissione non è più quella coercitiva della struttura sociale romana che riduceva la donna o a fattrice di figli (la moglie) o a sfogo sessuale (la prostituta). Infatti in apertura la sottomissione è suggerita a tutti i cristiani come libera donazione reciproca: «Siate sottomessi gli uni agli altri nel timore di Cristo» (*Ef* 5,21), cioè siate al servizio gli uni degli altri. Inoltre l'Apostolo sviluppa con ampiezza maggiore i doveri dei mariti nei confronti delle mogli, rifiutando così la concezione secondo la quale l'uomo è solo depositario di diritti sulla consorte. L'appello all'amore coniugale è intenso ed è fondato sulla Genesi (2,24) che celebrava l'unione dei due in una «sola carne», nell'abbraccio d'amore e nella fusione delle due esistenze.

C'è, però, una ragione ulteriore che trasforma l'antica visione della relazione matrimoniale, ed è il riferimento a Cristo. La donna si consacra al suo uomo nello spirito della donazione di Cristo verso la Chiesa e l'uomo ama sua moglie come il Cristo che «ha dato se stesso» per la sua Chiesa. È la simbologia profetica dell'amore nuziale (*Os* 2) riletta ora in chiave cristologica. La conclusione è significativa soprattutto per l'applicazione che ne ha fatto la tradizione successiva: «Questo mistero è grande: lo dico per Cristo e per la Chiesa». La parola «mistero» era stata tradotta nella versione latina della Vulgata con *sacramentum* e, così, il passo era diventato un'affermazione della sacramentalità del matrimonio. In realtà il termine «mistero» indica il progetto di salvezza che Dio vuole attuare nella storia. Il matrimonio ne è il grande simbolo, è la parabola dell'amore divino, è un riflesso efficace della salvezza offerta da Dio all'umanità.

### *Non solo discepoli ma amici e fratelli*

L'epistolario paolino si chiude con un fascicolo di tre scritti omogenei che dal XVIII secolo vengono chiamati «Lettere pastorali» a causa del loro tema dominante e dei loro destinatari, i collaboratori dell'Apostolo Timoteo e Tito. Riconosciute come paoline nell'antichità, esse sono state ricondotte da molti studiosi – a partire dall'inizio dell'Ottocento – a una mano diversa, forse quella di un discepolo che ben conosceva il pensiero e i sentimenti di Paolo, ma che doveva tener conto di una mutata situazione delle comunità cristiane. Ancora una volta l'elemento linguistico è piuttosto appariscente: su un vocabolario di 848 parole ben 305 non si ritrovano nelle Lettere paoline classiche, mentre 175 sono assenti nel resto del Nuovo Testamento. Ma sono soprattutto temi e toni ad essere fortemente mutati.

Scompaiono, infatti, motivi paolini tipici come libertà, legge, carne, giustificazione, spirito, e affiora un linguaggio che riflette la cultura ellenistica, in particolare quella espressa dal filosofo giudeo del I secolo Filone di Alessandria: «pietà», «sapienza», «buona coscienza», «dignità», «sobrietà», «dottrina sana» e il titolo «Salvatore» attribuito a Dio e a Gesù. Il dettato si stempera, le memorie si affollano con nostalgia, la riflessione si attenua e lascia spazio a considerazioni semplici e pacate, il taglio è spesso quello di un manuale di istruzioni pastorali, assume persino la qualità di una lettera circolare o delle lettere-decreto diffuse dall'amministrazione imperiale. Il centro tematico si sposta da Cristo alla Chiesa, «colonna e fondamento della verità» (1 *Tm* 3,15); l'accento è sulle opere giuste da compiere; la fede non è prima di tutto l'adesione personale e vitale del cristiano ma le verità da credere che, fra l'altro, sono espresse attraverso citazioni di testi, formule, inni, credo preesistenti, introdotti da moduli fissi del tipo «Questa è una parola degna di fede e di ogni accoglienza» (si veda 1 *Tm* 1,15; 3,1; 4,9; 2 *Tm* 2,11; *Tt* 3,8). In sintesi, la lettura diretta di questo trittico epistolare rivela spontaneamente il salto di qualità rispetto ai contenuti e alle tonalità delle prime Lettere paoline.

Certo, non mancano studiosi che ritengono ancor oggi che ciò sia da attribuire a un'evoluzione dello stesso Apostolo, ormai alla fine della sua vita e ancora in carcere (2 *Tm* 1,8; 2,9), abbandonato dai suoi stessi collaboratori, percorso da brividi di morte, già processato in prima istanza. L'impressione – confermata dallo storico della Chiesa del III-IV secolo Eusebio di Cesarea – è che si tratti di una seconda carcerazione romana, dopo la prima menzionata dagli Atti degli Apostoli (28,30), forse in seguito alla realizzazione di quel sognato viaggio in Spagna programmato nella Lettera ai Romani (15,28: «Mi recherò in Spagna, passando da voi») e confermato da uno dei primi scrittori cristiani, Clemente Romano nella sua Prima Lettera ai Corinzi (5,17: l'Apostolo «giunse fino agli estremi confini dell'Occidente»). Questa prigionia sarebbe, perciò, quella destinata a sfociare nell'esecuzione capitale. In ogni caso, si deve affermare che «quando si tratta di ricostruire il pensiero di Paolo, le Lettere Pastorali non possono essere utilizzate se non con la dovuta cautela, mentre sono importantissime per conoscere gli sviluppi del cristianesimo primitivo» (Alessandro Sacchi).

Noi ora considereremo queste Lettere come una trilogia unitaria, anche per la ripresa di temi e di figure da esse offerta e ne daremo solo un profilo comune selezionando alcuni soggetti. Inizieremo con un breve ritratto dei due destinatari. Timoteo, dal nome ellenistico («colui che onora Dio»), era nato a Listra di Licaonia (Turchia centrale) da padre greco e da madre giudeo-cristiana. Le sue origini familiari sono così rievocate: «Ricordo la tua fede schietta, che pervase prima tua nonna Loide e poi tua madre Eunice» (2 *Tm* 1,5). Stando al racconto degli Atti degli Apostoli, Timoteo, divenuto collaboratore di Paolo, fu circonciso su ordine dell'Apostolo stesso «per riguardo a quei giudei che risiedevano in quelle regioni: tutti infatti sapevano che suo padre era greco» (*At* 16,1-3). Paolo, per il quale ormai «la circoncisione non contava nulla, come l'incirconcisione» (1 *Cor* 7,19), si rassegna per quieto vivere a questa soluzione, che invece non accetterà per l'altro discepolo, Tito, che rimarrà incirconciso («Tito, che era con me, sebbene fosse greco, non fu obbligato a circoncidersi», si legge in *Gal* 2,3). Timoteo, spesso citato nell'epistolario paolino e negli Atti degli Apostoli (cc. 16-20), sarà sempre il compagno intimo e fidato dell'Apostolo.

Tito, come suggerisce anche il nome prettamente latino, era di origine pagana e forse era stato convertito dallo stesso Paolo se almeno si intende in questo senso l'affettuoso appellativo «mio figlio nella comune fede» (*Tt* 1,4). E se gli Atti degli Apostoli non lo menzionano mai, la sua presenza accanto a Paolo è costante ed è sorgente di serenità, conforto, amicizia profonda. Basta leggere solo qualche battuta della Seconda Lettera ai Corinzi: «Giunto a Troade per annunziarvi il vangelo di Cristo, anche se la porta mi era aperta nel Signore, io non ebbi pace finché non vi incontrai Tito, mio fratello ... Il Dio che consola gli afflitti ci ha consolati con la venuta di Tito» (2 *Cor* 2,13; 7,6). È a Tito che Paolo affiderà la delicata mediazione tra lui e i cristiani di Corinto: dopo le tormentate vicende che già conosciamo Tito riuscirà a condurla a termine con successo, ricevendo le lodi e la gratitudine affettuosa dell'Apostolo (2 *Cor* 7,13-15; 8,6.16-17). Timoteo e Tito sono, dunque, ben più che collaboratori e discepoli, sono compagni, amici e fratelli di Paolo.

### *L'«episcopo», il presbitero, il diacono, la vedova, il falso maestro*

Ai due personaggi centrali facciamo ora subentrare cinque figure ecclesiali presenti nei tre scritti: esse dimostrano quanto sbrigativa sia stata la riduzione della Chiesa delle origini – operata da alcuni studiosi dell'Ottocento – a due modelli antitetici, quello petrino istituzionale e protocattolico e quello paolino carismatico e libero. Anche nelle comunità fondate dall'Apostolo si era, in realtà, configurata una struttura ecclesiale con funzioni e ministeri ben definiti. Ricorrendo alla metafora edilizia, la Chiesa è tratteggiata come «la casa di Dio», «colonna e sostegno della verità» (1 *Tm* 3,15), al cui interno si delineano precise responsabilità. Ci viene incontro innanzitutto l'*epískopos*, termine greco che significa «ispettore», vocabolo alla base del nostro «vescovo»: la sua fisionomia, però, non coincide propriamente con quell'episcopato così come ora lo si intende (al vescovo in senso stretto corrispondono meglio gli apostoli e i successori da loro investiti del ministero pastorale). Si trattava forse di una responsabilità di alto rilievo nella comunità. Il profilo dell'*epískopos* è curiosamente «laico», disegnato tenendo conto soprattutto della maturità umana e delle capacità di autocontrollo e di moderazione.

Ecco l'elenco dei sedici requisiti (sei negativi e dieci positivi) che in sostanza riflettono il modello dell'uomo ideale ellenistico: «irreprensibile, sposato una sola volta, sobrio, prudente, dignitoso, ospitale, dotato di capacità didattiche, non ubriacone, non violento ma gentile, non litigioso, distaccato dal denaro, capace di governare bene la sua casa, di tenere i figli obbedienti con ogni rispetto ... non neofita ... con una buona reputazione presso gli esterni [alla Chiesa]» (1 *Tm* 3,1-7). All'*epískopos* subentra il *presbýteros*, cioè il «prete», termine greco che significa «anziano» e che è applicato ai responsabili diretti della comunità. Anche in questo caso sono prima di tutto le virtù umane ad essere sottolineate, al punto tale da insistere anche sulla questione della loro sussistenza economica (in pratica quello che noi oggi chiamiamo «il sostentamento del clero»). Il ritratto è offerto in 1 Timoteo 5,17-22 e Tito 1,6-9 (ove è unito all'«episcopo»); significativo è il rito dell'imposizione delle mani (1 *Tm* 4,14; 5,22), un atto che costituisce il presbitero nella sua funzione e che già nell'Antico Testamento indicava la trasmissione di poteri e di carismi e la consacrazione per una missione.

Ecco poi il *diákonos*, un ministero operativo nella carità fraterna, già noto alla Chiesa di Gerusalemme (*At* 6), affidato pure a donne, tant'è vero che Paolo nella Lettera ai Romani raccomanda una certa Febe «diaconessa della Chiesa di Cencre», sobborgo portuale di Corinto (*Rm* 16,1). Anche nel caso del diacono prevalgono le qualità morali, requisito fondamentale per l'ammissione: «dignitosi, non falsi, non dediti a troppo vino né avidi di guadagno, capaci di conservare il mistero della fede con coscienza pura ... Le donne siano dignitose, non seminatrici di divisione, sobrie, fedeli in tutto. I diaconi siano sposati una sola volta e reggano bene i loro figli e le loro case»

(1 *Tm* 3,8-12). Da ultimo, ecco le vedove che nella Chiesa delle origini costituivano una vera e propria «corporazione» con una missione caritativa e con uno statuto che, per certi versi, potrebbe far pensare alle attuali religiose o suore.

In 1 Timoteo 5,3-16 si ha una descrizione particolareggiata delle vedove cristiane secondo tre fisionomie diverse: le vedove «veramente tali, sole al mondo, senza figli e nipoti, persone da "onorare", cioè da curare e sostenere economicamente (1 *Tm* 5,3-8); le vedove giovani a cui si consigliano le seconde nozze (1 *Tm* 5,11-15); infine, le vedove nel senso sopra indicato di donne impegnate nella solidarietà, iscritte a un albo ufficiale (lo storico Eusebio di Cesarea attestava che attorno al 250 l'elenco delle vedove della Chiesa di Roma ne numerava 1500). Ecco il loro profilo: «Una vedova sia iscritta nell'albo delle vedove almeno a sessant'anni [per Platone era l'età della vecchiaia], sia stata sposata una sola volta, abbia dato testimonianza di buona condotta, allevando i figli, praticando l'ospitalità, lavando i piedi ai santi [cioè abbia servito i fratelli cristiani], soccorrendo gli afflitti, praticando ogni opera buona» (1 *Tm* 5,9-10).

C'è, infine, un'ultima figura che merita attenzione: è, però, un profilo negativo, quello del falso maestro, eretico e dissidente. Esso appare soprattutto in 2 Timoteo 2,14-3,9, si ripresenta in Tito (1,10-16), ma già era entrato in scena in 1 Timoteo 4,1-7 e 6,3-10, rivelando così una crisi piuttosto pesante anche nelle comunità paoline. Scegliamo un brano che ne tracci i lineamenti ricavandoli all'interno della più ampia fisionomia dell'uomo degenere. La deformazione della moralità si compendia in 18 vizi ed è oggetto di un attacco sferzante: «Uomini egoisti, amanti del denaro, vanitosi, orgogliosi, bestemmiatori, ribelli ai genitori, ingiusti, dissacratori, senza amore, sleali, fomentatori di discordie, intemperanti, incostanti, nemici del bene, traditori, sfrontati, accecati dall'orgoglio, amanti più dei piaceri che di Dio, con la sola parvenza della pietà mentre ne hanno rinnegato la forza genuina. Evitali! Al loro numero appartengono alcuni che penetrano nelle case e accalappiano donnicciole cariche di peccati, mosse da passioni di ogni tipo, pronte sempre a imparare senza essere mai capaci di giungere alla conoscenza della verità» (2 *Tm* 3,2-7). I falsi maestri nella Lettera a Tito vengono, invece, definiti come giudaizzanti «chiacchieroni e plagiatori», abili nel «gettare nello scompiglio intere famiglie» con i loro «miti giudaici e con precetti umani che stravolgono la verità» (*Tt* 1,10-14).

Anzi, nel medesimo brano si aggiunge che essi ricorrono a falsi ascetismi puritani: in realtà «tutto è puro per i puri, nulla è puro per i contaminati e gli infedeli perché sono contaminate la loro mente e la loro coscienza» (*Tt* 1,15). È facile ritrovare in questa frase – tradotta nel latino della Vulgata – quell'*omnia munda mundis* che fra Cristoforo nei *Promessi Sposi* oppone al frate portinaio, stupito per l'ingresso di Agnese e Lucia nell'area sacra della clausura del convento. E per bollare più aspramente questi ciarlatani della Chiesa di Creta, di cui è responsabile Tito, non si esita a ricorrere anche a una citazione di un poeta locale del VI sec. a.C., Epimenide di Cnosso, che liquidava i suoi connazionali cretesi come «sempre mentitori, male bestie, ventri pigri» (*Tt* 1,12): non per nulla in greco «fare il cretese» (*kretizein*) era sinonimo di «ingannare» o «truffare». In contrasto con questi «mucchi di maestri» – come si dice letteralmente in 2 Timoteo 4,3 – che stimolano «il prurito dell'ascolto» si oppone a più riprese il profilo del vero maestro e pastore il quale, invece, custodisce il «deposito» genuino della fede e della sana dottrina. Il termine greco usato, *paratheke,* (1 *Tm* 6,20) è desunto dal diritto romano e riguarda la custodia di un oggetto prezioso affidato alla tutela di una persona che ne risulta responsabile.

*La libagione, la vela, la lotta, la corsa*

L'autentico apostolo del vangelo è colui che, senza lasciarsi irretire dal fascino della novità fine a se stessa, dall'esaltazione ascetica e dai «miti» ideologici, annunzia il messaggio genuino della tradizione cristiana (si spiegano così le numerose citazioni di testi dottrinali, catechetici, battesimali e liturgici preesistenti) e si àncora alla parola di Dio «ispirata»: «L'intera Scrittura è ispirata da Dio ed è utile per l'insegnamento, l'esortazione, la correzione e l'educazione alla giustizia così che l'uomo di Dio sia completo e ben preparato per ogni opera buona» (2 *Tm* 3,16). Ma l'apostolo che appare in queste Lettere è soprattutto lui, Paolo, del quale viene tracciato un commovente testamento scandito da quattro simboli illuminanti (2 *Tm* 4,6-8).

Ecco il primo: «Io sto per essere versato in libagione». È l'immagine sacrificale del vino, dell'acqua e dell'olio che vengono fatti esalare su un braciere perché salgano come offerta a Dio. Il secondo simbolo è quello dell'*análysis* che può alludere alle vele sciolte per salpare verso il mare aperto e nuovi lidi oppure al levare le tende del nomade che si mette in marcia alla ricerca di nuovi orizzonti e di pascoli freschi: «Incombe ormai su di me il momento di sciogliere le vele». La terza figura è quella del soldato che «ha combattuto la bella/buona battaglia»: spesso l'Apostolo ha usato la metafora dell'armatura per indicare l'impegno del cristiano in un'esistenza giusta (si veda *Ef* 6,10-17). La quarta immagine è stata spesso evocata da Paolo, come abbiamo già dimostrato: si tratta della corsa nello stadio che si conclude con la premiazione. «Ho terminato la corsa, ho conservato la fede» – in greco la frase è rimata: *ton dromon tetéleka, ten pistin tetéreka* – «Ora mi rimane la corona di giustizia che il Signore, giusto giudice, in quel giorno mi consegnerà e non solo a me ma anche a tutti coloro che hanno amato la sua epifania.» Lo sguardo si protende ormai oltre la storia e l'Apostolo spia già l'orizzonte per veder sorgere l'alba dell'«epifania» del Signore, che sigillerà la sua vicenda personale e quella di tutta la storia.

Con questo bellissimo e intenso testamento, forse redatto da un discepolo che vede Paolo già come un santo, circonfuso dell'aureola divina, si chiude l'epistolario paolino, con la ricchezza dei suoi testi, la mutevolezza dei suoi registri tematici e stilistici, con la probabile diversità delle mani sotto l'unicità di un magistero straordinario. Partendo dal nucleo della fede cristiana, cioè dalla morte e risurrezione di Gesù Cristo, senza il quale «vuota è la nostra predicazione e vuota la fede» (1 *Cor* 15,14), Paolo ha costruito non tanto un sistema di pensiero quanto piuttosto un progetto dove teologia e morale, riflessione e azione, cristologia ed ecclesiologia, dogmatica e pastorale si richiamano, si fondono, si pongono in contrappunto. La presenza di scritti deuteropaolini non incrina l'armonia di questo progetto ma la arricchisce, la rende più feconda, la dilata verso nuove prospettive.

Apostolo di Cristo e maestro «ispirato» dei fedeli di ogni secolo, Paolo è per tutti un incontro necessario, come ricordava in un articolo Pietro Citati che ne tracciava l'erto percorso di conoscenza: «Non c'è una lettura più ardua, che debba venire controllata in ogni minimo dettaglio: san Paolo non è un ubriaco di Dio, ma lo spirito più logico e sottile del suo tempo, sebbene la sua logica ci possa sconvolgere. Con la sua drammatica tensione intellettuale, si appropria di ogni vocabolo, lo trasforma in una parola nuova, crea opposizioni, che sfuggono a chi non vive nella sua architettura mentale; gioca drammaticamente sulle antitesi; e così può portare il suo pensiero all'estremo, fino all'ultimo paradosso per rovesciarlo nel suo contrario. Solo i libri chiari e aperti muoiono appena nati. I meravigliosi scorci e aforismi di san Paolo, i suoi lampeggianti scoppi di tenebra si sono impressi per sempre nella memoria dell'Europa».

*Una mirabile, enigmatica cattedrale*

Nella sequenza degli scritti neotestamentari, subito dopo l'epistolario paolino, è posto un lungo testo intitolato Lettera agli Ebrei e anticamente attribuito a Paolo. In modo paradossale l'esegeta tedesco Erich Grässer affermava invece che gli unici punti fermi riguardanti quest'opera sono che essa non è una lettera, non è di Paolo e non è destinata a ebrei. Già Origene, però, nel III secolo si interrogava: «Chi ha scritto questa Lettera? Il vero, Dio solo lo sa!» e nella stessa antichità cristiana non sono mancate attribuzioni ipotetiche e persino fantasiose: l'evangelista Luca sulla base di un testo ebraico di Paolo (così Clemente Alessandrino), Apollo, famoso predicatore della prima cristianità, Barnaba, collaboratore di Paolo ad Antiochia, il diacono Filippo, Clemente Romano e così via fantasticando. Non sono mancate anche esitazioni, fino al IV secolo, sulla sua «canonicità», cioè sul suo inserimento o meno nel Canone delle Scritture ispirate del Nuovo Testamento. Incerti sono inoltre i destinatari, forse giudeo-cristiani, per alcuni persino sacerdoti ebrei convertiti al cristianesimo. Incerte pure le coordinate geografiche e cronologiche: il saluto finale da parte di «coloro che sono dall'Italia» (*Eb* 13,24) non riesce a dire molto, né è possibile definire una data se non il 95, termine oltre il quale non si può andare perché quell'anno Clemente Romano scrive la sua Lettera ai Corinzi dove sembra alludere a passi del nostro scritto.

L'unica cosa certa – e non è poco – è che siamo in presenza di un capolavoro letterario e teologico. Il suo è il greco più elegante (e persino sofisticato) del Nuovo Testamento, seguito dalle due opere lucane, il Vangelo e gli Atti degli Apostoli. L'interesse degli studiosi in questi ultimi decenni si è concentrato soprattutto sulla struttura compositiva dell'opera, che pare rivelarsi come una raffinata e monumentale omelia. Basti solo leggere il prologo (*Eb* 1,1-4), un gioiello di stile e di costruzione, e l'appassionata finale che è sigillata da un liturgico « ... nei secoli dei secoli. Amen!» (*Eb* 13,21). All'omelia, però, è allegato un biglietto in chiaro stile epistolare (*Eb* 13,22-24) che forse accompagnava il testo omiletico e che ne sembra confermare il genere: «Vi prego, fratelli, di accogliere questo discorso di esortazione: ve lo invio con questa breve nota ...» (*Eb* 13,22). A individuare l'architettura letteraria di questo «discorso di esortazione» si è dedicato soprattutto Albert Vanhoye che ne ha tracciato una mappa minuziosa, simile a una cattedrale gotica, in cui a ogni guglia corrisponde un'altra sul lato opposto, le cui navate sono sorrette da filari di colonne parallele, in cui la centralità dell'abside crea infinite simmetrie verticali e orizzontali, in cui gli archi connettono spazi diversi, in cui le variazioni sono contrappunti armonici. Ecco l'abbozzo – il più semplificato possibile – di questa cattedrale letteraria e teologica.

Prologo (*Eb* 1,1-4)
I. Cristo Dio e uomo (*Eb* 1,5-2,18)
– superiore agli angeli (*Eb* 1,5-2,4)
– solidale con l'umanità (*Eb* 2,5-18)
II. Cristo sommo sacerdote (*Eb* 3,1-5,10)
– fedele (*Eb* 3,1-4,14)
– misericordioso (*Eb* 4,15-5,10)
III. L'antico sacerdozio e l'autentico sacerdozio di Cristo (*Eb* 5,11-10,39)
È il vertice dell'opera e al suo interno brilla
– la figura sacerdotale di Melchisedek (c. 7)
e, attraverso una complessa struttura letteraria concentrica,
– il nuovo culto e la nuova alleanza nel sangue di Cristo (cc. 8-9)
IV. La fede perseverante (*Eb* 11,1-12,13)
V. I «sentieri diritti» dell'amore verso la meta ultima della patria definitiva (*Eb* 12,14-13,19)
Epilogo (*Eb* 13,20-21)

*Dalla radice ai rami dell'albero della croce*

L'anonimo predicatore cristiano autore della Lettera, pur non ignorando motivi e figure paoline, rivela un'assoluta originalità teologica. Essa ha il suo apice nella rilettura «sacerdotale» della figura di Gesù, tratteggiata secondo un profilo piuttosto inedito nella cristologia neotestamentaria. Per elaborare questo ritratto l'autore ricorre all'Antico Testamento, al cui interno si muove con molta libertà e autorevolezza secondo i canoni dell'esegesi allegorica e simbolica. In particolare egli è attratto dal sistema liturgico dell'antico Israele, con il suo apparato di persone, di riti, di sacrifici, di oggetti sacri, che viene comparato con la figura di Cristo nel momento del suo atto sacrificale supremo, la crocifissione. Tra i due orizzonti, quello anticotestamentario e quello cristiano, esiste una relazione dialettica di continuità e di superamento: come profezia, il Primo Testamento conserva intatto il suo valore; ma, come istituzione, è destinato a dissolversi e a lasciare il passo a Cristo che sigla la «nuova», cioè perfetta, alleanza non con un rituale sacrificale ma con un atto esistenziale, la sua morte in croce.

Cristo, discendente di Davide, appartiene alla tribù di Giuda e non a quella di Levi; non è, quindi, sacerdote secondo la linea ereditaria classica dell'ebraismo. Ma per l'autore della Lettera agli Ebrei non è neppure «laico»: egli è consacrato secondo una linea sacerdotale originale, quella del re-sacerdote Melchisedek che nel capitolo 14 della Genesi benedice Abramo e, in lui, i suoi discendenti tra i quali gli stessi figli di Levi, e che nel Salmo 110 è cantato come segno del Messia e sorgente del suo sacerdozio regale. Non possiamo entrare nei particolari di una riflessione sempre tesa, sempre conseguente, sempre progressiva: la lettura del testo è un alto esercizio della mente, invitata a procedere secondo una logica rigorosa che non è, però, riducibile a quella degli schemi occidentali. Siamo in presenza quasi di un albero che è compatto nella sua unità radice-tronco-chioma ma che rivela fittissime ramificazioni nelle radici bibliche e nella corona cristiana, profondamente coordinate al tronco.

Noi ora ci accontenteremo di selezionare poche ramificazioni per tentare di far intuire la varietà dei fiori, dei frutti, del fogliame, dei colori. A venirci incontro è subito la radice della parola divina, che il nostro predicatore di continuo fa emergere nei suoi tessuti di citazioni bibliche e che così delinea: «La parola di Dio è viva, energica, più tagliente di ogni spada a doppio taglio, penetrante fin nella divisione tra anima e spirito, giunture e midolla, giudicatrice dei sentimenti e dei pensieri del cuore» (*Eb* 4,12). Ma la figura più alta, vero e proprio tronco del discorso del nostro autore, è quella di Cristo, ritratta quasi come un immenso mosaico. Grandioso nel suo incedere sacerdotale, distante nella sua perfezione infinita, egli si avvicina all'umanità, confondendosi in essa: «Proprio per quello che ha patito e per essere stato lui stesso provato, può venire in aiuto a quelli che sono provati ... Nei giorni della sua incarnazione egli offrì preghiere e suppliche con forti grida e lacrime a colui che poteva salvarlo dalla morte e fu esaudito per la sua fedeltà: pur essendo Figlio, imparò con il patire l'obbedienza e, reso perfetto, divenne causa di salvezza per tutti coloro che gli obbediscono» (*Eb* 2,18; 5,7-9).

Cristo, divenendo solidale con l'umanità in senso reale e non metaforico, diviene il perfetto mediatore: egli è come un ponte che ha una base nei cieli, ove Cristo è assiso come Figlio di Dio, e un altro fondamento sulla terra, ove Gesù è fratello degli uomini e delle donne, sofferente come loro e votato come loro alla morte. Proprio questa unità di divino e di umano fa sì che il suo sacrificio sia incastonato nella storia ma sia anche un atto eterno. Il nostro oratore usa a più riprese (*Eb* 7,27; 9,12.26.28; 10,10) l'espressione greca *éfapax*, «una volta per sempre», per indicare l'intreccio di tempo e di eterno che si consuma sulla croce del Golgota. Il sacrificio di Cristo accade una volta sola, in una data e in un luogo preciso, ma non si esaurisce là. All'interno di quell'evento, infatti, c'è il seme del divino e quindi di un'eternità che pervade tutti i secoli, sostiene tutte le celebrazioni cristiane, si irradia nella distesa del tempo e dello spazio, alimenta la vita di tutti i credenti, salva le generazioni umane. Un unico sacrificio, ma una presenza ininterrotta; un unico sacrificio che si effonde nella molteplicità dei riti; un'unica alleanza che però coinvolge l'intera umanità. «Con un'unica offerta Cristo ha reso perfetti per sempre quelli che vengono santificati» (*Eb* 10,14).

*«Gesù Cristo ieri e oggi, lo stesso, e nei secoli!»*

Nell'ascolto dell'omelia ci viene incontro anche l'umanità con il suo bagaglio di limiti, di sofferenze, di attese. In questa immensa teoria di genti si notano subito i grandi personaggi biblici, raffigurati come credenti: per 17 volte nel capitolo 11 della Lettera agli Ebrei si ripete la parola *pistei*, «per la fede», mentre vediamo sfilare Abele, Enoch, Noè, Abramo, Isacco, Giacobbe, Giuseppe, Mosè, Rahab e altri ancora. Essi sono tutti protesi oltre, «come stranieri e pellegrini sulla terra ... aspirando a una patria migliore, quella celeste» (*Eb* 11,13.16). Simili a una «nube di testimoni-martiri» (in greco *martyron*), ci avvolgono e ci trascinano in una corsa, «tenendo fisso lo sguardo su Gesù guida e perfezionatore della fede che, in cambio della gioia postagli innanzi, si sottopose alla croce» (*Eb* 12,1-2).

La Lettera traccia, allora, i «sentieri diritti» (*Eb* 12,13), cioè la via regia per raggiungere la grande meta della storia: non è più il Sinai, avvolto nella tempesta e nel terremoto (*Es* 19), com'era accaduto nel viaggio d'Israele verso la terra promessa, ma è «il monte Sion, la città del Dio vivente, la Gerusalemme celeste, sono le miriadi di angeli, l'accolta festosa e l'assemblea dei primogeniti [di Dio] iscritti nei cieli, è il Dio giudice di tutti ... è il mediatore della nuova alleanza», Gesù Cristo (*Eb* 12,22-24). Intenso ed esaltante è l'appello finale, che evoca la crocifissione di Gesù avvenuta fuori dalle mura di Gerusalemme, sul Golgota: «Gesù, per santificare con il suo sangue il popolo, patì fuori della porta della città. Usciamo anche noi dall'accampamento e portiamo l'obbrobrio [della croce] andando verso di lui. Noi non abbiamo quaggiù una città permanente [*menousan*], ma cerchiamo quella futura [*mellousan*]» (*Eb* 13,12-14).

L'autore aveva già coniato in *Eb* 11,1 una definizione dinamica della fede cristiana: «La fede è garanzia delle cose che si sperano ed è la prova di quelle che non si vedono». Essa unisce certezza e attesa, visione e speranza, possesso e conquista. Ma è soprattutto *hypóstasis*, come si dice nell'originale greco, cioè «garanzia» e titolo di un possesso futuro: tale, infatti, è l'accezione del vocabolo nei papiri greci contemporanei all'autore della Lettera agli Ebrei, un'accezione giuridica che rimanda a una sicurezza da conservare e alimentare anche durante l'assenza o l'attesa. Inciso sul frontone di quel tempio ideale che è l'omelia appena presentata c'è, quindi, un unico motto, un'unica presenza e un'unica certezza: *Iesous Christòs echthès kai sémeron ho autòs kai eis tous aionas*, «Gesù Cristo ieri e oggi, lo stesso, e nei secoli!» (*Eb* 13,8).

# XIII
# Oltre Luca: la prima cristianità

Nietzsche nel suo *Anticristo* era convinto che nella storia «c'è stato un solo cristiano, ma è morto sulla croce». In realtà, come abbiamo visto sfogliando l'epistolario paolino, il vangelo di Cristo non è stato sepolto nella sua tomba; anch'esso è risorto. Come il Cristo glorioso della Pasqua, però, anche il vangelo risorto ha un nuovo profilo: per non essere confuso con un altro annunzio dev'essere riconosciuto attraverso un nuovo sguardo; come insegna la vicenda di Maria di Magdala all'alba di quella prima domenica, si può scambiare il Risorto o il suo vangelo con il custode del giardino cemeteriale, cioè con altre presenze o messaggi (*Gv* 20,11-18). Apostoli ed evangelisti vanno «oltre il vangelo» ma non al di là o contro il vangelo di Gesù di Nazaret, lo fanno crescere e fiorire verso l'alto dei cieli della fede pasquale e sotto i cieli di tutte le regioni del mondo. È ciò che ha fatto Paolo ed è ciò che ha fatto la Chiesa delle origini attraverso il suo vangelo che da Gerusalemme risuona fino agli estremi confini della terra.

### *Un «quinto vangelo»?*

Luca è colui che, andando oltre il vangelo di Gesù di Nazaret, compone un «quinto vangelo», quello appunto della Chiesa e dello Spirito del Cristo risorto. È il libro che verrà intitolato Atti degli Apostoli perché ha in superficie come attori gli apostoli, i primi discepoli, una folla di cristiani testimoni, i cui nomi vengono puntigliosamente registrati (Giuseppe Barsabba, Filippo, Giuda, Anania, Enea, Simone il cuoiaio, Agabo, Blasto, Manaen, Lucio di Cirene, Dionigi Aeropagita, Damaris, Apollo, Aquila, Priscilla, Dorcade-Tabita, Sila, Lidia e così via per decine e decine di nomi), e soprattutto i due grandi protagonisti, Pietro e Paolo. In realtà, in filigrana c'è un'altra presenza decisiva, è quella della parola di Dio personificata, il Logos citato 58 volte, che si muove e opera con la forza dello Spirito Santo effuso a Pentecoste nella comunità cristiana. Si legge, infatti, a più riprese: «La parola di Dio si diffondeva ... La parola di Dio cresceva e si diffondeva ... La parola di Dio cresceva e si rafforzava ...» (*At* 6,7; 12,24; 19,20; ma si veda anche 5,42; 8,4; 9,31; 15,35; 16,5; 28,31). Roberto Rossellini nella sua trascrizione televisiva degli *Atti degli Apostoli* (1968) ha posto l'accento – forse con qualche marcatura di troppo – sull'aspetto carismatico ed effervescente di questa feconda disseminazione del vangelo alle origini della Chiesa.

Proprio i due livelli, quello della superficie storica e quello del filo divino sotterraneo, rendono la seconda opera – che Luca dedica come la prima (il vangelo) alla misteriosa figura del nobile Teofilo – simile a un nuovo vangelo. Anche in queste pagine bisogna procedere come se si fosse in equilibrio su un crinale, che divide e unisce storia e teologia. A prima vista negli Atti sembrerebbe dominare la storia. Già san Girolamo nella sua *Lettera XIX* considerava lo scritto come opera di uno «storico» accurato e di un'«artista» raffinato (il greco usato, come si è già avuto occasione di dire, è il più elegante dopo quello della Lettera agli Ebrei). Ancor oggi una corrente di studiosi, in particolare di area anglo-americana, privilegia l'aspetto storiografico degli Atti, al massimo riconoscendo al volume una finalità religiosa secondaria. Ma, a partire dall'Ottocento, soprattutto in ambito tedesco, si è spostato l'accento sulla dimensione teologica dell'opera, non di rado con qualche eccesso.

Così, ad esempio, per Franz Overbeck (1837-1905) Luca vuole con il suo scritto replicare a quei primi cristiani che erano rimasti sconcertati e inquieti di fronte al ritardo della *parousía*, cioè della «venuta» definitiva di Cristo che – come si è visto leggendo le Lettere ai Tessalonicesi – si immaginava imminente. Si avrebbe, allora, attraverso gli Atti la testimonianza di un'opera di «mondanizzazione» del cristianesimo, che prima era tutto proteso verso il cielo e verso l'escatologia, cioè la meta ultima della storia. È per questo che acquisterebbe peso la Chiesa, che si distende nel tempo con la sua attività e le sue strutture: ecco, quindi, la qualifica di «protocattolicesimo» rivolta alla visione di Luca da parte di alcuni esegeti tedeschi protestanti, mentre il fondatore della famosa «scuola di Tubinga», Ferdinand Chr. Baur (1792-1860) considerava gli Atti come il manifesto della Chiesa che riesce a fondere in sé il petrinismo giudeo-cristiano e il paolinismo etnico-cristiano.

Come per i vangeli, anche nella lettura degli Atti, è necessario invece conservare il non facile equilibrio tra fede e storia. La documentazione storica in essi offerta è indiscutibile, personaggi e fatti spesso contemporanei vengono evocati in modo puntuale, i tre viaggi missionari paolini sono minuziosamente seguiti nelle loro tappe geografiche, le controversie interne alla Chiesa non sono taciute, a partire da *At* 16,10 abbiamo poi l'apparire di un «noi» narrativo che introduce una testimonianza personale (dopo la visione del macedone che chiede a Paolo di passare in Europa, si legge: «Subito cercammo di partire per la Macedonia, convinti che Dio ci avesse chiamati ad evangelizzarla»). Si incontrano resoconti di prima mano, arricchiti di particolari, e non manca l'uso sapiente della narrazione per coinvolgere il lettore: vorremmo invitare alla lettura di quella pagina da antologia che è il capitolo 27 con la descrizione della tempesta che imperversa sul Mediterraneo e travolge la nave che ospita Paolo in viaggio di trasferimento giudiziario verso Roma. Il confronto con le imitazioni dei successivi «Atti di apostoli» o «di martiri» apocrifi rivela subito la ben diversa qualità del racconto lucano. Quella serie di prodotti popolari ricorre a tutte le risorse della miracolistica, della fantasia, del folclore e del devozionale: basta solo un titolo come quello degli *Atti di Andrea e di Matteo nelle città degli antropofagi* per capirne la qualità oppure basta pensare ai ben dieci libri degli *Atti di Abdia*, ipotetico primo vescovo di Babilonia, per comprendere l'enorme divario tra Luca e i suoi epigoni (fatta forse eccezione per gli antichi e già citati *Atti di Paolo e Tecla*).

### *Le quattro colonne della Chiesa di Gerusalemme*

Tuttavia la seconda opera lucana, a un'analisi attenta, si rivela molto di più di un giornale di bordo della Chiesa delle origini e non solo perché è di scena l'annunzio del vangelo operato da Pietro e Paolo e da una schiera di discepoli secondo la dichiarazione programmatica d'apertura messa in bocca a Cristo stesso: «Mi sarete testimoni in Gerusalemme, in tutta la Giudea e la Samaria e fino alle estremità della terra» (*At* 1,8). Certo, Pietro e Paolo dominano l'orizzonte e sono disegnati come apostoli e missionari ed è per questo che sono stati costantemente appaiati, dall'arte paleocristiana fino agli indimenticabili profili allampanati dei due apostoli dipinti da El Greco nella famosa tela del Museo Nazionale di Stoccolma. C'è, in verità, negli Atti un progetto teologico più complesso che ora potremo delineare seguendo la trama dell'opera. Solo con questa attenzione la lettura diretta del testo – per altro affascinante – a cui rimandiamo risulterà completa e motivata. Il cuore del progetto lucano rimane indubbiamente la Chiesa, ma non come surrogato di quella *parousía* che non si presentava all'orizzonte. Il vero interesse dell'autore non cade sul futuro quanto piuttosto sul presente e sul passato, cioè sulla continuità tra la fede dell'Israele biblico e quella della Chiesa. Lo Spirito Santo presente e operante nella storia cristiana indica che il *già* della salvezza si è compiuto ma non si è esaurito, è aperto verso un *non ancora*, fino a quando «ogni carne avrà visto la salvezza di Dio» (*Lc* 3,6).

Gli Atti degli Apostoli rivelano al loro interno due grandi movimenti. Il primo abbraccia i capitoli 1-14 e ha come spazio di sviluppo l'arco tra Gerusalemme e Antiochia e come interprete principale Pietro. Il c. 15 è il nodo centrale che avviluppa il primo movimento e lancia il secondo: è il «concilio» di Gerusalemme, ove i protagonisti Pietro e Paolo s'incontrano e l'uno cede il testimone all'altro. Infatti dal capitolo 16 al 28 è Paolo a essere in primo piano, mentre l'arco spaziale si distende dall'Asia all'Europa, fino a Roma. Noi seguiremo questo filo ideale che unisce Gerusalemme a Roma, Israele alla Chiesa universale evocando solo alcune scene emblematiche. Nei primi cinque capitoli il fondale è quello di Gerusalemme al cui orizzonte si leva la figura del Cristo «innalzato ed esaltato» nella Pasqua, mentre ascende nella gloria della divinità (*At* 1,6-11; si veda *Lc* 24,50-53). È nella sala al piano superiore di una casa di Gerusalemme (*At* 1,13) che si compie il primo atto della Chiesa, attraverso un evento dai contorni epifanici, la festa della Pentecoste cristiana, ricalcata sulla teofania del Sinai con l'irruzione del vento tempestoso e delle fiamme (*At* 2; *Es* 19).

L'aspetto teologico di quell'esperienza vissuta dagli antichi discepoli di Gesù e poi dai nuovi convertiti, giudei palestinesi e della Diaspora, è illuminato proprio dai simboli del vento (in ebraico come in greco, lo si è già osservato, un unico vocabolo può indicare «vento» e «spirito»), del fuoco ardente, della parola che passa sulle labbra di tutti e che risuona, solenne, nel primo discorso di Pietro. C'è, dunque, il rimando all'alleanza del Sinai che è, però, riletta alla luce della «nuova alleanza» nello Spirito annunziata per gli ultimi tempi dal profeta Geremia (31,31-34). C'è un'allusione marcata a un'altra rilettura del Sinai, quella della tradizione giudaica. Filone, il noto filosofo ebreo di Alessandria d'Egitto, affermava che sulla vetta del monte santo era accaduto «un prodigio: un rombo invisibile si era prodotto nell'aria, un vento si era articolato in parole e aveva trasformato l'aria in fuoco fiammeggiante; una voce era scesa dal cielo e si era divisa nel dialetto proprio degli spettatori». Abbiamo già tutti gli elementi simbolici del racconto di Luca. Anche un commento giudaico al libro dell'Esodo affermava che «al Sinai la voce di Dio si divise in settanta lingue perché tutte le nazioni potessero comprendere».

Nella Pentecoste cristiana si sigla, dunque, la «nuova alleanza», quella perfetta, tra Dio e la comunità che è erede e continuatrice ideale dell'Israele del Sinai. È un'alleanza che cancella la divisione di Babele e compone in armonia l'umanità: tutte le lingue, infatti, si ritrovano ora «nell'annunziare le grandi opere di Dio» compiute in Cristo Gesù (*At* 2,11). È la rappresentazione della Chiesa ormai diffusa in molteplici regioni – naturalmente mentre Luca sta scrivendo – ma unita nella professione dell'unica fede. Il successivo discorso di Pietro (*At* 2,14-36) ha proprio lo scopo di illustrare la connessione tra la Prima e la Nuova Alleanza, tra la profezia e l'evento cristiano. La Pentecoste lucana è, quindi, una scena dai contorni squisitamente teologici ed è solo con la teologia che può essere spiegata e compresa. È ciò che la tradizione cristiana ha sempre ribadito, sia pure in mezzo agli apparati spettacolari o pittoreschi delle rappresentazioni: pensiamo alla pioggia di petali di rosa dall'alto in certe cattedrali per evocare le fiamme o agli «zeng bong» ungheresi che imitano il suono delle campane nel coro *Per la Pentecoste* di Zoltán Kodály. Diversa è, invece, la *Storia di Pentecoste*, un oratorio moderno modellato sul testo lucano che il musicista tedesco Wolfgang Fortner (1907-1987) ha composto nel 1962-63 (e che fu eseguito nel 1965), tentando di coagulare nel suono e nel canto l'esperienza dello Spirito che si fa parola, conversione, redenzione.

Animata dallo Spirito Santo, la Chiesa sta salda su quattro colonne che uno dei versetti-sommario che Luca qua e là dissemina nell'opera così identifica: «Erano assidui nel seguire l'insegnamento degli apostoli, nella comunione fraterna [*koinonía*], nello spezzare il pane e nelle preghiere» (*At* 2,42). Il primo posto è riservato all'annunzio del vangelo, affidato agli apostoli, un insegnamento che è chiamato anche «diaconia della parola» (*At* 6,4), cioè un vero e proprio servizio, un impegno totale e assoluto. Segue la *koinonía* che è illustrata entusiasticamente così: «La moltitudine dei credenti era un cuor solo e un'anima sola. Nessuno diceva sua proprietà quello che possedeva ma tutto era tra loro comune ... Nessuno tra loro era bisognoso perché quanti possedevano campi o case li vendevano, portavano il ricavato delle vendite, lo deponevano ai piedi degli apostoli e veniva poi distribuito a ciascuno secondo le necessità» (*At* 4,32-34; si veda anche 2,44-46). È quel «comunismo» ideale che rifletteva sia elementi biblici (*Dt* 15,4: «Non vi sarà nessun bisognoso in mezzo a voi ...») sia com-

·onenti dell'etica giudaica (Qumran) e di quella pitagorica e stoica. Un'esperienza che sarà rievocata, con le dovute distanze, anche da Friedrich Engels nel suo *Il progresso della riforma sociale* (1843). Le altre due colonne spirituali della Chiesa di Gerusalemme riguardano la celebrazione della cena eucaristica (lo «spezzare il pane») e le preghiere che erano elevate a Dio stando nel tempio di Sion, in un'area scelta dai primi cristiani («il portico di Salomone» *At* 5,12), certamente con i Salmi e con il repertorio delle benedizioni giudaiche.

*Un diplomatico etiope e un ufficiale romano*

Il rapporto del cristianesimo con la radice ebraica si fa, però, teso a livello storico. Si infittiscono gli episodi di persecuzione della nuova comunità. Il più aspro è quello che vede come protagonista Stefano, il primo martire cristiano, un diacono denunciato alle autorità giudaiche per aver «proferito parole contro il luogo sacro [il tempio] e contro la legge» (*At* 6,13). La sua arringa davanti al Sinedrio è una magistrale lezione di rilettura dell'Antico Testamento in chiave cristiana, un piccolo capolavoro di oratoria e di catechesi, teso a dimostrare la continuità tra Israele e Chiesa, una delle tesi significative del libro degli Atti (c. 7). La sua morte, modellata da Luca su quella di Gesù fin nelle ultime parole («Signore Gesù, accogli il mio spirito ... Signore, non imputare loro questo peccato!», *At* 7,59-60), introduce a margine una figura, il giovane rabbino fariseo Paolo di Tarso.

Una presenza significativa, non solo perché prepara la successiva conversione, vivacemente narrata nel capitolo 9, ma anche perché accompagna il primo espandersi della Chiesa: perseguitata a Gerusalemme, essa si muove verso la Samaria, con la predicazione di un suo diacono, Filippo, riesce a toccare il cuore di un diplomatico etiope, battezzato mentre era in viaggio da Gerusalemme verso Gaza (*At* 8,26-40), e raggiunge il primo romano convertito, Cornelio, un centurione di stanza a Cesarea Marittima, la residenza del procuratore imperiale della Giudea. Il racconto di quest'ultimo evento è particolarmente significativo e meriterebbe una lettura integrale (c. 10), anche perché conserva un esempio di *kerygma*, cioè di annunzio sintetico del cristianesimo destinato ai pagani e da noi già presentato. Evidenti nella narrazione sono le resistenze di Pietro – che pure sarà l'artefice della conversione – a varcare la soglia, impura per un ebreo, di una casa romana e di far iniziare alla Chiesa un'avventura dai contorni per certi versi sconvolgenti.

Ma la breccia era ormai aperta e il cristianesimo poteva dilagare. Il gruppo legato a Stefano, fuggito da Gerusalemme dopo la sua lapidazione, approda ad Antiochia di Siria, la terza metropoli dell'impero con i suoi 800.000 abitanti (dal 1939 la città è passata, lo abbiamo già visto, sotto la Turchia con il nome di Antakia). Nei suoi 45 quartieri, abitati ciascuno da comunità nazionali diverse, nella sua arteria principale lunga 4 chilometri e fiancheggiata da ben 3200 colonne, nei suoi empori commerciali si agitava un vero e proprio crogiuolo di razze, culture, religioni. È qui, nella città del culto di Dafne, che nasce la prima Chiesa comprendente anche cristiani provenienti dal paganesimo (*At* 11,19-26) ed è qui che «per la prima volta i discepoli furono chiamati cristiani» (*At* 11,26). A loro è inviato dalla Chiesa-madre di Gerusalemme un discepolo della seconda generazione, Barnaba, il quale intuisce che Antiochia potrebbe essere il laboratorio pastorale adatto a Paolo che viene rintracciato nella sua città d'origine, Tarso, e convocato.

Il fervore s'accende: da Antiochia Paolo e Barnaba raggiungono l'isola di Cipro e le coste dell'Asia Minore e puntano verso l'interno. È il primo viaggio missionario dell'Apostolo. Il metodo di evangelizzazione è costante: Paolo si rivolge prima di tutto alle comunità giudaiche, parlando nelle sinagoghe; la sua predicazione è spesso provocatoria e suscita il rigetto e talora persino la reazione violenta dell'uditorio. L'Apostolo passa, allora, al mondo pagano ove l'accoglienza è di solito più favorevole, anche se talvolta affiorano difficoltà non marginali. La crescita delle comunità etnico-cristiane (cioè a base non giudaica) non può non avere echi nella Chiesa-madre di Gerusalemme ove si configura una corrente rigorista farisaico-cristiana: essa esige che ai Gentili convertiti al cristianesimo si chieda preliminarmente la circoncisione e l'osservanza della legge mosaica. Ancora una volta è il rapporto con Israele a essere al centro del dibattito. La tensione cresce al punto tale da esigere un pronunciamento ufficiale da parte di quello che da molti è considerato il primo concilio della cristianità, convocato a Gerusalemme e descritto da Luca nel capitolo 15, il centro spaziale e ideale del libro degli Atti.

### *Paolo e i poeti greci*

Paolo e Barnaba, giunti a Gerusalemme, presentano una relazione sulla diffusione del vangelo di Cristo nelle nuove terre ma subito scatta il dissenso dei fariseo-cristiani che non transigono sulla richiesta riguardante il passaggio dei pagani all'interno del popolo eletto attraverso la circoncisione e l'adesione alla legge. La discussione si accende. Nell'assise conciliare prende la parola Pietro. Il suo è a sorpresa un intervento molto aperto e «filo-paolino». Dal punto di vista anagrafico le differenze tra pagani ed ebrei sono radicali; ma dalla visuale superiore della salvezza offerta da Cristo c'è un'uguaglianza altrettanto radicale: «Noi crediamo che per la grazia del Signore Gesù noi siamo stati salvati e allo stesso modo anche loro» (*At* 15,11). Paolo e Barnaba confermano le parole di Pietro con la propria testimonianza ed esperienza di apostoli dei pagani. A questo punto chiede la parola Giacomo, l'alfiere della comunità giudeo-cristiana e «vescovo» di Gerusalemme, il quale propone una mediazione che è poi recepita nel decreto finale, elaborato sotto forma di lettera da inviare alle Chiese etnico-cristiane.

In esso si smentisce la proposta radicale giudaizzante della circoncisione, si riconferma la fiducia a Paolo e Barnaba e alla loro scelta pastorale ma si introduce anche una clausola etico-rituale da rispettare da parte dei pagani convertiti: «astenersi dalle carni offerte agli idoli, dal sangue, dagli animali soffocati, dall'impudicizia» (*At* 15,29). Come è evidente, si tratta del rispetto di norme secondarie come quelle alimentari giudaiche, con l'aggiunta dell'astinenza dalle carni immolate durante i sacrifici pagani che parzialmente si consumavano nei successivi banchetti familiari (sono i cosiddetti «idolòtiti», evocati anche da 1 Corinzi 8-10). Più oscuro è il senso della proibizione dell'«impudicizia» [*porneia*]: forse si tratta di regole riguardanti i matrimoni tra consanguinei, secondo il diritto ebraico, o di qualche indicazione sessuale generale. In pratica non si fa che ricalcare quanto il libro biblico del Levitico (cc. 17-18) imponeva agli stranieri immigrati tra gli ebrei. L'azione missionaria presso i pagani può, allora, riprendere con slancio rinnovato.

Si apre, così, la seconda parte degli Atti degli Apostoli, rivolta all'orizzonte mediterraneo, asiatico ed europeo. La missione nei confronti dei pagani non è più l'iniziativa di un gruppo ecclesiale ma ha l'avallo istituzionale e «canonico» dell'intera Chiesa. Parte, così, il secondo viaggio apostolico di Paolo (cc. 15-18), che dall'Asia Minore approda in Grecia, a Filippi, a Tessalonica, a Berea, ad Atene e infine a Corinto, dove l'Apostolo soggiorna un anno e mezzo (*At* 18,11). Successi e insuccessi, accoglienze e denunce si alternano; non mancano anche arresti e carcerazioni temporanee. Esemplare è il passaggio da Atene ove Paolo tiene una raffinata allocuzione sull'Areopago, un colle roccioso forse dedicato al dio Ares, sul quale si riuniva all'aperto una specie di Consiglio di Stato (c. 17). Tre ordini di seggi di pietra circondavano tre blocchi lapidei detti «dell'oltraggio» per il difensore, «del risentimento» per la pubblica accusa, mentre il terzo era forse un altare per la dea Atena. Il discorso di Paolo è sofisticato, ricorre persino alla citazione del poeta greco del III sec. a.C. Arato di Soli (*Fenomeni* 5: «Poiché di lui – cioè di Dio – stirpe noi siamo» 17,28) e a un'allusione al celebre *Inno a Zeus* del poeta stoico del III sec. a.C. Cleante di Asso («In lui viviamo, ci muoviamo ed esistiamo» 17,28).

Prendendo spunto dall'esistenza in Atene di un'ara dedicata al «Dio ignoto» e scoprendo nella civiltà greca una forte tensione verso il divino, con una ricerca «a tentoni», quasi procedendo tattilmente in una camera buia, l'Apostolo lancia alla fine la sua proposta: quel «Dio ignoto, che voi adorate senza conoscerlo io ve l'annunzio ... [è presente] in un uomo designato da Dio attraverso la prova, offerta a tutti e degna di fede, della risurrezione dai morti» (*At* 17,23.31). In una cultura che all'anima attribuiva un primato assoluto e al corpo una posizione di antitesi rispetto alla spiritualità questa «prova» risultava tutt'altro che «degna di fede» e infatti Paolo viene sbeffeggiato: «Su questo ti ascolteremo un'altra volta!», gli replicano gli ateniesi (*At* 17,32). Ed è forse sulla base di tale esperienza che ai corinzi scriverà che Cristo crocifisso e risorto è «stoltezza per i pagani» (1 *Cor* 1,23). Tuttavia ad Atene un membro del Consiglio dell'Areopago, Dionigi, aderisce a questa «stoltezza» che è «per coloro che sono chiamati, sia Giudei sia Greci, potenza e sapienza di Dio» (1 *Cor* 1,24).

Il terzo viaggio missionario (cc. 18-19) ha come nodo centrale Efeso, ancor oggi splendida nei suoi monumenti riportati alla luce dagli archeologi (la Biblioteca di Celso, l'Odeon, il foro, la via Arcadiana, l'agorà, la Borsa, l'Artemision, il teatro da 20.000 posti...). Paolo riesce a creare uno straordinario fermento spirituale che ha anche un inatteso risvolto economico: conquistati dalla nuova fede, molti efesini bruciano le proprie raccolte di papiri magici e distruggono amuleti e statuette di Artemide, la dea patrona di Efeso. La reazione della potente corporazione degli orefici, guidata dal leader Demetrio, è durissima. Luca ci offre quasi un «filmato» narrativo della loro manifestazione sindacale che sfocia in disordini e pestaggi e che costringe l'Apostolo a ripiegare verso il nord della costa egea, nella speranza di dirigersi nuovamente in Grecia. Il suo progetto è così formulato: «Paolo si mise in animo di attraversare la Macedonia e l'Acaia e di recarsi poi a Gerusalemme, affermando: Dopo essere stato là, è necessario che io veda anche Roma!» (*At* 19,21). In pratica egli considera ormai concluso il suo programma missionario nel

Mediterraneo orientale e lo vuole sigillare con un gesto di comunione tra le giovani Chiese e la Chiesa-madre di Gerusalemme.

*«Paolo, i troppi studi ti hanno dato al cervello!»*

L'addio alle comunità fondate da Paolo è tratteggiato da Luca in una pagina commossa, dominata da un discorso che l'Apostolo indirizza ai presbiteri della Chiesa di Efeso, scesi fino a Mileto, 80 chilometri a sud, per salutarlo mentre sta imbarcandosi per Gerusalemme. Nella patria della famosa scuola filosofica ionica di Talete, Anassimene e Anassimandro, Paolo pronunzia il suo «testamento pastorale» (Jacques Dupont), venato di malinconia e di tenerezza («so che non vedrete più il mio volto»), segnato da un grande amore («è più gioioso dare che ricevere», afferma, citando un detto di Gesù che non è entrato nei vangeli) ma ancora mosso dall'ardore per la battaglia contro i «lupi rapaci», cioè i falsi pastori (*At* 20,17-35). «Tutti scoppiarono in un pianto spontaneo e, gettandosi al collo di Paolo, lo baciavano, addolorati soprattutto perché aveva detto che non avrebbero mai più visto il suo volto» (*At* 20,37-38).

La sosta a Gerusalemme si trasforma in un dramma. Inizia ormai la Passione dell'Apostolo che lo avvierà, sia pur lentamente, al martirio. Egli, decidendo di recarsi al tempio, compie un atto di provocazione nei confronti degli infuriati ebrei osservanti che vedono in lui l'apostata e il traditore per eccellenza: «Toglilo via dalla terra» gli gridano contro «non ha più il diritto di vivere!» (*At* 22,22). Sottratto al linciaggio e arrestato dal tribuno romano, tale Claudio Lisia, che gestiva la pubblica sicurezza dell'area del tempio, Paolo oppone la sua cittadinanza romana e, dopo varie vicende e colpi di scena descritti da Luca con la consueta sapienza e vivacità narrativa, l'Apostolo viene trasferito sotto scorta a Cesarea Marittima per essere affidato al procuratore romano, essendo il soggetto un pericolo per l'ordine pubblico di Gerusalemme.

Paolo, dunque, compare come Gesù davanti al governatore imperiale. Ora non è più Ponzio Pilato bensì Marco Antonio Felice che, com'è suo costume, Tacito negli *Annali* in modo lapidario liquida così: «Esercitava il potere di un re con la mentalità di uno schiavo» (egli, infatti, era stato schiavo di Antonia, figlia di Marco Antonio e madre dell'imperatore Claudio, sotto il quale aveva fatto carriera). I tempi del processo a Paolo si dilatano a dismisura sia perché Felice era molto incuriosito sia perché sperava che la comunità cristiana pagasse un riscatto per liberare l'Apostolo. L'attesa è così lunga che fa in tempo a succedere a Felice un altro procuratore, Porcio Festo, che reggerà la Giudea dal 60 al 62. Costui è filo-ebreo perché è cognato del re di uno staterello della Galilea, l'ebreo Erode Agrippa II, pronipote di Erode il Grande, che si faceva accompagnare dalla sorella Berenice, una specie di Cleopatra ebrea che farà impazzire per la sua bellezza eccezionale anni dopo persino Tito, il distruttore di Gerusalemme e futuro imperatore romano.

Forse amante incestuoso di Berenice, Erode Agrippa visita il cognato Festo a Cesarea e qui ha l'occasione di conoscere personalmente Paolo, la cui custodia cautelare nel frattempo ha un'ulteriore dilazione. L'Apostolo non si ritira di fronte alla possibilità di un annunzio cristiano anche in questo mondo depravato e corrotto. Il risultato è, però, meschino: «Paolo, sei proprio pazzo» sghignazza Festo «i troppi studi ti hanno dato al cervello!» (*At* 26,24). Ed Erode Agrippa, ironico: «Per poco non mi persuadevi a farmi cristiano!», mentre a parte mormora al procuratore: «Costui poteva essere messo in libertà se non si fosse appellato a Cesare» (*At* 26,28.32). Paolo, infatti, forse reagendo anche alle inerzie della burocrazia imperiale, era stato deciso: «Io mi appello a Cesare». E Festo gli aveva replicato: «Ti sei appellato a Cesare? A Cesare andrai!» (*At* 25,11-12).

*Paolo agli arresti domiciliari*

Dopo un avventuroso trasferimento via mare su una nave oneraria (cioè destinata al trasporto di derrate alimentari) con un naufragio e una sosta a Malta (cc. 27-28), Paolo approda a Pozzuoli, ove per la prima volta mette piede sul suolo italiano (la nuova nave su cui era imbarcato, dopo il naufragio, aveva però fatto scalo anche a Siracusa e a Reggio Calabria). L'Apostolo ha una sorpresa: allo sbarco lo accolgono alcuni «fratelli» cristiani e altri ne incontra quando entra nell'area urbana di Roma, al Foro Appio e alle Tre Taverne (*At* 28,11-15). In città Paolo è agli arresti domiciliari: può, dunque, ricevere visite e, tra le prime, significativa è quella di una delegazione di ebrei romani. L'Apostolo è instancabile; come aveva fatto nella stessa Gerusalemme e nel palazzo del procuratore a Cesarea, così adesso nei due anni di domicilio coatto in attesa di giudizio (anche la giustizia imperiale romana non brillava per celerità!) non cessa di «annunziare il Regno di Dio e di insegnare le cose riguardanti il Signore Gesù Cristo in piena libertà e senza impedimento» (*At* 28,31). Con tale nota, che chiude il libro degli Atti degli Apostoli, Luca non vuole solo riconoscere la tutela dei diritti civili da parte dell'impero, ma anche confermare indirettamente il rispetto della comunità cristiana nei confronti dell'autorità costituita, come Paolo stesso aveva attestato nella Lettera ai Romani (*Rm* 13,1-7).

Con questa frase, inoltre, Luca si raccorda all'inizio dell'opera: là era il Cristo che «parlava del Regno di Dio» ai suoi discepoli (*At* 1,3); ora è Paolo che «annunzia il Regno di Dio» a Roma. L'arco ideale che correva da Gerusalemme alla capitale dell'impero è ormai compiuto. A Luca non interessa andare oltre descrivendoci la fine della vicenda giudiziaria dell'Apostolo e la sua morte (non è del tutto escluso che l'autore scriva proprio agli inizi degli anni 60, prima dell'esecuzione capitale. Tale ipotesi cozzerebbe però con la composizione della prima opera, il vangelo, che rivela indizi cronologici successivi alla fine di Gerusalemme del 70). Il programma storico e teologico di Luca è, comunque, delineato ed esaurito nelle sue componenti fondamentali. Per sapere qualcosa di più sul tramonto dell'Apostolo – fatta eccezione per le indicazioni generali contenute nelle Lettere a Timoteo e a Tito – dobbiamo uscire dal Nuovo Testamento e affidarci agli apocrifi *Atti di Paolo* (II sec.), che descrivono un'esecuzione capitale per decapitazione secondo la prassi riservata a un cittadino romano, notizia confermata da Tertulliano, Eusebio di Cesarea e da un'antica tradizione che collocherà la morte alle Acque Salvie.

Più generica ed enfatica è, invece, la testimonianza che ci ha lasciato attorno al 95 Clemente Romano nella già citata Prima Lettera ai Corinzi: «A causa di gelosie e di contese, Paolo mostrò come si consegue il palio della costanza: sette volte incatenato, poi esiliato, lapidato, araldo in Oriente e in Occidente, conseguì la vera gloria della sua fede. Dopo aver insegnato al mondo intero la giustizia, dopo essere giunto fino agli estremi confini dell'Occidente e aver reso testimonianza di fronte ai potenti, si congedò dal mondo e divenne il più alto modello di costanza» (5,5-7). Eravamo forse alle soglie della terribile persecuzione anticristiana scatenata da Nerone nel 64.

### *Una «Lettera di paglia»?*

Oltre Paolo, oltre Luca e gli altri evangelisti, incontriamo una discreta letteratura teologica neotestamentaria che è catalogata come «Lettere», in quanto è adottato esteriormente il genere epistolare, ma che in realtà dovrebbe essere classificata come «omelie o catechesi» cristiane. Un esempio l'abbiamo già visto nella Lettera agli Ebrei, altri ci capiteranno tra le mani quando andremo «oltre Giovanni». Fermiamoci ora un poco su quattro scritti che, con tre Lettere giovannee, costituiscono un settenario di testi convenzionalmente chiamati «Lettere cattoliche», cioè destinate a tutte le Chiese. Essi appartengono alla primitiva predicazione ecclesiale e sono espressione di quel giudeocristianesimo che tanto rilievo ha avuto nella prima parte del racconto degli Atti degli Apostoli. Possiamo, così, gettare uno sguardo su quelle comunità che continueranno a vivere per qualche secolo nella Chiesa con un loro sistema di riti, di idee, di simboli, di comportamenti e anche di polemiche (spesso antipaoline) e che hanno avuto una piccola reviviscenza ai nostri giorni in alcune comunità di cristiani di lingua ebraica nello Stato di Israele o in qualche sporadica adesione personale.

Inizieremo con uno scritto ignorato nei primi tempi cristiani tra i libri neotestamentari, fatta eccezione per la Chiesa di Alessandria d'Egitto fin dal III secolo, intestato a «Giacomo, servo di Dio e del Signore Gesù Cristo» (*Gc* 1,1). Lettera curiosa, questa di Giacomo, perché da un lato rispecchia i moduli dell'omiletica sinagogale, rivelando un'ottima conoscenza dell'Antico Testamento, e dall'altro ci presenta un dettato in greco elegante e contatti con alcune forme espressive della cultura ellenistica, come la cosiddetta «diatriba» stoica. Curioso è questo scritto anche per il suo autore perché nel Nuovo Testamento ben cinque personaggi portano il nome di Giacomo, due dei quali spiccano per rilievo: l'apostolo di Gesù, Giacomo, figlio di Alfeo e fratello di Giovanni, e il «fratello del Signore» Giacomo, primo «vescovo» di Gerusalemme, artefice dell'accordo del concilio di Gerusalemme (*At* 15,13-21). Ma forse il riferimento a uno dei due può essere solo emblematico, secondo la già nota prassi della «pseudoepigrafia», usata anche per Paolo nelle Lettere deuteropaoline. Fra l'altro è strano che nella titolatura non si citi né la qualifica di «apostolo» (per Giacomo di Alfeo) né quella di «fratello del Signore» (per Giacomo di Gerusalemme), optando invece per un anodino «servo di Dio e del Signore Gesù Cristo» (*Gc* 1,1). Si tratterebbe, allora, di un anonimo maestro moralista giudeo-cristiano, forse rivestito dal manto apostolico.

La lezione che questo maestro indirizza «alle dodici tribù disperse nel mondo» (*Gc* 1,1), cioè alla Diaspora giudeo-cristiana vista come l'erede dell'Israele biblico, rivela una serie di temi che sembrerebbero essere accostati l'uno all'altro senza un progetto definito. In realtà l'autore vorrebbe tracciare in modo non sistematico un itinerario di vita cristiana (in *Gc* 1,16 si invita il lettore-ascoltatore a «non andare fuori strada»): esso ha il suo punto di partenza nella sapienza, che è «un dono perfetto che discende dall'alto, dal Padre della luce, nel quale non c'è variazione né ombra di mutamento» (*Gc*

1,17). La sapienza, che è «parola di verità» (*Gc* 1,18) e che è «disseminata in noi per la salvezza delle nostre anime» (*Gc* 1,21), è cantata con una specie di litania che elenca un settenario di qualità e che sembra echeggiare l'inno all'agape-amore di Paolo in 1 Corinzi 13: «La sapienza che discende dall'alto è innanzitutto pura, poi pacifica, benevola, docile, colma di misericordia e di buoni frutti, imparziale, non ipocrita» (*Gc* 3,17). Essa ha per certi versi l'aspetto della grazia divina celebrata da Paolo se è vero che, subito dopo l'esaltazione settenaria appena citata, si ha questa aggiunta: «Il frutto della giustificazione viene seminato nella pace per coloro che operano la pace» (*Gc* 3,18). E ancora: Dio «ci ha generati di sua volontà con una parola di verità perché fossimo come primizia delle sue creature» (*Gc* 1,18).

C'è, quindi, un primato di Dio anche in questa lezione giudeo-cristiana; tuttavia, ben presto l'accento si trasferisce sulla risposta dell'uomo ed è qui che ci imbattiamo in una dichiarazione sorprendente che ha suscitato l'ira di Lutero, pronto a bollare il testo come una «Lettera di paglia», inconsistente e degna del fuoco. Il nostro maestro parte da una scenetta che sembra essere ripresa dal vivo. In un'assemblea cristiana entra un magnate «con anello d'oro al dito e splendidamente abbigliato»; dietro di lui s'insinua, furtivo, un poveraccio in abiti logori. Il presidente dell'assemblea si rivolge al primo e lo fa subito accomodare su un seggio, mentre invita l'altro a stare in piedi a lato o ad accucciarsi per terra. Dopo aver ricordato con asprezza che ben diverse sono le scelte di Dio (*Gc* 2,1-13), Giacomo procede oltre e, in apparente polemica con l'insegnamento di Paolo nelle Lettere ai Galati e ai Romani, dichiara:

> Che giova, fratelli miei, se uno dice di avere la fede ma non ha le opere? Forse che quella fede potrà salvarlo? Se un fratello o una sorella sono nudi e privi del cibo quotidiano e uno di voi dice loro: Andate in pace a riscaldarvi e a saziarvi! senza dare loro il necessario per il corpo, che giova? Così anche la fede: se non ha le opere, è morta. Ma uno potrebbe dire: Tu hai la fede e io ho le opere; mostrami la tua fede senza le opere e io dalle mie opere ti mostrerò la mia fede ... Ma non sai, o uomo insipiente, che la fede senza le opere è fredda? Abramo, nostro padre, non fu forse giustificato dalle opere, quando offrì Isacco suo figlio sull'altare? Vedi che la fede cooperava con le opere di lui e che per le opere quella fede divenne perfetta ... L'uomo viene giustificato dalle opere e non solo dalla fede (*Gc* 2,14-24).

### *«Il salario frodato ai lavoratori grida!»*

Giacomo, come appare anche da quanto abbiamo notato prima, non nega il rilievo della grazia e della fede né afferma che si è salvati solo con le nostre opere e i nostri meriti. Egli, però, pone fortemente l'accento sulla risposta umana necessaria. Anche Paolo – nonostante diversi fossero gli accenti – aveva ribadito l'importanza dell'impegno morale, dedicando sempre la seconda parte delle sue Lettere all'etica e all'esistenza cristiana. È indubbio, tuttavia, che la forte sottolineatura sulle opere offerta da Giacomo esprime una spiccata sensibilità delle Chiese giudeo-cristiane, che avevano conservato una propria specifica identità ancorata alla legge biblica e alla sua osservanza. Questa prospettiva fa sì che la Lettera diventi una vivace catechesi morale su vari temi e impegni. C'è, come si è visto, la denuncia della ricchezza che «passerà come fiore d'erba: si leva il sole con il suo ardore, fa avvizzire l'erba e il fiore cade ... così anche il ricco appassirà nei suoi affari» (*Gc* 1,10-11).

Veemente è l'attacco del capitolo 5 che sembra uscire dalla bocca di un predicatore sdegnato: «Ora a voi, ricchi: piangete e urlate per le sciagure che vi sovrastano! La vostra ricchezza è marcita, il vostro abbigliamento è preda delle tarme, il vostro oro e il vostro argento sono consunti dalla ruggine, una ruggine che testimonierà contro di voi e divorerà le vostre carni come un fuoco. Avete raccolto tesori per gli ultimi giorni! Ecco, il salario frodato ai lavoratori che hanno mietuto i vostri campi grida! Le proteste dei mietitori sono giunte alle orecchie del Signore degli eserciti! Avete fatto orge sulla terra, vi siete saziati di piaceri, avete ingrassato i vostri cuori per il giorno della strage!» (*Gc* 5,1-5). Questa insistenza «sociale» ha fatto pensare ad alcuni che il maestro si rivolgesse a comunità «proletarie» o, comunque, con la presenza di strati poveri. Per lui, infatti, «la religione pura e incontaminata davanti a Dio nostro Padre è questa: soccorrere orfani e vedove nella loro sventura e conservarsi puri da questo mondo» (*Gc* 1,27).

C'è poi l'invito a essere fedeli nella tentazione: essa non viene da Dio ma dalla nostra concupiscenza interiore; chi la supererà «riceverà la corona della vita che il Signore ha promesso a quanti lo amano» (*Gc* 1,12). Reiterato è l'appello a controllare il linguaggio, nello stile dell'antica sapienza biblica. Stupenda è la pagina del c. 3, interamente costellata di immagini folgoranti: il morso dei cavalli, il piccolo timone che regge la rotta delle grosse navi durante le tempeste, il fuoco di pochi sterpi che dilaga nella foresta, la dose minima di veleno che insidia la vita di un corpo, la sorgente inquinata, i «mostri» biologici (un fico che produce olive o una vite che germoglia fichi). Il tutto per mettere in guardia contro quel «piccolo organo» che è la lingua, capace di enormi danni, di generare contemporaneamente benedizione e maledizione, dolcezza e veleno. Perciò, «sia ognuno veloce nell'ascolto ma lento nel parlare» (*Gc* 1,19).

C'è, infine, uno spazio particolare riservato alla preghiera, soprattutto per ottenere il dono della sapienza (*Gc* 1,5-8). Interessante è, al riguardo, l'ultima pagina, ove è di scena un particolare rituale per il malato che il Concilio di Trento ha considerato come affermazione del sacramento dell'unzione dei malati, «promulgato dal beato Giacomo apostolo». Ecco il testo: «Chi tra voi soffre, preghi; chi gioisce, canti salmi. Chi è malato, chiami i presbiteri della Chiesa che preghino su di lui, dopo averlo unto con olio nel nome del Signore. La preghiera fatta con fede salverà l'infermo e il Signore lo farà levare e, se ha commesso peccati, gli saranno perdonati» (*Gc* 5,13-15). Già la missione degli apostoli, secondo i vangeli (*Mc* 6,13), comprendeva «l'unzione con olio per gli infermi così da guarirli». L'olio era considerato medicamento ma anche strumento di consacrazione. L'atto che Giacomo descrive e che è celebrato dai presbiteri della comunità non si esaurisce in un rituale ma esige la fede, la preghiera e la confessione dei peccati. In tal senso si può parlare di un gesto sacramentale perché comprende l'incontro tra la fede dell'uomo e la grazia divina. Un gesto, comunque, ben diverso da un'«estrema unzione» di tipo sacrale o, peggio, magico.

### *La casa e il pastore*

Pietro è citato 154 volte nel Nuovo Testamento, altre 27 volte appare come Simone, il suo nome originario (forma grecizzata di «Simeone»), e 9 volte con l'aramaico Kefa («pietra-Pietro»). Di lui sono narrate nei vangeli la vocazione, la costante sequela di Gesù, la crisi sfociata nel tradimento, ma anche la solenne investitura a Cesarea di Filippo (*Mt* 16,18-19) e la riabilitazione finale sulle rive del lago di Tiberiade (*Gv* 21,15-19). Pietro primeggia, come si è visto, nella prima parte degli Atti degli Apostoli (cc. 1-15), è mediatore tra le Chiese giudeo-cristiane e quelle di matrice pagana, è considerato da Paolo stesso una «colonna» della Chiesa (*Gal* 2,9), pur nella libertà di dissenso su questioni specifiche (*Gal* 2,11-14); è il primo testimone ufficiale della risurrezione di Cristo, sempre secondo Paolo (1 *Cor* 15,5: Cristo risorto «apparve a Kefa e poi ai dodici»). A Pietro sono anche attribuite due Lettere profondamente diverse tra loro e che fanno parte del fascicolo di omelie o catechesi che stiamo esaminando.

La Prima Lettera è direttamente evocata dalla Seconda – «questa, o carissimi, è la seconda Lettera che vi scrivo e in entrambe cerco di risvegliare alla vostra memoria la limpida intelligenza» (2 *Pt* 3,1) – ed è un testo scritto in un greco raffinato, il migliore dopo quello della Lettera agli Ebrei, di Luca e di Giacomo (62 termini sono del tutto inediti nel resto del Nuovo Testamento), e sorprendentemente convergente con alcuni temi paolini come la grazia, l'elezione, la libertà cristiana, il culto spirituale, la concordia comunitaria, i carismi, la sottomissione alle autorità civili. Tuttavia non mancano coincidenze di pensiero anche con la Lettera di Giacomo e quella agli Ebrei: saremmo, quindi, in presenza di una linea teologica giudeo-cristiana moderata, anzi aperta ad altre istanze di pensiero. Il titolo non ha esitazione nell'attribuire il testo a Pietro, «apostolo di Gesù Cristo», il quale però scrive per mezzo di un segretario, Silvano, forse quel Sila che fu anche collaboratore di Paolo (1 *Pt* 5,12). In finale si fa poi balenare che la Lettera è composta a Roma, menzionata sotto il crittogramma «Babilonia» (1 *Pt* 5,13), usato dai libri apocalittici giudaici e cristiani per indicare la capitale dell'impero solo dopo la distruzione di Gerusalemme del 70. Lo scritto sarebbe, allora, da situare dopo quella data e – se si aggiunge l'uso di un greco così raffinato – sarebbe difficile da attribuire a Pietro, secondo la tradizione già martirizzato durante la persecuzione neroniana.

È per questo che molti studiosi sono inclini a considerare la Lettera piuttosto come espressione della tradizione petrina, ipotesi confermata, fra l'altro, dalla presenza di Marco, «figlio mio» (1 *Pt* 5,13), e della seconda generazione dei cristiani («voi amate Cristo senza averlo visto e senza vederlo credete in lui» 1 *Pt* 1,8). Effettivamente l'opera – che si rivolge ai fedeli perseguitati dell'Anatolia – è intessuta su elementi della tradizione ecclesiale, in particolare battesimale: c'è chi in essa ha individuato i toni di un'omelia per il battesimo cristiano o addirittura lo schema della liturgia battesimale così come veniva celebrata a Roma, oltre a inni e a professioni di fede. Siamo, comunque, in presenza di uno specchio del cristianesimo delle origini così com'era proclamato e vissuto nel cuore dell'impero, nella consapevolezza però di essere «pellegrini» verso un altro Regno (1 *Pt* 1,17) e di essere «una fraternità sparsa nel mondo» (1 *Pt* 5,9). Al centro ancora una volta è collocata la figura di Cristo, celebrata in quattro brani attraverso altrettante simbologie bibliche.

Egli è innanzitutto l'agnello sacrificale senza macchia il cui sangue prezioso è stato versato per il nostro riscatto (1 *Pt* 1,18-19). Egli è la pietra vivente che è stata scartata dagli uomini ma scelta da Dio come fondamento attorno al quale si edifica la Chiesa (1 *Pt* 2,6-8). Egli è il servo sofferente cantato da Isaia nel capitolo 53 del suo libro profetico, è il pastore e custode delle nostre anime (1 *Pt* 2,21-25): «Insultato, non restituiva l'insulto, / soffrendo non minacciava vendetta / ma si affidava a Colui / che giudica secondo giustizia ...». Infine, egli appare come il giusto che si è sacrificato per gli ingiusti così da ricondurli a Dio (1 *Pt* 3,18-22). Queste rappresentazioni di Cristo coinvolgono già la seconda figura dominante della Lettera, la Chiesa. Anch'essa ha le sue immagini; in particolare si ha l'associazione di due simboli di per sé contrapposti, quello sedentario della casa e quello nomadico del pastore. La casa (*oikos*), però, trascolora da edificio materiale nella famiglia vivente che vi è ospitata, e da sede domestica in tempio consacrato. È la ripresa di un'immagine paolina (1 *Cor* 3,9-17): «Stringendovi a Cristo, pietra viva, rigettata dagli uomini ma scelta e preziosa davanti a Dio, anche voi siete edificati come pietre vive per una casa spirituale, per un sacerdozio santo, per offrire sacrifici spirituali graditi a Dio per mezzo di Gesù Cristo» (1 *Pt* 2,4-5).

Su questa casa vivente s'abbatte talvolta «l'incendio della persecuzione che si accende per mettere alla prova» (1 *Pt* 4,12). L'appello, spesso ripetuto, si rivolge allora alla costanza serena: «Beati voi se venite oltraggiati nel nome di Cristo, perché lo Spirito della gloria e lo Spirito di Dio riposa su di voi ... Se uno soffre come cristiano, non se ne vergogni, ma glorifichi Dio per questo nome» (1 *Pt* 4,14.16). All'interno di questa casa, che si rivela come un tempio, si celebra un culto spirituale da parte dei cristiani che sono in pienezza gli eredi di quella definizione che era stata applicata dal libro dell'Esodo (19,6) al popolo di Israele raccolto ai piedi del Sinai: «Voi siete la stirpe eletta, il sacerdozio regale, la nazione santa, il popolo che Dio si è acquistato perché proclami le opere salvifiche di lui che vi ha chiamato dalle tenebre alla sua mirfabile luce» (1 *Pt* 2,9). A capo della casa-tempio non c'è un *paterfamilias* o un padrone (*oikodespotes*) bensì un pastore, il Cristo risorto, che ora si rende visibile attraverso i presbiteri, cioè i pastori visibili della Chiesa, il cui ritratto è così disegnato in 1 *Pt* 5,1-4: «... pascete il gregge di Dio che è con voi, sorvegliandolo non con la forza ma con la libertà secondo Dio, non per infame interesse ma con entusiasmo, non facendola da padroni su coloro che vi sono affidati, ma divenendo modelli del gregge. Quando apparirà il pastore supremo, riceverete la corona di gloria che non appassisce».

La fissità della casa materiale è superata. La Chiesa è «fuori casa» (*paroikía*: 1 *Pt* 1,17; 2,11), cioè in marcia verso la pienezza della vita e della gloria. Mentre è in cammino, pur sentendosi spesso assediata da forze ostili («il vostro avversario, il diavolo, s'aggira come leone ruggente alla ricerca della preda da divorare» 1 *Pt* 5,8), essa conserva intatta la sua fiducia e la sua pacatezza, pronta «sempre a rispondere a chiunque le domandi ragione della sua speranza, ma con dolcezza, rispetto e coscienza limpida» (1 *Pt* 3,15-16). Un luminoso esempio di certezza e di dialogo, di identità senza integralismo, di consapevolezza e di rispetto.

*La scrofa nel brago e la stella nell'aurora*

Sotto il patronato di «Simeone Pietro, apostolo e servo di Gesù Cristo» (2 *Pt* 1,1) è posta anche una Seconda Lettera che è, però, per linguaggio, stile e argomenti divergente dalla Prima (a cui pure fa riferimento in 2 *Pt* 3,1) e convergente con quella attribuita a Giuda. L'incertezza sulla paternità petrina era condivisa già nel III secolo da Origene che la definiva «controversa», mentre lo storico Eusebio di Cesarea ribadiva che «di Pietro una sola Lettera, la cosiddetta Prima, è riconosciuta come autentica». E san Girolamo concludeva: «Pietro ha scritto due Lettere, che si chiamano Cattoliche, ma la seconda è rifiutata dalla maggioranza a causa della sua differenza di stile con la Prima». Effettivamente tra i due testi ci sono solo 100 vocaboli comuni contro 600 diversi (56 sono assenti in tutto il resto del Nuovo Testamento). In particolare differenti sono temi e impostazione e a questo ha badato l'esegesi moderna giungendo alla conclusione che siamo di fronte a uno scritto tardo (forse l'ultimo del Nuovo Testamento, della fine del I o dell'inizio del II sec.), posto sotto lo pseudonimo e l'autorità petrina da un predicatore o maestro dell'antica tradizione cristiana.

Costui ha voluto comporre una specie di testamento o discorso d'addio, liberamente ispirandosi a un genere noto all'Antico Testamento e usato per Giacobbe (*Gn* 49), Mosè (*Dt* 33), Giosuè (*Gs* 23), Davide (2 *Sam* 23,1-7) e, nel Nuovo Testamento, per lo stesso Gesù (*Gv* 13-17) e per Paolo (2 *Tm*). Ecco una battuta significativa del nostro testo: «Credo giusto, finché mi trovo in questa tenda [del corpo] di continuare a tenervi desti con la mia esortazione, sapendo che è vicino il tempo di levare la mia tenda, come anche il Signore nostro Gesù Cristo mi ha manifestato» (2 *Pt* 1,13-14). Lo scritto è fortemente segnato dalla polemica contro i «falsi maestri» o «profeti» che «introducono eresie rovinose» (2 *Pt* 2,1). È difficile ricostruire la fisionomia di costoro perché l'autore procede per allusioni. Tuttavia possiamo tentare un'identificazione raccogliendo i vari indizi. Daremo, così, uno sguardo anche alla Chiesa delle origini che visse non in un'età dell'oro idealizzata ma nei travagli di una crescita, spesso faticosa e tortuosa.

L'accento più esplicito nel descrivere questi dissidenti cade sulla «conoscenza» (per sette volte ritornano i vari termini della *gnosis*) che essi si arrogano. Possiamo, perciò, sospettare la presenza delle prime tentazioni gnostiche, inclini a creare un cristianesimo elitario, legato al concetto di salvezza acquisita attraverso gradi progressivamente alti di conoscenza riservati agli eletti. Sappiamo quanto la gnosi crebbe poi, nel II-III secolo, in Egitto configurando un vero e proprio modello alternativo di cristianesimo. Per sostenere le loro tesi gli pseudoprofeti ricorrono pure a «miti sofisticati» (2 *Pt* 2,16) di tipo esoterico, generando non solo una teoria ma anche una prassi eterodossa. Spesso, infatti, all'idea di ascesa nei cieli della conoscenza si accompagnava il rigetto dell'ascesi cristiana: liberi dal peso del corpo o ad esso indifferenti, lasciavano che quest'ultimo si abbandonasse al suo istinto e al suo destino, mentre l'anima e la mente si libravano nei cieli tersi della contemplazione. Ecco, allora, l'accusa di libertinismo scagliata contro di loro dall'autore della Lettera: «Con discorsi roboanti e vani adescano ricorrendo alle passioni licenziose della carne ... Promettono libertà ma in realtà sono loro stessi schiavi della corruzione. Se dopo aver fuggito i miasmi del mondo per mezzo della conoscenza del Signore e Salvatore Gesù Cristo, ne rimangono nuovamente invischiati e piegati, la loro ultima condizione è peggiore della prima ... Si è per essi verificato il proverbio che dice: Il cane è tornato al suo vomito [*Pr* 26,11] e la scrofa lavata è tornata ad avvoltolarsi nel brago» (2 *Pt* 2,18-22).

Ma l'attacco più severo riguarda due capitoli della teoria dei falsi maestri: essi intaccano l'autentico insegnamento cristiano. Il primo concerne ancora una volta la *parousía*, la venuta ultima di Cristo a sigillo della storia, che tanto agitò la cristianità delle origini. Ebbene, costoro, ricorrendo alla concezione cosmologica ellenistica, rifiutano l'idea che la storia confluisca verso quella meta di palingenesi. Infatti, questi «schernitori beffardi» affermano: «Dov'è mai la promessa della sua venuta [*parousía*]? Dal giorno in cui i nostri padri s'addormentarono tutto rimane come al principio della creazione» (2 *Pt* 3,3-4). Si fa leva sulla tesi greca dell'immutabilità dell'essere per negare ogni redenzione futura che, invece, il nostro autore ribadisce con fermezza attraverso il linguaggio apocalittico classico: «Il giorno del Signore verrà come un ladro; allora i cieli passeranno fragorosamente, gli elementi cosmici consunti dal calore si dissolveranno e la terra con quanto contiene sparirà ... Noi attendiamo e affrettiamo la venuta [*parousía*] del giorno di Dio nel quale i cieli si dissolveranno nel fuoco e gli elementi cosmici incendiati si fonderanno. Secondo la sua promessa, noi aspettiamo nuovi cieli e nuova terra nei quali avrà residenza stabile la giustizia» (2 *Pt* 3,10-13).

Di fronte al ritardo della *parousía* di Cristo i falsi maestri ne avevano proposto semplicemente la cancellazione, riducendo il cristianesimo a una fede intimistica, basata sulla purificazione della conoscenza. Il maestro sacro, invece, riconferma l'importanza dell'attesa perché la dilazione fa parte del piano di Dio «per il quale un giorno solo è come mille anni e mille anni come un giorno solo: il Signore non ha allora – nel mantenere la sua promessa – quella lentezza che alcuni gli attribuiscono ma usa pazienza non volendo che alcuno perisca ma che tutti abbiano modo di pentirsi» (2 *Pt* 3,8-9). Un secondo capitolo teologico rilevante riguarda l'uso spregiudicato delle Sacre Scritture da parte di questi falsi maestri, in particolare delle Lettere di Paolo che sembrano già essere codificate e «canonizzate» (2 *Pt* 3,15-16). L'autore, allora, ribadisce con forza la funzione della tradizione ecclesiale nella corretta interpretazione della Bibbia: «Nessuna profezia della Scrittura può essere soggetta a interpretazione soggettiva. La profezia non ci fu comunicata da volontà umana ma quegli uomini parlarono da parte di Dio, mossi dallo Spirito Santo» (2 *Pt* 1,20-21).

La Lettera ci presenta l'Antico e il Nuovo Testamento profondamente uniti tra loro sulla base di una lettura globale cristologica. I profeti e gli apostoli fanno parte di un unico progetto di rivelazione che ha per meta Cristo: «Dovete tenere a mente le parole che furono prima rivolte dai santi profeti e il comandamento del Signore e Salvatore trasmesso dagli apostoli» (2 *Pt* 3,2). È in questa luce che il nostro autore, rivestendosi dei panni di Pietro, rievoca il giorno luminoso della Trasfigurazione nel quale, accanto a Gesù, erano presenti Mosè ed Elia, cioè l'Antico Testamento, e conclude: la voce che proclamava Gesù Figlio amato di Dio «noi l'abbiamo udita scendere dal cielo mentre eravamo con Cristo sul monte santo. E così abbiamo conferma ancor più solida della parola profetica alla quale fate bene a rivolgere l'attenzione come a lampada che brilli in luogo tenebroso, finché non spunti il giorno e la stella dell'aurora si levi nei vostri cuori» (2 *Pt* 1,18-19).

### «*Onde selvagge del mare che schiumano infamie*»

Giuda – non l'Iscariota, cioè il traditore di Gesù – costituisce un piccolo enigma nei vangeli: Luca lo enumera tra i dodici apostoli (*Lc*

6,16) come «Giuda di Giacomo»; Giovanni lo ammette all'ultima cena (*Gv* 14,22); ma Marco (3,18) e Matteo (10,3) nelle loro liste dei dodici lo ignorano e al suo posto collocano un certo Taddeo (a meno che si tratti di un soprannome o di un secondo nome dello stesso Giuda). Inoltre tra i «fratelli di Gesù» si registrano un Giuda e un Giacomo (*Mc* 6,3; *Mt* 13,55). Ebbene, la Lettera che porta il nome di «Giuda, fratello di Giacomo» (*Gd* v. 1) a chi rimanda? Quasi di sicuro al «fratello di Gesù» e non all'omonimo apostolo. Ma per gli studiosi si tratterebbe ancora una volta di uno pseudonimo «di autorità», destinato ad esaltare un breve messaggio (25 versetti in tutto), scritto in un buon greco da un predicatore cristiano anonimo e indirizzato a un'anonima comunità della Diaspora giudeo-cristiana prima dell'anno 90.

Un anno che è scelto intenzionalmente perché in quella data gli ebrei, in un «concilio» tenutosi a Jamnia nella Palestina meridionale, esclusero gli apocrifi dal loro Canone delle Scritture. Ebbene, l'elemento più curioso della Lettera di Giuda è proprio l'ampia citazione, accanto all'Antico Testamento, degli scritti apocrifi. Si rimanda al popolare e importante *Libro di Enoch* per descrivere il peccato di ribellione degli angeli che «lasciarono la loro dimora e che il Signore tiene in catene eterne, nelle tenebre, per il giudizio del gran giorno» (*Gd* v. 6). Lo si usa per definire lo stato degli empi, «segnati ormai da tempo per la condanna» (*Gd* v. 4), per evocare gli «astri erranti» (*Gd* v. 13) e per presentarne alla fine il protagonista stesso: «Profetò Enoch, settimo dopo Adamo ...» (*Gd* vv. 14-15). Ma il nostro predicatore cita anche l'apocrifa *Assunzione di Mosè*: «L'arcangelo Michele, quando – contendendo con il diavolo – disputava per avere il corpo di Mosè, non ardì di accusarlo con parole offensive ma disse soltanto: Ti condanni il Signore!» (*Gd* v. 9). Sull'uso simbolico della «strada di Caino» e del «traviamento di Balaam» (*Gd* v. 11), personaggi biblici, è invece di scena il *Targum* giudaico, cioè la versione-parafrasi aramaica della Bibbia, e così via con varie allusioni ad altri scritti apocrifi giudaici, come il *Testamento dei Dodici Patriarchi* e il *Libro dei Giubilei*.

Come la Seconda Lettera di Pietro, anche questo breve testo ha di mira alcuni falsi maestri che stanno sconvolgendo le comunità cristiane. Su di loro viene riversata una serqua di insulti: sono empi e dissoluti (*Gd* v. 4), impuri (vv. 8.12.23), ribelli (v. 11), infami (v. 13), sobillatori, svergognati, adulatori, superbi (v. 16), impostori (v. 18). Basterebbe leggere questo pittoresco brano: «Essi sono la sozzura dei vostri banchetti ove siedono a mensa senza vergogna, pascendo se stessi; sono come nubi senza pioggia spazzate via dai venti, alberi di fine stagione privi di frutti, due volte morti e sradicati, onde selvagge del mare che schiumano le loro infamie, astri erranti ai quali è destinata la caligine della tenebra eterna» (*Gd* vv. 12-13).

Dalle allusioni contenute nello scritto riusciamo solo a capire che si trattava, come per la Seconda Lettera di Pietro, dell'affiorare di dottrine gnosticheggianti che sfociavano in atteggiamenti libertini, di tendenze esoteriche che facevano impallidire «la fede santissima», di fermenti disgregatori dell'«edificio spirituale» della Chiesa (*Gd* v. 20). La Lettera si trasforma, allora, in un monito contro il rischio delle degenerazioni religiose proprie di un ambiente di frontiera religiosa e culturale. Il filosofo inglese David Hume ricordava che «gli errori della filosofia sono ridicoli ma quelli della religione sono sempre pericolosi». Giuda e l'autore della Seconda Lettera di Pietro ne sono vivamente convinti e la loro messa in guardia si risolve in un'invocazione a Dio, «a colui che ha il potere di conservarvi immuni da cadute e di farvi comparire davanti alla sua gloria senza macchia e nella gioia, all'unico Dio, nostro Salvatore per mezzo di Gesù Cristo Signore nostro» (vv. 24-25).

# XIV
# Oltre Giovanni: la tradizione efesina

«Dovessi scrivere io un trattato di morale, avrebbe cento pagine, novantanove delle quali assolutamente bianche. Sull'ultima scriverei: Conosco un solo dovere ed è quello di amare. A tutto il resto dico no.» Così annotava Albert Camus nei suoi *Taccuini* nel settembre 1937. Noi ora, andando oltre il vangelo di Giovanni e penetrando in quella tradizione che ebbe nell'Asia Minore costiera e particolarmente in Efeso il suo terreno di crescita, ci imbattiamo in una serie di scritti dotati al tempo stesso di novità e di continuità rispetto al quarto vangelo. Intendiamo riferirci alle tre Lettere giovannee e all'Apocalisse. Ora, tra gli elementi di continuità brilla – come vedremo subito – proprio quell'appello all'amore che già segnava le pagine evangeliche e che sfolgorerà nel gioiello spirituale e teologico della Prima Lettera di Giovanni. Ma prima di rivolgerci ad essa, che è più simile a un trattato, dobbiamo offrire alcune note generali e gettare uno sguardo sui due biglietti che seguono questo scritto, cioè la Seconda e la Terza Lettera di Giovanni.

## *Il Presbitero e Diotrefe: un contrasto ecclesiale*

Quando nel nostro quinto capitolo abbiamo presentato il vangelo di Giovanni, abbiamo costretto il lettore ad attraversare quasi l'intero I secolo cristiano inseguendo le tracce di una tradizione che si era evoluta per tappe successive, partendo dall'ambiente palestinese sotto il patronato dell'apostolo Giovanni per giungere fino allo scorcio del secolo in un orizzonte greco, con nuove istanze e con una «edizione» riveduta e aggiornata del quarto vangelo. Ebbene, è ancora all'interno di questo alveo, nel segmento finale del suo percorso, che dobbiamo ora collocarci, tenendo come punto di riferimento emblematico la splendida città di Efeso, già sede di una tradizione paolina da noi precedentemente esplorata. Su di essa fa perno la costellazione di centri che si affacciano sulla costa egea o che si distendono nell'immediato retroterra dell'Asia Minore e che sono evocati, come vedremo, in apertura all'altra opera della tradizione giovannea, l'Apocalisse (Smirne, Pergamo, Tiatira, Sardi, Filadelfia, Laodicea). Nel patrimonio letterario e teologico della Chiesa efesina, oltre al quarto vangelo e all'Apocalisse, si trovano anche un paio di brevi scritti attribuiti a un non meglio precisato Presbitero, che la tradizione identificherà con Giovanni, chiamando appunto quei testi Seconda e Terza Lettera di Giovanni.

«Lettere» in senso stretto lo sono, indirizzate rispettivamente a una Chiesa locale, chiamata in modo curioso «Signora eletta» (2 *Gv* vv. 1.5), e a un non meglio noto Gaio, elogiato per la sua generosa ospitalità nei confronti dei missionari itineranti (3 *Gv* vv. 1-8). A Gaio si oppone un certo Diotrefe che ambisce a far carriera ecclesiastica e «non accoglie con scelta premeditata i fratelli e impedisce di farlo a quelli che lo vorrebbero, espellendoli dalla Chiesa» (3 *Gv* vv. 9-10). Questo è, però, anche il comportamento che il Presbitero suggerisce – nella Lettera precedente, la Seconda – nei confronti degli eretici e dei dissidenti: «Se qualcuno viene da voi e non porta questo insegnamento, non accoglietelo in casa e non salutatelo» (2 *Gv* v. 10). Due atteggiamenti contraddittori che si spiegano considerando il travaglio della Chiesa delle origini, un travaglio interno già registrato dallo stesso epistolario paolino. Al contrario di certe idealizzazioni, la cristianità fu subito attraversata da tempeste e lacerazioni, da crisi e divisioni teoriche e operative e gli scritti neotestamentari ne sono una testimonianza non ipocrita.

La Seconda Lettera di Giovanni individua nitidamente la ragione della crisi ideologica nella negazione dell'incarnazione di Cristo. Le parole sono chiare: «Molti seduttori si sono introdotti nel mondo: essi non confessano che Gesù Cristo è venuto nella carne. Costoro sono il Seduttore e l'Anticristo!» (2 *Gv* v. 7). Siamo, quindi, all'interno di un orizzonte teologico di stampo gnostico che avrà una storia successiva molto vivace: esso esclude l'umiliazione del Logos divino nella carne umana, fragile e misera. Si ricordi che già il prologo del vangelo giovanneo ribadiva come vertice della fede cristiana proprio il «Logos divenuto carne» e inserito a pieno titolo nell'umanità (*Gv* 1,14). Contro questa «eresia» si erge il Presbitero, che – come si diceva – in passato era automaticamente identificato con Giovanni l'apostolo, ma che è quasi di sicuro lo stesso autore anonimo della Prima Lettera.

Che il Presbitero non sia Giovanni l'apostolo è confermato proprio dall'assenza del titolo capitale di «apostolo» nell'indirizzo iniziale delle due Lettere, sostituito dalla ben meno prestigiosa, generica e più realistica designazione di «Presbitero». Una conferma ulteriore è nel fatto che il citato Diotrefe possa tranquillamente sbeffeggiarlo, «sparlando contro di lui con notizie maligne» (3 *Gv* v. 10), con una contestazione piuttosto improbabile nel caso che essa fosse rivolta contro l'apostolo e la sua alta autorità.

Parlavamo sopra di una crisi ecclesiale non solo teorica, ma anche pratica e legata a un reciproco rifiuto dell'accoglienza e dell'ospitalità. Essa, per il Presbitero, ha la sua terapia nella fedeltà al comandamento «ricevuto fin dal principio: amiamoci gli uni gli altri» (2 *Gv* v. 5). Ritorna, dunque, il precetto fondamentale dell'etica cristiana, quello dell'agape-amore che tanto spazio aveva avuto nel discorso-testamento di Gesù nell'ultima cena (*Gv* 13-17). Fede e amore sono le due vie sante per ricostruire l'unità lacerata della Chiesa. E questi due temi centrali reggeranno anche la Prima Lettera di Giovanni, uno scritto anonimo da riportare quasi sicuramente alla stessa mano e allo stesso clima ecclesiale delle altre due lettere appena esaminate.

### *Come il percorso di un fiume*

La Prima Lettera di Giovanni è un testo che rivela alcune sorprese a chi lo studia con una certa accuratezza. Priva dei soliti apparati protocollari epistolari (mancano il mittente, l'indirizzo iniziale, i destinatari e il saluto finale), espressione di un «noi», cioè di un gruppo che si rivolge a un orizzonte lasciato nel vago, questa Lettera è in realtà molto simile a un'omelia o a un trattato teologico, forse destinato a circolare in più Chiese e comunità. Che l'ambito sia, comunque, quello della tradizione giovannea emerge nettamente dai temi già evocati, cioè l'incarnazione come verità fondamentale della fede cristiana e l'amore come cardine esistenziale e morale della vita ecclesiale. Tuttavia non mancano novità e «distinguo». Al di là dell'assenza di altri temi giovannei rilevanti e della presenza di 39 vocaboli inediti rispetto al quarto vangelo, stupisce, ad esempio, una variazione di significati: il «Paraclito», cioè il «confortatore» e «difensore» del cristiano nella storia, non è più lo Spirito Santo, come nel vangelo, bensì Cristo stesso.

Buon conoscitore della lingua greca, l'autore rivela non solo le matrici ebraiche classiche (l'Antico Testamento, pur non essendo mai citato esplicitamente, è presente in immagini, allusioni, idee) ma anche influenze più specifiche: l'interpretazione della storia di Caino in 1 *Gv* 3,12 – secondo la quale Abele fu ucciso perché era il giusto, mentre il fratello era per eccellenza il perverso – fa parte di una particolare lettura giudaica. Ma è il contatto con gli scritti del «monastero» giudaico di Qumran a sorprendere maggiormente: il dualismo marcato tra luce e tenebre, l'antitesi tra i due «spiriti» della verità e della menzogna, di Dio e dell'Anticristo, l'insistenza sulla comunione fraterna (a Qumran la comunità doveva essere *jahad*, cioè «insieme», unita e compatta) hanno indotto qualche esegeta a fantasticare che i destinatari della Lettera fossero ex-esseni, cioè membri della corrente spirituale giudaica diffusa a Qumran, emigrati a Efeso e là convertiti al cristianesimo. In realtà l'impostazione globale dello scritto va ben oltre Qumran, a partire dalla stessa comunione fraterna che è espressa secondo le caratteristiche tipiche dell'agape cristiana.

Il celebrato prologo della Lettera ci introduce subito *in medias res* e il panorama ideale in cui ci troviamo immersi è sin dall'inizio fortemente cristologico. È l'incarnazione, il cuore della fede cristiana, un cuore ferito dalle prime eresie, ad essere dominante. Che la fede sia una questione centrale appare anche dal verbo «credere» che nella Lettera risuona 9 volte, dai sinonimi «conoscere» (25 volte) e «sapere» (15 volte). Ecco, allora, il proemio dello scritto, con la sua tipica costruzione quasi fluviale, tutta annodata attorno a quel forte verbo greco *pselafàn*, «toccare, palpare» con mano il Logos, cioè il Verbo, Cristo Signore, un vero e proprio paradosso per il mondo culturale greco che nel Logos concentrava la spiritualità e la trascendenza.

Quello che era fin dal principio, che abbiamo ascoltato, visto con i nostri occhi e contemplato, quello che le nostre mani hanno toccato riguardo al Logos della vita – la vita si è manifestata e noi l'abbiamo vista e vi testimoniamo e annunziamo la vita eterna che era presso il Padre e a noi è stata manifestata – quello che abbiamo visto e ascoltato noi l'annunziamo anche a voi, perché pure voi siate in comunione con noi. E la nostra comunione è con il Padre e con il Figlio suo Gesù Cristo (1 *Gv* 1,1-3).

Da questo momento in avanti la Lettera procede come un fiume: il percorso fondamentale può essere sempre seguito, ma non mancano ramificazioni laterali, anse, affluenti. Le acque sono ora limpidissime e riflettono il cielo della contemplazione teologica; ora s'intorbidano e rispecchiano le sponde cupe della polemica; la foce è, però, un estuario sereno dominato dalla figura gloriosa di Gesù Cristo, vero Dio e vero uomo. Là desidera approdare anche la Chiesa, allorché tutti i fedeli diverranno «simili a Dio, perché lo vedranno così come egli è» (1 *Gv* 3,2). Procedendo a lato dei vari tratti di questo fiume dello spirito, ci incontriamo con variazioni di colore delle acque, ossia con mutamenti tematici. Nel fluire dei capitoli 1-2, attraverso un giuoco di iridescenze e di contrappunti, si oppongono acque chiare e acque scure, cioè si delinea l'antitesi «luce-tenebra», come appare nella dichiarazione solenne iniziale: «Dio è luce [*ho Theòs fos estin*] e in lui non è tenebra» (1 *Gv* 1,5).

Subito dopo, ecco il volto del cristiano dipinto ancn'esso su un contrasto tra il profilo di luce e il fondo oscuro: «Se affermiamo di essere in comunione con lui [Dio] e camminiamo nella tenebra, mentiamo e non mettiamo in pratica la verità. Ma se camminiamo nella luce – come egli è nella luce – siamo in comunione gli uni con gli altri ... La tenebra, però, sta diradandosi e la vera luce già brilla. Chi afferma di essere nella luce e odia suo fratello, è ancora nella tenebra. Chi ama suo fratello dimora nella luce ... Chi odia suo fratello è nella tenebra, cammina nella tenebra e non sa dove va, perché la tenebra ha accecato i suoi occhi» (1 *Gv* 1,6-7 e 2,8-11). Quasi senza accorgercene veniamo già condotti su un altro tratto di fiume: le acque della luce si mischiano con quelle dell'agape-amore. E sarà l'ultimo scorrere del testo, il più placido e disteso, a essere totalmente sotto il segno del «comandamento» per eccellenza di Gesù. Si tratta dei capitoli 4-5, scanditi da una nuova e famosa dichiarazione teologica: «Dio è amore», *ho Theòs agape estin* (1 *Gv* 4,8.16). C'è, allora, un intero percorso del fiume giovanneo – da 1 *Gv* 4,7 a 5,4 – che è sotto il cielo dell'amore: si pensi che in questa parte la parola *agape* con i suoi derivati risuona ben 32 volte!

### *La cascata dell'amore*

Si tratta di «un annunzio che abbiamo udito fin dal principio: amiamoci gli uni gli altri» (1 *Gv* 3,11). Se vogliamo continuare la metafora del fiume, potremmo raffigurare l'effusione dell'amore con l'immagine di una cascata: essa discende da Dio stesso, che per definizione è amore, e diffonde le sue acque attraverso il Figlio suo Gesù Cristo, il segno visibile e sperimentale dell'amore divino. L'incarnazione è, quindi, interpretata secondo la categoria dell'agape. Ed è Cristo a offrire la presenza più alta del Dio d'amore. Lo scritto giovanneo si rivela così, per usare un'espressione di Karl Barth, un testo «a forte concentrazione cristologica». «...Gesù Cristo giusto è Paraclito [cioè "avvocato difensore"] presso il Padre ed è vittima di espiazione per i nostri peccati, non solo per i nostri ma anche per quelli del mondo intero» (1 *Gv* 2,1-2). La redenzione stessa è, perciò, vista come un atto di solidarietà nei confronti dell'umanità ed è per tale via che noi risaliamo alla sorgente dell'amore divino: «Noi abbiamo conosciuto l'amore da questo: egli [Cristo] ha dato la sua vita per noi» (1 *Gv* 3,16).

Rappresentazione della donazione d'amore è la croce di Cristo. Alludendo al sangue e all'acqua sgorgati dal costato di Cristo trapassato dalla lancia del soldato romano (*Gv* 19,34-35), si ripropone la scena della crocifissione in questi termini: «Gesù Cristo è colui che è venuto con l'acqua e con il sangue; non con acqua soltanto, ma con acqua e sangue. Ed è lo Spirito che ne dà testimonianza poiché lo Spirito è verità. Sono tre quelli che danno testimonianza: lo Spirito, l'acqua e il sangue e questi tre sono concordi» (1 *Gv* 5,5-8). Sulla croce di Cristo, striata dal sangue e dall'acqua, si posa lo Spirito Santo che è il segno supremo della presenza di Dio e della sua gloria. Si ha, in tal modo, anche la proclamazione della Pasqua di Cristo e al tempo stesso l'orizzonte – attraverso lo Spirito – si dilata alla Chiesa nella quale l'amore donato nella morte e risurrezione di Cristo viene continuamente effuso attraverso i sacramenti dell'acqua, cioè il battesimo, e del sangue, cioè l'eucaristia.

La cascata dell'amore da Dio e da Cristo procede, dunque, diramandosi nell'umanità intera. Alludendo alla morte di Cristo in croce e alla presenza di sua madre Maria e del discepolo amato (*Gv* 19,25-27), Fabrizio De André nella sua canzone *Il testamento di Tito*, appartenente alla raccolta dal titolo significativo *La buona novella*, dichiarava: «Io nel vedere quest'uomo che muore, / madre, ho imparato l'amore. / Nella pietà che non cede al rancore, / madre, ho scoperto l'amore». Già la Lettera di Giovanni affermava: «Noi amiamo, perché egli ci ha amati per primo» (1 *Gv* 4,19). E se «abbiamo conosciuto l'amore dal fatto che egli ha dato la sua vita per noi, anche noi dobbiamo dare la vita per i fratelli» (1 *Gv* 3,16). «Se uno dicesse: Amo Dio, e odiasse il suo fratello, è un mentitore. Chi, infatti, non ama il fratello che vede, non può amare Dio che non vede. Questo è il comandamento ricevuto da lui: Chi ama Dio ami anche il suo fratello» (1 *Gv* 4,20-21). Si noti come vengono fuse insieme le due dimensioni dell'amore, quella «verticale» dell'amore divino e quella «orizzontale» dell'amore fraterno. La traccia, potremmo dire l'impronta, che l'amore di Dio lascia nell'uomo è la sua trasformazione in figlio: a questo tema è dedicata un'intera sezione dello scritto (1 *Gv* 2,29-4,6), ove per otto volte ricorre l'espressione «figli di Dio».

L'autore, infine, ci offre lui stesso una sintesi della sua originale rilettura della storia della salvezza in chiave d'amore. Lo fa in una pagina che è anche una testimonianza della fede trinitaria della Chiesa delle origini nel Dio Padre, nel Figlio Gesù Cristo e nello Spirito Santo. Abbiamo voluto marcare l'insistenza sul tema dell'agape-amore con il corsivo.

Miei *amati, amiamoci* reciprocamente, perché l'*amore* è da Dio e chiunque *ama* è generato da Dio e conosce Dio. Chi non *ama* non ha conosciuto Dio, perché Dio è *amore*. In questo si è rivelato l'*amore* di Dio per noi: Dio ha mandato il suo unigenito Figlio nel mondo, perché vivessimo per lui. In questo è l'*amore*: non siamo stati noi ad *amare* Dio, ma è lui che ha *amato* noi e ha mandato il suo Figlio come vittima di espiazione per i nostri peccati. Miei *amati*, se Dio ci ha *amato*, anche noi dobbiamo *amarci* reciprocamente. Dio nessuno mai l'ha visto: se ci *amiamo* reciprocamente, Dio dimora in noi e il suo *amore* è perfetto in noi. Da questo si conosce che noi dimoriamo in lui ed egli in noi: egli ci ha fatto dono del suo Spirito (1 *Gv* 4,7-13).

Concludendo, la sostanza della Prima Lettera di Giovanni è affidata a un appello intenso, appassionato e reiterato alla fede e all'amore, un appello rivolto a una Chiesa in crisi teologica e di comunione. Da un lato, è necessaria la professione di fede nell'incarnazione così da impedire una religiosità gnostica, spiritualistica e intimistica: «Da questo potete riconoscere lo spirito di Dio: ogni spirito che confessa che Gesù Cristo è venuto nella carne, è da Dio» (1 *Gv* 4,2). Dall'altro, a partire dalla fede si proclama la seconda esigenza fondamentale, quella dell'amore: «Questo è il suo comandamento: dobbiamo credere nel nome del Figlio suo Gesù Cristo e dobbiamo amarci reciprocamente, secondo il comandamento che egli ci ha dato» (1 *Gv* 3,23). E tale appello caloroso alla fede autentica e all'amore genuino supera le generazioni, si dilata nel tempo e nello spazio. La voce dell'antico maestro cristiano tenta, allora, di raggiungere chiunque legga il suo scritto:

Scrivo a voi, figlioli,
perché nel nome di Cristo vi sono stati rimessi i peccati.
Scrivo a voi, padri,
perché avete conosciuto Chi è fin dal principio.
Scrivo a voi, giovani,
perché avete vinto il Maligno.
Ho scritto a voi, figlioli,
perché avete conosciuto il Padre.
Ho scritto a voi, padri,
perché avete conosciuto Chi è fin dal principio.
Ho scritto a voi, giovani,
perché siete forti, la parola di Dio dimora in voi e avete vinto il Maligno
(1 *Gv* 2,12-14).

## *Nella «Caienna» dell'Egeo*

Nel settembre-ottobre del 1995 a Patmos, una deliziosa isola del mar Egeo, popolata da ben 150 chiese, all'interno del monastero di

San Giovanni Teologo, una santa fortezza con mura possenti e feritoie che domina la collina sopra il porticciolo, e nella «grotta dell'Apocalisse» – oggi chiesa rupestre e centro dell'omonimo monastero – si sono solennemente celebrati i 1900 anni di vita dell'ultimo libro della Bibbia, l'Apocalisse. Si ritiene, infatti, che quest'opera, simile a prima vista a un labirinto di ideogrammi minacciosi, sia stata composta sullo scorcio del I secolo, attorno al 95, da un Giovanni che aveva ormai vissuto una lunghissima parabola esistenziale, che la leggenda aveva infiorato di prodigi e predicazioni, di un'emersione da una caldaia di olio bollente, di coppe avvelenate trasformate in serpi, di carceri spalancate miracolosamente, di conversioni clamorose, di viaggi fino a Roma e di un'ultima illuminazione-rivelazione proprio in quest'isola che era una specie di «Caienna» dell'imperatore Domiziano. In realtà, l'Apocalisse, pur mostrando contatti con il quarto vangelo, è un'opera autonoma, nata certamente in quei «circoli» giovannei nei quali sono sorte anche le Lettere e la stessa redazione finale dell'ultimo vangelo. Tali scritti alimentavano la teologia e la spiritualità proprio delle sette Chiese dell'Asia Minore che sfilano nelle pagine d'apertura dell'Apocalisse (cc. 2-3).

Io Giovanni, vostro fratello e compagno nella tribolazione, nel Regno e nella costanza in Gesù, mi trovavo nell'isola chiamata Patmos a causa della parola di Dio e della testimonianza di Gesù. Rapito nello spirito, nel giorno del Signore, udii dietro di me una voce potente, simile a tromba, che diceva: Quello che vedi scrivilo in un libro e invialo alle sette Chiese, Efeso, Smirne, Pergamo, Tiatira, Sardi, Filadelfia e Laodicea (*Ap* 1,9-11).

Quando si apre questo libro e si entra nell'interno di quella esperienza, vissuta forse in una domenica («nel giorno del Signore»), si prova un'attrazione e una vertigine. È un testo striato dal sangue della storia ma è pure un'opera di contemplazione avvolta in un alone onirico dal quale lentamente emerge una città celeste in cui non si piange più, in cui la morte non ha più la residenza, in cui sono scomparsi i templi e su cui s'accende una luce inestinguibile (c. 21). È un testo sconcertante anche stilisticamente: è barbaro e creativo, ardito e misurato, fedele agli schemi (i suoi famosi settenari) eppure mai meccanico nell'applicarli, selvaggio eppure dotato di una sua eleganza aristocratica, popolare eppure sofisticato, pronto a «sfidare le leggi elementari della grammatica e della sintassi ... frutto di un autore che pensava in ebraico o aramaico e scriveva in greco» (Robert H. Charles) eppure solenne e «inimitabile», come è stato definito. È un libro dalla creatività sfrenata, carico di connotazioni e persino di allucinazioni che sembrano anticipare Bosch o Kafka o Buñuel. Ma è anche uno scritto composto in ambito teologico, con precisi e puntuali paradigmi di pensiero. L'esegeta Wilhelm Bousset affermava che la cristologia dell'Apocalisse è «la più ricca di tutto il Nuovo Testamento»: Cristo entra in scena con decine e decine di titoli gloriosi e celebrativi e con molteplici profili e ritratti, a partire da quello monumentale della pagina iniziale (*Ap* 1,12-20).

Testo proteso al futuro della speranza, l'Apocalisse è però – come dovremo ribadire – più che un oroscopo sul destino della storia umana una meditazione sul senso del passato e del presente alla luce dell'ingresso di Cristo nel mondo. Come scriveva il teologo Karl Rahner, quest'opera non s'interessa «del futuro in funzione del presente, ma del presente in funzione del futuro». Certo, la sua prima auto-definizione è quella di *apokalypsis*, «rivelazione» (*Ap* 1,1); il suo stesso linguaggio rimanda alla corrente letteraria e teologica, fiorita nel giudaismo a partire dal III-II sec. a.C., chiamata «apocalittica» e dotata di una lussureggiante produzione apocrifa. Alla base di questo genere letterario-teologico c'era una forte tensione oltre l'oggi verso il futuro, oltre la terra verso il cielo, oltre il «secolo presente» verso il «secolo avvenire». Bene e male si affrontano in un estremo duello, sostenuto da schiere avverse di angeli e demoni. Alla Babele trionfante nel mondo attuale, che per il Giovanni dell'Apocalisse è la Roma imperiale, si attende che subentri la Gerusalemme del cielo. La conflagrazione finale è percepita come imminente e – secondo quanto scriveva un apocrifo apocalittico giudaico, il *Quarto Libro di Esdra* – «improvvisamente il sole apparirà di notte e la luna di giorno; dagli alberi gocciolerà sangue e le pietre urleranno».

Tuttavia, proprio in «inclusione», cioè in apertura (*Ap* 1,3) e in finale (*Ap* 22,7.19), quasi a definirne il perimetro, l'Apocalisse stessa si autodefinisce «profezia», che nel linguaggio biblico non è «tele-visione» del futuro ma soprattutto interpretazione dei segni dei tempi seminati nel presente, è scoperta dell'azione di Dio nelle vicende umane, è irruzione dell'eterno e della salvezza nella storia, è appello a vivere nella fedeltà la propria esistenza. L'Apocalisse, nata in un tempo di «tribolazione» (*Ap* 1,9), rimanda alla concretezza di una Chiesa in crisi interna ed esterna ma si proietta anche oltre il tempo per un annunzio di speranza. Come un profeta, l'autore rivolge un messaggio contingente, legato alle coordinate storiche delle Chiese dell'Asia Minore, la sua è però una parola che varca quei confini per cercare il senso ultimo degli eventi umani e dell'intero essere. Il Cristo, raffigurato sotto il simbolo biblico dell'Agnello, vuole schiudere e rendere leggibile attraverso la sua «rivelazione-apocalisse» il libro sigillato dei destini umani nel loro attuarsi presente e nel loro approdo futuro e terminale. In tal senso potremmo ripetere ciò che si diceva a proposito del discorso «escatologico» di Gesù (*Mt* 24; *Mc* 13; *Lc* 21): più che *alla fine* del mondo l'Apocalisse è tesa e s'interroga *sulla fine* del mondo e della storia.

### *«In un paradiso di segni»*

A livello di spartito strutturale, cioè di composizione, l'Apocalisse si rivela sghemba, come sghemba è la vicenda umana che si vuole interpretare. Infatti, dopo l'*ouverture* delle sette lettere indirizzate alle sopra citate sette Chiese dell'Asia minore (cc. 1-3), il testo si svolge avendo agli estremi due quadri che sono tra loro squilibrati per rilievo spaziale e qualitativo. Nel primo (cc. 4-5) è di scena la corte divina con l'Agnello, che è Cristo, e il libro della storia umana; ad esso fa da contrappeso il secondo quadro, collocato a conclusione dell'opera (cc. 16-22): si tratta di un glorioso, grandioso e definitivo affresco del duello tra Bene e Male, tra la Prostituta imperiale e la Sposa ecclesiale, sigillato dalla teofania della Gerusalemme celeste che «discende dal cielo, da Dio, abbigliata come una sposa adorna per il suo sposo» (*Ap* 21,2) e che si insedia sopra le rovine della Babilonia terrena ormai annientata. Al centro del libro (cc. 6-15) si dipana la celebre trilogia dei settenari: i sette sigilli spezzati (cc. 6-7), le sette trombe risuonanti (cc. 8-10), i sette angeli con le sette coppe del giudizio (cc. 11-15).

Ma all'interno di questa architettura il lettore si trova introdotto come in un giardino o, forse meglio, in una foresta di simboli. Come scriveva Paul Claudel nel suo itinerario ideale *Au milieu des vitraux de l'Apocalypse* (1928-32, divenuto nella versione italiana del 1969 *I giorni dell'Apocalisse*), «i significati si schiudono davanti a noi e si rinnovano di era in era, come gli archi e le vetrate di una cattedrale» e l'uomo «è condotto all'interno di un paradiso di segni e di sacramenti». Il simbolismo è l'esigenza intrinseca di un'opera che vuole racchiudere in una cifra unitaria tutta la storia e tutto l'essere nel loro senso più profondo e segreto. Tale esigenza di «sintesi» e di trascendenza è espressa luminosamente nella famosa autodefinizione divina di apertura: «Io sono l'Alfa e l'Omega – dice il Signore Dio – Colui che è, che era e che viene, il Pantokrator» (*Ap* 1,8). In Dio, che tutto domina, convergono e acquistano senso tutte le lettere dell'alfabeto, cioè tutte le parole e gli eventi, tutto il dispiegarsi del tempo storico nella sua tridimensionalità di presente, passato e futuro.

Tentiamo, dunque, una piccola esplorazione in questo mondo di simboli, spesso desunti dall'arsenale delle immagini bibliche o della letteratura apocalittica. Se vogliamo cercare un asse attorno al quale ruotano i simboli, le metafore, i paradigmi, i paragoni, le immagini, i segni dell'Apocalisse, possiamo ricorrere alla Gerusalemme celeste finale che è quasi l'archetipo dell'intero libro. Per riprendere un'idea del teologo laico ortodosso Pavel Evdokimov, in questa città – che pure è senza tempio «perché il Signore Dio, il Pantokrator, e l'Agnello sono il suo tempio» (*Ap* 21,22) – «le forme architettoniche, le icone, i segni non si riuniscono come in un museo ma come le membra di un corpo, vivono di una stessa vita misterica, sono integrati nel mistero della lode». Ora, la base di questo sistema sacro di simboli è di tipo *onirico*, secondo un modulo caro alla letteratura apocalittica che si esprimeva per sogni e visioni: «Rapito nello spirito, ... udii una voce potente, simile a tromba ... Vidi sette candelabri d'oro e, in mezzo ai candelabri c'era uno simile a figlio di uomo ... Appena lo vidi, caddi ai suoi piedi come morto ...» (*Ap* 1,10.12.17). Attraverso la visione si vuole esaltare il carattere trascendente e metarazionale della rivelazione-apocalisse offerta: perciò si deve richiedere l'ingresso dell'angelo interprete che appare ripetutamente nel libro di Daniele, scritto biblico apocalittico (cc. 7-12), e che percorre anche i cieli dell'Apocalisse di Giovanni.

Grazie alla visione abbiamo un canale di conoscenza superiore che ci permette di penetrare in profondità in un nuovo orizzonte simbolico, quello del mondo, dipinto nella nostra opera secondo la classica tripartizione biblica di cielo, terra e inferi (sede del caos, del male, del nulla). Ebbene, il simbolismo *cosmico* dell'Apocalisse è molto ramificato e si espande lungo le quattro direzioni dello spazio: «Vidi quattro angeli posti ai quattro angoli della terra e trattenevano, dominandoli, i quattro venti ...» (*Ap* 7,1). Esse hanno la loro codificazione perfetta nel quadrato della città santa, la Gerusalemme celeste, pietra angolare di coesione di tutto il mondo nuovo: «La città è a modello di quadrato, la cui lunghezza è identica alla larghezza» (*Ap* 21,16). Sopra tale planimetria ideale si stende il cielo, semiticamente concepito come una cupola alla quale sono appese sette stelle, cioè le Chiese, simili a sette lampade cosmiche (*Ap* 1,20). La Chiesa è raffigurata come donna che sta per partorire nella celebre visione del c. 12, divenuta poi nella tradizione liturgica e artistica cristiana un segno di Maria, la madre di Cristo. Ora, questa figura femminile ha anch'essa connotati «celestiali»: è «avvolta di sole, con la luna sotto i suoi piedi e sul capo ha una corona di dodici stelle» (*Ap* 12,1).

Il Cristo stesso è poeticamente chiamato «l'astro luminoso

dell'aurora» (*Ap* 22,16), «il suo viso è come il sole che brilla in tutta la sua potenza» (*Ap* 1,16) ed è grazie alla sua presenza che la Gerusalemme celeste «non ha più bisogno della luce del sole perché il Signore Dio la illumina» (*Ap* 22,5). L'arcobaleno, segno biblico dell'alleanza cosmica dell'umanità con Dio (*Gn* 9,12-16), diventa ora l'immagine visibile della magnificenza e dello splendore divino: «Un arcobaleno simile a smeraldo avvolgeva il trono ... Vidi un angelo possente discendere dal cielo, avvolto da una nube, con la fronte cinta da un arcobaleno» (*Ap* 4,3; 10,1). Il fulmine che dai cieli piomba sulla terra è segno della trascendenza divina, insieme ai tuoni, ma è anche espressione dell'irruzione giudicatrice di Dio all'interno della storia (*Ap* 4,5; 8,5; 10,4). Similmente il cielo dell'Apocalisse è spesso sconvolto da tempeste con «grandine e fuoco mescolati a sangue che scrosciano sulla terra» (*Ap* 8,7; 16,21). Si tratta sempre di rappresentazioni del giudizio divino, come lo è sulla superficie terrestre la mietitura: «Un altro angelo uscì dal tempio gridando con voce potente a Colui che era assiso sulla nube: Getta la tua falce e mieti! È giunta l'ora di mietere, perché la messe della terra è ormai matura. Allora Colui che era assiso sulla nube gettò la falce sulla terra e la terra fu mietuta» (*Ap* 14,15-16).

*«E per fondamento ogni genere di pietre preziose...»*

Sulla piattaforma della terra si erge «un monte grande ed elevato» (*Ap* 21,10), una specie di Sion cosmico sulla cui vetta cielo e terra entrano in contatto per lasciare spazio alla città santa, la cui descrizione nei cc. 21-22 è, come si è detto, il vertice simbolico dell'Apocalisse. Ora – come affermava san Isacco di Siria – «è la misura che rende bella ogni cosa». Per questo il modello stereometrico della Gerusalemme celeste, che tanto successo avrà nell'arte cristiana di tutti i secoli, si sviluppa secondo uno schema cubico a misurazione enfatica: l'angelo «geometra», dopo aver verificato che «lunghezza, larghezza e altezza sono uguali», ne offre la misura in dodicimila stadi (qualcosa come 550 chilometri!), mentre lo spessore delle mura urbane sarebbe di 144 braccia, cioè una settantina di metri (*Ap* 21,16-17). Ma l'esaltazione della perfezione di questo nuovo mondo ideale è affidata alla reiterata presenza delle pietre preziose. Esse, al di là di connotazioni astrologiche, sono soprattutto rimandi alla perfezione divina: «Colui che è assiso sul trono era simile nell'aspetto a diaspro e a sardonice» (*Ap* 4,3). Anche la falsa divinità, la Prostituta, «si adorna di pietre preziose e perle», cercando di scimmiottare la vera divinità, arrogandosene il potere (*Ap* 17,4).

Le pietre preziose diventano la struttura di base della città santa: si tratta di quella descrizione «barocca» della Gerusalemme celeste nella quale sfilano dodici pietre diverse usate come «fondamenta delle mura della città» (*Ap* 21,18-20). Un elenco gemmologico di non facile decifrazione che rimanda alle dodici pietre preziose incastonate nel pettorale del sacerdote secondo la descrizione di Esodo 28,17-21: la città acquista un valore sacrale e trascendente proprio attraverso la preziosità delle pietre che sono simbolo della divinità. «Le dodici porte sono dodici perle; ciascuna porta è formata con una sola perla, mentre la piazza della città è di oro puro, simile a cristallo trasparente» (*Ap* 21,21). Anzi, l'intera città è d'oro (*Ap* 21,18) e l'oro è simbolo divino per eccellenza, tant'è vero che Cristo è circondato da questo metallo (*Ap* 1,12-13) e «sul capo regge una corona d'oro» (*Ap* 14,14). Appare inoltre «il bronzo splendente, raffinato nel crogiuolo» (*Ap* 1,15), che è evocato anche per i piedi del Figlio di Dio (*Ap* 2,18) e che è segno di stabilità inconcussa. Entra in scena, sulla base di una citazione del Salmo 2,9, il «bastone di ferro che frantuma i vasi di terracotta» (*Ap* 2,27), emblema di forza, di dominio e di trionfo sul male.

La simbologia cosmica dell'Apocalisse conosce una gamma variegata di soggetti, e rivela un intrinseco dinamismo. Si assiste, infatti, a sconvolgimenti dell'ordine naturale e al cosiddetto «metabolismo degli elementi» per cui le singole realtà cosmiche possono scivolare fuori dalle loro forme e dal loro corso per acquistare nuove morfologie e aspetti. Ci sono, ad esempio, sulla scia del profeta Ezechiele (1,5-12), esseri viventi dal profilo di leone, vitello, uomo e aquila ma dotati di sei ali e costellati fuori e al loro interno di occhi (*Ap* 4,6-8): divenuti nella tradizione i simboli dei quattro evangelisti, in realtà questi esseri rappresentano probabilmente la presenza provvidente divina ai quattro punti cardinali dell'intero cosmo. Al contrario, ecco apparire creature terrificanti, destinate all'esecuzione del giudizio divino, come le cavallette tanto grosse da essere simili a cavalli da guerra, con il volto antropomorfo, con capigliatura femminile, dentatura leonina, ventri corazzati, ali metalliche, code velenose ed aculei (*Ap* 9,7-10). In questa linea viene elaborato un vero e proprio simbolismo *zoomorfo* che ha il suo apice nella Bestia per eccellenza e nel drago rosso che imperversano nelle pagine dell'Apocalisse e nelle strade della storia, come segno del male. Essi evocano i mostri mitici dell'Antico Testamento, il Leviatan, Behemot e Rahab, nei quali si concentravano le energie del male e del caos.

Il serbatoio che conteneva tali mostri era nell'antico Vicino Oriente il mare, opposto alla terraferma, sede della vita e dell'uomo, ed è per questo che l'Apocalisse esclude dalla nuova creazione proprio il mare: «Vidi un nuovo cielo e una nuova terra perché il cielo e la terra di prima erano scomparsi e il mare non c'era più» (*Ap* 21,1). Impressionante è la sfilata dei quattro cavalli che scandiscono l'apertura dei sigilli del libro della vita, cioè dell'intera storia umana (*Ap* 6,1-8). Il primo a irrompere è un cavallo bianco che regge un cavaliere con arco e corona, forse simbolo della guerra (c'è chi vede un'allusione al popolo dei parti in lotta con l'impero romano), ma per altri segno di Cristo stesso che tiene a bada i mostri della storia. Subentra un cavallo «rosso fuoco», cavalcato da un personaggio che regge un'enorme spada: è la raffigurazione della violenza, dello «sgozzarsi a vicenda», della morte della pace, del sangue versato. Il terzo è un cavallo nero e incarna la fame. Infatti il suo cavaliere reca una bilancia con la quale si misurano grano, orzo, olio, vino, mentre una voce proclama un calmiere dei prezzi dalle cifre esorbitanti. Infine, «apparve un cavallo verdastro. Il suo cavaliere si chiamava Morte e dietro lo seguiva l'Ade» (*Ap* 6,8). Guerra, violenza, fame, morte sono i tristi cavalieri che percorrono le vie della terra seminando il loro carico di sofferenza e angoscia.

Emerge, così, la visione globale che della storia ha il nostro autore. Alla «strofe» della creazione compiuta da Dio si oppone l'«antistrofe» del mostruoso, del male, della morte; attraverso la «cata-strofe» del giudizio divino che irrompe con potenza sulla Babilonia imperiale (cc. 18-19), si annunzia il sorgere della nuova «strofe» perfetta, la ri-creazione che ha nella Gerusalemme celeste il suo vessillo, una città-Emmanuele (si veda *Ez* 48,35), «tenda di Dio tra gli uomini. / Egli porrà la sua tenda in mezzo a loro; / essi saranno il suo popolo / ed egli sarà il Dio in mezzo a loro. / Tergerà ogni lacrima dai loro occhi. / Non ci sarà più la Morte / né lutto, né lamento, né fatica / perché le realtà di prima sono passate» (*Ap* 21,3-4). Nella simbologia cosmica, secondo tutte le sue varianti e tipologie, l'Apocalisse proclama il suo messaggio di speranza ai giusti che attendono la fine della città satanica, la Babilonia imperialistica e consumistica (c. 18), e il sorgere di una città divina di pace e di serenità. Per ora, come scriveva André Chouraqui nel suo *Vivre pour Jérusalem*, «è Babilonia la mostruosa trionfatrice della storia, la Babilonia delle legioni devastatrici, la Babilonia del saccheggio, della violazione e dell'assassinio, la Babilonia di tutte le morti. Babilonia trionfa in tutte le nostre polluzioni, esulta nei magazzini ove stiviamo le armi destinate a devastare l'adorabile liturgia della creazione. A questi trionfi Gerusalemme è presente, incatenata, città martire e crocifissa». L'Apocalisse è il canto della liberazione della Gerusalemme spirituale, della sua Pasqua gloriosa per non più morire.

### *«Il numero della Bestia è seicentosessantasei»*

Come si è già visto nella sfilata dei quattro cavalieri, i colori acquistano un loro valore rappresentativo e sull'Apocalisse si distende un manto policromo che il pittore Alfredo Chiappori in una sua sequenza di tavole, pubblicate nel 1991, ha cercato di far lievitare in una specie di «esegesi in colore» del libro biblico. Il simbolismo *cromatico* ha come base il bianco che è inteso come il colore della luce ed è perciò appannaggio divino. «I capelli del capo [di Cristo] erano candidi, simili a candida lana, come neve» (*Ap* 1,14). Gli eletti che partecipano alla liturgia celeste sono «avvolti in vesti candide» (*Ap* 7,9), perché essi partecipano della gloria divina e sono i vittoriosi sul male (si veda *Ap* 6,2 e la citata interpretazione del cavallo bianco). Opposto al bianco è il rosso che evoca il sangue e che, per questo, diventa il manto del drago imperiale affamato di vittime: «Apparve in cielo un altro segno: ecco un enorme drago rosso fuoco con sette teste e dieci corna e sulle teste sette diademi» (*Ap* 12,3). Anche la Prostituta, Babilonia, cavalca «una bestia scarlatta ... ed è ammantata di porpora e scarlatto» (*Ap* 17,3-4). I cavalli del c. 6 ci hanno poi ricordato che il nero evoca la fame e il verde è un modo per raffigurare il colore livido dei cadaveri in decomposizione.

Ai colori si associa la simbolica *numerica*, cara già al mondo persiano ma ampiamente accolta dal giudaismo, che nella letteratura apocalittica conosce il suo trionfo. Il libro dell'Apocalisse è fitto, quasi in ogni sua pagina, di cifre (tra cardinali, ordinali e frazionali elenca 283 numeri), a partire dal rilievo dei settenari nella stessa struttura dell'opera: al valore di questi ultimi nella comprensione dell'intero testo ha dedicato uno studio nel 1996 Giancarlo Biguzzi sotto il titolo *I settenari nella struttura dell'Apocalisse*. Il numero è assunto nel suo valore più qualitativo che quantitativo e attraverso esso l'autore ammicca a significati reconditi da decifrare. Esemplare è la descrizione della Bestia che con i numeri rivela la Roma imperiale con i suoi sette colli e i suoi dieci re: «Vidi emergere dal mare una Bestia che aveva dieci corna e sette teste; sulle corna c'erano dieci diademi e su ciascuna testa un nome blasfemo» (*Ap* 13,1; la soluzione degli enigmi simbolici è in 17,8-14). Ancor più suggestivo è il passo di Apocalisse 13,18: «Chi ha intelligenza calcoli il numero della Bestia: è infatti il numero di un uomo. E il numero è seicentosessantasei».

In greco il 666 non è, come nei nostri numeri arabici l'accostamento di tre 6, bensì quello di 600 + 60 + 6, multiplo di 6 e somma di multipli di 6, numero imperfetto perché metà di 12 – cifra perfetta come le 12 tribù di Israele – ma che è anche un 7 – 1, un altro indizio di imperfezione, essendo il 7 il numero perfetto per eccellenza. Siamo, quindi, in presenza di un concentrato di limite e imperfezione. L'autore però va oltre e ci suggerisce di esplorare la via della cosiddetta «gematria», un termine di origine aramaica ma frutto della deformazione della parola greca «geometria». Con esso si allude a una tecnica interpretativa che attribuisce a ogni lettera dell'alfabeto un valore numerico. Quale nome ha una successione di lettere il cui corrispettivo numerico dà come risultato 666? Quasi sicuramente si tratta del nome di un imperatore: molti pensano a Nerone, ma sono troppe le possibilità di calcolo per esserne del tutto certi. Accanto al 7 è il 12, come si diceva, a condensare la pienezza e la perfezione: esso è il numero per eccellenza dei giusti che si schierano dalla parte dell'Agnello e dei suoi 12 apostoli (*Ap* 21,14), della Donna messianica, coronata da 12 stelle (*Ap* 12,1), e dei 144.000 (12 x 12 x 1000) segnati in fronte dal sigillo del Dio vivente (*Ap* 7,4-8), cioè gli eletti, «moltitudine immensa e innumerabile, di ogni nazione, tribù, popolo e lingua, ritti in piedi davanti al trono e all'Agnello, avvolti in vesti candide e con palme nelle mani» (*Ap* 7,9).

A proposito del numero 1000, liberamente ripreso come segno di un periodo perfetto in cui i giusti «regneranno con Cristo» prima della risurrezione finale (*Ap* 20,4), dobbiamo segnalare che il «millenarismo» divenne una tesi popolare in certe frange della tradizione cristiana: interpretando in modo letterale quel millennio – che per l'autore dell'Apocalisse era una cifra simbolica rappresentativa della fase terrestre del Regno di Dio dalla vittoria sulla Bestia-Babilonia-Roma fino alla venuta di Cristo – nacque l'idea di un regno felice millenario sulla terra da parte di Cristo e dei giusti risorti prima della conclusione della storia e l'ingresso nell'eternità. Comunque sia, l'«aritmetica speciale» (Joseph Bonsirven) dell'Apocalisse vuole celebrare l'ordine che Dio introduce nella storia opponendosi al caos della Bestia e del male, il cui impero può solo dispiegarsi per 1260 giorni (*Ap* 12,6), cioè per 42 mesi (*Ap* 13,5) che equivalgono a 3 anni e mezzo (*Ap* 12,14), la metà del 7 della perfezione. La «gematria», inoltre, si orienta verso un'interazione simbolica con l'alfabeto e, allora, alfa e omega – prima e ultima lettera dell'alfabeto greco (*Ap* 1,8; 22,13) – diventano segni di totalità divina, mentre altrove si rimanda alla lettera *tau*, l'ultima dell'alfabeto ebraico, come sigillo di identità degli eletti giusti, sulla scia di un passo di Ezechiele, il profeta più amato dall'Apocalisse che affermava: «Passa in mezzo alla città, a Gerusalemme, e segna un *tau* sulla fronte degli uomini che si lamentano e piangono per tutte le vergogne che in essa si consumano» (*Ez* 9,4). Ecco la ripresa dell'immagine da parte dell'Apocalisse: «Non devastate né la terra, né il mare, né la vegetazione, finché non avremo impresso il sigillo del nostro Dio sulla fronte dei suoi servi! Udii il numero di quelli segnati con il sigillo: erano 144.000 ...» (*Ap* 7,3-4).

Possiamo concludere il nostro viaggio nella foresta dei simboli apocalittici con un'ultima immagine riassuntiva. Tutta la molteplicità degli eventi, degli esseri, degli individui con le loro vicende è raccolta in un simbolo caro già all'Antico Testamento, quello del *libro*: «Vidi nella mano destra di Colui che era assiso sul trono un libro scritto all'esterno e all'interno, sigillato con sette sigilli» (*Ap* 5,1). In realtà si tratta di un rotolo di pergamena la cui eccezionalità sta nel fatto che non sia scritto solo all'interno, come avveniva normalmente, ma anche sul lato esterno dell'avvolgimento. È il libro che contiene il progetto di Dio nei confronti della storia dell'umanità, un progetto che può essere conosciuto soltanto attraverso una rivelazione (i sigilli devono essere spezzati: *Ap* 5,1-5). È il «libro della vita» (*Ap* 3,5; 21,27) in cui sono registrate le opere dei giusti e il loro destino glorioso. Ma è anche il libro del giudizio secondo il quale «i morti sono giudicati ciascuno in base alle sue opere» (*Ap* 20,12). È un libro cosmico che viene srotolato nei cieli (*Ap* 6,14). Per il fedele è un libro-cibo perché in esso è contenuta la parola di Dio che è alimento della fede e della speranza: «Prendi il libro aperto nella mano dell'angelo ... Prendilo e divoralo: ti riempirà di amarezza le viscere ma in bocca ti sarà dolce come miele. Presi quel piccolo libro dalla mano dell'angelo e lo divorai: in bocca era dolce come miele; ma quando l'ebbi inghiottito, ne sentii l'amarezza nelle viscere» (*Ap* 10,8-10; l'immagine è ancora una volta desunta dal profeta Ezechiele 2,8 e 3,1-3).

### *Una Cassandra cristiana?*

La tradizione interpretativa e artistica connessa all'Apocalisse sembra aver inchiodato per sempre questo libro al ruolo di vaticinio (infausto) della storia. Spesso per l'antica tradizione secolare e per la presente convinzione comune – pensiamo solo al truculento film

*Apocalypse now* di Francis Ford Coppola (1979) o a certe decrittazioni fondamentalistiche operate sulla simbologia dell'opera dai Testimoni di Geova – l'Apocalisse è un misterioso oggetto «esplosivo», colmo di catastrofi, eversioni, angosce e utopie. Per questi lettori il libro è solo una collezione di orrori «apocalittici», esoterici e cifrati, orientati verso la fine del mondo, e un macabro scenario da giudizio ultimo. Essi si fermano solo in superficie, abbacinati da quel manto simbolico che abbiamo appena decifrato e che per loro rimane un confuso impasto di luci verdi, bianche, rosse, cianotiche secondo uno spettro cromatico impressionante, o un incubo di draghi, di costellazioni che precipitano, di sommovimenti e stravolgimenti mostruosi fino al placato e luminoso sogno finale della città santa incontaminata. L'Apocalisse è rinchiusa nella fantasia popolare con le michelangiolesche figure dei suoi personaggi, dall'Agnello-Cristo, che è il perno di svolgimento della mappa celeste del libro, al mostruoso drago rosso affamato, dalla sterminata teoria dei 144.000 eletti all'oscena Prostituta ubriaca del sangue dei martiri.

Quest'opera è stata il testo generativo e il vessillo di ogni utopia cristiana, nel senso degenere di illusioni millenaristiche ma anche come alimento positivo della speranza: si potrebbero elencare in ordine sparso *La città di Dio* di sant'Agostino, l'ardito commento di Gioacchino da Fiore, le *Cronache dell'anno Mille* di Rodolfo il Glabro, i Fraticelli, i seguaci di fra' Dolcino, gli Anabattisti di Thomas Müntzer, le varie sette o gruppi o movimenti apocalittici del passato e contemporanei... In questa stessa linea si è mossa l'arte, a partire dalle stupende miniature del codice madrileno del Beato di Liebana, opera imitatissima di un certo Facondo (1047), alle emozionanti incisioni di Albrecht Dürer e a quelle di William Blake, di Francis Danby, Arnold Böcklin, Edouard Goerg, alle tele di El Greco, di Peter Cornelius, di Max Beckmann e così via. L'Apocalisse è rimasta spesso imprigionata nel ruolo di Cassandra cristiana dalla letteratura, che più volte ha attinto al suo repertorio simbolico: pensiamo al legame che Adrian Leverkühn, il protagonista del *Doktor Faustus* di Thomas Mann, ha con il libro giovanneo, alle fitte citazioni o evocazioni che appaiono nelle pagine di autori contemporanei come Canetti, Ernst, Bloch, Jabès, Michaud, Moravia (*L'uomo che guarda*), Eco (*Il nome della rosa*), per non parlare di quelli del passato come Lamartine, Hugo, Blake, Shelley (*Prometeo liberato*), Rosmini (*Teodicea*), Lawrence e altri ancora.

Come non evocare l'agghiacciante e mirabile *Settimo sigillo*, film che Ingmar Bergman realizzò nel 1956? Ma è stata soprattutto la musica – e spesso durante l'incubo nazista – a riappropriarsi del libro dell'Apocalisse come ideale partitura per giorni estremi. Ed *Extrema dies* s'intitola appunto un oratorio di Vittore Bellemo (1879-1953), come *Die letzten Dinge*, cioè «le cose ultime» (divenuto nell'edizione inglese *The Last Judgment*), è il titolo dell'oratorio più celebre di Louis Spohr, eseguito per la prima volta il Venerdì santo del 1826 nella chiesa luterana di Kassel, un testo dalla scrittura musicale complessa: «mai un musicista usò così intensamente la modulazione brutale e il cromatismo per illustrare in modo drammatico le sfumature di un testo biblico» (brani dell'Apocalisse e di Ezechiele), ha scritto Jean-Alexandre Ménétriér. Ma – se lasciamo da parte certe allusioni apocalittiche nel *Crepuscolo degli dei* di Wagner – è soprattutto negli anni Trenta del Novecento che l'Apocalisse ha conquistato i musicisti. È nel 1933-36 che il francese Charles Tournemire compone la sua *Apocalypse de Saint Jean* (op. 63), una trilogia mai eseguita, basata proprio sul testo giovanneo in tutti i suoi settenari. Nel 1937 un altro musicista francese, Darius Milhaud, in collaborazione con lo scrittore Paul Claudel, compone una cantata per coro misto intitolandola *Les deux cités* (op. 170), ovvero la satanica Babilonia e la celeste Gerusalemme.

Nello stesso anno appare l'opera musicale forse più alta dedicata all'Apocalisse: è l'oratorio *Das Buch mit sieben Siegeln*, cioè «il libro dei sette sigilli» di Franz Schmidt, nato in Slovacchia nel 1874 e morto presso Vienna nel 1939, allievo di Bruckner e figura preminente del post-romanticismo. Nelle tre parti della composizione fluisce l'intero testo, sia pure adattato, dell'Apocalisse in una resa sobria che conosce, però, momenti ispirati come quelli della visione cruenta dell'Agnello, cui segue un impressionante intermezzo per organo solo, della donna vestita di sole del c. 12, dove «i colori diafani degli archi e le trasparenze dei fiati dipingono il silenzio del cielo» (Luigi Della Croce), dell'Alleluja conclusivo, accompagnato da un'ascensione di tutta l'orchestra verso la sfera celeste. Negli anni 1939-41 è, invece, il francese Jean Françaix a ritornare sull'Apocalisse con un «oratorio fantastico», *Apocalypse selon saint Jean*, nel quale due orchestre diverse, l'una sul podio destinata a rappresentare la musica celeste e l'altra nella fossa per incarnare gli inferi e il male, dialogano in modo originale. Infine, è d'obbligo citare Olivier Messiaen, morto nel 1992, che all'Apocalisse ha idealmente dedicato nel 1941 il suo *Quartetto per la fine dei tempi*, nel 1944 la terza delle sue *Piccole Liturgie*, nel 1963 i *Colori della città celeste* e nel 1974 *Dai canyon alle stelle*. Una sequenza di pagine musicali di grande purezza e fede che ci fanno idealmente accostare, grazie a un'identica intensità spirituale, a un mondo diverso, quello dei «negro spirituals», spesso percorsi dai fremiti dell'Apocalisse, come nel canto *Twelve Gates to the City*. Dopo tutto, l'opera giovannea è piena di musica di arpe, di trombe, di cori e solisti!

La prevalenza, nella tradizione artistica, dell'interpretazione «escatologica» ci porta ad avvicinarci all'Apocalisse come a una regione oltremondana, trasfigurata, spoglia di presenze note e quotidiane. Ma, come abbiamo già affermato, questa è una riduzione e persino una deformazione del vero senso dell'opera. Già qualche antico scritto, come la *Passione di Perpetua e Felicita*, aveva intuito che l'Apocalisse è piuttosto un libro del presente e persino del passato salvifico. Alfiere di tale rilettura ai nostri giorni è stato Eugenio Corsini con la sua *Apocalisse prima e dopo*, pubblicata nel 1980. Secondo lo studioso torinese lo scritto giovanneo «è la descrizione di una venuta, della venuta di Gesù Cristo: ma non si tratta di quella che avverrà alla fine dei tempi, bensì di quella che si è attuata nel corso di tutta la storia, a cominciare dalla creazione del mondo e che ha avuto il suo punto culminante nel grande "evento" (*kairòs*) della venuta storica di Gesù Cristo, soprattutto nella sua morte e risurrezione». Attraverso i suoi simboli, le sue allegorie e tipologie, attraverso l'evocazione sottile ma non oscura delle vicende politiche e religiose contemporanee, attraverso i riferimenti anticotestamentari, l'Apocalisse non vuole essere il pronostico sulla *parousía* finale del Cristo o un'ermetica anticipazione del futuro escatologico, ma piuttosto l'appello a scoprire la continua *parousía*-venuta del Verbo all'interno della storia, nella comunità ecclesiale in crisi di fiducia e di speranza.

È una venuta che ha le sue radici nella creazione del mondo (ci sono nel libro rimandi alla Genesi), il suo vertice nell'incarnazione e nella Pasqua e la sua continuità nella Chiesa, soprattutto all'interno della liturgia (si pensa che il testo segua quasi lo spartito di una celebrazione cristiana). Lungi dall'essere un castello kafkiano sospeso nella metastoria, l'Apocalisse è appunto «rivelazione» in nome di Dio del senso sotterraneo teologico della storia, la cui superficie sembra solo aggrovigliata nell'assurdo e affidata al regime della Bestia. L'opera, dunque, «è una catechesi qualificata e compatta che *rivela* Gesù Cristo e il suo significato per la storia passata e futura. Si tratta di *rivelare* Gesù Cristo come il fine dell'Antico Testamento e di tutta la storia che sin dalla creazione lo prelude e lo attende» (Pietro Rossano).

### *Maran 'atha' o Marana' tha'*

L'appello primario dell'Apocalisse non è, quindi, alla fuga in avanti per rifugiarsi nel «giorno del Signore» ignoto a noi, agli angeli del cielo e persino al Figlio dell'uomo (*Mt* 24,36). Il suo vero appello è, invece, ad aprire la porta della Chiesa in crisi interna ed esterna alla speranza. Che la crisi interna sia grave quanto quella indotta dalle persecuzioni appare dalle sette lettere iniziali alle Chiese. Basterebbe solo citare un passo dello scritto indirizzato alla comunità di Laodicea per sentire il polso debole della Chiesa, duramente attaccata da Cristo: «Conosco le tue opere: tu non sei né freddo né caldo. Magari tu fossi freddo o caldo! Ma poiché sei tiepido, cioè né freddo né caldo, io sto per vomitarti dalla mia bocca!» (*Ap* 3,15-16). Il cristiano è invitato ad aprire la porta della sua esistenza quotidiana al passaggio di Cristo, come dice un versetto di straordinaria bellezza pronunciato da Cristo stesso, versetto venato forse da un'allusione eucaristica: «Ecco, sto alla porta e busso. Se uno ascolta la mia voce e apre la porta, io entrerò da lui e cenerò con lui e lui con me» (*Ap* 3,20). In questo senso era corretto lo sforzo compiuto da molti artisti del passato di inglobare nella Gerusalemme celeste le caratteristiche urbane, architettoniche e storiche della città concreta entro cui essi vivevano. Oppure di farvi convergere i due mondi costantemente in tensione, quello greco e quello cristiano, come ha fatto Friedrich Hölderlin, nel suo mirabile inno *Patmos*.

Alla luce di una simile interpretazione l'Apocalisse non può più suscitare il disgusto provato da David H. Lawrence che, costretto a leggere il testo giovanneo dai genitori puritani sin dall'infanzia, «senza saperlo e senza pensarci ne era sempre più disgustato». Fu in seguito a questa nausea per un libro inteso come un manuale di punizioni che egli nel 1931 scrisse una polemica *Apocalisse*, denuncia di ogni utopia rivoluzionaria, vista come narcosi per i deboli e i falliti, sarcastica condanna di ogni sacrificio per ideali aerei e vacui. L'Apocalisse, in realtà, è prima di tutto una «rivelazione» per l'oggi; la sua speranza è sostegno per il presente nel quale sono dure e molteplici le lotte da ingaggiare, le fedeltà da mantenere, gli impegni da compiere. «Se sapessi che il mondo deve finire oggi» si dice che affermasse Lutero «io pianterei lo stesso un alberello di melo.» Ma, affermato questo significato primario dell'Apocalisse, non possiamo ignorare che essa cela in sé una tensione, un'attesa, un orientamento verso l'alto, l'altro e l'oltre.

Scrive uno dei maggiori studiosi contemporanei del testo giovanneo, Ugo Vanni: «Esiste in quest'opera neotestamentaria una tensione verso un punto di arrivo finale; ce lo indica la stessa analisi della struttura letteraria che ci rivela un susseguirsi in crescendo delle varie sezioni, ce lo dice anche il tempo che, secondo la concezione dell'Apocalisse, ha un ritmo di scorrimento veloce ("il tempo è vicino" 1,3).

L'ultima sezione del libro (da 16,17 in avanti) ne è come una descrizione simbolica. La comunità ecclesiale, situata nello sviluppo lineare della storia della salvezza tra il *già* e il *non ancora*, si mette in uno stato di purificazione interiore, sottomettendosi al giudizio della parola del Cristo». L'Apocalisse si colloca in tal modo all'interno della generale visione biblica, ponendosi di fronte al lettore come libro del presente e del futuro, unificati al passato nel continuo filo della salvezza operata da «Colui che è, che era e che viene» (*Ap* 1,4.8).

In questo senso unitario è da comprendere anche la celebre finale modulata sul verbo greco *érchomai*, «venire»: «Lo Spirito e la Sposa dicono: Vieni! E chi ascolta ripeta: Vieni! Chi ha sete venga! ... Chi testimonia queste cose dice: Sì, verrò in fretta! Amen! Vieni, Signore Gesù!» (*Ap* 22,17.20). Il pensiero corre a una scheggia delle invocazioni della Chiesa palestinese, un sospiro formulato in aramaico, la lingua popolare allora parlata, una giaculatoria conservata da Paolo che la cita nella finale della Prima Lettera ai Corinzi: *Maranatha'* (1 *Cor* 16,22). La locuzione connette in sé due termini che sono passibili di duplice cesura e quindi di duplice senso. La prima invocazione potrebbe essere così formulata: *Maran 'atha'*, «Il Signore è venuto». È la professione di fede nell'incarnazione, nella salvezza già offerta da Gesù Cristo nella storia presente e nella Chiesa. La seconda lettura risulterebbe invece così: *Marana' tha'*, «Signore, vieni!», tipica invocazione della speranza escatologica. Ed è in tale forma che ci è presentata dalla finale dell'Apocalisse. Ma l'intera opera è l'intreccio di queste due invocazioni. Nel sospiro unitario del *Maranatha'* si nasconde la gioiosa certezza che *Maran 'atha'*, «il Signore è venuto», ma anche l'attesa che egli continui a venire fino alla consumazione del tempo ed è per questo che gridiamo: *Marana' tha'*, «Signore, vieni!».

L'autentica Apocalisse è, allora, il libro del presente e del futuro, della lotta e dell'attesa, del seme e dell'albero, della Gerusalemme storica e della Gerusalemme celeste, della paura e della gioia, del giudizio e della gloria. Il citato regista russoAndrej Tarkovskij in un discorso-saggio sull'Apocalisse (1984) aveva così intuito il valore e il senso ultimo dello scritto conclusivo del Nuovo Testamento: «L'Apocalisse è forse la più grande creazione poetica che sia mai esistita sulla terra ... Essa è, in ultima analisi, un racconto del nostro destino. Ma sarebbe sbagliato pensare che l'Apocalisse contenga soltanto l'idea della punizione. Forse la cosa più importante in essa contenuta è la speranza. Per oggi e per domani e per sempre».

# XV
# Il racconto infinito

Una storia infinita è quella di Gesù, e il Nuovo Testamento che la narra e la interpreta è, a sua volta, un racconto infinito. «Infinito» perché vi è coinvolto l'eterno e il divino. «In-finito» perché questo racconto l'umanità non si stanca di ripeterlo, scoprendolo sempre diverso, nuovo, inesauribile, personale. La teologa tedesca Dorothee Sölle suggeriva al lettore dei vangeli: «Confronta pure Cristo con altri grandi, Socrate, Rosa Luxemburg o Gandhi o altri ancora: lui regge al confronto. Ma sarà meglio che tu lo confronti con te!». «Creduli o increduli» annotava lo scrittore «laico» Alfredo Oriani (1852-1909) «nessuno sa sottrarsi all'incanto di quella figura, nessun dolore ha rinunciato sinceramente al fascino della sua promessa.» Anche volendo evitarlo, ti imbatti in lui, come confessava Aleksandr Blok che, in piena rivoluzione sovietica, nel 1918, pubblicò un poema intitolato *I Dodici*: «Quando l'ebbi finito, mi meravigliai io stesso: perché mai Cristo? Davvero Cristo? Ma più il mio esame era attento, più distintamente vedevo Cristo. Annotai allora sul diario: Purtroppo Cristo. Purtroppo proprio Cristo!».

### *Oltre l'inizio: una storia, mille racconti*

Non un rigo i vangeli ci hanno lasciato sul profilo fisico di Gesù di Nazaret, neppure il «pittore» Luca. Nel III secolo i Padri della Chiesa hanno infranto questo silenzio visivo e hanno immaginato un viso sgraziato per Cristo sulla base di un celebre passo messianico isaiano, nel cosiddetto quarto canto del Servo del Signore: «Non ha apparenza né bellezza / per attrarre il nostro sguardo, / non splendore per poterne godere» (*Is* 53,2). Lapidario era stato Origene: «Gesù era piccolo, sgraziato, simile a un uomo da nulla». All'antipodo, l'immaginario popolare e altri Padri della Chiesa a partire dal IV secolo, sull'influsso dell'estetismo idealizzato greco-romano, proporranno un Gesù avvenente, incarnazione di un altro passo messianico dell'Antico Testamento, il carme nuziale regale del Salmo 45: «Tu sei il più bello tra i figli dell'uomo» (v. 5). E nonostante sant'Agostino ripetesse che «noi ignoriamo totalmente quale fosse il suo volto», fu questa l'immagine vincente, ribadita in mille e mille ritratti stupendi ma anche in una pletora di stucchevoli oleografie e di retorica «sacrocuoristica». Basterebbe evocare quella lettera apocrifa, creata nel Medioevo e attribuita a un proconsole romano realmente esistito e contemporaneo di Gesù, Gneo Cornelio Lentulo, che dipingeva un Cristo simile a un Rodolfo Valentino *ante litteram*: «Statura alta, ben proporzionato, capelli dal colore delle noci di Sorrento mature, dritti fino alle orecchie, increspati in giù con ricci chiari e lucenti, ondeggianti sulle spalle. Fronte liscia e serena, viso senza rughe o macchie, abbellito da un tenue rossore, naso e bocca perfetti ... Occhi azzurri, vivaci, brillanti. Barba abbondante e bipartita, dello stesso colore dei capelli. Mani e braccia graziose alla vista ... Chi lo guarda non può non amarlo e temerlo».

Mettere ordine nel caleidoscopio dei mille racconti su Gesù, nelle loro infinite variazioni è un'impresa disperata. Questo «eterno ladro di energie», come lo accusava Rimbaud, ha attratto a sé credenti e agnostici in un'«in-finita» ricerca del suo volto, nella ricreazione delle sue parole, nella riedizione dei suoi gesti, nello scandaglio delle sue memorie, carpendo «energie» di fede, di arte, di vita. Sarebbe possibile allestire una sterminata pinacoteca e una babelica biblioteca di cui nessuno può conoscere, però, l'estensione se non il Padre che è nei cieli! Gesù non ha lasciato serpeggiare invano quell'interrogativo: «E voi chi dite che io sia?». Ad esso, infatti, hanno cominciato a rispondere fin dai primi secoli cristiani. Se una donna di nome Anna volesse oggi identificare il passo esatto dei vangeli dove entra in scena la sua celebre omonima, madre di Maria, e magari volesse anche scovarvi quello del padre della Vergine, Gioacchino, vanamente sfoglierebbe le pagine di Matteo, Marco, Luca e Giovanni. E se si volesse dimostrare che Gesù è nato in una grotta, riscaldato dall'alito di un bue e di un asino, invano si cercherebbe tale informazione nei vangeli. Inutile sarebbe cercarvi la bella storia della Veronica con il suo lino su cui è stampato il volto di Gesù sofferente; altrettanto infruttuosa sarebbe la ricerca nei vangeli del nome di Longino, il soldato romano che inferse un colpo al costato di Cristo, né – come a suo tempo abbiamo ricordato – Matteo si è mai sognato di raccontarci che i Magi erano re, erano tre, Gaspare, Melchiorre e Baldassarre, e che erano uno bianco, uno nero e uno olivastro.

Queste e altre notizie, che molti sarebbero pronti a considerare verità evangeliche, sono in realtà reperibili solo in quella immensa letteratura dei primi secoli cristiani catalogata con un termine da noi già usato, *apocrifi*, letteralmente i libri «nascosti», che la Chiesa antica e successiva contrappose ai libri «canonici» e «ispirati» del Nuovo Testamento. Sappiamo quanto delicato e complesso fu questo processo di «canonizzazione» che, almeno per l'Antico Testamento, non vede neppure oggi d'accordo cattolici e protestanti. Certo è che una massa rilevante di testi cristiani, nati soprattutto dalla pietà popolare ma anche da ambiti colti (pensiamo agli scritti gnostici egiziani), furono ben presto emarginati e contestati, nonostante rivendicassero il desiderio di allinearsi e di completare i libri canonici. Questa esclusione, per altro spesso corretta a causa della loro qualità teologica parziale e della loro fantasiosa creatività storica, non ne impedì il surrettizio ingresso nella devozione popolare, nella stessa storia della teologia, nella liturgia (ad esempio, la festa della presentazione di Maria al tempio, celebrata dalla Chiesa il 21 novembre, è «apocrifa») e soprattutto nella tradizione iconografica dei secoli successivi. Il primo a raccogliere questa pirotecnica serie di racconti sulla nascita di Gesù, sui suoi detti e miracoli, sulla sua morte e risurrezione, sugli atti dei suoi apostoli, sulla «dormizione» o morte di sua madre, sulle «apocalissi» o rivelazioni del futuro fu nel 1564 a Basilea Michael Neander Soraviensis e da allora le raccolte si sono moltiplicate fino alle moderne edizioni critiche.

Entriamo, dunque, anche noi come viandanti stupiti in questa selva di pagine, di immagini, di colpi di scena, di simboli, di fantasie. Qui appaiono pure le «divine malefatte» di un Gesù ragazzo che fa morire e risorgere o mutare in capretti i compagni di giuoco, che paralizza il maestro che sta per picchiarlo a causa della sua sapienza troppo saccente ma che sa guarire dai morsi di vipera ed estrae prodigiosamente bimbi caduti in forni o pozzi, che aggiusta senza fatica manuale un letto sghembo uscito dalla falegnameria di Giuseppe. Tra le decine di sentieri che si aprono davanti a noi in tale foresta letteraria ne scegliamo uno che ci conduca in una regione fittamente coperta da questa particolare vegetazione spirituale, quella pasquale. Un'enorme massa di racconti accompagna, infatti, le ore della settimana che verrà poi chiamata «santa» e che noi abbiamo già perlustrato con l'ausilio dei vangeli canonici. Inseguiremo solo alcuni attori di quei giorni oscuri e gloriosi. Il primo a venirci incontro è Giuda Iscariota, il traditore, un personaggio – come abbiamo già fatto notare – che ha continuato a generare «apocrifi» fino ai nostri giorni (Brelich, Berto, Brod, Claudel, Monterosso, Lanza del Vasto, Ulivi...). Per gli apocrifi antichi la storia del traditore di Gesù ha radici remote.

*Giuda e il canto del gallo arrostito*

Figlio del sacerdote Caifa, fin da piccolo Giuda – secondo il *Vangelo arabo dell'infanzia del Salvatore*, carissimo ai cristiani d'Oriente e persino ai musulmani – dava segni di possessione diabolica. Sua moglie, stando a un testo copto egiziano, aveva accolto presso di sé per allattarlo il figlio neonato di Giuseppe d'Arimatea, colui che avrebbe offerto la tomba di famiglia per deporvi il cadavere di Gesù. Ebbene, quando Giuda tornò a casa stringendo in mano i trenta denari del tradimento, il neonato non volle più succhiare il latte. Venne, allora, convocato suo padre Giuseppe: appena il piccolo lo vide, prodigiosamente si mise a gridare: «Vieni, padre mio, portami via dalle mani di questa donna che è una bestia selvatica. Ieri, nell'ora nona, hanno preso il prezzo del sangue del Giusto!». Infatti, sempre secondo i testi copti, era stata la moglie a spingere Giuda al tradimento per venalità: costringeva già da tempo il marito a rubare alla cassa comune dei discepoli che, come si legge nel vangelo canonico di Giovanni (*Gv* 12,6), era appunto gestita da Giuda.

Ma la scena più clamorosa è narrata dalle *Memorie* (o *Vangelo*) *di Nicodemo*, un famoso apocrifo greco (giunto a noi anche in versione copta e latina) forse della fine del I o dell'inizio del II secolo. Giuda, dopo aver tradito Gesù, si ritira a casa sua, cupo e deciso al suicidio. Sua moglie cerca di convincerlo a non impiccarsi, «razionalmente» certa che Cristo non potrà mai risorgere. La donna sta arrostendo un gallo per il pranzo e scommette con il marito: «Nello stesso modo in cui questo gallo arrostito può cantare, così Gesù potrà risorgere. Ma, proprio mentre stava parlando, quel gallo allargò le ali e cantò tre volte. Giuda, allora, del tutto convinto, con la corda fece un capestro e andò a impiccarsi». È evidente la ripresa in forma surreale ed esasperata del tema evangelico del gallo che canta al momento del tradimento di Pietro. Altri apocrifi dipingeranno la morte di Giuda, invece, come un'esplosione dopo che il suo corpo si era gonfiato a dismisura (c'è un libero riferimento agli Atti degli Apostoli 1,18), e rappresenteranno la sua anima mentre vaga disperata nell'Amenti, cioè negli inferi.

Non poteva mancare una fioritura apocrifa anche attorno a un altro attore del racconto evangelico delle ultime ore terrene di Gesù, il procuratore romano Ponzio Pilato. Lo scrittore e martire cristiano Giustino attorno al 155 chiamava «Atti di Pilato» quelle *Memorie di Nicodemo* a cui abbiamo appena accennato. Esse, infatti, contengono una vivace sceneggiatura del processo romano di Cristo, nei confronti del quale vengono avanzati come capi di imputazione la nascita impura da fornicazione e la violazione della legge, soprattutto quella del riposo sabbatico. Ma lasciamo la parola all'antico narratore. «Pilato chiamò un messo e gli ordinò: Mi sia condotto qui Gesù ma con gentilezza! Il messo uscì e, quando riconobbe Gesù, lo adorò, stese a terra il sudario che aveva in mano e gli disse: Signore, cammina qui sopra e vieni perché il governatore ti chiama ... Quando Gesù entrò da Pilato, le immagini che i vessilliferi reggevano sulle insegne si inchinarono da sole e adorarono Gesù.» Sfilano poi davanti a Pilato i testimoni a discarico: ciechi, paralitici, un gobbo, l'emorroissa, tutti guariti da Gesù, e Nicodemo, membro del Sinedrio giudaico.

Qui entra in scena la moglie stessa del procuratore della quale i vari apocrifi offrono anche il nome, Claudia Procula (o Procla): «Sapete che mia moglie» dice Pilato agli accusatori di Gesù «simpatizza con voi riguardo al giudaismo. Gli Ebrei risposero: Sì, lo sappiamo! Pilato: Ecco, mia moglie mi ha mandato a dire: Non ci sia nulla tra te e quest'uomo giusto! Questa notte, infatti, ho sofferto molto a causa sua. Gli Ebrei, allora, replicarono a Pilato: Non ti abbiamo forse detto che è un mago? È lui che ha inviato a tua moglie i fantasmi dei sogni». È evidente anche in tal caso come la base narrativa del vangelo canonico di Matteo (27,19) venga ampliata con aggiunte di colore. A questo punto Pilato – stando al *Vangelo di Pietro*, che è stato definito «il più antico racconto non canonico della Passione di Cristo» (scritto attorno al 100 e ritrovato solo nel 1887 in Alto Egitto nella tomba di un monaco) – «si alzò; nessuno degli Ebrei si lavò le mani, né Erode né alcuno dei suoi giudici». Solo Pilato, dunque, si lava le mani dichiarando simbolicamente la sua innocenza. Poi, sempre secondo le *Memorie di Nicodemo*, «ordinò che fosse tirato il velo davanti alla sedia curule e disse a Gesù: Il tuo popolo ti accusa di assumere il titolo di re. Perciò ho decretato che, in ossequio alla legge dei pii imperatori, tu sia prima flagellato e poi appeso alla croce nel giardino dove sei stato catturato. Disma e Gesta, entrambi malfattori, saranno crocifissi con te» (appaiono così anche i nomi improbabili dei due compagni di crocifissione di Gesù, anonimi secondo Luca 23,39-43).

*Il cadavere di Pilato*

È, però, soprattutto sulla vita successiva di Pilato che si scatenerà la fantasia apocrifa, compresa quella moderna a cui abbiamo già fatto riferimento (pensiamo al *Procuratore di Giudea* di Anatole France, a *Il punto di vista di Ponzio Pilato* di Paul Claudel, alla *Moglie di Pilato* di Gertrud von Le Fort, al *Ponzio Pilato* di Roger Caillois, al *Pilato* di Friedrich Dürrenmatt, alla *Muraglia cinese* di Max Frisch, al *Torna, aurora* di Wolfgang Menzel e così via). Ci è giunta dall'antichità cristiana una relazione apocrifa inviata da Pilato agli imperatori Tiberio e Claudio con i riscontri dei destinatari, una lettera di Pilato a Erode e una *Paradosi di Pilato*, cioè un'ipotetica «tradizione» storica delle sue vicende. C'erano persino apocrifi pagani su di lui, tant'è vero che lo storico cristiano Eusebio di Cesarea lamentava che l'imperatore Massimino Daia nel 311 avesse fatto distribuire nelle scuole delle false *Memorie di Pilato* «piene di empietà contro Cristo» e avesse ordinato che i ragazzi le imparassero a memoria per istigarli all'odio contro il cristianesimo. Ma gli apocrifi cristiani si accaniranno in particolare sulla morte di Pilato con esiti antitetici.

Da un lato, la citata *Paradosi* descrive una fine tragica durante una partita di caccia con l'imperatore. «Un giorno Tiberio, andando a caccia, stava inseguendo una gazzella; ma, quando questa giunse davanti alla porta di una caverna, si fermò. Pilato si spinse a vedere. Tiberio lanciò nel frattempo una freccia per colpire l'animale, ma essa attraversò l'ingresso della caverna e uccise Pilato». Più impressionante è la fine narrata da un altro testo e divenuta popolare nel Medioevo: Pilato morì suicida a Roma con un colpo del suo prezioso pugnale. Gettato con un peso nel Tevere, il cadavere dovette essere ripescato perché attirava gli spiriti maligni rendendo pericolosa la navigazione sul fiume. Traslato a Vienne in Francia e immerso nel Rodano, dovette essere recuperato per la stessa ragione e sepolto a Losanna. Ma anche qui, a causa del suo corpo infestato di demoni, lo si dovette riesumare e scaraventare in un pozzo naturale, in alta montagna.

D'altro lato, però, la tradizione apocrifa cristiana esalta la conversione di Pilato che muore come martire, decapitato per ordine di Tiberio, e viene accolto in cielo da Cristo. Non per nulla la Chiesa etiopica venera come santo nel suo calendario liturgico il procuratore romano. La stessa sorte toccherà ovviamente a sua moglie Claudia Procula. Ecco, infatti, un'altra versione della fine di Pilato secondo la *Paradosi* che abbiamo sopra citato. «Il comandante Labio, incaricato dell'esecuzione capitale, troncò la testa di Pilato e un angelo del Signore la raccolse. Sua moglie Procula, vedendo l'angelo giunto a prendere la testa del marito, ebbe un trasporto di gioia ed emise l'ultimo respiro. Fu, così, sepolta con suo marito Pilato per volere e benevolenza del Signore nostro Gesù Cristo.» La conversione del procuratore era avvenuta in coincidenza della risurrezione di Cristo, secondo il *Vangelo di Gamaliele*, opera copta del V secolo. Infatti, «entrato nella tomba di Cristo, Pilato prese le bende mortuarie, le abbracciò e per la gran gioia scoppiò in lacrime. Si volse poi a un suo capitano che aveva perso un occhio in guerra e rifletté: Sono sicuro che queste bende restituiranno la luce al suo occhio. Avvicinò a lui le bende mortuarie e gli disse: Non senti, fratello, il profumo di queste bende? Non è un odore di cadavere ma di porpora regale impregnata di soavi aromi ... Il capitano prese quelle bende e si mise a baciarle dicendo: Sono certo che il corpo che voi avete avvolto è risorto dai morti! Nell'istante in cui il suo volto le toccò, il suo occhio guarì e vide la gioiosa luce del sole come prima. Fu come se Gesù avesse posto su di lui la mano, proprio come era accaduto al cieco nato».

Un capitolo particolare in molti vangeli apocrifi è riservato ai testimoni della risurrezione che si moltiplicano rispetto ai vangeli canonici e che diventano spettatori di epifanie clamorose. Ecco come lo stesso Pilato narra la sua esperienza secondo il citato *Vangelo di Gamaliele*. «Vidi Gesù al mio fianco! Il suo splendore superava quello del sole e tutta la città ne era illuminata, ad eccezione della sinagoga degli Ebrei. Egli mi disse: Pilato, piangi forse perché hai fatto flagellare Gesù? Non aver paura! Sono io il Gesù che morì sull'albero della croce e sono io il Gesù che è risorto dai morti. Questa luce che tu vedi è la gloria della mia risurrezione che irradia di gioia il mondo intero! Corri, dunque, alla mia tomba: troverai le bende mortuarie che sono rimaste là e gli angeli che le custodiscono; gettati davanti ad esse e baciale, diventa assertore della mia risurrezione e vedrai nella mia tomba grandi miracoli: i paralitici camminare, i ciechi vedere e i morti risorgere. Sii forte, Pilato, per essere illuminato dallo splendore della mia risurrezione che gli Ebrei negheranno». E di fatti Pilato, giunto al sepolcro di Cristo – come si è già visto – passerà di sorpresa in sorpresa, incontrando anche il ladrone risorto.

### *Presso un cespuglio d'incenso, Dio in porpora celeste*

C'è, dunque, un «altro» Cristo risorto che viene incontro negli scritti apocrifi a una folla di persone. Un'apparizione è riservata all'apostolo Bartolomeo nell'omonimo vangelo apocrifo: in quell'occasione

Gesù svela tutti i segreti dell'Ade, ove aveva trascorso il periodo tra la sua morte e l'alba di Pasqua. In un altro testo è Giuseppe d'Arimatea a incontrare il Signore risorto. Arrestato dai giudei per aver offerto a Gesù il sepolcro, egli vede avanzare Gesù con il ladrone pentito nella tenebra della sua cella: «nella camera risplendette una luce accecante, l'edificio fu sospeso ai quattro angoli verso l'alto, si aprì un passaggio e io uscii. Ci mettemmo in viaggio per la Galilea, mentre attorno a Gesù brillava una luce insopportabile a occhio umano e dal ladrone emanava un gradito profumo che era quello del paradiso». Anche Pietro, al di là delle apparizioni pasquali «canoniche», ha un incontro così straordinario registrato dagli *Atti di Pietro*, un apocrifo composto tra il 180 e il 190, sulla via di Roma, già da noi evocato e divenuto la sostanza del *Quo vadis?* di Sienkiewicz.

Particolarmente vivace è poi la tradizione apocrifa riguardante la madre di Gesù, Maria. Come già sappiamo, i vangeli canonici tacciono sull'incontro del Risorto con lei. Dopo la scena del Calvario (*Gv* 19,25-27) si passa a quella degli Atti degli Apostoli secondo la quale i discepoli di Gesù «sono assidui e concordi nella preghiera» con Maria «al piano superiore della casa [di Gerusalemme] ove abitavano» (*At* 1,13-14). A questo vuoto suppliscono abbondantemente gli apocrifi. Riprendiamo tra le mani il *Vangelo di Gamaliele*. Maria, prostrata dal dolore, rimane in casa, ed è Giovanni che le riferisce le notizie sulla sepoltura del Figlio. Essa, tuttavia, non si rassegna a restar lontana dalla tomba di Gesù e, tra le lacrime, dice a Giovanni: «Anche se la tomba di mio Figlio fosse gloriosa come l'arca di Noè, io non ne avrei nessun conforto se non la potessi vedere per versarvi le mie lacrime. Giovanni le rispose: Come possiamo andarci? Davanti alla tomba sono di guardia quattro soldati dell'esercito del governatore! ... La Vergine, però, non si lasciò trattenere e la domenica, di buon mattino, si recò al sepolcro. Giunta di corsa, si guardò intorno e fissò lo sguardo sulla pietra: era stata rotolata via dal sepolcro! Allora esclamò: Questo miracolo è avvenuto a favore di mio Figlio! Si sporse in avanti, ma non vide nel sepolcro il corpo del Figlio. Quando il sole spuntò, mentre il cuore di Maria era malinconico e triste, si sentì penetrare nella tomba dall'esterno un profumo aromatico: sembrava quello dell'albero della vita! La Vergine si voltò e in piedi, presso un cespuglio di incenso, vide Dio vestito con uno splendido abito di porpora celeste».

Maria, tuttavia, non riconosce in questa figura gloriosa suo Figlio. Allora inizia un dialogo simile a quello che il vangelo di Giovanni (20,11-18) intesse tra Maria Maddalena e il Cristo risorto e alla fine si ha lo scioglimento dell'enigma: «Non smarrirti, Maria, osserva bene il mio volto e convinciti che io sono tuo Figlio». E Maria replicherà augurandogli una «felice risurrezione», inginocchiandosi a adorarlo e a baciargli i piedi. Un'altra testimonianza, ancor più fastosa, dell'apparizione del Risorto a sua madre è conservata in un frammento copto del V-VII secolo, traduzione di un testo più arcaico. «Il Salvatore apparve sul grande carro del Padre di tutto il mondo e, nella lingua della sua divinità, esclamò: *Maricha, marima, Tiath* (che significa: Mariam, madre del Figlio di Dio!). Mariam ne capiva il senso; perciò si volse e rispose: *Rabbuní, Kathiath, Thamioth* (che significa: Figlio di Dio onnipotente, mio Signore e mio Figlio!). Il Salvatore le disse: Salve a te, che hai portato la vita a tutto il mondo! Salve, madre mia, mia santa arca, mia città, mia dimora, mio abito di gloria del quale mi sono vestito venendo al mondo! Salve, mia brocca piena di acqua santa! Tutto il paradiso gioisce per merito tuo. Ti assicuro, Maria, mia madre: colui che ti ama, ama la vita. Poi il Salvatore aggiunse: Va' dai miei fratelli e dì loro che sono risorto dai morti e che andrò al Padre mio e Padre vostro, Dio mio e Dio vostro ... Maria disse a suo Figlio: Gesù, mio Signore e mio unico Figlio, prima di andare nei cieli da tuo Padre, benedicimi perché io sono tua madre, anche se non vuoi che io ti tocchi!

«E Gesù, vita di tutti noi, le rispose: Tu sarai assisa con me nel mio regno. Allora, il Figlio di Dio s'innalzò sul suo carro di cherubini, mentre miriadi di angeli cantavano: Alleluja! Il Salvatore stese la mano destra e benedisse la Vergine.» Ormai con questo testo ci ritroviamo in un'altra regione, quella della devozione mariana, cara soprattutto alle Chiese d'Oriente. L'accento scivola nettamente sulla mariologia, lasciando sullo sfondo il riferimento cristologico, pur presente ed efficace. La ricca esemplificazione che abbiamo offerto – sebbene si riferisca a un solo evento particolare della storia di Gesù Cristo – non rende ragione del tutto riguardo alla molteplicità tematica e ai riflessi delle varie situazioni ecclesiali che sono rivelati dalle pagine apocrife. La speculazione gnostica andrà oltre la pura narrazione e introdurrà, ad esempio, nel *Vangelo di Tommaso* una collezione di *loghia* o detti di Gesù evangelici ed extra-evangelici, non privi di interesse storico, oppure aprirà la stura alle speculazioni teologiche, spesso molto elaborate e sofisticate. Su tutto domina un forte senso della grandezza dell'evento cristiano e una viva coscienza della propria identità cristiana. In un apocrifo egiziano gnostico, noto come il *Vangelo di Filippo*, si legge: «Se dici: Sono ebreo! nessuno si commuove. Se dici: Sono romano! nessuno trema. Se dici: Sono greco, barbaro, schiavo, libero! nessuno si agita. Ma se dico: Sono cristiano! il mondo trema».

*Gesù, fratello maggiore di Israele*

La presenza di Gesù non si dilata solo nell'ambito cristiano. Essa penetra anche nell'orizzonte in cui Cristo è nato e vissuto, quell'orizzonte ebraico che si distende sino ai nostri giorni. L'interrogazione di Israele su Gesù di Nazaret si pone fin dagli inizi. È curioso notare che la definizione degli ebrei come «fratelli maggiori» dei cristiani, formulata da Giovanni Paolo II durante l'ormai famosa visita alla sinagoga di Roma il 13 aprile 1986, aveva avuto un contrappunto anni prima da parte del filosofo ebreo tedesco Martin Buber che, in un'opera del 1950, aveva dichiarato Gesù «suo fratello maggiore». Appellativo che era stato ripreso da un altro studioso ebreo, Shalom Ben Chorin, nel titolo di un suo scritto, *Fratello Gesù*, pubblicato in tedesco nel 1967 e tradotto in italiano nel 1985. Il Concilio Vaticano II aveva ribadito in modo essenziale il legame «carnale» e religioso di Gesù con l'ebraismo e quello teologico della Chiesa con Israele: essa «ha ricevuto la rivelazione dell'Antico Testamento per mezzo di quel popolo con cui Dio si è degnato di stringere l'Antica Alleanza e che si nutre della radice dell'olivo buono su cui sono stati innestati i rami dell'olivo selvatico che sono i Gentili» (*Nostra Aetate* n. 4).

Nel nostro itinerario neotestamentario abbiamo avuto occasione di segnalare questi legami vivissimi, ma anche le tensioni e le fratture che già nelle origini cristiane emergevano tra Chiesa e Sinagoga. Da allora la figura di Gesù è stata un «segno di contraddizione» per l'umanità quanto per Israele, suo popolo. Da un lato, la cristianità in molte occasioni non ha esitato a premere il pedale della polemica e dell'apologetica: pensiamo al duro (nonostante il titolo) *Dialogo con Trifone* dello scrittore cristiano Giustino (160 circa) e a certi fremiti veementi dei vangeli apocrifi, della letteratura patristica e della successiva teologia e tradizione ecclesiale contro il rigetto di Gesù da parte di Israele. Dall'altro lato, all'iniziale autocensura della tradizione rabbinica – salvo qualche eccezione testuale già segnalata – nei confronti di questo problematico figlio di Israele, subentra nel Medioevo anche in campo giudaico la polemica aperta, come accade ad esempio in quella specie di caricatura dei vangeli che sono le *Toledot Jeshu'*, letteralmente «le generazioni-genealogie di Gesù», in pratica «le storie di Gesù». Il pendolo oscillerà, però, ben presto verso il dialogo, con il poeta ebreo spagnolo Giuda Levita e con il filosofo Mosè Maimonide (XII-XIII sec.) e nel Seicento con Spinoza che considererà Gesù come uomo dalla religiosità altissima.

È con il Novecento, però, che il pendolo tende a schiodarsi definitivamente (sia pure a fatica) dal polo negativo non solo per il cristianesimo, sempre più consapevole delle radici ebraiche di Gesù e del suo messaggio, ma anche per una rinnovata accoglienza del rabbì di Nazaret nel cuore dell'ebraismo. Ed è su questo secondo versante che noi ora vorremmo fare una breve e semplificata incursione.

Un artefice del dialogo, Pinchas Lapide, nel 1975 segnalava ben 187 tra libri, studi, poesie, testi teatrali, monografie e saggi su Gesù apparsi in ebraico, a partire dalla costituzione dello stato di Israele (1946). Sceglieremo, dunque, soltanto figure emblematiche in sede esegetico-teologica, escludendone altre pur significative in campo «ecumenico», come il francese Jules Isaac, autore nel 1948 di *Gesù e Israele* (traduzione italiana del 1976). La prima figura è senza dubbio quella di Joseph Klausner, con un volume apparso in ebraico a Gerusalemme nel 1922 con il titolo *Jeshu ha-nozrî*, «Gesù il Nazareno», tradotto poi in varie lingue, «primo libro su Gesù scritto da un ebreo per Ebrei», come si affermava nella prefazione. La sua tesi sarà ben presto dominante in ambito israelitico: Gesù è autenticamente ebreo sia nella parola sia nel comportamento, così come possono essere ricostruiti in modo critico dai vangeli; è stato Paolo che ha aperto un divario incolmabile, radicalizzando qualche scelta o atteggiamento di Gesù e ricorrendo al modello greco-romano della divinizzazione della figura di Cristo. Il Nazareno fu, invece, «un maestro di elevata morale e un parabolista di primo livello» e come tale dev'essere riaccolto nel grembo del giudaismo, mentre il Gesù-Dio paolino dev'essere rigettato come idolatria inaccettabile. Per usare una frase lapidaria di Ben Chorin, potremmo dire che «la fede *di* Gesù ci unisce, ma la fede *in* Gesù ci divide».

Klausner eserciterà un influsso fondamentale negli studi ebraici su Gesù, anche se le sfumature non mancheranno. Vorremmo evocare solo due personalità significative. Innanzitutto il citato Shalom Ben Chorin, che vede in questo grande «fratello giudeo» un maestro degno di stare all'altezza dei massimi rabbì antichi di Israele come Hillel e Shammai. Egli fu vicino – ma in maniera creativa – al fariseismo genuino (non quello deteriore, schematicamente e forse polemicamente rappresentato dei vangeli), desideroso com'era di riportare la legge all'interiorità della coscienza e dell'amore. Gesù fu «figlio dell'uomo» per desiderio di fraternità con l'umanità sofferente e non per mire messianiche. Tragicamente incompreso dalle autorità giudaiche del tempo, fu da loro consegnato al potere romano che per ragioni politiche ne decise l'eliminazione. Gesù è, quindi, una parabola nobile dello stesso Israele nella sua autenticità spirituale, crocifisso dalla storia ma risorto grazie alla sua fedeltà a Dio. Accanto a Ben Chorin è da collocare David Flusser, docente di Religioni comparate e Scienze neotestamentarie all'università di Gerusalemme, soprattutto con il suo *Jesus* (edizione italiana del 1976) e *Il cristianesimo, una religione ebraica* (in italiano nel 1992). Sbocciato dal terreno di Israele, Gesù non si è mai allontanato da tali radici, soprattutto etiche, portandole alla loro fioritura più alta nel comandamento dell'amore. In lui, però, era cresciuta anche la coscienza di essere il «Figlio dell'uomo» messianico e questo segnò il suo destino presso i romani ai quali fu consegnato dalla corrente ebraica aristocratica e conservatrice dei Sadducei.

*«Il rabbì di Nazaret è un martire di Israele»*

Per l'odierna teologia ebraica non integralista Gesù è, quindi, ebreo per identità razziale, culturale e spirituale. Egli è stato un rabbì di taglio profetico e un maestro morale, capace di rigenerare la dottrina classica di Israele. È stato un riformatore nella linea del migliore fariseismo, incline a combattere il ritualismo fondamentalista e a proclamare la misericordia, il perdono e l'amore divino per giusti e peccatori. È stato anche un «Messia», nel senso che forse egli ebbe la coscienza di una missione messianica, espressa con l'attribuzione a sé del titolo misterioso e ambiguo di «Figlio dell'uomo» (*Dn* 7). È stato, infine, un martire proprio per la sua riforma e per quel messianismo, entrambi osteggiati dalle alte classi sacerdotali ebraiche e fraintesi politicamente dal potere romano. Egli, invece, non è stato e non si è considerato un essere divino: questa sarà solo un'operazione condotta da Paolo e basata su una teologia non più giudaica bensì ellenistica.

I tratti essenziali del Gesù «ebreo» appena delineati rivelano convergenze e divergenze con il Gesù Cristo «cristiano» e illustrano indirettamente la fecondità, ma anche i limiti, di un dialogo interreligioso. Il nostro precedente itinerario ha, però, mostrato due nette differenze rispetto all'impostazione della questione «Gesù» da parte ebraica. La prima riguarda la teologia dei vangeli che offre già una cristologia alta, segnata dalla messianicità e dalla divinità, a prescindere dall'elaborazione paolina. La seconda riguarda proprio quest'ultima che, pur essendo nuova nel linguaggio, in realtà non è priva di connessioni con la teologia ebraica classica e con la cristologia evangelica stessa. Il nostro discorso potrebbe, è ovvio, ulteriormente ampliarsi ed estendersi alla cultura della moderna Diaspora ebraica: pensiamo solo a Marc Chagall e ai suoi numerosi soggetti pittorici dedicati a Gesù, «figura centrale nel mistero della vita», come egli confessava. Ci accontentiamo ora di offrire qualche esempio letterario.

Così, il romanziere ebreo inglese Israel Zangwill (1864-1926) nei suoi libri ha spesso testimoniato la propria sofferenza per la dura frattura tra ebrei e cristiani (un suo scritto s'intitola *Il conciliatore della cristianità*!). Nel romanzo *I sognatori del ghetto* egli fa incontrare Mosè e Gesù che s'abbracciano sopraffatti dall'«angoscia di un pianto sovrumano» perché tra i loro seguaci continua ad attecchire il seme della divisione. Nel racconto *Uno scriba moderno a Gerusalemme* si arriva ad esclamare: «O Gesù, fratello di Israele, forse solo gli esclusi dal tuo santuario ti possono comprendere!». In *Fantasie italiane* Miriam, madre di Gesù, è paragonata a una delle madri del ghetto, fedele alla legge mosaica, «piccola e magra, con grandi occhi color bruno oliva, dalle sopracciglie corvine, coi cernecchi grigi che traspaiono dall'umile scialletto». Né possiamo ignorare *Il Nazareno* (1939) di Scholem Asch, scrittore jiddish polacco (1880-1957), una surreale ripresa della storia di Gesù attraverso un giovane ebreo di Varsavia e un antisemita che incarnano rispettivamente un discepolo di Nicodemo (*Gv* 3) e l'ufficiale comandante la guarnigione romana di Gerusalemme. «Il rabbì di Nazaret, ucciso da Edom [i romani] per la santificazione del Nome [divino], è un martire di Israele», esclamerà Nicodemo alla morte di Gesù.

In modo analogo l'ebreo francese di origine svizzera Edmond Fleg (1874-1963) in *Gesù raccontato dall'ebreo errante* immagina di essere in una Gerusalemme metatemporale ove gli si fa incontro il paralitico miracolato da Gesù, «condannato» a vagare come profeta di pace tra i popoli. Indimenticabile è, poi, *Il Maestro*, romanzo dell'ebreo praghese di lingua tedesca Max Brod (1884-1968), ove Gesù è scoperto e interpretato da tre personaggi diversi, Shoshana, sua sorella adottiva, Meleagro, giovane intellettuale greco al servizio di Ponzio Pilato, e Giasone, che è l'ebreo Jehudah, filosofo nichilista, amico di Meleagro e ultimo dei dodici apostoli. Gesù domina la scena come profeta dell'amore, testimone di Dio e del suo Regno, forse Messia del Signore. Gesù appare inoltre nell'opera del padre della moderna letteratura ebraica, Shemuel J. Agnon (1888-1970), Nobel 1966 per la letteratura, ma affiora anche nell'ebraismo letterario americano con Chaim Potok e il suo romanzo *Il mio nome è Asher Lev*, storia di un pittore ebreo che deve confrontarsi con il soggetto della crocifissione di Gesù ed è, perciò, costretto a leggere il Nuovo Testamento, «la Bibbia dei *gojim*», ossia dei Gentili: «Non mi è piaciuto leggere quel libro. Ho visto dove dice che gli Ebrei uccisero Gesù. Mi sento in colpa quando leggo la Bibbia dei *gojim*». Gesù di Nazaret è per Israele un ineludibile crocevia della sua storia secolare. Kafka a Gustav Janouch che lo interrogava su Cristo aveva risposto: «Questo è un abisso di luce. Bisogna chiudere gli occhi per non precipitare».

*«Gesù, figlio di Maria, è soltanto l'inviato di Dio!»*

«O uomini del Libro, non superate il limite della vostra religione e su Dio dite solo il vero! Il Messia, Gesù, figlio di Maria, è soltanto l'inviato di Dio, la sua parola deposta in Maria, è uno Spirito che viene da Lui. Credete in Dio e nei suoi inviati, ma non dite mai: Tre! Evitate tutto questo e sarà un bene per voi. Dio non è che un Dio solo. Lungi dalla sua gloria avere un figlio!» Così nella «sura» (o capitolo) IV, nel versetto 171, il Corano formula il principio basilare della sua «cristologia» e la relativa condanna della Trinità cristiana. Nelle 114 sure e nei 6226 versetti (secondo uno dei vari computi) coranici, 15 sure e 93 versetti menzionano Isha, Gesù, «figlio di Maria», definendolo 11 volte *masih*, «Messia», 3 volte «parola di Dio», spesso *rasul*, «inviato» e profeta di Dio e *muslim*, cioè credente totalmente «sottomesso» alla volontà di Dio. È pur vero che la Trinità come la immagina il Corano è ben altro da quella cristiana perché si compone di Dio, Maria e Gesù, tuttavia è indubbio che per il rigorosissimo e letterale monoteismo musulmano la concezione cristiana del Figlio di Dio incarnato risulta un'affermazione blasfema che lede nel contempo l'unicità e la trascendenza assoluta della divinità.

Eppure l'islam ha al suo interno una presenza abbastanza viva di Gesù, scaturita dal contatto che Maometto – il quale rimane sempre il prototipo dei profeti e quindi dello stesso Gesù – ebbe con membri di comunità cristiane orientali e di carovane commerciali e, per loro tramite, con tradizioni popolari e apocrife ecclesiali. La storia del Battista, l'annunciazione a Maria, la nascita di Gesù, i miracoli che ne accompagnano l'infanzia e la vita pubblica, la sua sapienza ispirata, la figura di Maria, particolarmente cara alla tradizione musulmana, gli apostoli, la morte, la risurrezione e l'ascensione al cielo sono rielaborati nel Corano e nelle tradizioni successive proprio sulla base di quella letteratura apocrifa cristiana che abbiamo appena illustrato. Significativa di tali influssi è la rappresentazione della morte di Gesù secondo la cosiddetta «teoria del sosia», una teoria di stampo gnostico, probabilmente desunta dalle comunità cristiane marginali con le quali Maometto era venuto a contatto.

Gesù, dunque, secondo questa tesi, sarebbe stato crocifisso solo apparentemente. In realtà, là sulla croce Dio lo sostituì in modo prodigioso con un altro ebreo, forse Giuda o Simone di Cirene (il Cireneo) o un altro uomo. Ecco quanto si legge nella stessa sura IV: «Essi pretendono di aver ucciso il Messia, Gesù, figlio di Maria, mentre non l'hanno né ucciso né crocifisso ma ne hanno avuto solo l'illusione. Coloro che discutono e dubitano sul tema sono senza certezza e insegnano congetture. La verità è che non fu ucciso ma Dio potente e sapiente lo elevò a sé» (vv. 157-158). Con questa rappresentazione di Gesù Cristo è chiaro che il divario tra gli «uomini del Libro» – come vengono chiamati nel Corano i cristiani (e gli ebrei) – e i musulmani sia molto netto e incolmabile, al di là della comune fede nell'unicità divina, nella trascendenza e nell'escatologia. La possibilità di un dialogo l'ha, invece, formulata il Concilio Vaticano II, quando si è rivolto «con stima ai musulmani che adorano l'unico Dio, vivente e sussistente, misericordioso e onnipotente, creatore del cielo e della terra, che ha parlato agli uomini. Essi cercano di sottomettersi con tutto il cuore ai decreti di Dio, come si è sottomesso anche Abramo, a cui la fede islamica volentieri si riferisce. Benché essi non riconoscano Gesù come Dio, lo venerano però come profeta e onorano la sua madre, la Vergine Maria, e talora la invocano con devozione. Inoltre attendono il giorno del giudizio quando Dio retribuirà tutti gli uomini risorti. Essi stimano anche la vita morale e rendono culto a Dio, soprattutto con la preghiera, le elemosine e il digiuno» (*Nostra Aetate* n. 3).

La figura del profeta Gesù è, comunque, rimasta viva nella tradizione araba, non solo per la secolare presenza di comunità cristiane nelle terre dell'islam, ma anche perché molti musulmani – in particolare gli scrittori – hanno riscoperto la sua figura e l'hanno riletta in forme molteplici, spesso di taglio sociale e politico, elevandola (o riducendola, secondo i punti di vista) al rango di emblema di martire della libertà e della verità. È paradossale ma quella crocifissione che era stata negata dal Corano è, così, divenuta un simbolo per gli oppressi e le vittime dell'ingiustizia: lungo tale linea si sviluppano soprattutto alcune poesie di autori palestinesi, algerini e libanesi che prendono spunto dalle loro lotte di liberazione nazionale per vederle incarnate idealmente nella storia di Gesù e nella sua fine. Ecco un esempio di questo Cristo, «arabo crocifisso», nei versi del libanese Mahmud Subh:

La tua croce, Nazareno, è l'agonia di un flauto.
La mia gola è di spine, le mie mani un braciere.
E, come te, io vivo ancora!
A Betlemme, per incontrarti, ho attraversato il ponte dei chiodi.
La tua morte è la mia, il tuo sangue il mio.
E, come te, io vivo ancora!
Ho seguito il cammino della croce,
ho conosciuto il tormento del Profeta,
sono stato tradito. Mille Giuda gridano:
Crocifiggete l'arabo!

Vorremmo ricordare che Kahlil Gibran, celebrato poeta libanese di matrice cristiano-maronita ma di tendenza sincretista, ha rappresentato nel suo *Gesù Figlio dell'uomo* un volto di Cristo – «figlio di Dio come noi siamo figli di Dio, nato da una Vergine come noi siamo nati dalla terra che non ha sposo» – attraverso 77 voci di persone contemporanee a Gesù ma divenute eco di tutta l'umanità. È un'ammirazione che si dilata anche tra i musulmani. Nel 1977, ad esempio, il poeta arabo Muhammad Ragab Bayumi dedicava un'ode a Maria nella quale appariva Gesù, «il puro, il sapiente» che si autopresentava così: «Io sono dono dello Spirito, dato al mondo per guidare gli uomini su un sentiero senza asperità». E il poeta commentava, forse alludendo al velo di tenebra che avvolge l'umanità povera di questa «guida al bene» e «profeta casto» di Dio: «A volte la verità si nasconde un poco agli uomini: poi, dopo essere stata velata, risplende più luminosamente».

*«Ma voi, chi dite che io sia?»*

Gesù e il suo vangelo sono alla radice dei venti secoli successivi a quel giorno degli anni 30 in cui egli morì crocifisso su un colle fuori le mura di Gerusalemme. È difficile, se non impossibile, staccare la storia dell'Occidente dalla storia del cristianesimo. Sulla scia di un'opera pubblicata nel 1972 dal filosofo marxista di Praga Milan Machoveč, potremmo persino a lungo interrogarci su cosa significhi *Gesù per gli atei*. Con Cristo effettivamente si sono confrontate le infinite forme di fede personale ma anche le variegate posizioni del dubbio e del rigetto. La teologia nei secoli ha elaborato sulla base del Nuovo Testamento immani architetture cristologiche che proseguono e si distendono sotto i cieli dei nostri giorni, talvolta definiti «post-cristiani». L'agnosticismo ha cercato di «smitizzare» Cristo trattenendolo nel grembo esclusivo dell'umanità ora come un eroe rivoluzionario, ora come un Ercole potente (Ronsard), ora come un Orfeo ammaliatore (Jouve e Pierre Emmanuel), ora come un'incarnazione di un ideale morale altissimo (Tolstoj), ora come un supremo maestro di etica, simbolo dello spirito umano (Hegel), ora come un perfetto e superiore Socrate (Rousseau), ora come la «figura dolce e semplice» antitetica all'intolleranza della Chiesa (Voltaire), ora come il «mediatore senza il quale ogni comunicazione con Dio è soppressa» (Pascal) e altro ancora.

Altre volte lo si è rigettato perché alfiere «dei cuori puri, dei sofferenti e dei falliti» (Nietzsche) o relegato tra gli utopisti e i «vagabondi flagellati» (Hugo) e persino ridotto a una caricatura (Anthony Burgess e Gore Vidal) o a un'appassionata blasfemia (José Saramago), a una paradossale fede «atea» liberatrice dagli incubi sacrali (Bloch) o enfaticamente esaltato come «il più grande Rovesciatore, il supremo Paradossista, il Capovolgitore radicale e senza paura» (Papini). Un credente adamantino come Mauriac confessava nella sua famosa *Vita di Gesù* (1936): «Non avessi conosciuto il Cristo, "Dio" sarebbe stato per me un vocabolo vuoto di senso ... Il Dio dei filosofi e degli eruditi non avrebbe occupato nessun posto nella mia vita morale. Era necessario che Dio s'immergesse nell'umanità e che a un preciso momento della storia, sopra un determinato punto del globo, un essere umano, fatto di carne e di sangue, pronunciasse certe parole, compisse certi atti, perché io mi gettassi in ginocchio ... Preferisco ostinatamente al volto del Cristo-re, del Messia trionfante, l'umile figura torturata che nella locanda di Emmaus i pellegrini di Rembrandt riconobbero alla frattura del pane: il fratello nostro coperto di ferite, il nostro Dio».

Potremmo continuare a lungo scorrendo una lista di reazioni di fronte a Cristo. Sono mille e mille ritratti qualche volta da *Belle histoire*, come diceva il titolo del film di Claude Lelouch (1992) dedicato proprio a Gesù; rappresentazioni infinite che si ripetono anche nel rumore del traffico delle nostre metropoli, come nel *Jesus of Montréal*, il film di Denys Arcand (1989). A ragione scriveva nel 1969 Luigi Santucci nella sua «vita di Cristo», suggestivamente intitolata con la celebre domanda di Gesù: *Volete andarvene anche voi?* (*Gv* 6,67), che davanti alla figura di Cristo si addensano «certezze ed entusiasmo delle ore cristiane ma anche germogliano le erbe del dubbio e dell'angoscia. Grano e zizzania, come sta scritto, nel libero campo della vita». Nel 1971 Domenico Porzio ha convocato una legione di autori ormai classici e contemporanei a confessare i loro *Incontri e scontri col Cristo* in una vasta e intelligente antologia. Nel 1983 Josef Imbach, in modo più selettivo e argomentato, è ritornato sul tema con una sua opera intitolata *Cristo nella letteratura contemporanea*, mentre dal 1987 al 1995 il gesuita Ferdinando Castelli in un trittico di volumi ha riunito più di settanta scrittori, da Dostoevskij fino ai nostri giorni, per offrire i *Volti di Gesù nella letteratura moderna*.

Pubblicando nel 1985 a Yale, negli Stati Uniti, un'opera su *Gesù attraverso i secoli e il suo posto nella storia della cultura* Jaroslav Pelikan scriveva: «Al di là di ciò che ognuno possa personalmente pensare o credere di lui, Gesù di Nazaret è stato per quasi venti secoli la figura dominante nella storia della cultura occidentale». Nei volti mutevoli sotto cui Gesù è stato raffigurato si ha lo specchio delle inquietudini, delle speranze, della fede, dell'attesa, del dubbio e del rifiuto dell'umanità. Si ha l'eco perenne di quella domanda che un giorno Cristo ha fatto serpeggiare tra i suoi interlocutori e che ancora adesso può affiorare in coloro che rileggono o per la prima volta si accostano alle pagine del Nuovo Testamento: *Hymeis de tina me léghete einai*; «ma voi, chi dite che io sia?» (*Mt* 16,15). Scriveva Mario Pomilio nel suo *Quinto evangelio* (1975): «Il Cristo ci ha collocati di fronte al mistero, ci ha posti definitivamente nella situazione dei suoi discepoli di fronte alla domanda: Ma voi, chi dite che io sia?».

# Nota bibliografica

La letteratura riguardante il Nuovo Testamento è, come è facile immaginare, sterminata e ogni selezione risulta parziale e insufficiente. Quella che noi ora offriamo, considerati anche i limiti della presente ricerca, è destinata solo a guidare il lettore in un eventuale approfondimento dei vari temi proposti. È per questo che essa è distribuita secondo i capitoli del volume. È, comunque, indispensabile una versione integrale del Nuovo Testamento, possibilmente commentata. Suggeriamo l'ormai classica *Bibbia di Gerusalemme* (Dehoniane, Bologna, continuamente riedita) e la *Bibbia Piemme* (Piemme, Casale Monferrato 1995, con ampie annotazioni). A chi potrà e vorrà accostare il testo greco originale è da consigliare il *Nuovo Testamento Greco e Italiano*, a cura di Agostino Merk e Giuseppe Barbaglio (Dehoniane, Bologna 1990).

*Capitolo* I


Ardusso, Franco, *Gesù Cristo, Figlio del Dio vivente*, Paoline, Cinisello Balsamo 1992

Fabris, Rinaldo, *Gesù di Nazareth. Storia e interpretazione*, Cittadella, Assisi 1983

Gnilka, Joachim, *Gesù di Nazareth. Annuncio e storia*, Paideia, Brescia 1993

Penna, Romano, *L'ambiente storico-culturale delle origini cristiane*, Dehoniane, Bologna 1991[3]

Sanders, Ed P., *Gesù: la verità storica*, Mondadori, Milano 1995

Segalla, Giuseppe, *Evangelo e Vangeli*, Dehoniane, Bologna 1993


*Capitolo* II


Ernst, Josef, *Il vangelo secondo Marco*, Morcelliana, Brescia 1991

Gnilka, Joachim, *Marco*, Cittadella, Assisi 1987

Pesch, Rudolf, *Il vangelo di Marco*, Paideia, Brescia 1980-82

Taylor, Vincent, *Marco*, Cittadella, Assisi 1977

*Capitolo* III

Da Spinetoli, Ortensio, *Matteo*, Cittadella, Assisi 1973[2]
Fabris, Rinaldo, *Matteo*, Borla, Roma 1982
Gnilka, Joachim, *Vangelo di Matteo*, Paideia, Brescia 1990
Mello, Alberto, *Evangelo secondo Matteo*, Qiqajon, Bose (Biella) 1995
Schniewind, Julius, *Il vangelo secondo Matteo*, Paideia, Brescia 1977
Tassin, Claude, *Il vangelo di Matteo*, Paoline, Cinisello Balsamo 1993

*Capitolo* IV

Da Spinetoli, Ortensio, *Luca*, Cittadella, Assisi 1984
Ernst, Josef, *Il vangelo secondo Luca*, Morcelliana, Brescia 1985
Ghidelli, Carlo, *Luca*, Paoline, Roma 1986[3]
Rengstorf, Karl H., *Il vangelo secondo Luca*, Paideia, Brescia 1980
Schürmann, Heinz, *Vangelo di Luca*, Paideia, Brescia 1983

*Capitolo* V

Brown, Raymond E., *Giovanni*, Cittadella, Assisi 1979
Fabris, Rinaldo, *Giovanni*, Borla, Roma 1992
Léon-Dufour, Xavier, *Lettura del vangelo secondo Giovanni*, Paoline, Cinisello Balsamo 1990-95
Mateos, Juan – Barreto, Juan, *Vangelo di Giovanni*, Cittadella, Assisi 1982
Schnackenburg, Rudolf, *Il vangelo di Giovanni*, Paideia, Brescia 1973-87
Segalla, Giuseppe, *Giovanni*, Paoline, Roma 1989[6]
Zevini, Giorgio, *Vangelo secondo Giovanni*, Città Nuova, Roma 1984-88

*Capitolo* VI

Brown, Raymond E., *La nascita del Messia secondo Matteo e Luca*, Cittadella, Assisi 1981
Laurentin, René, *I vangeli dell'infanzia di Cristo*, Paoline, Roma 1986[2]
Ravasi, Gianfranco, *I vangeli del Dio con noi*, Paoline, Milano 1993

*Capitolo* VII

Algisi, Leone, *Gesù e le sue parabole*, Marietti, Torino 1964
Dupont, Jacques, *Le Beatitudini*, Paoline, Roma 1972-77
Fusco, Vittorio, *Oltre la parabola. Introduzione alle parabole di Gesù*, Borla, Roma 1983
Jeremias, Joachim, *Le parabole di Gesù*, Paideia, Brescia 1973[2]
Maggioni, Bruno, *Le parabole di Gesù*, Vita e Pensiero, Milano 1994
–, *Padre Nostro*, Vita e Pensiero, Milano 1996

*Capitolo* VIII

Charpentier, Etienne, *I miracoli del vangelo*, Gribaudi, Torino 1978
Léon-Dufour, Xavier ed., *I miracoli di Gesù*, Queriniana, Brescia 1980
Mussner, Franz, *I miracoli di Gesù*, Queriniana 1969
Weiser, Alois, *I miracoli di Gesù*, Dehoniane, Bologna 1980

*Capitolo* IX

Ghiberti, Giuseppe, *La risurrezione di Gesù*, Paideia, Brescia 1982
Léon-Dufour, Xavier, *Risurrezione di Gesù e messaggio pasquale*, Paoline, Roma 1987[2]
Maggioni, Bruno, *I racconti evangelici della Passione*, Cittadella, Assisi 1994
Ravasi, Gianfranco, *I vangeli del Dio risorto*, Paoline, Milano 1995
Rigaux, Béda, *Dio l'ha risuscitato. Esegesi e teologia biblica*, Paoline, Roma 1972

*Capitolo* X

Barbaglio, Giuseppe, *Paolo di Tarso e le origini cristiane*, Cittadella, Assisi 1985
Barrett, Charles K., *La Prima Lettera ai Corinti*, Dehoniane, Bologna 1979
Becker, Jürgen, *Paolo, l'apostolo dei popoli*, Queriniana, Brescia 1996
Da Spinetoli, Ortensio, *Lettere ai Tessalonicesi*, Paoline, Roma 1971
Penna, Romano, *Paolo di Tarso, un cristianesimo possibile*, San Paolo, Cinisello Balsamo 1994[2]
Rossano, Pietro, *Lettere ai Corinzi*, Paoline, Roma 1973
Sacchi, Alessandro (a cura di), *Lettere paoline e altre Lettere*, Elle Di Ci, Leumann (Torino) 1996
Schlier, Heinrich, *L'apostolo e la sua comunità. Esegesi della Prima Lettera ai Tessalonicesi*, Paideia, Brescia 1976

*Capitolo* XI

Althaus, Paul, *La Lettera ai Romani*, Paideia, Brescia 1970
Barth, Karl, *L'Epistola ai Romani*, Feltrinelli, Milano 1962
Fabris, Rinaldo, *Lettera ai Filippesi*, Dehoniane, Bologna 1983
Gnilka, Joachim, *La Lettera ai Filippesi*, Paideia, Brescia 1972
Mussner, Franz, *La Lettera ai Galati*, Paideia, Brescia 1987
Schlier, Heinrich, *Lettera ai Galati*, Paideia, Brescia 1966
–, *La Lettera ai Romani*, Paideia, Brescia 1982
Vanni, Ugo, *La Lettera ai Galati e ai Romani*, Paoline, Roma 1970

*Capitolo* XII

Aletti, Jean-Noël, *Lettera ai Colossesi*, Dehoniane, Bologna 1994
Cipriani, Settimo, *Lettere pastorali*, Paoline, Roma 1972

Fabris, Rinaldo, *La tradizione paolina*, Dehoniane, Bologna 1995
Ghini, Emanuela, *Lettera ai Colossesi*, Dehoniane, Bologna 1990
Kuss, Otto, *La Lettera agli Ebrei*, Morcelliana, Brescia 1966
Marcheselli Casale, Cesare, *Le lettere pastorali*, Dehoniane, Bologna 1995
Montagnini, Fausto, *Lettere agli Efesini*, Queriniana, Brescia 1994
Penna, Romano, *Lettera agli Efesini*, Dehoniane, Bologna 1988
Zedda, Silverio, *Lettera agli Ebrei*, Paoline, Roma 1971
Zerwick, Maximilian, *Lettera agli Efesini*, Città Nuova, Roma 1971[4]

*Capitolo* XIII

Fabris, Rinaldo, *Atti degli Apostoli*, Borla, Roma 1977
–, *Lettera di Giacomo e Prima Lettera di Pietro*, Dehoniane, Bologna 1980
Ghidelli, Carlo, *Atti degli Apostoli*, Marietti, Torino 1977
Knoch, Otto, *Le due Lettere di Pietro – La Lettera di Giuda*, Morcelliana, Brescia 1996
Maggioni, Bruno, *La Lettera di Giacomo*, Cittadella, Assisi 1989
Martini, Carlo M., *Atti degli Apostoli*, Paoline, Roma 1985[7]
Pesch, Rudolf, *L'autenticità della vostra fede. Commento alla Prima Lettera di Pietro*, Paideia, Brescia 1982
Schnider, Franz, *La Lettera di Giacomo*, Morcelliana, Brescia 1992
Vanni, Ugo, *Lettere di Pietro, Giacomo e Giuda*, Paoline, Roma 1984[3]

*Capitolo* XIV

Brown, Raymond E., *Le Lettere di Giovanni*, Cittadella, Assisi 1986
Bultmann, Rudolf, *Le Lettere di Giovanni*, Paideia, Brescia 1977
Corsini, Eugenio, *Apocalisse prima e dopo*, SEI, Torino 1980
Lancellotti, Angelo, *Apocalisse*, Paoline, Roma 1981[5]
Prete, Benedetto, *Le Lettere di Giovanni*, Paoline, Roma 1986[5]
Prigent, Pierre, *L'Apocalisse*, Borla, Roma 1985
Vanni, Ugo, *Apocalisse. Un'assemblea liturgica interpreta la storia*, Queriniana, Brescia 1982[3]

*Capitolo* XV

Ben Chorin, Shalom, *Fratello Gesù*, Morcelliana, Brescia 1985
Castelli, Ferdinando, *Volti di Gesù nella letteratura moderna*, Paoline, Cinisello Balsamo 1987-95
Flusser, David, *Il cristianesimo, una religione ebraica*, Paoline, Cinisello Balsamo 1992
Lapide, Pinchas – Küng, Hans, *Gesù segno di contraddizione. Un dialogo ebraico-cristiano*, Queriniana, Brescia 1980

Moraldi, Luigi, *Apocrifi del Nuovo Testamento*, Piemme, Casale Monferrato 1994

Pelikan, Jaroslav, *Gesù nella storia*, Laterza, Roma-Bari 1989

Rizzardi, Giuseppe, *Il fascino di Cristo nell'Islam*, Istituto Propaganda Libraria, Milano 1989

Tilliette, Xavier, *Filosofi davanti a Cristo*, Queriniana, Brescia 1989

Vermes, Geza, *Gesù l'ebreo*, Borla, Roma 1983.

# Indice dei nomi

Volumi pubblicati
nella collezione «Saggi»

P. Kourilsky, *Gli artigiani della vita*

J. Dieudonné, *L'arte dei numeri*
Matematica e matematici oggi

A. Storr, *Solitudine*
Il ritorno a se stessi

L. Margulis - D. Sagan, *Microcosmo*
Dagli organismi primordiali all'uomo: un'evoluzione di quattro miliardi di anni

R. Jastrow, *Incontro con una stella*
Il presente e il futuro delle esplorazioni spaziali

K. Lorenz, *Io sono qui, tu dove sei?*

E. Bencivenga, *Giochiamo con la filosofia*

E. Pagels, *Adamo, Eva e il serpente*
Alle origini della morale sessuale cristiana

D. Johanson - J. Shreeve, *I figli di Lucy*
La scoperta di un nuovo antenato dell'umanità

W. Pasini, *Intimità*
Al di là dell'amore e del sesso

G. Greer, *Viaggio intorno al padre*

V.D. Hanson, *L'arte occidentale della guerra*
Descrizione di una battaglia nella Grecia classica

H. Laborit, *La vita anteriore*

R. Nozick, La vita pensata
Che cosa conta veramente nella nostra esistenza

S. Vegetti Finzi, *Il bambino della notte*
Divenire donna divenire madre

L.M. Krauss, *Il cuore oscuro dell'universo*
Alla ricerca della «quinta essenza»

M. Piattelli Palmarini, *La voglia di studiare*
Che cos'è e come farsela venire

P. Singer, *Liberazione animale*
Il libro che ha fatto nascere un movimento mondiale

D.N. Stern, *Diario di un bambino*
Da un mese a quattro anni, il mondo visto da un bambino

N. Wolf, *Il mito della bellezza*

I.P. Couliano, *I viaggi dell'anima*
Sogni, visioni, estasi

E. Fromm, *L'arte di amare*

A. D'Orrico, *Cambiare vita*
Si vive più di una volta sola

D. Kagan, *Pericle di Atene e la nascita della democrazia*

F. Wuketits, *Konrad Lorenz*
La vita e l'opera di un grande scienziato

W. Pasini, *La qualità dei sentimenti*

S. Rushdie, *Patrie immaginarie*

E. Bencivenga, *La filosofia in trentadue favole*

T. Garton Ash, *Le rovine dell'Impero*
Europa centrale 1980-1990

T. Garton Ash, *Le rovine dell'Impero*
Europa centrale 1980-1990

C. Fischler, *L'onnivoro*
Il piacere di mangiare nella storia e nella scienza

F. Diaz, *La stagione arida*
Riflessioni sulla vita civile d'Italia dal dopoguerra a oggi

L. Sciascia, *Fuoco all'anima*
Conversazioni con Domenico Porzio

V. M. Manfredi, *Mare greco*
Eroi ed esploratori nel Mediterraneo antico

L. Margulis - D. Sagan, *La danza misteriosa*
Perché siamo animali sessuali

G. Greer, *La seconda metà della vita*
Come cambiano le donne negli anni della maturità

J. Mehler - E. Dupoux, *Appena nato*
Che cosa vede, sente, capisce un bambino sin dai primi giorni di vita

E. Fromm, *Fuga dalla libertà*

E. Fromm, *L'amore per la vita*

R. Bly, *Per diventare uomini*
Come un bambino spaventato si può trasformare in un uomo completo e maturo

S. Baur, *L'uomo che credeva di essere un dinosauro*
E altre storie da una clinica psichiatrica

I. Asimov, *L'universo invisibile*
Storia dell'infinitamente piccolo dai filosofi greci ai quark

D. Bisutti, *La poesia salva la vita*
Capire noi stessi e il mondo attraverso le parole

R. Dawkins, *Il gene egoista*
La parte immortale di ogni essere vivente

S. Veronesi, *Occhio per occhio*
La pena di morte in quattro storie

S. Vegetti Finzi, *Il romanzo della famiglia*
Passioni e ragioni del vivere insieme

J. Willi, *Che cosa tiene insieme le coppie*

F. Di Trocchio, *Le bugie della scienza*
Perché e come gli scienziati imbrogliano

M. Lindauer, *Messaggio senza parole*
Come comunicano gli animali

D. Grossman, *Un popolo invisibile*
I Palestinesi d'Israele

M. Piattelli Palmarini, *L'illusione di sapere*
Che cosa si nasconde dietro i nostri errori

P. Davies, *La mente di Dio*
Il senso della nostra vita nell'universo

W. Pasini, *Volersi bene, volersi male*

E. Fromm, *Avere o essere?*

S. Weinberg, *Il sogno dell'unità dell'universo*

L. e F. Cavalli-Sforza, *Chi siamo*
La storia della diversità umana

A. Torno, *Pro e contro Dio*
Tre millenni di ragione e di fede

K. Lorenz, *La scienza naturale dell'uomo*
Il manoscritto russo

G. Abraham, *Le età della vita*

S. Zecchi, *Sillabario del nuovo millennio*

C.M. Martini, *La preghiera di chi non crede*

H. Laborit, *Lo spirito del solaio*
Ricordi e riflessioni di uno scienziato

G. García Márquez, *Taccuino di cinque anni (1980-1984)*

T. Garton Ash, *In nome dell'Europa*

E. Fromm, *Anima e società*

S. Argentieri - P. Carrano, *L'uomo nero*
Piccolo catalogo delle paure infantili

D. Francescato, *Figli sereni di amori smarriti*
Ragazzi e adulti dopo la separazione

G. Dacquino, *Che cos'è l'amore*
L'affetto e la sessualità nel rapporto di coppia

D. Danna, *Amiche, compagne, amanti*
Storia dell'amore tra donne

G. Smoot, *Nelle pieghe del tempo*
La scoperta dell'universo neonato

A. Salvo, *Depressione e sentimenti*
L'incapacità di essere felici

P. Ottone, *Il tramonto della nostra civiltà*

S. Vegetti Finzi (con A. M. Battistin), *A piccoli passi*
La psicologia dei bambini dall'attesa ai cinque anni

A. Torno, *Senza Dio?*
Due secoli di riflessioni tra speranza e negazione

S. B. Nuland, *Come moriamo*
Riflessioni sull'ultimo capitolo della vita

E. Bencivenga, *Giocare per forza*
Critica della società del divertimento

S. Coren, *L'intelligenza dei cani*

J Weiner, *Il becco del fringuello*
Giorno per giorno l'evoluzione delle specie

E. Fromm, *L'arte di ascoltare*

T. Regge, *Infinito*
Viaggio ai limiti dell'universo

E.P. Sanders, *Gesù*
La verità storica

M. Piattelli Palmarini, *L'arte di persuadere*
Come impararla, come esercitarla, come difendersene

C.M. Cipolla, *Storia facile dell'economia italiana dal Medioevo a oggi*
raccontata a grandi linee da Carlo M. Cipolla e altri autori

G. Abraham, *Un amore tutto nuovo*
Innamorarsi dopo i quarant'anni

F. Furet, *Il passato di un'illusione*
L'idea comunista nel XX secolo

M. e N. Ammanniti, *Nel nome del figlio*
L'adolescenza raccontata da un padre e da un figlio

G. Pietropolli-Charmet, *Un nuovo padre*
Il rapporto padre-figlio nell'adolescenza

D. Francescato (con A. Putton), *Stare meglio insieme*
Oltre l'individualismo: imparare a crescere e a collaborare con gli altri

F.J. Tipler, *La fisica dell'immortalità*
Dio, la cosmologia e la risurrezione dei morti

W. Pasini, *A che cosa serve la coppia*

G. Ravasi, *Il racconto del cielo*
Le storie, le idee, i personaggi dell'Antico Testamento

A. Sullivan, *Praticamente normali*
Le ragioni dell'omosessualità

P. Melograni, *La modernità e i suoi nemici*

P. Davies, *I misteri del tempo*
L'universo dopo Einstein

G. Dacquino, *Paura d'amare*
Come evitare e superare i fallimenti affettivi

S. Dalla Bernardina, *Il ritorno alla natura*
L'utopia verde tra accia ed ecologia

E. Fromm, *I cosiddetti sani*
La patologia della normalità

G. Mammarella - Z. Ciuffoletti, *Il declino*
Le origini storiche della crisi italiana

L. Lederman (con D. Teresi), *La particella di Dio*
Se l'universo è la domanda, qual è la risposta?

A. Torno, *L'infelicità*
Storia di una passione

T. Giani Gallino, *In principio era l'orsacchiotto*
Gli animali di peluche e il mondo immaginario dei bambini

Dalai Lama, *La via del buddhismo tibetano*

D. Mainardi, *Del cane, del gatto e di altri animali*
Viaggio di un naturalista tra gli animali domestici

G. Abraham, *Sogni del giorno e sogni della notte*
I misteriosi rapporti tra il sonno e la vita cosciente

E. Mandruzzato, *Il piacere della letteratura italiana*
Per riscoprirla, rileggerla e amarla

E. Pagels, *Satana e i suoi angeli*
La demonizzazione di ebrei, pagani ed eretici nei primi secoli del cristianesimo

W. Pasini, *I tempi del cuore*
Lentezza e fretta nella vita e nell'amore

E. Zolla, *La nube del telaio*
Ragione e irrazionalità tra Oriente e Occidente

R. Payne, *La vita segreta delle balene*

S. Vegetti Finzi - A. M. Battistin, *I bambini sono cambiati*
La psicologia dei bambini dai cinque ai dieci anni

R. Calimani, *I destini e le avventure dell'intellettuale ebreo*
1650-1933

V 00105768
LA BUONA NOVELLA
1°EDIZIONE SAGGI
GIANFRANCO
RAVASI
EDITORE
MONDADORI
V 00025786

*«La Buona Novella»*
*di Gianfranco Ravasi*
*Collezione Saggi*

*Arnoldo Mondadori Editore S.p.A.*

*Questo volume è stato impresso*
*nel mese di ottobre dell'anno 1996*
*presso lo stabilimento Nuova Stampa di Mondadori - Cles (TN)*

*Stampato in Italia - Printed in Italy*